HESSENS GROSSE RÄUBER

Hessens große Räuber

Die großen Banden zwischen Weser und Neckar

Herausgegeben von
Heiner Boehncke / Hans Sarkowicz

Eichborn.

Umschlaggestaltung: Rüdiger Morgenweck
Satz und Litho: Fuldaer Verlagsanstalt GmbH, 36003 Fulda
Druck und Bindung: Werner Söderström GmbH, Finnland
ISBN 3-8218-1168-4

Verlagsverzeichnis schickt gern:
Eichborn Verlag, Kaiserstraße 66, D-60329 Frankfurt am Main

Inhalt

Einleitung

Hessen war von alters her ein hervorragender Ort für Raubzüge. Dichte Wälder, nur schwer zugängliche Gebirge und wichtige Fernstraßen, die das Land in allen Himmelsrichtungen durchschnitten, bedeuteten fast ideale »Arbeitsbedingungen« für größere und kleinere Banden, die ihren Lebensunterhalt mit Überfällen, Diebstählen und Plünderungen bestritten.

Die Chronik der Schrecken ist für Hessen länger als für manch andere Region, die nicht so zentral liegt und deren Bewohner nicht so arm waren. Hermann Bettenhäuser hat in seinem Aufsatz über »Gauner= und Räuberbanden in Hessen« (in der Zeitschrift des Vereins für hessische Geschichte und Landeskunde, Band 75/76, 1964/65) einen ersten Gesamtüberblick gewagt, der einem den kalten Schauer über den Rücken treibt. Spätestens seit der Mitte des 16. Jahrhunderts entwickelte sich eine nicht mehr politisch motivierte Kriminalität, die die Menschen dauerhaft in Angst und Schrecken versetzte.

Zunächst waren Überfälle auf Kaufmannszüge ein Privileg des niederen Adels – der Raubritter. Hier verband sich materieller Gewinn mit politischem Anspruch. Die erstarkenden Territorialherren, die den Einfluß des niederen Adels zurückdrängen wollten, schränkten das Fehderecht erheblich ein und schufen sich damit die Basis, um gegen ihre Konkurrenten auch gerichtlich vorgehen zu können. Raubritter wie Götz von Berlichingen, die gegen die Macht der Fürsten und der Städte nichts mehr auszurichten vermochten, griffen unter oft weit hergeholten Vorwänden Kaufleute, quasi als Repräsentanten ihrer Feinde, an. Sie glaubten sich dabei im Recht. So rühmte sich z. B. Götz von Berlichingen in seiner kurz vor seinem Tod vollendeten Autobiographie ausdrücklich dieser Überfälle. Reue empfand er nicht.

Mit den Raubrittern verschwand auch diese Form der Bandenkriminalität. Sie machte einer anderen Platz, die direkt aus der Umstrukturierung der Heere resultierte. Nicht mehr der Ritter begleitete seinen Fürsten in den Krieg, sondern der Landsknecht, der heute für diesen und morgen für jenen kämpfte. Vor allem im und nach dem 30jährigen Krieg verbreiteten marodierende oder entlassene Soldaten Angst und Schrecken.

Die Verwüstungen durch den großen Krieg, die Grimmelshausen so eindrucksvoll in seinem »Simplizissimus« beschrieb, führten zu einer weiteren Verarmung der Land- und Stadtbevölkerung. Viele waren gezwungen, ihre angestammten Wohnsitze aufzugeben und in einer anderen Gegend oder auf der Straße ihr Auskommen zu suchen. Sie trafen dabei auf entlassene oder desertierte Soldaten und auf Vaganten, die fahrenden Leute, die meist keine feste Bleibe hatten. Sieht man von den wandernden Handwerksgesellen, Saisonarbeitern und Hausierern ab, dann lebten die Vaganten, selbst wenn sie auf Jahrmärkten und Messen mit allerlei kleinen »Sensationen« auftraten, in der Regel vom Betteln – und vom Betrügen. Schon zu Beginn des 16. Jahrhunderts war mit dem *Liber vagatorum* ein Handbuch erschienen, das den braven Bürgern mit praktischen Beispielen vor den Tricks der kriminellen Schauspieler- und Taschenspielerkunst warnen wollte. Eine solche Aufklärungsschrift stieß auf ein dankbares Publikum, denn Vaganten waren in der frühbürgerlichen Gesellschaft keineswegs eine Seltenheit. Ihr Bevölkerungsanteil dürfte zeitweilig bis zu zehn Prozent betragen haben. Für die entstehenden Räuberbanden war die Gruppe der Fahrenden ein ideales Rekrutierungsfeld. Die Wanderhändler, die oft weit herumkamen, dienten zudem als Baldowerer und Boten.

Einen nicht unbeträchtlichen Anteil an den Vaganten stellten die Betteljuden, die sich keinen landesherrlichen Schutzbrief leisten konnten und deshalb auch kein Wohnrecht besaßen. Bis ins 19. Jahrhundert hinein waren die Juden diskriminiert und blieben von der bürgerlichen Gesellschaft ausgeschlossen. Sie durften keinen Zünften beitreten und keinen Landbesitz erwerben. Nur wenige Berufe standen ihnen offen; diese allerdings gewannen für die Landbevölkerung eine geradezu überragende Bedeutung. Nach Werner J. Cahnman (Der Dorf- und Kleinstadtjude als Typus, in: Zeitschrift für Volkskunde 70, 1974, S. 169-193) setzte sich die Gruppe der »Dorf- und Kleinstadtjuden« zur Zeit der beginnenden Emanzipation aus drei Schichten zusammen: »Die große Mehrheit bestand aus Pferde- und Viehhändlern und ihren Verkaufsagenten (›Schmusern‹), Häute- und Fell-Händlern, Produktenhändlern, Altwarenhändlern und insbesondere Gelegenheitshändlern und Nothändlern, die nach dem Prinzip der Glückel von Hameln agierten, daß ›a Jud nascht von a jeder Sach‹. Aus dieser Schicht stieg eine dünne Oberschicht von Lieferanten, Agenten und Bankiers auf; unterhalb der Händlerschicht befand sich ein Lumpenproletariat von Landstreichern und Betteljuden.« Diese kleinen jüdischen Trödler und Hausierer lebten oft in bitterster Armut, die noch durch die Einwanderer und Flüchtlinge, vor allem aus Osteuropa, verstärkt wurde. Die jüdischen Gemeinden waren weder finanziell noch räumlich in der Lage, diese stetig wachsende Zahl von Hilfsbedürftigen aufzunehmen. So entstand eine jüdische Unterschicht, die sich gleich mehrfach ausgestoßen fühlte und eine hohe Bereitschaft zeigte, sich Räuberbanden anzuschließen oder für sie zu arbeiten.

Noch weit stärker entrechtet als die Juden waren die Zigeuner, die im späten Mittelalter, von Südeuropa kommend, zum ersten Mal deutschen Boden betreten hatten. Die früheste urkundliche Erwähnung ist auf das Jahr 1417 datiert. Bereits wenige Jahrzehnte später, genau im Jahr 1500, ließ sie der Reichstag von Augsburg für vogelfrei, d.h. für rechtlos, erklären. Nun konnte jeder Landesfürst und jeder hochlöbliche Rat selbst entscheiden, wie gegen die Zigeuner vorgegangen werden sollte. Immer wieder kam es zu willkürlichen Hinrichtungen ohne Prozeß. Allein das Zigeunersein genügte für die Verhängung der Todesstrafe. Der in Büdingen residierende Graf drohte 1737, daß er alle eingefangenen Zigeuner, »mit denen schmählichsten Leib- und Lebens-Strafen, Zwickung mit glühenden Zangen, lebendiger Verbrenn- und Radbrechung, hinrichten, und hierüber noch ihre Weiber durch den Scharfrichter; wie die tollen Hunde, zerhauen und auf den Waasen werffen lassen werde«. Zigeunerstöcke an den Landesgrenzen oder an den Stadtmauern zeigten den Zigeunern, mit welchen Körperstrafen sie zu rechnen hatten, wenn sie versuchten, das Gebiet zu betreten. Die vollständige Rechtlosigkeit und die damit verbundene dauernde Verfolgung ließ viele Zigeuner die Skrupel vor Gewalttaten verlieren. Sie kämpften gegen eine Gesellschaft, die ihre physische Auslöschung mit allen Mitteln betrieb. Das hohe Maß an Brutalität, das gerade die aus Zigeunern bestehenden Räuberbanden kennzeichnet, ist nur als Reaktion auf den irrationalen Haß gegen eine Minderheit zu deuten.

Ein Extrembeispiel in diesem Sinn waren die aus Zigeunern bestehenden Banden des Großen Galantho (Antoine la Grave) und seines Genossen, des Hemperla (Johannes la Fortun), die zwischen 1718 und 1726 eine Reihe von blutigen Überfällen im Vogelsberg, in der Wetterau und im Taunus durchführten. So wurde im Juni 1725 das Pfarrerehepaar Heinsius in Dörsdorf beraubt und getötet. Im Oktober desselben Jahres ließ der Große Galantho den Landleutnant Emeraner in Hirzenhain ermorden, der vorher mehrere Zigeuner festgenommen hatte. Vierundzwanzig Mitglieder der beiden Banden wurden am 14. und 15. November 1726 in Gießen hingerichtet. Der Große Galantho konnte zunächst fliehen und trat als Landleutnant in kurmainzische Dienste. Nach seiner Verhaftung in Gelnhausen wurde er 1733 in Darmstadt gerädert, stranguliert und geköpft.

Im hessisch-thüringischen Grenzgebiet operierte wenige Jahrzehnte später ein Räuber, Schmuggler und Wilddieb, dessen Andenken in der Rhön bis heute sorgsam gepflegt wird, obwohl über sein Leben nur wenig bekannt ist. Johann Heinrich Valentin Paul, auch Karl Paulus, »Der Schwarze« oder der »Rhön-Paulus« genannt, hatte sich seit seiner Rückkehr aus dem Siebenjährigen Krieg im Jahre 1764 im Amt Fulda herumgetrieben und von kleineren Diebstählen u.ä. ernährt. 1779 geriet er endgültig in die Fänge der Justiz. Was sein Leben bis heute so interessant macht, ist, daß er in einem Geheimprozeß nicht nur des »Abschusses der schönsten Hirsche«, sondern auch der Rebellion für schuldig befunden wurde, was immer sich hinter diesem Vorwurf verbergen mag. Der Eichenkasten, mit dem er 1780 zur Hinrichtung auf den Neuberg bei Glattbach gebracht wurde, wird im Dermbacher Rhönmuseum in einer eigens für den Räuber eingerichteten Abteilung gezeigt. (Wir verdanken diesen Hinweis Christian Aschenbrenner in Fulda.)

Die große Zeit der deutschen Räuberbänden, und damit auch der hessischen (wenn man in diesem Zusammenhang überhaupt von einer »großen« Zeit sprechen darf), liegt eindeutig zwischen 1790 und 1815. Die Fixpunkte sind die Französische Revolution und der Wiener Kongreß. In diesen 25 Jahren entstanden und verschwanden wieder Banden, die für Organisation und Taktik die Erfahrungen der vorangegangenen einhundert Jahre nutzten und in einem bis dahin nicht gekannten Ausmaß raubten und stahlen. Die politischen Rahmenbedingungen begünstigten die Entstehung von grenzüberschreitenden Einheiten, die sich selbst keine feste Hierarchie gaben und dadurch äußerst flexibel handeln konnten. Fast ununterbrochen verwüsteten die Koalitionskriege gegen das revolutionäre und später napoleonische Frankreich ganze Landstriche. Einquartierungen und Abgaben wurden ohne Rücksicht auf die materiellen Verhältnisse der Bevölkerung verhängt. Gar mancher Bauer oder Handwerker kam so an den Bettelstab. Die Kluft zwischen Arm und Reich vertiefte sich. Trotz wiedergewonnener Freiheit nach dem Sieg über Napoleon sollte Deutschland für Jahrzehnte arm bleiben. Viele kehrten ihrer Heimat den Rücken und wanderten als Wirtschaftsflüchtlinge in alle Welt. Ihr Los wurde dadurch nicht leichter. Protest regte sich erst im Vormärz. 1834 prangerten Georg Büchner und Friedrich Ludwig Weidig in ihrem anonym erschienenen »Hessischen Landboten« das Wohlleben der Besitzenden an, während die Bauern am Rande des Existenzminimums vegetierten: »Das Leben der Vornehmen ist ein langer Sonntag, sie wohnen in schönen Häusern, sie tragen zierliche Kleider, sie haben feiste Gesichter und reden eine eigne Sprache; das Volk liegt vor ihnen wie Dünger auf dem Acker. Das Leben des Bauern ist ein langer Werktag; Fremde verzehren seine Äcker vor seinen Augen, sein Leib ist eine Schwiele, sein Schweiß ist das Salz auf dem Tische der Vornehmen.«

Dirk Blasius (Kriminalität und Alltag, Göttingen 1978) konnte für diese Zeit nachweisen, daß es einen direkten Zusammenhang zwischen den Roggenpreisen und der Zahl der Diebstähle gibt. Die Roggenpreise wiederum waren von der Qualität der Ernte abhängig; und Mißernten bildeten keineswegs die Ausnahme. Wie groß muß der Haß derjenigen gewesen sein, die noch unter den Bauern standen: der Fahrenden, der Ausgestoßenen und Entrechteten. Vor allem in dieser Gruppe fanden die Banden ihren »Nachwuchs«. Aber die räuberische Aggression konnte sich nicht gegen die großen Profiteure richten, da der Adel und die hohe Geistlichkeit gut geschützt hinter festen Mauern saßen, sie mußte ihren Gewinn beim ländlichen oder städtischen Mittelstand suchen. Für die Opfer bedeuteten die Überfälle in einer Zeit, die noch keine Versicherungen kannte, oft den materiellen und körperlichen Ruin. Nur selten übten die Räuber Mitleid.

Daß die Banden am Ende des 18. und zu Beginn des 19. Jahrhunderts so ungehindert agieren konnten, ist auf die fast vollständige Desorganisation des Polizeiwesens zurückzuführen. Vor allem in den von Frankreich besetzten Gebieten lösten sich die Strukturen auf, und es dauerte, bis neue an ihre Stelle traten, bis ein effektives System nach französischem Vorbild installiert war. Die territoriale Zersplitterung tat ein übriges, um die Verfolgung der Banden zu erschweren. Außerdem verboten die französischen Behörden, aus Angst vor Anschlägen, zeitweilig den Besitz von Waffen, so daß die Überfallenen sich nicht mehr wehren konnten.

In dieser desolaten Situation trat die mafiaähnlich strukturierte große niederländische Bande auf. Von Winschoten bei Groningen aus zog der alte Moyses Jakob die Fäden. Hinter ihm standen sein ältester Sohn Abraham sowie seine beiden Schwiegersöhne Jan Bosbeck und Abraham Picard. Die stetige Zunahme der Mitglieder und die nötigen Standortwechsel ließen aus der großen niederländischen Bande einen brabanter, holländischen, Mersener, Krefelder, Neusser, Neuwieder und westfälischen Zweig entstehen. Diese einzelnen Banden brachten so gefürchtete Räuber wie Damian Hessel, Adolf Weyers, Carl Heckmann und Mathias Weber, genannt Fetzer, hervor, die als Zeichen ihrer Chefwürde das Brecheisen trugen. Trotzdem hatten die Banden nur lockere Strukturen. Erst für einen Raub kamen die wichtigsten Mitglieder zusammen. Das erschwerte den Polizeibehörden die Aufdeckung. Die Hierarchie war zwar straff, aber unangefochtene Hauptleute gab es nicht. Jedes Mitglied trug quasi das Brecheisen im Tornister. Nur die persönliche »Leistung« zählte. Wer sich durch Mut und Fachwissen ausgezeichnet hatte, stand als Chef an der Spitze. Ihm folgten der Baldowerer, der die Gelegenheit zum Raub auskundschaftete, und die altgedienten Veteranen, auf die sich der Chef verlassen konnte. Die noch unerfahrenen oder nur für einen bestimmten Raub angeworbenen Jungen bildeten die letzte Klasse.

Parallel zu diesen von Juden dominierten Banden entwickelten sich in den französisch besetzten Gebieten auch »christliche« Banden, die ähnlich vorgingen. Am bekanntesten wurden die Mannen um Johannes Bückler, genannt Schinderhannes. Der Abdeckersohn, der gelegentlich mit den rheinischen Matadoren zusammenarbeitete, ist im Vergleich zu Picard oder Bosbeck, die riesige Geldsummen erbeuteten, ein kleiner Gauner. Aber sein angeblicher Franzosenhaß, seine Judenfeindlichkeit und der spektakuläre Prozeß gegen ihn verschafften ihm eine nur schwer zu verstehende Popularität, die bis heute anhält.

Die Subgesellschaft der Räuber hatte eine hochkomplexe Struktur entwickelt, die alle Bereiche des Lebens erfaßte. In der »Actenmäßigen Geschichte der Räuberbanden an den beyden Ufern des Rheins« wird dieses System ausführlich beschrieben. Im Mittelpunkt stand der Raub, der den Lebensunterhalt sicherte. Er wurde sorgfältig geplant. Voraustrupps markierten den Weg, damit keiner der aus allen Himmelsrichtungen anreisenden Kombattanten das Ziel verfehlte. Der Überfall oder der Einbruch selbst liefen nach einem festen Ritual ab. Der Chef hatte die schwierigsten Aufgaben zu erfüllen. Nach vollbrachter Tat wurde wiederum nach festen Regeln geteilt. Wer betrog, mußte mit harten Strafen, in Ausnahmefällen sogar mit dem Tod rechnen. Für den Verkauf der gestohlenen Waren sorgten die Scherfenspieler oder Hehler, die den Räubern allerdings nur einen Bruchteil des tatsächlichen Wertes auszahlten.

Der Hehler konnte gleichzeitig der Wirt eines »kochemer Bayes« sein, also eines »ganz normalen« Gasthauses, das auch Räubern als gut getarnter Unterschlupf diente. Nur Eingeweihte wußten um das Geheimnis dieser Diebsherbergen, die fast über ganz Deutschland verteilt lagen und zum Teil sogar durch ein spezielles Straßennetz (mit geheimen Fährverbindungen über die Flüsse) miteinander verbunden waren. Räuber auf der Flucht konnten in den kochemer Bayes immer ein sicheres Versteck finden – zumindest solange der Wirt noch nicht enttarnt war. Wem der Boden dennoch zu heiß wurde, der wußte sich in Eckardroth, einem kleinen Ort am Rande des Vogelbergs, sicher. Hier trafen sich die großen Räuber. Schutz und falsche Papiere gewährte der bestechliche Amtmann, der erst 1802 abgesetzt wurde.

Die Gesellschaft der Kochemer hatte im Laufe der Jahrhunderte fast alle Lebensbereiche in ihrer Richtung ausgeformt. Der Kontakt zu den »Wittischen«, also den »Nicht-Kochemeren«, blieb, wenn man von Raub und Gefangenschaft absieht, im wesentlichen den Hehlern und Diebswirten vorbehalten. Die Räuber verständigten sich entweder mit optischen Zeichen, den Zinken, oder mit einer eigenen Sprache, dem Rotwelschen, das nur die

Satzstellung des Deutschen beibehielt. Die Wörter stammen meist aus dem Jiddischen und aus der Zigeunersprache. In der »kochemer Pädagogik«, die die Kinder der Räuber auf ihre spätere Laufbahn vorbereitete, nahm das Erlernen des Rotwelschen und der Zinken einen entscheidenden Platz ein. Dagegen scheint der teilweise geradezu blasphemische Umgang mit christlichen Symbolen darauf hinzudeuten, daß die Religion oder religiöse Gefühle in den »christlichen« Banden keine Rolle spielten; Pfarrer und Kirchen wurden sogar außergewöhnlich gern überfallen. Hier bilden allerdings die jüdischen Räuber eine Ausnahme. Sie lebten in der Regel im Familienverband und befolgten die religiösen Gesetze sehr genau. Die Frauen blieben bei ihnen deshalb auch in ihrer untergeordneten Stellung, während sie in »christlichen« Banden (wenn sie nicht gar selbst mitraubten) wichtige Aufgaben übernehmen konnten. Nicht wenige Ausbrüche aus Gefängnistürmen verdankten ihren Erfolg weiblicher Vorarbeit. Die »Schiksen« blieben zwar ihren »Kaffern« zu Gehorsam verpflichtet, aber, so Herbert Bald und Rüdiger Kuhn in ihrem Buch über die Spessarträuber, »andererseits suchten die Gauner ihnen auf alle Weise nachzugeben und zu schmeicheln, hauptsächlich aus Angst vor Denunziation. Dies und die wichtigen infrastrukturellen Funktionen, die die kochemer Schiksen im Geschäftsleben ihrer Kaffer erfüllten, gewährten ihnen im Vergleich zu ihren wittischen Geschlechtsgenossinnen mehr Freiräume und machten sie selbstbewußt, so daß sie zuzeiten auch ungebunden umherzogen und ihre Kaffer frei auswählten.«

Mit der Reorganisation des Justizwesens unter französischer Führung nach dem Wetzlarer Kongreß vom Januar 1801, mit der Möglichkeit, auch grenzübergreifend aktiv werden zu können, und nicht zuletzt durch ein wirksameres System der Prävention und der Gegenwehr wurde den rheinischen Banden die Existenzgrundlage entzogen. Spezielle Streifzüge von Militär und Gendarmerie brachten eine immer größer werdende Zahl von Räubern in die Gefängnisse, die damals noch in einem jämmerlichen und menschenunwürdigen Zustand waren. Die Strafjustiz bot in den meisten kleinen Herrschaften ein desolates Bild. Um die Prozeß- und Haftkosten zu sparen, wurden die Aufgegriffenen oft nur gebrandmarkt und abgeschoben, falls der äußerst schlecht bewachte Transport überhaupt vollzählig die Grenze erreichte.

Dagegen waren die Ideen der Aufklärung bei den Verhörmethoden, beim Prozeß, bei der Strafzumessung und beim Vollzug des Urteils nicht folgenlos geblieben. Die Entwicklung verlief aber zunächst ambivalent, wie Katrin Lange in ihrer Arbeit über die Räuberbanden des 18. und frühen 19. Jahrhunderts bemerkt.

»Zwar sorgte die allgemeine Humanisierungstendenz für eine Abkehr von den grausamen, auf den Körper des Delinquenten gerichteten Elementen im Strafvollzug. Die Folter sowie die Qualifizierungen der Todesstrafe wurden abgeschafft, die Vollstreckung der Leibesstrafen und der Hinrichtungen eingeschränkt und stattdessen das System des Freiheitsentzugs ausgebaut. Parallel dazu verliefen Bemühungen zur Resozialisierung des besserungsfähigen Delinquenten nach Verbüßen der Strafe. In der Praxis ließen sich die fortschrittlichen Prinzipien jedoch nicht dauerhaft realisieren. Im Verhör traten an die Stelle der Folter subtilere psychologische Methoden der übermächtigen Untersuchungsrichter. Da jeder staatliche Eingriff in die Persönlichkeit des Täters als gravierende Kompetenzüberschreitung erschien, verwandelte sich der Strafvollzug in eine reine Tatvergeltung.«

Im Mittelpunkt des Verhörs stand das Geständnis des Delinquenten, ohne das keine Verurteilung möglich war. Aber wer dem Druck des Untersuchungsrichters erst einmal nachgegeben hatte, der mußte mit dem Schlimmsten rechnen.

So endeten auch in aufgeklärten Zeiten zahlreiche Räuber auf dem Schafott oder in Zuchthäusern; die übriggebliebenen schlossen sich bereits bestehenden Gruppierungen an oder gründeten neue Banden. Sie brachten ihre Erfahrungen ein, aber die Zeit für gewaltsame Einbrüche mit dem Rennbaum und Überfälle auf Postkutschen neigte sich ihrem Ende.

Die letzten, die in Hessen noch so vorgingen, waren die Räuberbanden im Spessart, im Odenwald, im Vogelsberg, in der Wetterau und im Bergland um Marburg und Kassel. Über ihre Aktivitäten sind wir heute genau informiert, und zwar aus Verhörprotokollen, die die untersuchenden Richter in bearbeiteter Form als Bücher herausgebracht haben: Ludwig Aloys Pfister in Heidelberg, Friedrich Ludwig Adolf von Grolman in Gießen, Carl Friedrich Brill in Darmstadt und Carl Philipp Theodor Schwencken in Kassel.

Diese Form der Berichterstattung hat Vor- und Nachteile zugleich. Authentischer sind Beschreibungen von Räubern und ihren Banden nicht möglich. Andererseits zeigen diese Erzählungen auch deutlich eine subjektive Färbung, die besonders in moralischen Urteilen zum Ausdruck kommt. Es ist die Sichtweise der Obrigkeit. Aber nicht mehr der unmittelbare Vernichtungswille bestimmt die Berichte. Oft ist Verständnis zu spüren für die straffällig gewordenen Menschen, die nach dem Motto der Bremer Stadtmusikanten leben mußten: »Etwas besseres als den Tod finden wir allemal.«

Die letzten großen Räuberbanden in Hessen waren immer stärker darauf angewiesen, auch Dinge des täglichen Bedarfs und vor allem Nahrungsmittel zu stehlen. Nur selten gelang es ihnen noch, eine größere Geldsumme zu erbeuten. Eine spektakuläre Ausnahme war der Postraub in der Subach, den 1822 verzweifelte Einwohner des kleinen Dörfchens Kombach bei Biedenkopf zunächst erfolgreich ausführten. Aber die verfeinerten Methoden der Justiz ließen ihnen keine Chance.

Die organisierte Bandenkriminalität konzentrierte sich mehr und mehr auf den Diebstahl bei Messen und Jahrmärkten, gegen die auch eine gut gerüstete Polizei nur wenig auszurichten vermochte. Beispiele dafür finden sich in dem Katalog der Gaunertricks, den der Frankfurter Polizeibeamte Georg Wilhelm Pfeiffer zusammenstellte.

Je mehr die reale Bedrohung durch die Räuberbanden schwand, um so stärker wurde das Bedürfnis, gerade in bürgerlichen Kreisen, große Räubergestalten zu verklären. Das beste Beispiel dafür ist Johannes Bückler, der als Schinderhannes bis heute den Ruf hat, er habe den Reichen nur genommen, um den Armen zu geben – was nicht einmal im entferntesten die Wahrheit trifft.

Und wer gegen Ende des 19. Jahrhunderts noch immer keinen richtigen Räuber hatte, der machte sich kurzerhand einen, so wie die Wiesbadener, die ihren Heinrich Anton Leichtweiß zum großen Helden stilisierten.

Die Gefangennahme des Johannes Bückler, genannt Schinderhannes, am 31. Mai 1802 bei Wolfenhausen

(Anton Keil)

Phantasieanregend ist es immer, wenn man nicht alles über einen Helden weiß. Auch das Leben des Schinderhannes hat einige dunkle Flecken, die zum Spekulieren herausfordern, z. B. seine Frauengeschichten, über die er sich vor Gericht beharrlich ausschwieg. Man kann aber auch schon früher ansetzen. So tobt immer noch ein Streit über das genaue Geburtsdatum des Räubers. Die Vermutungen reichen von 1777 bis 1783, wobei als wahrscheinlich 1779 oder 1780 gelten. Festzustehen dagegen scheint der genau Geburtsort, nämlich das Dörfchen Miehlen bei Nastätten. In dem Flecken, der damals gemeinschaftlich den Grafen von Nassau-Usingen und Nassau-Weilburg gehörte, steht noch heute das schmale Geburtshaus, in dem der aus dem Saargebiet stammende Abdecker (Schinder) Johann Bückler mit seiner Frau Anna Maria und ihren Kindern lebte. Der Vater ging aber wohl schon bald nach der Geburt seines kleinen Johann auf das linke Ufer und ernährte seine Familie mehr schlecht als recht mit Arbeiten als Feldhüter und Tagelöhner in Kirschweiler.

Schinderhannes selbst verstand es später geschickt, immer wieder die Grenzen zwischen Dichtung und Wahrheit zu verwischen. So wurden schon zu seinen Lebzeiten Anekdoten von ihm erzählt, die ihn zum Freund und Rächer der Armen stilisierten. Inwieweit diese Schilderungen dem tatsächlichen Geschehen entsprachen, läßt sich heute kaum oder gar nicht mehr feststellen. Sicher dagegen ist, daß Johann Bückler die Public Relations in eigener Sache glänzend beherrschte. Er suchte die öffentlichen Auftritte förmlich, war allgegenwärtig, aber für die Häscher doch nicht greifbar. Jeder mußte jederzeit mit ihm rechnen.

Und er wußte genau, was ihn beim einfachen Bauern oder Handwerker, beim Tagelöhner oder Knecht beliebt machte: die Attacken gegen die französische Besatzungsmacht und gegen jüdische Kaufleute.

Nun war es keineswegs so, daß die Französische Revolution mit ihren Idealen »Freiheit, Gleichheit, Brüderlichkeit« in Deutschland keine Sympathien gefunden hätte. Ganz im Gegenteil. Als die französischen Revolutionstruppen in das linksrheinische Gebiet einmarschierten, konnten sie noch mit Sympathien bei der Landbevölkerung und dem städtischen Kleinbürgertum rechnen, richtete sich doch ihr Vorstoß auch gegen die Macht des Adels und des Klerus. Aber der damals gültige Grundsatz, daß eine Armee aus dem Land leben müsse, das sie besetzt habe, ließ bei den Betroffenen das anfängliche Wohlwollen bald in Skepsis oder sogar offenen Haß umschlagen. Hinzu kam, daß es in weiten Bevölkerungskreisen tiefverwurzelte Vorbehalte gegen den »Erbfeind« Frankreich gab, die durch die Angliederung der linksrheinischen Gebiete an die junge Republik noch verstärkt wurden.

Diese Stimmung machte sich Schinderhannes zunutze. Er stilisierte einen Pferdediebstahl zum Widerstandsakt und ließ sich gern als »Franzosenfresser« feiern. Deshalb hatte er später große Angst, an französische Behörden ausgeliefert zu werden; er wäre lieber auf der rechten Rheinseite vor Gericht gestellt worden, weil er dort mit entsprechenden Ressentiments hätte rechnen können.

Daneben operierte Bückler sehr geschickt mit dem in weiten Bevölkerungskreisen verbreiteten Haß gegen Juden, obwohl er selbst kein Antisemit war. Selbstverständlich gehörten auch Juden zu seiner Bande, und mehr als einmal hat Schinderhannes mit jüdischen Räubern zusammengearbeitet. Erinnert sei nur an den großen Überfall von Würges, bei dem er sich dem berühmten Picard unterstellte (wir werden darauf im Kapitel über die rheinischen Räuberbanden noch zurückkommen). Auch die Hehlerdienste übernahmen oft jüdische Händler.

Wenn sich also Schinderhannes bei seinen Überfällen auf jüdische Kaufleute (aber natürlich auch nicht nur auf diese) konzentrierte, dann hatte das handfeste Gründe:

Da es damals noch keine Banken und keinen geordneten Geldverkehr gab, waren jüdische Kreditgeber und Händler gerade in ländlichen Gebieten von überragender Bedeutung. Wer auf sein eigenes Risiko Geld verlieh, der wollte Sicherheiten und Zinsen haben, zumal in den meisten deutschen Staaten neben anderen Abgaben von Juden noch ein sogenannter »Leibzoll« zu entrichten war. Die Juden waren also einerseits aufgrund der Eintreibung von Zinsen bei der Landbevölkerung unbeliebt, andererseits hatten sie öfter als andere Bargeld dabei oder im Hause – und wurden damit zu beliebten Opfern für Räuber.

»Die Judenfeinde«, schrieb Heinrich Graetz 1923 in seiner »Volkstümlichen Geschichte der Juden«, »verallgemeinerten die Vergehungen einzelner Juden, übertrieben die Leiden der zur Zahlung gezwungenen christlichen Schuldner und stempelten sämtliche Juden als Wucherer und Blutsauger. Geistig und staatlich geknechtet, wie die Deutschen waren, schien ihnen die Knechtung und Verachtung der Juden ein Trostmittel zu sein. Sie konnten

sich frei fühlen, weil sie unter sich noch eine Klasse von Menschen erblickten, die sie ungestraft höhnen und mißhandeln durften.«

Auch Schinderhannes konnte damit rechnen, daß Überfälle auf jüdische Kaufleute und Händler nicht mit der gleichen Intensität verfolgt wurden wie auf christliche Müller, Bauern oder Krämer. Es gibt sogar Hinweise in den Akten, daß er gelegentlich auf ein gewisses Wohlwollen auf Seiten der Ordnungskräfte zählen konnte. So überrascht es nicht, daß sich 20 von 53 ihm zur Last gelegten Straftaten gegen Juden richteten. Bei der antisemitisch eingestellten Landbevölkerung, die in den meisten Juden keine Mitbürger, sondern Betrüger sah, machte sich Schinderhannes dadurch beliebt.

Mit ihren langsam einsetzenden und zunächst undifferenzierten Gegenmaßnahmen vergrößerten die französischen Behörden eher die Popularität des Räubers, der gerade dabei war, durch die Brutalität und Willkür seiner Überfälle zumindest einen Teil seines Glanzes einzubüßen. Am 7. Dezember 1800 erklärte der Generalkommissar Jollivet in Mainz, daß die Bande vor ein Kriegsgericht gestellt werden solle. Damit erhielt die weitverbreitete Überzeugung, Schinderhannes sei ein Franzosenfeind und Rebell, neue Nahrung.

Als alle Bemühungen, die Bande hinter Schloß und Riegel zu bringen, nicht zu greifbaren Ergebnissen geführt hatten, erließ der Präfekt des Departements vom Donnersberg, Jeanbon Saint-André, am 11. Mai 1802 in Mainz einen Steckbrief gegen den »berüchtigten Räuber Johannes Bückler«. Einen Tag später reagierte auch der französische Polizeiminister Fouché und veröffentlichte eine »Schinderhannes-Note«, in der er die Länder der rechten Rheinseite zum gemeinsamen Vorgehen aufforderte. In dieser Note wurde Schinderhannes zum Synonym für alle Räuber, die damals im Rheinland, in Hessen und Franken ihr Unwesen trieben. Fouché hatte den Namen gewählt, der am bekanntesten war – ein deutliches Indiz dafür, wie berühmt der kleine Räuberhauptmann unterdessen war. Daß es sich bei Schinderhannes um einen kleinen Räuberhauptmann handelte, steht außer Frage. Im Vergleich zu den Anführern der großen niederländischen oder der anderen großen rheinischen Banden, die in straffer Organisation nach einem festgelegten Plan oft über gewaltige Entfernungen operierten, war Schinderhannes nur eine lokale Größe. Hunsrück, Soonwald und Taunus blieben seine in der Regel wenig lukrativen Wirkungsstätten. Kam es zur Zusammenarbeit mit den Niederländern, wie bei dem schon zitierten Postraub von Würges, trat Schinderhannes zwar selbstbewußt auf, ordnete sich aber dem Oberbefehl des Erfahreneren unter.

In der Mainzer Voruntersuchung, die Johann Wilhelm Wernher leitete, gab

Schinderhannes bereitwillig Auskunft und verriet seine Komplizen, weil er hoffte, sich dadurch für eine Begnadigung zu empfehlen. Das entsprechende Gesuch wurde später von Napoleon allerdings, wie nicht anders zu erwarten war, abgelehnt. Die Offenherzigkeit des Räuberhauptmanns, die nicht durch Folter oder Androhung von Mißhandlungen erzwungen wurde, ist vielen seiner Komplizen teuer zu stehen gekommen. Schließlich mußten 68 Angeklagte vor Gericht.

Waren schon vor dem Prozeß gegen die Bande des Schinderhannes zahllose Schriften, Flugblätter und Zeitungsartikel erschienen, die die erwartungsvolle Stimmung weiter anheizten, so wurde der Prozeß, der am 24. Oktober 1803 unter dem Vorsitz von Georg Friedrich Rebmann begann, vollends zum Spektakel. In den Akademiesaal des Kurfürstlichen Schlosses in Mainz fand nur Einlaß, wer eine Eintrittskarte besaß. Diese wiederum war lediglich für einen Tag gültig, um die Neugier möglichst vieler Schaulustiger zu befriedigen. Schon bald blühte der Schwarzmarkt. Ein Mainzer Künstler, Karl Mathias Ernst, erhielt die Erlaubnis, Porträts der Angeklagten anzufertigen, die reißenden Absatz fanden. Als das Gericht am 19. November 1803, kurz nach Mitternacht, das Urteil sprach, waren insgesamt rund 400 Zeugen gehört worden. Rebmann hatte sich bemüht, einen auch nach unseren Maßstäben rechtsstaatlichen Prozeß zu führen. Wer nicht eindeutig überführt werden konnte, ging straflos aus. So sind die zwanzig Freisprüche zu erklären. Da das französische Recht nicht nur für Mord, sondern auch für Raubüberfälle die Todesstrafe vorsah, mußten Schinderhannes und neunzehn seiner Mitangeklagten den Weg zur Guillotine antreten. Öffentliche Hinrichtungen waren in Mainz selten. Das steigerte die Spannung in der Bevölkerung. Außerdem sollte man zum ersten Mal das Teufelsgerät in Aktion sehen, das die Französische Revolution so berüchtigt gemacht hatte.

Von allen Seiten strömten am 21. November 1803 die Menschen zum Richtplatz. Sie kamen zu Fuß, zu Pferd, in Kutschen und sogar zu Schiff auf Main und Rhein.

Das Interesse an Schinderhannes ist seit dieser Zeit nicht erlahmt. Lieder entstanden, große Balladen, Moritaten, sogenannte Volksbücher, Erzählungen, Romane, Bühnenstücke und nicht zuletzt Filme, die zum Teil sehr populär wurden.

Der erste, der dem Schinderhannes-Kult energisch entgegenzusteuern versuchte, war Johann Nikolaus Becker. Über sein Leben ist recht wenig bekannt. 1773 in Beilstein geboren, promovierte er in Göttingen zum Doktor der Rechte und kam über Wetzlar, Wien, Berlin und London als Friedensrichter in den Kanton Kirn. Seit 1802 war er Sicherheitsbeamter des Bezirks

Simmern. »Er war einer von den Männern«, schreibt Anton Keil (von dem weiter unten noch ausführlich die Rede sein wird), »welche Jeanbon Saint-André zur Ausrottung der Bande des Schinderhannes ausersehen hatte; er hat vollkommen dem ihm bewiesenen Zutrauen entsprochen und wegen seiner der öffentlichen Sicherheit geleisteten Dienste ein besonderes Belobigungsschreiben von dem Justizminister erhalten.«

Becker wirkte maßgeblich an der Verhaftung von Mitgliedern der Schinderhannes-Bande mit, die zu einem großen Teil aus den Gegenden um Kirn und Simmern stammten. Dort fanden auch die ersten Überfälle statt, ehe die Räuber ihren Wirkungskreis erweiterten. Becker hatte sich schon früh in den umfangreichen Komplex eingearbeitet und verfolgte den Fortgang der Ereignisse mit großem Engagement. Neben seinem Dienst widmete er sich der Schriftstellerei. Für den »Vossischen Musenalmanach« verfaßte er Gedichte und brachte in unregelmäßigen Abständen Bücher heraus: zunächst »Elegien auf den Tod Leopold des 2ten« (Mainz 1792), dann »Über Mainz, in Briefen an Freund R... Auf einer Rheininsel« (Frankfurt 1792) und »Fragmente aus dem Tagebuch eines reisenden Neufranken, herausgegeben von seinem Freunde B.« (Frankfurt und Leipzig 1798; neu herausgegeben von Wolfgang Griep, Bremen 1985). Es folgten historische Werke, wie über den Rastatter Frieden oder die Geschichte der Hochmeister in Preußen, Reiseberichte und juristische Abhandlungen, zuletzt »Der Meuchelmord von Wallhausen« (Koblenz 1806). Er starb am 17. Dezember 1808 durch den Tritt eines Pferdes.

Berühmt gemacht hat Becker seine »Actenmäßige Geschichte der Räuberbanden an den beyden Ufern des Rheins«, die 1804 in zwei Bänden in Köln erschien. Zumindest der erste Teil, der die Moselbande und die Bande des Schinderhannes behandelt, stammt von Becker; Anton Keil, als ehemaliger öffentlicher Ankläger im Roer-Departement zu Köln der kompetenteste Kenner der Szene, streut gelegentlich Fußnoten ein. Beckers Darstellung, die auf den Verhörprotokollen und auf persönlicher Kenntnis beruht, ist auch heute noch – neben den Akten selbst – die wichtigste Quelle für die Forschung. Kein Schinderhannes-Buch ist seither ohne den Rückgriff auf den Text von Becker ausgekommen – nur wurde sein Namen nicht immer genannt. Vor allem die populären Lebensbilder aus dem 19. Jahrhundert sind in der Regel nichts anderes als Neufassungen und Einkürzungen des Becker-Textes.

Neben der auf eigener Erfahrung beruhenden Authentizität der Darstellung (Becker verweist immer wieder auf seine Gespräche mit Schinderhannes und den Bandenmitgliedern) ist es vor allem die bewußt angestrebte Ob-

jektivität, die das Buch auszeichnet. Becker läßt zwar keinen Zweifel daran, daß er auf der Seite der Staatsmacht (und damit für ihn auch auf der Seite des rechtschaffenen Bürgers) steht, aber er hält sich mit jeder Polemik oder übertriebenen Anklage zurück. Er erlaubt sich sogar Kritik an dem Vorgehen Jollivets, die Keil wiederum in einer Fußnote zu relativieren versucht.

Damit wird auch der Zweck dieser Schrift deutlich. Becker will zum einen den Schinderhannes-Mythos entzaubern, aber auch zum anderen mit seinem jederzeit nachprüfbaren und an den Fakten orientierten Bericht ein Gegengewicht schaffen zu den ins Kraut schießenden Kolportageromanen.

Aus Beckers Bericht haben wie eine der von Keil eingestreuten Fußnoten ausgewählt, und zwar die, die sich recht ausführlich mit der Verhaftung des Johannes Bückler im hessischen Wolfenhausen beschäftigt.

Anton Keil, der in Euerdorf bei Bad Kissingen geboren wurde, studierte in Würzburg, wo er mit einer Disputation über die Kantsche Philosophie abschloß. 1786 ging er nach Wien und als die Französische Revolution ausbrach nach Paris. Zur Zeit des Direktoriums war er im Departement der auswärtigen Angelegenheiten angestellt. 1796/97 begleitete er als Commissaire des belles lettres die Armee Jean-Baptiste Jourdans bis nach Franken und übernahm danach die Professur für Gesetzgebung an der Zentralschule in Köln. Nach seiner Zeit als öffentlicher Ankläger, spätestens 1804, wurde er unter Napoleon Kaiserlicher Prokurator und damit der wichtigste Repräsentant des französischen Staates in Köln.

Als die alliierten Truppen auf Köln vorrückten, zog sich Keil mit den wichtigsten Dokumenten und Akten in das Innere Frankreichs zurück und arbeitete als Agent für die niederländische und Frankfurter Kaufmannschaft.

Als Jurist und Verwaltungsbeamter hat Keil eine Reihe von Büchern herausgebracht, vor allem das zusammen mit P.C. Reinhard verfaßte »Handbuch für Maires, Adjuncten, Policeibeamten, Municipialräthe, Contributionsempfänger etc.« (Köln 1803), das mehrere Auflagen erlebte. Von ihm stammt auch eine Biographie des Doppelmörders Peter Joseph Schöffer (Köln 1804), den er überführt hatte. Daneben erläuterte er Rechtsvorschriften und übersetzte juristische Titel aus dem Französischen.

Keils Bericht über die Gefangennahme des Johannes Bückler am 31. Mai 1802 ist, wie Ernst Erich Metzner in seinem »Schinderhannes-Aufsatz« (Wolfenhausen. Ein Dorf und seine Leute, Rüsselsheim 1993, S.314-329) schreibt, sicherlich »die genaueste, zuverlässigste, aber doch auch noch parteiischste Darstellung« – und die detaillierteste. Sie wurde in allen wichtigen Punkten von der Aussage Bücklers bestätigt. Schinderhannes, der mit seiner Bande vor allem linksrheinisch operierte (auf seine rechtsrheinischen Aktivitäten werden wir im folgenden Kapitel näher eingehen), wurde, Ironie der Geschichte, ganz in der Nähe seines (rechtsrheinischen) Geburtsortes festgenommen, gerade als er sich vom Räuberhandwerk lossagen wollte.

»Wir glauben die Geschichte der Gefangennehmung des Schinderhannes hier etwas umständlich anführen zu müssen, weil dem Publikum so viel Unwahres hierüber mitgeteilt worden ist. Man verdankt dieses wichtige Ereignis den vortrefflichen Maßregeln, welche Jeanbon Saint-André genommen hatte. Schinderhannes, auf dem linken Rheinufer sehr in die Enge getrieben, hatte es für notwendig gefunden, sich in seine Schlupfwinkel des rechten Rheinufers zurückzuziehen. Jeanbon Saint-André hatte von uns einen ausführlichen Bericht über den Zustand der Polizei in den angrenzenden deutschen Ländern gefordert; wir sagten in demselben die Wahrheit, die ganze reine Wahrheit; die strafbare Schläfrigkeit manches deutschen Beamten wurde gerügt, und die Verbindungen des Schinderhannes und der großen Räuberbande in Deutschland wurden bestimmt bezeichnet. Dieser Bericht wurde der französischen Regierung vorgelegt und unsere Mission in Deutschland beschlossen. Der Minister der auswärtigen Angelegenheiten trug dem Residenten der Republik in Frankfurt auf, in einer Note die benachbarten Reichskreise einzuladen, uns mit allen ihren Kräften während unserer Sendung zu unterstützen. Diese Note, welche bittere Vorwürfe enthielt, in welcher aber auch einige Punkte unseres Berichtes etwas unrichtig ausgezogen (wiedergegeben, d. Hg.) waren, machte große Sensation in Deutschland; an die untergeordneten Beamten ergingen die strengsten Befehle in betreff der Streifzüge und der Aufsicht über das herumziehende Gesindel. – Die Räubereien zu Hundsangen, Daisbach, Breitenau, Hillscheid und Würges hatten zwar die Konvention von Wetzlar vom 28. Januar 1801 veranlaßt, aber es schien, als wenn die heilsamen in diesem Akte verabredeten Maßregeln nicht mehr pünktlich ausgeführt würden. Obige Note gab denselben wieder neues Leben. In den Rheingegenden wurden wieder beinahe alle Tage sowohl einzelne als allgemeine Streifzüge vorgenommen.

Den 31. Mai 1802 (11. Prairial J.X.) durchstreifte Herr Fuchs, Kurtrierischer Hofgerichtsrat und Amtsverwalter zu Limburg an der Lahn, ein äußerst tätiger Beamter, morgens bei Tagesanbruch mit einem Kommando von Niederselters aus die Gegend von Hausen, Eisenbach und Haintchen. Als er ungefähr noch eine Viertelstunde von Wolfenhausen war, sah er 300 Schritte links neben der Straße einen Menschen aus einem Kornfeld herausgehen, der ihm fremd zu sein schien. Er betrachtet ihn aus dieser Entfernung, läßt das Kommando halten, nimmt den Stadtmüller von Niederselters mit sich und reitet auf den fremden Menschen zu. Er nähert sich ihm bis auf zehn Schritte, winkt ihm heranzukommen. Der Fremde folgt mit Anstand. Er war gut gekleidet, hatte einen runden Hut auf, die vorderen Haare hingen die Stirn herab bis auf die Augen, die hinteren Haare waren in einem kurz gestutzten Zopf gebunden, der Backenbart lief ihm von den Ohren unter dem Kinn bis an den Hals fort. – Er trug ein mehr gräuliches als hellblaues kurzes Kamisol (Wams, Unterjacke, d. Hg.), lange schließende Hosen von hellblauem Tuch mit weißen runden Knöpfen, zwischen den Beinen mit schwarzem Leder ausgeschlagen, Schuhe und eine schwarze Fuhrmannspeitsche mit rotem Leder am Stiel gestickt. – Herr Fuchs fragte den Fremden, wo er her wäre und was er hier zu tun hätte; er antwortete, er sei aus der Weilbach und wolle zu Wolfenhausen Ziegel kaufen, dort oben, auf einen Ort hinzeigend, habe er seine Fuhr stehen. »Wenn Ihr Ziegel in Wolfenhausen habt kaufen wollen«, erwiderte ihm der Amtsverwalter, »so wird Euch auch der Ziegler kennen, kommt also mit, und wenn der Ziegler Euch kennt, so entlasse ich Euch wieder.« Hierüber wurde der Fremde etwas betroffen, aber noch betroffener wurde er, als Herr Fuchs ihn um seinen Paß fragte. »Ich habe keinen nötig, weil ich in dieser Gegend zu Hause bin«, war seine Antwort. Der Amtsverwalter faßte ihn hierbei scharf ins Auge, merkte deutlich seine Verlegenheit, ergriff ihn mit dem Stadtmüller unter dem Ausruf: »Ihr seid ein Spitzbube« und übergab solchen dem auf sie wartenden Streifkommando. Kaum war der Gefangene bei demselben angelangt, so zog er eine gelbe Tabatiere heraus und präsentierte den Soldaten öfters Tabak, und nahe an Wolfenhausen sagte er leise zu einem derselben: »Wenn du mich entspringen läßt, so gebe ich dir ein gutes Trinkgeld.« Dieser aber antwortete. »Es hilft dir nichts, wenn ich dir Luft mache, denn alle meine Kameraden haben scharf geladen.« Der Fremde wurde nun nach Wolfenhausen geführt, wo sich der Wiedrunklische Leutnant mit seinem Streifkommando befand; dieser erkannte den Gefangenen für denselben, der ihm kurz vorher entsprungen war; er verlangte daher und erhielt die Überlieferung desselben. Der Leutnant ließ ihn binden und nach Runkel führen, wo der Fremde sich unter dem Namen Jakob Schweikard bei einem kaiserlichen Werber hat engagieren lassen; dieses Los hätte ihn vielleicht ohnehin nach dem 10. Art. der Konvention von Wetzlar getroffen.

Als Jakob Schweikard schon einige Tage in dem kaiserlichen Werbhaus zu Limburg, wohin er von Runkel abgeführt worden, bewacht und nicht mehr als jeder andere Rekrut eingeschränkt war, entdeckte am 8. Juni (19. Prairial) Johann Adam Zervas aus der langen Hecke (ein Ort, wo sich immer Raubgesindel aufzuhalten pflegte) dem Amtsverwalter Fuchs, daß der Jakob Schweikard der berüchtigte Schinderhannes sei; der Vertraute riet zu gleicher Zeit, seinen Bruder, den Rekruten Johann Georg Zervas und dessen Beischläferin, die sogenannte Liesel, Schwester des schwarzen Christian Reinhard, der gleichfalls Rekrut war, über die Person des Jakob Schweikard zu vernehmen. Herr Fuchs und der kaiserliche Hauptmann Schäfer vernahmen diese zwei Personen über diese wichtige Entdeckung. Die Angabe des Adam Zervas wurde bestätigt, und als man noch das Signalement des Schinderhannes, welches wir in den Kölnischen Beobachter nebst Notizen über denselben hatten einrücken lassen, dieses Blatt in der Hand, mit der Person des Jakob Schweikard verglich und jenes sehr genau auf den Rekruten paßte, so war man überzeugt, den berüchtigten Räuber zu besitzen.

Man traf nun sogleich alle Anstalten, um seine Entweichung unmöglich zu machen. Der verkappte Schweikard wurde unter dem Vorwand geschlossen (in Ketten gelegt, d. Hg.), daß er desto sicherer in das Werbhaus nach Frankfurt gebracht werden könnte. Man ließ auch noch den Rekruten Ebel schließen, um den ersten nicht auf den Gedanken zu bringen, daß er erkannt wäre. Schweikard glaubte, der Hauptmann befürchte seine Desertion; er bot ihm daher zur Sicherheit einen Gürtel mit Geld an, den er um den Leib trug und in welchem sich hundert und einige Gulden befanden. Allein dies Anerbieten wurde nicht angenommen. Während man ihm die Ketten anlegte, fragte er, ob auch der schwarze Christian geschlossen würde, und als man ihm diese Frage mit Nein beantwortete, brach er in ein lautes Gelächter aus. Der schwarze Christian wurde gleichwohl noch denselben Abend in Ketten gelegt, der Rekrut Ebel aber entfesselt.

Den 10. Juni (21. Prairial) wurde Schinderhannes nebst anderen Rekruten unter Begleitung des kurtrierischen Militärs und mehrerer Limburger Jagdliebhaber nach Wiesbaden transportiert. Als er zu Kirberg ankam, wurde er fester an seinen Kameraden, den schwarzen Christian, angeschlossen, bei welcher Operation dieser letztere sehr tumultierte. Schinderhannes blickte gedankenvoll unter sich und sprach nur selten etwas; nur als einer der Limburger Freiwilligen, der Handelsmann Verhofer, sich vor ihn hinstellte und ihm starr ins Gesicht sah, wurde er unwillig und fragte denselben mit festem Ton: »Herr! Bin ich Ihm etwas schuldig, daß Er mir so ins Gesicht schaut?«

Auf der sogenannten Platte, eine Stunde vor Wiesbaden, nahm eine Kompanie Jäger den Transport in Empfang. In Wiesbaden bot die Beischläferin des Schinderhannes dem kaiserlichen Feldwebel Wagner drei Caroline an, um ihren Mann nicht durch Kassel-Mainz (Mainz-Kastel, d. Hg.) zu transportieren. Schinderhannes selbst bemerkte, er habe eine große Furcht vor den Franzosen, von denen gewiß einige in Kassel sein würden. Als unser Held von Wiesbaden abgeführt wurde, rief er im tiefsten Schmerz aus: »O weh! Nun bin ich verloren!« Der an ihm geschlossene Christian sang aber laut: »Ha! Ha! Haben wir dich einmal!«

Den 12. Juni (22. Prairial) kam Schinderhannes in dem kaiserlichen Werbhaus zu Frankfurt an, den 14. wurde er in Begleitung von mehr als zwanzig Soldaten auf das Kriminalamt gebracht, wo er seinen wahren Namen und einen großen Teil seiner Verbrechen sogleich eingestand und nur bat, ihn nicht auf das linke Rheinufer auszuliefern. Allein der Frankfurter Magistrat übergab ihn den 16. Juni morgens um vier Uhr den französischen Gendarmen, die ihn nach Mainz transportierten. Mit Schinderhannes saßen auf dem Wagen seine Maitresse, der schwarze Christian, ein Jude von Rödelheim namens Amschel und der berüchtigte Räuber Fetzer. An dem Wagen wollte das eine Rad unterwegs nicht mehr fort. Es stockte. »Sieh doch, Kamerad!« sagte Fetzer. »So ist es auch mit unserm Lebensrad, mir dünkt, es ist ins Stocken geraten und will nicht mehr fort.« – »Geh, geh«, antwortete Schinderhannes, »was wird's viel sein; mit sechs, acht Jahren Galeere hoff' ich durchzukommen.« – »Ich nicht«, erwiderte der tiefer blickende Fetzer, »ich glaube, es geht uns beiden um den Kopf.«

Seine Gefangennahme hat Johannes Bückler auch selbst geschildert, und zwar in dem Verhör durch die Mainzer Richter. Das Protokoll, aus dem wir im folgenden zitieren, wurde 1989 von Helmut Mathy wieder veröffentlicht (Der Schinderhannes, Mainz 1989).

»Nach der Geschichte zu Otzweiler ging ich für das erstemal über den Rhein; ich machte auf dem andern Ufer die Bekanntschaft der Diebe von der Niederländer Bande und anderer Leute dieses Schlags.

Ich trieb das Gewerbe eines Markt-Krämers unter dem Namen Jakob Ofenloch längs der Bergstraße, in der Wetterau, an der Lahn und in dem sogenannten Maingrund; ich verkaufte allda die Waren, welche ich auf dem linken Rheinufer raubte, und kaufte deren noch von Zeit zu Zeit in Frankfurt; als aber meine Gelder erschöpft waren, kam ich auf das linke Rheinufer zurück, um mir frische zu verschaffen. Ich bekenne, daß ich Strafe für alle diese Verbrechen verdient habe; aber man wird mir doch keine Grausamkeit vorwerfen können, und wenn meine Mitschuldigen deren begangen haben, so tat ich alles, was von mir abhing, um sie davon abzuhalten.

Lange Zeit nährte ich schon die Hoffnung in mir, dieses schimpfliche

Leben endlich zu verlassen, und Bürger Lichtenberger, Inspektor der Salinen in Münster, wird bescheinigen können, daß ich mich an ihn gewendet habe, um zu wissen, ob kein Mittel für mich wäre, in die menschliche Gesellschaft zurückzukehren. Als ich sah, daß mir alle Hoffnung zur Rückkehr untersagt war, so war mein Vorsatz, das linke Rheinufer zu verlassen und mich in Deutschland anwerben zu lassen. Um dieses Vorhaben zu bewerkstelligen, begab ich mich wirklich auf das rechte Ufer. Ich wollte mich von meinen Waren machen und sie in dem Runkelschen Lande verkaufen; ich wurde hinausgeführt; ich kehrte wieder dahin zurück; man hielt mich an, und bei dieser Gelegenheit erklärte ich meinen Willen, unter den kaiserlichen Truppen zu dienen. Man übergab mich den in Limburg gelegenen kaiserlichen Werbern; es entdeckte jemand meinen wirklichen Namen, man führte mich nach Frankfurt, da gestand ich, wer ich war, und dieses veranlaßte meine Auslieferung an die Französischen Behörden.

In dem aufrichtigen Geständnis meiner Verbrechen ersah ich das einzige Mittel, selbige, insoweit es von mir abhing, auszusöhnen und die Übel, welche ich der Gesellschaft zugeführt habe, zu verbessern; ich überlasse denjenigen, die mich urteilen werden, zu erwägen, ob ich dieser Verbindlichkeit, welche ich mir auferlegt, erfüllt habe; und welches auch mein Schicksal sein mag, ich werde mich ihm mit Standhaftigkeit unterziehen; nur zu unglücklich, wenn es mir nicht mehr erlaubt ist, der Gesellschaft durch rechtschaffene Handlungen Unterpfänder der Aufrichtigkeit meiner Reue geben zu können.«

Die großen rheinischen Banden und ihre »hessischen« Aktivitäten

»Beschränkter, schwachsinniger, zaghafter werden sie im Vergleiche die Matadore der Schinderhannes-Bande finden, kleiner, kurzsichtiger, armseliger ihre meisten Einwürfe und Anschläge, geringer, unbeträchtlicher ihre Beute, weniger ausgedehnt ihr Raubtheater, gleichsam das Ganze sich drehend um eine einzige Person: um den Johann Bückler. – Jetzt aber die niederländische Bande. – Ihre Anführer zeigen ein vollendetes Räubergenie; ihre Pläne sind groß, weitaussehend; ihre Räubereien werden nach einer äußerst künstlich ausgedachten Taktik unabweichbar ausgeführt; unermeßlich ist ihre Beute, die sie innerhalb von dreizehn Jahren – so lange kennen wir sie – davonschleppen, verbreitet über eine außerordentliche Strecke, durch drei Reiche hindurch ihr Tummelplatz.«

Vorsichtige Bewunderung klingt aus diesen Sätzen; man würde sie nicht in einem Buch vermuten, das eigentlich dazu gedacht war, Kriminalisten und brave Bürger über die Umtriebe einer weitausgreifenden Räuberbande zu informieren. Aber den Respekt vor einer so perfekten Organisation konnte sich der Autor des zweiten Teils der »Actenmäßigen Geschichte der Räuberbanden an den beyden Ufern des Rheins« nicht versagen. Das Buch ist, wie F.C.B. Avé-Lallamant schon in der Mitte des vorigen Jahrhunderts bemerkte, »die Hauptquelle für die Kenntnis des Räubertums von 1789-1804 und das Ergebnis einer außerordentlich mühsamen und fleißigen Arbeit«. An dieser Einschätzung hat sich bis heute nichts geändert. Was wir über die großen rheinischen Banden wissen, verdanken wir im wesentlichen dieser Darstellung. Sie basiert vor allem auf den Ermittlungsergebnissen des ehemaligen öffentlichen Anklägers im Ruhrdepartement, Anton Keil, der von Köln aus die Aktionen gegen die großen Banden koordinierte und teilweise leitete.

Warum Keil den zweiten Teil der »Actenmäßigen Geschichte« nicht selbst schrieb, sondern, wie es scheint, nur dem nichtgenannten Verfasser die Feder führte, ist heute nicht mehr zu klären. Tatsache bleibt aber – und das geht deutlich aus dem Text hervor –, daß Keil nicht der Autor ist, auch wenn er in verschiedenen neueren Monographien noch so geführt wird. Johann Nikolaus Becker, der für den ersten Teil verantwortlich zeichnete und auch im Titel genannt wurde, könnte auch den zweiten Teil zu Papier gebracht haben. Dafür gibt es einige Indizien. Die intensive Zusammenarbeit zwischen Becker und Keil ist belegt, auch können die beiden in einem Band erschienenen Teile durchaus als ein Ganzes gelesen werden. Verweise sind üblich; Überschneidungen fehlen. Gegen die Autorenschaft von Becker spricht allerdings der Untertitel, in dem der Verfasser als »Mitglied des Bezirks-Gerichts in Köln« bezeichnet wird. Becker war zu diesem Zeitpunkt aber Sicherheitsbeamter des Bezirks Simmern. Es muß also offen bleiben, wer den Text letztlich geschrieben hat. Wichtiger ist allemal der Inhalt, der das authentische Material von Anton Keil ausbreitet. Deutlich wird der Aufbau der großen niederländischen Bande, die sich angesichts der effektiver werdenden polizeilichen Maßnahmen in die rheinischen Banden verzweigte und immer wieder neu konstituierte. Selbst noch lange nachdem die meisten Banden zerschlagen waren, tauchten in allen Teilen Deutschlands einzelne Mitglieder auf, die neue Räuber um sich sammelten.

Der Pate der (als Sammelbegriff gebrauchten) großen niederländischen Bande, der alte Moyses Jakob, saß in Winschoten bei Groningen. Von dort aus zog er die Fäden seines Familienbetriebs; in der Hierarchie standen ihm sein ältester Sohn Abraham sowie seine beiden Schwiegersöhne Jan Bosbeck und Abraham Picard am nächsten. Zu den Hauptleuten der sich in einen brabanter, holländischen, Mersener, Krefelder, Neusser, Neuwieder und westfälischen Zweig teilenden Bande (wobei personelle Überschneidungen durchaus üblich waren) gehörten neben dem unangefochtenen Familienclan Damian Hessel, Adolf Weyers, Carl Heckmann und der gefürchtete Mathias Weber, genannt Fetzer.

Trotz der ganz unterschiedlichen Charaktere hielten sich die einzelnen Räuber an die ehernen Regeln der Bande, die zum größten Teil auf den Erfahrungen von Moyses Jakob beruhten. Wichtigster Grundsatz war, nie in der Nähe des Wohnorts zu rauben, um nicht erkannt zu werden. Jede Stadt, die eine der Banden in ihren Mauern beherbergte, wußte sich also sicher vor Überfällen.

Straff war die innere Hierarchie organisiert. An der Spitze standen die Chefs, die als Zeichen ihrer Würde das Brecheisen trugen. Es folgten die Baldower, die die Gelegenheiten zum Raub auskundschafteten, und die altgedienten Veteranen, auf die sich die Chefs verlassen konnten. Die noch unerfahrenen oder nur für einen bestimmten Raub angeworbenen Jungen bildeten die letzte Klasse. Daneben gab es zahlreiche Hehler und ein dichtes Netz von Diebsherbergen, die durch regelrechte Räuberstraßen miteinander verbunden waren – ganz abgesehen von den beiden Orten Eckardroth und Romsthal, die als »kochemer« galten, also Räuber aufnahmen. Ein Bandenmitglied, das sich auf der Flucht vor der Polizei oder Militär befand, konnte also fast überall einen sicheren Unterschlupf finden. Auch die Überfälle selbst folgten einem festen Reglement und waren dadurch überaus erfolgreich. Die Beute, die ein Schinderhannes in seinen armen Landstrichen machte, fiel dagegen nicht ins Gewicht.

Wir haben aus dem »Zweyten Teil« der »Actenmäßigen Geschichte der Räuberbanden an den beyden Ufern des Rheins« die Passagen ausgewählt, die hessische Orte betreffen.

Es war im Sommer 1799, als in Schupbach, zwei Stunden von Limburg an der Lahn, in den Kochemer Wirtshäusern sich wohl dreißig bis vierzig Räuber versammelt hatten. Picard war unter ihnen. Einem so erfahrenen Räuberhauptmann konnte das Gefährliche nicht entgehen, das darin lag, dreißig bis vierzig Vagabunden ohne gültige Pässe, ohne Zweck des Daseins in einem kleinen unansehnlichen Ort versammelt zu sehen. Er fühlte, wie leicht man in der Nachbarschaft Argwohn schöpfen und mit einem einzigen Streifzug die ganze Bande ausheben konnte; er fühlte es und sprach laut davon. Gleiche Sprache mit ihm führten die übrigen Chefs. Dieses veranlaßte Streit und völlige Trennung. Picard, Mausche Weinjong, ein Fleischmann aus Utrecht, der ausgeschickt worden war, Diebe zu fangen, aber sich diesmal mit ihnen verbunden hatte, Freiem Polack, der dicke Mathies, Leibchen Schloß und Fetzer, die schlimmsten und kühnsten der Bande, gesellten sich zusammen. Ihnen brachte ein alter Jude aus Lauen mit Namen Jakob, dessen junges Weib dafür bekannt war, daß sie eben die Spröde nicht spielte, einen Diebstahl bei einem Schmied in N.N., zwei Stunden von Wetzlar an der Lahn gelegen, an. Der Schmied, so hieß es allgemein, sei der reichste im ganzen Land. Picard und seine Getreuen waren wohl entschlossen, den Coup zu wagen, aber sie waren diesmal alle sehr schlecht mit Schießgewehren versehen, der Schmied ein starker Mann und, wie man leicht denken konnte, nicht ganz ohne Waffen.

Unter solchen Auspizien würden alle anderen den Mut verloren haben, einen gewalttätigen Raub zu unternehmen, nur Picard, nur Fetzer nicht. Versehen mit einer einzigen Pistole, wagten sie den Hauptstreich. Um die gewöhnliche Räuber- und Gespensterstunde, um Mitternacht, zogen Picard, Fetzer, Leibchen Schloß, der dicke Mathies, Freiem Polack und Mausche Weinjong in das Dorf. Sooft sie konnten, feuerten sie mit ihrem einzigen Gewehr und machten dabei einen fürchterlichen Lärm. Diesen desto vollkommener zu machen, warfen sie mit Steinen alle Fenster in der Straße, wodurch sie zogen, und die in der Nähe des Hauses, das sie berauben wollten, lagen, ein. Jedermann wurde hierdurch in Schrecken gesetzt; jedermann wähnte, ein Haufen von wenigstens hundert anwesenden Burschen stürme heran, und so wagte niemand sich aus seinem Schlupfwinkel hervor und dem Schmied zu Hilfe zu kommen. Die Räuber langten vor der Wohnung des Schmiedes an, ergriffen den Rennbaum, sprengten die Tür ein, drangen vor und fanden niemanden als die Magd. Der Schmied hatte sich auf das Dach geflüchtet. Aus der ungeheuren Beute, die die Räuber hier zu finden glaubten, wurden am Ende einige schale Louisdor. So laut und lärmend die Bande eingezogen war, so still und leise schlich sie zurück. Wahrscheinlich mochte dieses Abenteuer und die so ganz unbeträchtliche Beute, die bei aller Gefahr erobert wurde, den nach großen Summen und kühnen wichtigen Unternehmungen lüsternen Picard wieder aus Neuwied verscheucht haben; denn wir sehen ihn kurz darauf wieder dort, wo er bisher sein Wesen getrieben hatte, im Münsterschen.

In diese Epoche greift einer der sonderbarsten Diebstähle ein, der wohl je verübt worden ist. Nur schade, daß Fetzer, der ihn der Länge nach erzählt hat, in Ansehung der Gegend, in der er begangen worden sein soll, in Ungewißheit schwebte – was bei ihm, dessen Gedächtnis mit zweihundert verschiedenen Diebstählen schwanger ging, nur zu leicht geschehen konnte. Die Gegend, die er angibt, ist etwa sechs bis zehn Stunden von Kassel. Die Umstände des Raubes waren folgende.

Waldmann, der sich in der Gegend von Pirmont aufhielt, brachte den versammelten Räubern Afrom May, Michel Romich, Anton Heinze, Veuß Hühnerhund, Afrom Backer und Fetzer einen beträchtlichen Diebstahl in einem Dorf an. Ehe man ihn zu vollführen schritt, wählte man einen General, und das Los fiel auf Fetzer. Unter dessen Kommando zog die Bande in das Dorf und vor das bestimmte Haus, ergriff den Rennbalken und stürmte die Hintertür. Bei allen Diebstählen muß der General voran. Fetzer stürzte dieser Regel gemäß gegen die Stube und warf die Tür mit einem Stoß auf. Wer malt sein Erstaunen, als er sie voll von Menschen fand, die ihn mit großen Augen und verzerrten Mäulern anstarrten. Die Sache verhielt sich so. Im Haus war der Eigentümer gestorben, die Anwesenden waren diejenigen, die nach Sitte die Leiche bewachen und beten mußten. Wer die abergläubische Furcht des Landvolks kennt, kann sich leicht denken, welchen Schrecken diese bei dem zertrümmernden Stoß wider die Hauspforte, dem Aufwerfen der Tür und dem Erscheinen der fremden Gestalten empfunden haben mögen. Fetzer hatte Gegenwart des Geistes genug, beim Anblick der Menschenmenge seine Partie zu ergreifen. Er hielt seine gespannten Pistolen unverzagt auf sie. Ohne einen Moment zu verweilen oder an Gegenwehr zu denken, sprangen die Bauern davon. Nun begannen die Räuber die Hausbewohner zu knebeln und so schnell wie möglich zu plündern. Einige von den Flüchtigen hatten sich unterdessen vom Schrecken erholt und sprangen in die Kirche, um die Sturmglocke zu ziehen.

Es währte nicht lange, so erblickten die Räuber das ganze Dorf vor dem Haus, wo sie plünderten, versammelt – aber ein jeder der Herbeigekommenen war mit einem Brandeimer versehen, in dem Glauben, die Sturmglocke habe Feuer bedeutet. Ohne lange zu zaudern, schossen die Räuber unter das Volk. Es verteilte sich mit Blitzesschnelle, riß aber den Romich, der Schildwache (in der Räubersprache Schmier) gestanden hatte, mit sich fort und prügelte ihn gräßlich. Fetzer vernahm kaum von Afrom May die Gefangenschaft seines Kameraden, als er die Bande versammelte und unter Schießen und Lärmen den Bauern, die den Romich festhielten, auf den Leib rückte. Es glückte ihm, ihn aus der Gefahr zu retten und mit der Bande zu flüchten, die zwar aufs neue von dem Landvolk verfolgt und angegriffen wurde, aber doch am Ende durchwischte. (...)

Leibchen Schloß, der schon seit zehn Jahren in dem Räuberhandwerk Wunder getan hatte, kam vom Oberrhein nach Neuwied und erzählte, er habe gehört, daß der Pfarrer von Daisbach unweit Wiesbaden bei einem Juden große Summen Geldes gewechselt habe, und machte den Vorschlag, sie wegzukapern. Die Räuber Schlaumann von Wambach bei Langenschwalbach, Hampelhohlmich, Freiem Polack, Itzig Holländer, Michel Romich, Mausche Holländer, Afrom May, der dicke Mathies, Anton Heinze und dann endlich der nie vermißte Fetzer machten alle Vorbereitungen zur Ausführung des Diebstahls, brachten ihre Pistolen, Stricke und Lichter in Ordnung und zogen so in der Nacht vom 30. auf den 31. März 1800 nach Daisbach zu dem Haus des Pfarrers. Dieser Raub, so die Originalberichte, wurde mit großer Grausamkeit und Mißhandlung verübt. Die Türen wurden mit Klafter- und Bauholz auf die fürchterlichste Art aufgebrochen, der Pfarrer Engelhardt und seine Magd geknebelt, Pulte und Schränke geöffnet, zwei goldene Uhren, etwas Gold und andere Effekten im Wert von 500 fl. entwendet. Während die Räuber mitten im Plündern begriffen waren, kamen die benachbarten Bauern dem Pfarrer zu Hilfe; aber ebensowenig schreckte das Sturmläuten wie die hinzugekommene Hilfe den Räuberhaufen ab. Mutig setzte er sich vielmehr zur Wehr und schoß unaufhaltsam aus den Fenstern der Pfarrwohnung auf die Herbeieilenden. Nach vollbrachter Tat zog er sich in größter Ordnung zurück. Der Anführer Leibchen Schloß hatte die goldenen Uhren zu sich gesteckt und so seine Kameraden um den ansehnlichsten Teil der Beute betrogen. Eine der Uhren verkaufte er nachher an den Räuber Waldmann, die andere an den Stammel Joseph in Neuwied. Was der übrige Teil der Beute, nämlich die

Dukaten betraf, so hatte sie Itzig Holländer ebenfalls auf die Seite zu bringen gewußt, so daß die Bande für ihre Gefahr und Mühe nichts oder doch blutwenig davontrug.

In der Reichspostamtszeitung vom 20. April 1800, die einen Monat später den begangenen Diebstahl anzeigte, hatte man unter anderem »alle und jede Obrigkeit in subsidium juris et justitiae (in Rechtshilfe, d. Hg.) dienstfreundnachbarlichst gehorsamst ersucht, auf das herumstreichende vagabunden und herrnlose Gesindel, besonders die Krugkrämer und Korbflicker, ein wachsames Auge zu halten, und im Betretungsfall gefälligst anhalten und visitiren zu lassen«. Der Fall mag freilich wohl gewesen sein, daß Korbflicker und Krugkrämer in der dortigen Gegend sich einen und den anderen Schelmengriff erlaubten, aber diesmal hatte die Behörde, wie sie nachher aus Berichten des Brs. Keils erfuhr, sich getäuscht, auch nicht ein einziger Krugkrämer oder Korbflicker war bei dem Daisbach-Diebstahl gewesen. (. . .)

Auf dem Weg von Frankfurt nach Eisenach, etwa fünf Stunden von Gelnhausen und etwa dreizehn Stunden von Frankfurt, von der Landstraße links abwärts in einem engen Tal liegen von Wald und Buschwerk rings umgeben zwei Orte von etwa vierzig Feuerstellen, die nur ein Bach trennt, beide dem Freiherrn von H . . . (Der Autor verschweigt hier dezent den Namen des Freiherrn Franz von Hutten, d. Hg.) gehörig, Eckardroth und Romsthal. Schon seit vielen Jahren, heißt es, waren sie der Zufluchtsort von Vagabunden, Betteljuden und Spitzbuben von Profession, die von hier aus ihre Hantierung ungestört trieben. Ganz besonders hatten sich die Räuber aus Abrahams Geschlecht hier eingenistet, sich nach und nach angesiedelt und sogar von dem Gestohlenen eine Kirche oder Schule erbaut. Auch hatten der verrufene dicke Mathies, Falk und der alte Hannes mit ihren Söhnen schon früher hier ihren Aufenthaltsort gehabt. Die Nachbarschaft von Frankfurt, das Durchkreuzen der Länder so vieler Herren und besonders die umliegenden vielen Kochemer Häuser gaben Eckardroth einen großen Vorzug. Was die letzten betraf, so war kaum eine Viertelstunde davon auf der Höhe in der weit und breit berüchtigten Ziegelhütte (bei Kerbersdorf, d. Hg.) – wir werden unten von ihr zu sprechen Gelegenheit erhalten – und in dem eben nicht entfernten Gelnhausen auf der Burg (gemeint ist damit der heutige Gelnhäuser Stadtteil Burg, in dem sich die staufische Kaiserpfalz befindet, d. Hg.) bei Schukart ein beständiges Rendezvous der Räuber aus allen Gegenden Deutschlands. Mehr aber als alle lokale Begünstigung nützte ihnen der Beamte des Ortes.

Wenn man in Deutschland und allenthalben darüber klagte, daß es

Beamten gäbe, dic bei der durch den verwildernden Krieg vermehrten Zahl der Taugenichtse und Spitzbuben nicht aufmerksam, nicht streng genug wären, die wohl gar aus Furcht oder Fahrlässigkeit die Polizei einschläfern ließen, wenn man in laute Verwünschungen über diejenigen unter ihnen ausbrach, die sich so weit vergessen konnten, daß sie um ein schales Interesse, ein zugespieltes Geschenk in irgendeinem einzelnen Jurisdiktionsakt die Augen zudrückten; was wird man erst sagen, wenn man erfährt, daß mitten in Deutschland ein Justizbeamter lebte, der die Räuber öffentlich in Schutz nahm und sich als ihr warmer Freund zeigte. So verzeihlich die Aufwallung eines jeden rechtlichen Mannes bei Entdeckung dieses Unfugs auch wäre, so will ich doch, eingedenk der Pflicht des Geschichtsschreibers, mich begnügen, trockene Tatsachen auszuheben.

Alle in Köln gefangengesessene Räuber, Fetzer, Weyers, Heckmann, Knips, Schiefer und andere, erklärten mehrmals, daß sowohl sie als fast alle ihre Kameraden in Eckardroth sich aufgehalten und dafür dem Amtmann eine Summe Geldes bezahlt hätten. Bei Picard fand man zu Neuwied im Germinal 9. Jahres (März/April 1801) einen Paß – er liegt hier vor mir –, den er unter dem Namen Ezechiel Juda, unter dem er in Münster und Wesel gesessen hatte, von dem Beamten aus Romsthal erhalten hatte. Er wird hierin als ein reisender Kaufmann angegeben, und von einem älteren Paß, ebenfalls aus Romsthal, darin Meldung getan. Die Unterschrift, die er trägt, ist die des damaligen Amtmanns K... (Kees, d. Hg.), das Datum vom 5. Februar 1801.

Da man natürlich das Aufenthaltsgestatten sowie das Pässeerteilen nicht für einen vollwichtigen Beweis ansehen wird, um einen Beamten des Einverständnisses mit Räubern zu überzeugen, so finde ich es für nötig, obgleich ich von meiner gewöhnlichen Methode abweichen muß, folgendes authentische Aktenstück wörtlich einzurücken:

»Nr. 56

Heute den 24. Germinal 10. Jahres (14. April 1802) haben wir, Anton Keil, öffentlicher Ankläger bei dem Kriminal- und Spezialgericht, uns in das Justizhaus begeben und den daselbst verhafteten Carl Heckmann vernommen, wie folgt:

Frage: Woher er wisse, daß der Amtmann von Eckardroth den Räubern Schutz und Aufenthalt gestatte.

Antwort: Ich weiß es aus meiner eigenen Erfahrung. Adolf Weyers weiß das nämliche. Als ich aus Wesel ausgebrochen war, begab ich mich mit dem Overtüsch, Monsam und P. Tillenberg nach Gelnhausen und logierte in der Burg bei Sch... (Schukart, d. Hg.). Dieser ging mit mir zum Amtmann

K... und verlangte Schutz für mich und meine Kameraden auf zwei Monate. K... fragte mich, ob ich einen Paß hätte, ich antwortete Ja; er erwiderte, es hätte nichts zu sagen, wenn ich auch keinen hätte, ich könnte einen von ihm bekommen. Hierauf rief Sch... (der Kochem ist), den Amtmann heraus. Als sie beide wieder hereinkamen, sagte der Amtmann, ich könnte dableiben und meine drei oben genannten Kameraden auch, ich müßte aber für mich vier Kronentaler zahlen, so wie diese auch. Damals gab ich mir den Namen Johann Esch, Monsam sich den Namen Heinrichs.

Als ich nachher in Köln aus dem Gefängnis entsprungen war, begab ich mich abermals nach Eckardroth und begehrte Schutz. Man verlangte von mir 42 Gulden, ich hatte damals nicht soviel und gab eine Karolin, wofür ich jedoch nur auf einen Monat Schutz erhielt. Da ich nach Verlauf eines Monats das übrige Schutzgeld nicht beibringen konnte, so gab man mir einen Paß für einen Kronentaler; damals nannte ich mich Johann Töller.

Zur Zeit, als ich das letzte Mal in Eckardroth war, schrieb die Frau des Overtüsch, die über mich erzürnt war, weil ich nicht mit ihr leben wollte, von Neuwied aus unter dem Namen Baums einen Brief an die Regierung in Hanau, in welchem gesagt wurde, daß zwei Räuber in Eckardroth angekommen wären, der eine wäre Carl Heckmann, der in Wesel mit einer Bande von fünfzehn ausgebrochen, in Köln arretiert worden war und sich von dort geflüchtet hätte; der andere wäre der ebenfalls verurteilte Adolf Weyers. Die Regierung von Hanau schickte diesen Brief an den Herrn von H..., der ihn dem Amtmann K... zuschickte, mit der Einladung, solches uns vorzuhalten. Nun ließ uns der Amtmann rufen, fragte uns, ob der Inhalt des Briefes wahr sei; wir antworteten Nein. Wenn dies so wäre, nahm der Amtmann das Wort, so ist es besser, in einem grünen Wald als in einem gezierten Kerker zu sein, indessen habt ihr nichts zu fürchten, wenn nur keine Hessen (Soldaten des Landgrafen von Hessen-Kassel, der die Oberhoheit über das Gebiet hatte, d. Hg.) kommen. Ich gab ihm einen Kronentaler, Adolf Weyers aber eine Dukate. Vierzehn Tage darauf kam auf einmal die Order von dem j... B... (damit dürfte der junge Baron von Hutten gemeint sein, d. Hg.), uns sogleich aus dem Gebiet zu begeben. Ich fragte den Sohn des Bürgermeisters, was zu tun sei, um bleiben zu dürfen: Er antwortete uns, der j... B... braucht Geld, gebt ihm einige Kronen, so könnt ihr bleiben. Wir schickten ihm zwei Kronen und erhielten die schriftliche Erlaubnis, bis auf weitere Order zu bleiben. Damals, als das Posthaus zu Würges zwischen Limburg und Königstein von Picard, Müller und Schinderhannes gewaltsam beraubt worden war und überall strenge Untersuchungen geschahen, ritt in der Nacht der Amtmann K... nach Eckardroth, um die Räuber, die er in Sicherheit genommen hatte, z. B. den dicken Mathies, den Anton Heinze und andere, zu warnen; auch suchte er die hessischen Offiziere dahin zu bringen, daß sie seine Schutzleute nicht in Haft zögen. Dieses haben mir der dicke Mathies, die Söhne des Hannes und der Wirt in Eckardroth erzählt.

Als einen ferneren Beweis, wie gut es der Amtmann K... mit den Kochemern meinte, muß ich noch folgendes erzählen:

Wenn die Kochemer kein Geld mehr haben, so gehen sie zu dem Amtmann, der ihnen vorstreckt oder auf Pfänder leiht und ihnen sagt: Wenn ihr einen guten Coup gemacht habt, so denkt auch an den Amtmann. Ein Jude wurde bei einem Diebstahl vor zwei Jahren durch einen Schuß stark verwundet und kam nach Eckardroth, er bezahlte an den Amtmann acht Karoline, und er erhielt Schutz, obgleich er durch Steckbriefe, die auch nach Eckardroth kamen, verfolgt wurde. Der Amtmann gab vor, der Jude sei nicht da!!!

Nach geschehener Verlesung
unterzeichnet Keil. – Carl Heckmann.«

Ein zweites, nicht minder merkwürdiges Aktenstück:

»Im 10. Jahr der französischen Republik, heute, den 8. Messidor (27. Juni 1802), erklärte vor uns, Anton Keil, öffentlicher Ankläger beim Kriminal- und Spezialgericht des Roerdepartements, der im Justizhaus in Mainz verhaftete Johann Bückler, bekannt unter dem Namen Schinderhannes, daß seine Kameraden Johann Müller, Anton Heinze, der alte Hannes und sein Sohn Görge und dessen Bruder Niklas ihm voriges Jahr im Winter auf der Hafenmühle erzählt hätten, daß sie sich in Eckardroth aufhielten, ohne im mindesten beunruhigt zu werden; dafür müßten die dem Amtmann Schutz bezahlen, daß sie frei dort leben könnten; daß eines Tages sie die Pistolen am hellen Tag geladen hätten, welches der H... B... (Herr Baron, d. Hg.) selbst gesehen hätte, ohne nur ein Wort dagegen zu sagen. Auf geschehene Vorlesung unterschrieben. Mainz im Jahr, Monat und Tag wie oben.

Unterz. Keil. – Johann Bückler.«

Ohne noch die Aussage anderer Räuber beizufügen, schreite ich weiter und überlasse den Leser dem Sturm seiner Gefühle und Gedanken.

Später, wenn ich etwas über die Reise, die Br. Keil auf Befehl der Regierung unternommen hatte, um die Räuberbanden auf beiden Seiten zu vertilgen, sprechen werde, werde ich noch das eine oder andere über Eckardroth mitteilen, bis dahin begnüge ich mich mit dem bereits Gesagten.

Eckardroth und Gelnhausen waren die beiden Schlupfwinkel, in denen die Räuber vor dem äußerst merkwürdigen Diebstahl in Nieder-Seelheim unweit Marburg sich versammelt hatten, von denen sie zu diesem auszogen und wohin sie nach vollbrachtem Verbrechen zurückkehrten. Aus einem unter hessischem Schutz liegenden Örtchen wagte man einen Raub, der ganz Hessen in Unruhe setzte; dorthin flüchtete man sich und sprach den Maßregeln der Marburger Regierung Hohn, lachte des durch alle Zeitungen bekannt gewordenen Raubs und der Aufforderung an alle Behörden, Hand mit anzulegen, um die gefährlichste Bande, die je existiert hatte, zu entdecken. Der Raub zu Nieder-Seelheim trug sich folgendergestalt zu:

Ein Teil der Bande war im August 1800 in Gelnhausen bei Sch . . . versammelt; ein Teil hielt sich in Eckardroth auf. Zu diesen stießen nun die aus Wesel flüchtigen Räuber, die nach dem Diebstahl in Sinzig länger nicht in der Gegend von Neuwied bleiben wollten. Overtüsch, Heckmann, Monsam und Fetzer waren in Gelnhausen, als sie durch Itzig Schnut einen Brief erhielten, sogleich nach Eckardroth zu kommen. Im Hessenlande wäre was Großes zu handeln. Sie nahmen auf der Stelle eine Chaise und fuhren an den bestimmten Ort. Leiser Polack, den sie dort trafen, sagte ihnen, bei Parnes (Vorsänger in der Judenschule) seien zwei Kochemer angekommen, die einen äußerst großen Diebstahl baldowern wollten, die Gebrüder Aron und Joseph Engländer. Die ganze Bande versammelte sich, hörte die Botschaft der zwei Juden an und entschloß sich, den Raub auszuführen. Der gewöhnlichen Sitte nach wurden zwei aus der Bande, Serves Joseph und Meyer Gas, nach Seelheim geschickt, um das Haus zu besehen und dessen Lage zu rekognoszieren. Um einen Vorwand zu haben, in das Haus zu kommen, sollten sie mit dem Bewohner desselben sich in einen Pferdehandel einlassen. Das geschah pünktlich. Die Spione kehrten bald wieder nach Eckardroth zurück, berichteten, daß der Diebstahl zwar ausführbar wäre, allein es lägen in Seelheim und dem ganz nahen Kirchhain viele Soldaten. Sie mochten vermutlich die zu dem Landregiment gehörigen meinen. Wie wenig abschreckend war das für die kühnen, trotzigen Räuber! Zwei Tage arbeiteten sie, Patronen zu machen, den dritten Tag brach die unglücksschwangere Kohorte auf. Wer konnte bei einem so frechen, Tod und Gefahr drohenden Wagestück anders der Führer, der Chef sein als Picard? Nur gab man ihm diesmal einen Unterchef, den Overtüsch. Beide Anführer, Carl Heckmann, Afrom May, Monsam und Fetzer fuhren in zwei Gefährten, jedes zu drei Pferden, nach Grimburg, vier Stunden von Seelheim. Von hier aus gingen sie gegen Abend nach Kirchhain an eine Brücke, wohin die ganze Bande bestellt war, nahmen einen Rennbaum unterwegs mit und zogen gegen Seelheim zu. Vor dem Dorf machte der ganze Zug halt und ruhte etwa eine halbe Stunde aus. Picard und Overtüsch teilten nun die Patronen, die Wachslichter und Knebelstricke aus. Ein Raub, der so ansehnlichen Widerstand versprach, bedurfte auch ungewöhnlicher Vorsicht. Picard ließ die Bande noch vor dem Ort und nahm die Ausgesuchtesten zuerst mit, um die wichtigsten Posten zu besetzen und jede Hilfe zu verhindern – Fetzer, Afrom May, Anton Heinze, Leibchen Schloß, Monsam und Serves Joseph waren dazu ausersehen; zu gleicher Zeit verkeilte er mit Overtüsch das Schlüsselloch der Kirche. Beide kehrten hierauf zur Bande zurück, um die übrigen Glieder, den Heckmann, Leiser Polack, dessen Sohn Afrom Waldmann, Itzig Polack, Mausche Elsef, Meyer Gas, Freiem Polack, Hampelhohlmich, Mausche Holländer und Itzig Schnut, zu holen. Vor dem Dorf wurden alle Lichter angezündet, und so zog der Schwarm, den Marseiller Marsch durch die stille Nacht brüllend, den Rennbaum auf den Achseln, heran. Augenblicklich stürmten sie das Tor des Vorhofes am Lauerschen Haus und drangen in dasselbe ein; ebenso schnell sprengten sie die Haustür. Obgleich in dem Haus sich der Gerichtsschöffe Lauer, dessen Sohn, Leutnant unter dem Landregiment, ein Waldhornist und mehrere Knechte aufhielten, so waren diese, die einzeln, unerwartet bei Nacht von einer Schar mit Pistolen bewaffneter Räuber überfallen wurden, doch nicht vorbereitet, nicht imstande, an Widersetzen zu denken. Der Leutnant hatte Zeit genug, durch die Hintertür zu flüchten, alle übrigen wurden geknebelt und so lange mißhandelt, bis sie den Ort, wo sie das Ihrige hatten, angaben. Die Räuber brachen mit einem Beil alle Schränke und Kisten auf und plünderten mit äußerster Eile. So gerne die Nachbarn vielleicht dem unglücklichen Lauer zu Hilfe gekommen wären, so wurden sie doch durch die allenthalben aufgestellten Räuberwachen, die auf jeden, der sich nahte, Feuer gaben, zurückgehalten. Ob die Seelheimer, wenn sie mit vereinigten Kräften unter der Anführung eines herzhaften Mannes die Räuber angegriffen hätten, nicht so glücklich gewesen wären, den Raub zu verhindern, will ich nicht entscheiden. Einer der Feldjäger, K. August Schmidt (die Geschichte darf seiner nicht vergessen), war der einzige, der die überlegene Zahl der Räuber nicht achtete und sich sozusagen mit ihnen in ein Scharmützel einließ, auf sie schoß, ihr Feuer aushielt, die Bauern versammelte und zum Vorrücken anfeuerte und sich wehrte, bis sein kleiner Vorrat an Munition verschossen war.

Die Beute, die die Räuber in Seelheim machten, war ansehnlich; sie bestand laut der Spezifikation des Beraubten 1) in 200 fl. in hessischen halben Gulden, 2) 14 bis 1500 fl. in Laubtaler, 3) 4000 fl. dito, 4) 50 Stück Dukaten, 5) 100 Louis an Gold, 6) 10 Louisdor, 7) 200 Reichstaler an hessischen halben Gulden, 8) 21 Stück Karolin in Laubtaler, endlich in Uhren, Ringen und anderen Effekten. Lauer gibt seinen Verlust auf 8000 Reichstaler an.

Sobald die Bande die Beute zusammengepackt hatte, zog sie davon, indem sie, wie bei der Ankunft, laut sang und brüllte und von Zeit zu Zeit schoß. Von Seelheim marschierte sie noch in derselben Nacht bis nach Büdingen fünf Stunden weit (hier täuscht sich der Autor offensichtlich, selbst Luftlinie sind das rund 60 Kilometer, d. Hg.), begab sich in einen Wald, lagerte sich dort und teilte das Gestohlene. In Büdingen nahmen Overtüsch, der der erbeuteten Offizierskleider, Federhut und Degen sich bediente, Carl Heckmann und Fetzer eine Chaise und fuhren nach Gelnhausen in die Burg.

Ein so kühner, trotzender Raub mußte in einem Land, wo die Polizei so gut eingerichtet war, wo man bis jetzt kaum an die Möglichkeit eines solchen Frevels gedacht hatte, allgemeines Aufsehen, allgemeine Besorgnis erregen. Die Justiz glaubte daher, alles tun zu müssen, um die Täter zu entdecken sowie um ähnliche Fälle zu verhüten. Unter die Mittel zu ersterem gehörte auch – was man jedesmal zu tun pflegt – das Ausspähenlassen durch die sogenannten Fleischmänner. Es ist nicht zu leugnen, daß diese Leute – die man meistens aus der gleichen Klasse von Menschen nimmt, gegen die man sie brauchen will – oft imstande sind, Gutes zu stiften, und auch wohl den Willen dazu haben, aber ebenso oft geschah es auch, daß sie ihren alten Kameraden, besonders wenn diese mit einer Handvoll Gold die Kunst, Redende stumm und Hörende taub zu zaubern, verstanden, durchzuhelfen suchten. Ja, wir haben oben einen Fall erzählt, daß ein solcher Fleischmann, während er ausgeschickt war, Räuber auszuspionieren, einen Raub mit der Bande selbst mitgemacht hatte. Der Fleischmann von Kassel, so behauptete Fetzer, war den Räubern auf die Spur gekommen, hatte mehrere in Eckardroth festgepackt, wurde aber durch den Amtmann K... auf die eine oder die andere Art von seinem Unternehmen abgebracht. Dem Fleischmann von Frankfurt gebührt der Verdienst, daß er es war, der mehrere von den beim Seelheimer Diebstahl gewesenen Räuber, den Leiser Polack, seinen Sohn, den Afrom May, den Mausche Elsef, der Behörde angegeben hat. Da er aber ihren Aufenthaltsort nicht wußte, wurde es dieser wahrscheinlich nicht möglich, auf seine Denunziation weiter zu inquirieren. Vielleicht auch, weil sie von anderen Spionen, die mit größerer Bestimmtheit und Gewißheit sprachen, aber im Grunde nichts wußten, irregeleitet worden war. Einer derselben kramte so z. B. ein ganz erbauliches Märchen aus. Der Anführer der Bande, sagt er – wir kennen ihn, es war Picard – ist ein Abkömmling von Zigeunern und führt den Namen Prinz Wilhelm, ist beweibt, hat Kinder, handelt mit Porzellan und hält sich im Solms-Rödelheimischen auf. Der Unterchef (Overtüsch) nennt sich Johann Wilhelm Jakob, geboren zu F... bei F... anno domini 1745 den 4. Februar!! Kleine Statur, handelt mit Porzellan usf. Wie viele ähnliche Fabeln werden nicht von Spionen, um ein bißchen Ruhm oder – besser zu reden – um Geld zu erhaschen, ausgeheckt. Ich kann unmöglich die Geschichte des Lauerschen Diebstahls schließen, ohne nicht einige Worte über die für Psychologen sowohl als für Kriminalisten gewiß nicht unwichtige Verhaftung einiger Individuen zu sprechen.

Wie wir oben erwähnt haben, kamen zwei von den Räubern ausgesandte Spione, Meyer Gas und Serves Joseph, eine Woche etwa vor dem Diebstahl zu Lauer unter dem Vorwand, Pferde zu kaufen. Diese sogenannten Pferdehändler, die sich freilich nicht genannt hatten, hielt Lauer für Mitglieder der Bande und irrte nicht. »Einen davon habe ich während der Plünderung in meiner Stube gesehen«, sagte er, und dieses konnte wahr sein; obgleich es gegen die Taktik der Räuber läuft – Serves Joseph stand Wache, wahrscheinlich auch Meyer Gas. Das Mädchen des Lauer hatte gehört, wie der Anführer rief: »Deckt ihnen die Gesichter zu, sonst kennen sie uns.« Aber darin lag immer der Räuberpfiff, sie wollten die Beraubten jedesmal glauben machen, daß unter ihnen von ihren Bekannten wären. Das Mädchen wollte den Juden, der wegen des Pferdehandels im Haus gewesen war, wiedererkannt haben. Dem Vernehmen nach, erklärte Lauer, ist es der Jude, der auf den Judenhochzeiten den Spaßvogel macht und Gabriel heißt. Gabriel, der arme Spaßvogel wurde, ehe er sichs versehen konnte, eingezogen und zur Rede gestellt. Er hatte viel Mühe, das Alibi zu beweisen. Zu seinem größten Glück wurde er bei der Konfrontation von den Beraubten als unschuldig erkannt.

Ein zweiter, ein Bierbrauer namens Decher aus dem ehemaligen Mainzischen, kam auf eine andere Art in Verdacht. Er sagte einst im scherzhaften Ton gegen irgend jemand: Auch er sei bei dem Lauerschen Diebstahl gewesen. Als dieser ihm darauf erwiderte: In der Tat, es war ein Räuber dabei, der gerade solche Kleider getragen wie Ihr und Euch außerordentlich ähnlich gesehen hat, veränderte der Bierbrauer Decher die Farbe, begann zu zittern, verlor die Pfeife aus dem Mund und hatte Schweißtropfen auf der Stirn stehen – das war auffallend. Man schloß nun, daß er einer der Diebe gewesen sei. Decher sistirte (stellte sich selbst, d. Hg.) sich nachher vor Gericht und bewies durch mehrere Zeugen, daß er die Nacht des Diebstahls zu Hause und just mit Brauen beschäftigt gewesen war.

Ein dritter, der Jude Benedikt Levi, kam ebenfalls sonderbar in Verdacht. Einige Zeit vor dem Diebstahl war er bei Lauer mit einigen anderen Juden gewesen. Er hatte diesen im Lauf des Gesprächs nach diesem und jenem gefragt – endlich auch, wie er es wohl machen würde, wenn er plötzlich von Dieben überfallen werden sollte. Lauer zeigte ihm einen in der Nebenkammer stehenden Fleischstößer. »Die Nacht des Raubes«, so erklärte Lauer, »kam ebendieses Holz, ohne daß ich weiß wie, von seiner gewöhnlichen Stelle.« Der in Verdacht gekommene Jude hatte kein anderes Mittel, seine Unschuld zu beweisen, als das Alibi.

Weit interessanter in jeder Hinsicht ist der Hergang mit den drei Bürgern aus Amöneburg. Er beweist, wie unbegrenzt die Phantasie in ihren Wirkungen, wie schwach das Gebäude ist, das man auf das bloße Zeugnis der Sinne gründet, wie leicht man sich täuschen und Dinge unter heiligem Eidschwur für wahr ausgeben kann, die es doch nicht sind.

Lauer äußerte sich gleich nach dem Diebstahl gegen einen dritten, daß er unter den Dieben drei erkannt habe. Das kam dem Gericht zu Gehör. Es ließ den Lauer kommen und drang in ihn. Anfänglich wollte er mit der Sprache nicht heraus, er sträubte sich aus Furcht, von der Bande verfolgt zu werden. Nur erst nach Zwang, Zureden und Versprechen sagte er aus, einen gewissen Schmauß, Nebel und Johann Lauer, alle drei von Amöneburg, unter den Räubern erkannt zu haben. Diese Erklärung veranlaßte die Verhaftung der Ebenbenannten – und eine förmliche Inquisition gegen sie.

Die Prozedur gedieh so weit, daß zur Konfrontation geschritten werden sollte. Lauer erklärte nach geleistetem Eid – der ihm vorher durch einen Pfarrer mit all seiner Wichtigkeit erklärt worden war –, daß er den Schmauß unter den Dieben mit einem blauen Kleid gesehen und an der Baßstimme erkannt habe. Schmauß beteuerte seine Unschuld, daß er zwar einst ein solches Kleid gehabt habe, aber nun schon seit langem nicht mehr trage. Was den zweiten Inquisiten Nebel betrifft, so erzählte Lauer mit allen Umständen, wie er ihn unter den Räubern gesehen und selbst sprechen gehört habe. So auch von dem dritten Inhaftierten, dem Johann Lauer.

Wäre die Kriminaluntersuchung gegen diese drei nicht in einer sanfter denkenden Epoche oder – um mich vielleicht richtiger auszudrücken – nicht in die Hände eines aufgeklärten, prüfenden Gerichts gefallen, man würde die Inquisiten unter die Folter gebracht, sie so lange zerfleischt und gezerrt haben, bis man ihrer Körperschwäche endlich ein Geständnis abgelockt und sich so in den Stand gesetzt hätte, mit gutem Gewissen einen Justizmord zu begehen. Sie wurden in Freiheit gesetzt, und zwar mit vollem Recht. Mehr denn einmal haben die hier in Köln gefangenen Räuber ihre

Mitschuldigen beim Seelheimer Diebstahl genannt, aber jedesmal beteuert, daß keiner aus der Gegend von Seelheim und Amöneburg dabei gewesen sei.

Es ist nur zu gewiß, daß der alte Lauer sich getäuscht hat, daß ihm seine Phantasie im Moment der Plünderung, wo ihn der Schrecknissen so manche umgaben, wo sein Geist in einem grenzenlosen Bilden neuer Gestalten und Heraufholen älterer sich herumtrieb, daß ihm da die Phantasie drei bekannte Gesichter vorgespiegelt hat, und zwar mit so lebhaften Farben, daß er gleich bei ihrem Erscheinen zu sich sagen konnte, das ist der und der, und daß er nachher mit ruhigem Gewissen den heiligsten Eid ablegen konnte, sie gesehen, sie gehört, sie erkannt zu haben. Nach dem Nieder-Seelheimer Diebstahl zog sich die ganze Bande wieder nach Neuwied zurück und beging von dort aus wieder eine Reihe großer Diebstähle.

Im Januar des Jahres 1801 vollführten die Neuwieder den äußerst merkwürdigen, gewaltsamen Raub in dem Posthaus bei Würges auf der Landstraße von Frankfurt nach Limburg.

Hier war es, wo die Neuwieder zum ersten Mal sich mit Schinderhannes und seinen Gesellen vereinigt hatten und gemeinsam zu Werke gegangen waren. Von den Neuwiedern waren jedoch nur wenige dabei zugegen. Man bemerkte nur den Picard, den Johann Müller, den Gerbersohn Aumüller von Königstein und den Meyer Fuchs. Schinderhannes hatte dagegen die berüchtigten Räuber Blümling, Hanadam, den dicken Wilhelm Reinhard, seinen Bruder Christian und andere bei sich. Bei dem Raub selbst bekam Picard, obgleich er nur die wenigsten Mitglieder lieferte, vermutlich weil Schinderhannes die Superiorität von seinem Räubergenie erkannte, das Oberkommando.

Kurz vor Mitternacht am 10. Januar war der Posthalter Obers mit der Expedition einer Estaffette (Eilpostsendung, d. Hg.) fertig geworden und hatte sich zum Schlummern niedergelegt, als seine Ehefrau vor dem Haus einen überaus hellen Schein und Lärm gewahr wurde. Sie sprangen alle beide ans Fenster und erblickten zu ihrem nicht geringen Schrecken Anstalten, die ihnen nur zu sehr verrieten, was ihnen bevorstand. Ein großer ungeheurer Balken war in den Händen von zwölf bis fünfzehn unbekannten Kerlen; auf dem Balken waren mehrere kleine Wachslichter angeklebt. Es war das Werk eines Augenblicks, und der Balken wurde mit wütender Gewalt wider die neue, doppelt mit Banden versehene Tür des Posthauses gerannt. Sie sprang in Stücke. Zu was die Angst Menschen treiben kann, erfuhr man hier. Die Posthalterin sprang von oben herab durch das Fenster in den Hof, ein äußerst gefährlicher, gewagter Sprung. Kaum war die Tür eingebrochen, so stürzten die Räuber wie wütend die Treppe herauf, forcierten die Zimmertür, fielen acht an der Zahl über den Posthalter her, banden und mißhandelten ihn auf die entsetzlichste Art. Ein anderer Räubertrupp war zu gleicher Zeit in die Kammer des Gesindes gedrungen und hatte dort alle Anwesenden geknebelt und nicht minder mißhandelt. Drei der Räuber standen Schildwache, unter diesen war Schinderhannes. Diese Wachen feuerten unablässig in den Ort Würges, um so jeden zu Hilfe Eilenden zurückzuhalten. Die Beute, die die Frucht dieses Verbrechens war, wird sehr beträchtlich angegeben.

Picard wollte bei der Teilung der Beute im Wald seine Untergebenen übervorteilen und hatte in dieser Absicht Geld und einige Kostbarkeiten hinter einem Baum versteckt. Schinderhannes, der dieses bemerkt hatte, wußte die von Picard versteckten Sachen heimlich wegzufischen. Der Räuberhauptmann bei Würges entdeckte später, wer ihm diesen Streich gespielt hatte, schwor dem Schinderhannes fürchterliche Rache, konnte ihn aber aller seiner Bemühungen ungeachtet nie mehr treffen.

Nach der Tat begaben sich Picard und Johann Müller nach Eckardroth. Schinderhannes trennte sich wieder von den Neuwiedern und trieb seine Hantierung mit seinen Gesellen abgesondert und allein fort. (. . .)

Von Eckardroth und Gelnhausen aus unternahm inzwischen die Neuwieder Bande, die sich immer mehr und mehr von dem geliebten Neuwied weggezogen hatte, größere Diebstähle; aber meistens im Innern von Deutschland.

Anton Heinze, der alte Hannes, sein Sohn Georg Hannes und Fetzer verübten von Eckardroth aus einen nicht unbeträchtlichen Kirchendiebstahl in einem hinter Fulda auf einem Berg liegenden Franziskanerkloster (Kloster Kreuzberg bei Bischofsheim in der Rhön, d. Hg.). Sechs Kelche, die sie erbeuteten, verkauften sie an einen Juden in Wertheim, der mit falschem Geld Handel treibt.

Während Fetzer, Picard und Carl Schmitt sich in der Gegend von Gelnhausen, in Kaltenborn, aufhielten, begegnete ihnen ein merkwürdiger Vorfall. Sie hatten eines Tages einen Streifzug nach Salmünster gemacht, um zu sehen, ob sich nichts für sie zu tun fände, als sie bei ihrer Rückkunft vernahmen, daß während ihrer Abwesenheit Husaren dagewesen seien, alles durchsucht und den Weibern – diese waren ihnen dahin nachgefolgt – ihre Kleider und Effekten abgenommen hätte. Wenigstens erzählt so Fetzer. Am folgenden Tag ließen sich dieselben Husaren wieder sehen. Die Räuber, zu denen noch Johann Müller, Tillenberg und Pützenhannes, der später in der Wetterau ergriffen worden ist, gekommen waren, entschlossen sich, den

Husaren standzuhalten. Während Fetzer sich nach einem tüchtigen Prügel umsah, hatten die übrigen aber, die die Überlegenheit der Husaren in Erwägung ziehen mochten, ihren ersten Entschluß geändert und sich davongemacht – nur Tillenberg ausgenommen, der zurückgeblieben war. Dieser und Fetzer wurden von den Husaren festgepackt, nach Gelnhausen gebracht und den kaiserlichen Werbern übergeben.

Fetzers Schicksal in kaiserlichen Diensten, wie er von seiner Frau verfolgt wird, leugnet, sie zu kennen, mit Schlägen gezwungen wird, sie auf- und anzunehmen, wie er nach Schlesien gebracht wird und über die gefrorene Elbe desertiert und so seine Rückreise nach Frankfurt antritt, gehört nicht in unsere Geschichte.

Der Major, Damian Hessel der Student, Anton Heinze und andere, denen der Aufenthalt in Gelnhausen und der Gegend seit der Arrestation des Fetzer und der verdoppelten Wachsamkeit der Hessen nicht sicher genug scheinen mochte, hatten sich unterdessen mehr in die Gegend von Frankfurt und besonders nach Rödelheim zu einem gewissen L . . . gezogen. Von hier aus hatten sie eine Menge Diebstähle begangen. Wir führen nur einen als in seinen Folgen merkwürdigen an, bei dem die Räuber nebst anderen Effekten und Waren vorzüglich auch Pistolen von schöner künstlicher Arbeit davontrugen.

Unweit Türkheim traf Fetzer, als er wieder aus kaiserlichen Diensten kam, zufälligerweise einen dahinwandernden Räuberhaufen, lauter ältere Sündenbrüder, den Major, den Damian Hessel, den Tillenberg, den Johann Schneider, den Anton Heinze. Fetzer wurde mit einem Willkomm-Geschrei empfangen und sogleich eingeladen, mit in das Paderbornische zu ziehen, um einen reichen Juden heimzusuchen. Nach zwei Tagen ging der Zug – wohlversehen mit Pistolen, Knebelstricken und Wachslichtern, und zwar meistens in einem Postwagen – ab. Etwa acht Stunden hinter Marburg sammelten sich die Räuber in einem Wald. Hier blieben sie die Nacht. Am folgenden Morgen waren sie im Begriff weiterzuziehen, als sie am Tor eines Fleckens von der Wache angehalten wurden. Sie beredeten diese, mit ihnen in eine Schenke zu gehen, deren Wirt als Kochem bekannt war. Die Wache willigte ein. Man trank ihr heftig zu, und der Wirt begann sie zu versichern, daß er die Leute alle recht gut kenne, daß sie äußerst rechtschaffen wären usf. Die Wache ließ sich übertölpeln, und die Räuber, deren Pässe falsch waren, die mit Pistolen versehen, mit Knebelstricken und Wachslichtern beladen waren, kamen durch. Ihr vorgehabter Raub mußte aber unterbleiben.

Dafür begingen sie einen anderen, etwa eine halbe Stunde von Königstein. So gefahrvoll dieser für sie zu werden schien, denn das ganze Dorf lag mit Mainzer Jägern besetzt, so wenig schienen sie es zu achten. Sie bewaffneten sich mit den Pistolen, die aus dem oben erwähnten Diebstahl kamen, und rückten mutig zu. Der Major stieg am Haus dem Tillenberg auf den Rücken, sprengte die Glasfenster ein und sprang ins Zimmer, wo die Leute schliefen; ihm folgten die übrigen. Während sie mit Knebeln und Plündern beschäftigt waren, stand Fetzer Schildwache und geriet mit den Mainzer Jägern in ein Scharmützel. Der Diebstahl gelang. Die Beute mochte etwa zwanzig Karolin betragen. Noch waren kaum einige Tage verflossen, als der Major, Fetzer, Damian Hessel, Anton Heinze und P. Bock einen anderen Diebstahl etwa eine Stunde von Frankfurt vorhatten. Auch diesmal nahmen sie die künstlich gearbeiteten, von dem Diebstahl herrührenden Pistolen mit. Sie kamen glücklich an den Ort, wo der Diebstahl vor sich gehen sollte, aber fanden sich nicht stark genug, ihn zu unternehmen. Sie waren eben im Begriff, in den Schottengarten bei Frankfurt, wo der Major und Damian logiert hatten, zurückzukehren, als sie von der tätigen Frankfurter geheimen Polizei angehalten und in Arrest gebracht wurden. Hier wollen wir sie im Gefängnis lassen und zu den Polizeianstalten, die am linken Rheinufer durch den Betrieb des Generalcommissairs Jeanbon Saint-André unternommen wurden, zurückkehren.

Die in Deutschland immer mehr und mehr zunehmenden Einbrüche, die kühne gewaltsame Art, mit der sie verübt worden sind, mußten notwendigerweise mehrere Regierungen das Bedürfnis einer verbesserten Polizei fühlen lassen, mußten gewisse augenblickliche strenge Maßregeln erzeugen. Schon im Januar 1801 (den 28.) kamen auf ein Einladungsschreiben, das von seiten Kurtriers erlassen worden war, mehrere Deputierte in Wetzlar zusammen, um Beschlüsse zu fassen, wodurch, wie es heißt, der eingerissenen Unsicherheit am schnellsten und wirksamsten entgegengesteuert werden möge. Die Deputierten waren von seiten Kurtriers der Oberamtmann Freiherr von Schütz, von seiten Oranien-Nassaus der Regierungsrat von Erath, von seiten Nassau-Usingens der Amtmann Virgelius, von seiten Nassau-Weilburgs der Amtmann Wüstenfeld, von seiten Anhalt-Schaumburgs der Kanzleidirektor Marchand, von seiten Solms-Braunfels' der Hofrat Hüssel, von seiten Wied-Neuwieds der Hofrat Gombel, von seiten Wied-Runkels der Lieutenant Zengerle, von seiten Solms-Lichs der Regierungsrat Ackermann, von seiten Solms-Laubachs der Justizrat Meister, von seiten Solms-Rödelheims der Regierungsrat Buff, von seiten der Reichsstadt Wetzlar der Konsulent Münch. Die Veranlassung dieser außerordentlichen Zusammenkunft war, wie die Urkunde wörtlich lautet, die durch das in den

Ländern zwischen dem Rhein, der Lahn und der Nidda herumziehende Raubgesindel sich täglich mehrende Unsicherheit und verschiedene seit einiger Zeit geschehene gewaltsame Einbrüche in Hundsangen, Daisbach, Ehringshausen, Haingründau, Breitenau, Hilscheid, Bönstadt, besonders aber die Beraubung an dem kaiserlichen Posthalter zu Würges. Auch die Regierung von Gießen war eingeladen worden, an dem Geschäft teilzunehmen, erwiderte aber, daß bereits ein beträchtliches Truppencorps in mehreren Ämtern des Darmstädtischen Landes detaschirt (ausgesandt, d. Hg.) und die Beamten angewiesen worden seien, im Benehmen mit den Benachbarten alles nicht nur nötigenfalls anzuordnen, sondern auch sonstige Maßregeln zu ergreifen, welche zur Erreichung der allgemeinen Sicherheit erforderlich sein möchten. Bei der Versammlung in Wetzlar machte der Oranien-Nassauische Deputierte einen Vorschlag, der einem späteren Beschluß zugrunde gelegt wurde. In diesem wurde verschiedenes über allgemein zu haltende Streifzüge und gegenseitige Concessionen (Genehmigungen, d. Hg.), die Verbrecher über die Grenzen zu verfolgen usf. bestimmt. Im Falle eines Einbruchs wurde den Nachbarn das Stürmen, Lärmmachen und Zuhilfeeilen befohlen; ja gegen die, die sich säumig und nachlässig betragen würden, Strafen verhängt. Wegen des Aufenthalts des Raubgesindels wurden die Oberbeamten angewiesen, sich vertraute Personen zu halten, die sie darüber unterrichten könnten, wenn die Unterbeamten aus Furcht vor dem Gesindel schweigen würden. Der Art. 9 lautet so: »Die Landesobrigkeiten verbinden sich hierdurch feierlich, das in ihren Ländern aufgefangene Gesindel nicht wie bisher hin und wieder üblich gewesene Art über die Grenze zu schicken und dadurch ihren Nachbarn zuzuweisen.« Über die Pässe wurden folgende durchaus nützliche Bestimmungen getroffen: a) Pässe sollen für die Zukunft der Regel nach nur von dem Foro domicilii (Gericht des Wohnortes, d. Hg.) erteilt werden; b) sie sollen gedruckt, nach einem zweckmäßigen Formular abgefaßt, mit einem Signalement und mit dem Siegel und der Unterschrift des Ausstellers versehen sein, desgleichen eine bestimmte Marschroute enthalten; c) sie sollen nur für eine gewisse, in dem Paß zu bestimmende Zeit gültig sein; d) kann derjenige, der den Paß verlangt, schreiben, so soll er dessen schriftlichen Inhalt ausfüllen, damit in der Folge durch Vergleich der Scripturen (Handschriften, d. Hg.) untersucht werden könne, ob der Paß noch in Händen des ersten Empfängers sei; e) durchpassierenden Fremden wird auf dem von ihnen produziert werdenden Paß vorgeschrieben, wann sie in der nächsten in der Marschroute bemerkten Station eintreffen müssen, und haben sich, wenn sie später eintreffen, über ihr unnötiges Herumstreifen zu verantworten; f) sucht ein Fremder um einen neuen Paß nach, so kann solchen keine Unterbehörde, sondern nur die Oberlandesstelle erteilen. Diese aber wird solches nie ohne vorherige Untersuchung der Umstände tun und haftet im Concessionsfall für die Folgen ihrer Bewilligung; g) dieses in Ansehung der Pässe beliebte Regulativ soll ohne Verzug in der Frankfurter Reichspostamts-Zeitung und in dem Reichsanzeiger bekannt gemacht werden usf.

Die Essendische Bande, die sich unter anderem die preußische Grafschaft Mark zu ihrem Schauplatz erkoren hatte, und eine andere in der dortigen Gegend herumstreichende Bande, nach ihrem Anführer die Stielische genannt, bewirkten, daß der König von Preußen durch die Vorstellung der Landstände, Ritterschaft und Städte bewogen wurde, seinerseits Maßregeln zur Wiederherstellung der allgemeinen Sicherheit zu ergreifen. Die vortrefflichen preußischen Polizei- und Kriminalanstalten ließen weiter nichts übrig, als eine eigene Kommission zu bilden, die sich ausschließlich mit der Handhabung der Polizei beschäftigen sollten. Diese wurde vermöge eines Kabinettschlusses vom 9. November 1801 organisiert. An der Spitze der neuen Militär- und Zivil-Sicherheitskommission kam der Generalmajor von l'Estocq. Unterdessen wurden mit den Regierungen von Düsseldorf, Münster, Recklinghausen, Essen und Limburg Verabredungen wegen gemeinsamer Patrouillen und Visitationen getroffen, besonders um Verbrecher aus seinem Gebiet in das andere verfolgen zu können.

Es konnte nicht fehlen, daß allen dieses Maßregeln eine heilsame Wirkung entsprach; aber noch war man nicht am Ziel. Dies bewies die große Menge Räubereien, die auch noch nachher verübt worden sind, wie der zu Bergheim, zu Velbert usf. Solange die Räuber nicht aus ihren Schlupfwinkeln, von woher sie ordentliche Reisen zur Ausführung ihrer Räubereien unternahmen, vertrieben waren, solange die Behörden die zwanzig bis dreißig Haupträuber, die bei allen großen Einbrüchen an der Spitze standen, und ihre gefährliche Taktik nicht kannten, solange man französischerseits sich nicht zugleich mit den übrigen Regierungen ins Benehmen setzte, solange die Räuber nur den Rhein zu passieren und sich in den Hunsrück zu begeben hatten, um gesichert zu sein, so lange schien noch nichts getan zu sein.

Der Generalcommissaire der neuen Rhein-Depart. Jeanbon Saint-André, dem nichts so sehr am Herzen lag, als seinen Administrierten (der Verwaltung Unterstellten, wohl: Bürger, d. Hg.) jene Sicherheit und Ruhe wieder zu verschaffen, die sie vor dem Krieg genossen hatten, der übrigens durch den Br. Keil hinlänglich von der eigentlichen Quelle der Unsicherheit, den Räuberwinkeln, den Räuberchefs, ihrer Taktik und Manier unterrichtet war, beschloß, einen Schritt weiter zu tun als seinen Vorgänger Br. Jollivet, dem wir die Einführung des notwendig gewordenen Spezialgerichts verdanken. Er sah wohl ein, daß hier, wo Räuber und Räubergenossen nur im Dunkeln schlichen, im Geheimen operierten, keine laut bekannt zu werdenden Maßregeln ins Gegengewicht gelegt werden konnten, und organisierte demzufolge eine geheime Kommission, deren ganzer Zweck nur der sein sollte, die Räuber zu entdecken und einzuziehen.

Da einesteils diese Kommission nur für die Schinderhannes-Bande eigentlich bestimmt und von der Existenz und den weit größeren Operationen der Neuwieder Bande ganz und gar nicht unterrichtet war, da andernteils mit den jenseitigen Regierungen keine zum gemeinsamen Zweck führenden Maßregeln und Verabredungen getroffen waren, so wurde dem Übel, dem man steuern wollte, nicht aus dem Grunde geholfen, und bei allem, was man unternahm, wie denn die späteren Einbrüche und Straßenräubereien erwiesen, war die allgemeine Sicherheit nichts weniger als hergestellt.

Der Generalcommissaire Jeanbon Saint-André, dessen Hand in den stürmischen Zeiten der Republik das Ruder zu führen gelernt hatte, der wohl einsah, wieviel noch zu tun übrig sei, um Ruhe zu verschaffen, entschloß sich, mit den Regierungen jenseits in Verkehr zu treten und einen Mann, der das Räuberwesen aus dem Grund kannte, mit eigenen Vollmachten jenseits des Rheins zu schicken. Seine Wahl fiel auf den Br. Keil, dessen Korrespondenz ihn überzeugen mochte, daß er der Sendung entsprechen würde.

Der Agent – das war das Ziel, das man mit ihm erreichen wollte – sollte alle Gefängnisse der deutschen Grenzstaaten besuchen, um zu sehen, ob keine von diesseits bekannten signalisierten Räuber dort verhaftet wären, er sollte um ihre Auslieferung anstehen, er sollte den jenseitigen Behörden die in ihrem Territorium befindlichen und hier bekanntgewordenen Schlupfwinkel angeben, er sollte wegen der auf dieser Seite zu erteilenden Pässe eine gewisse dienliche Norm verlangen, er sollte endlich die Räuber in ihren Asylen verfolgen. Besonders schien die Absicht auf Schinderhannes und die gefährlichsten Haupträuber der niederländischen Bande, Picard, Fetzer, Afrom May, Major, Müller usw. gerichtet sein.

Im Prairial des zehnten Jahres (im Sommer 1802) trat der Commissaire Keil in Begleitung seines Sekretärs Diepenbach die Rundreise an. Nachdem er sich einige Zeit in Koblenz aufgehalten hatte, brachte er in Vorschlag, die berüchtigten Knopshöfe – wir wissen, daß sie der Aufenthalt der aus dem Weselschen Gefängnis entsprungenen Räuber gewesen waren – zu besuchen. Aller Erwartung nach waren hier Räuber, und auf jeden Fall lohnte es die Mühe, die so gefährlich gewordenen Schlupfwinkel genauer zu besehen.

Die Knopshöfe liegen auf hohen Klippen an dem Ufer des Rheins, etwa eine Stunde von Andernach. Sie bestehen aus mehreren kleinen, voneinander entfernt liegenden Häusern, zu denen man nur über Felswege kommen kann. Sie besetzen, an der Zahl neun, einen Umkreis von mehreren Stunden Weg. Ein niedriges, verworrenes Gebüsch bedeckt diese Strecke, und kaum sieht man ein bebautes Stück Feld, so daß man sich gleich die Frage stellen muß: Von was mögen diese Menschen alle leben? Es wäre freilich sehr lieblos und unrichtig geschlossen, sie hätten keine andere Nahrungsquelle als den Abfall der Beute, denn ohne Zweifel gibt es mehrere sehr ehrliche Familien auf diesen Höfen.

Die Visitation wurde in der Nacht angestellt. Bei aller Vorsicht, die man brauchte, waren doch die Nester alle leer. Es fanden sich zwar einige Leute, die nicht dort zu Hause waren, aber die nicht, die man suchte. Die Ursache dieses Fehlzugs lag vielleicht darin: Die an der Spitze der Bergkette liegenden Höfe hatten große Wachhunde, ihr Gebell mochte die Nacht, wo die Haussuchung angestellt wurde, die Räuber gewarnt und verscheucht haben. Zur Rettung diente ihnen der naheliegende große Wald. Nur ein einziger Bursche, der verdächtig war, wurde verhaftet.

Da auf der anderen Rheinseite, in Hammerstein und Leidesdorf, mehrere Häuser waren, die den Räubern zum Schlupfwinkel dienten und mit den Knopshöfen gewissermaßen in Verbindung standen, da ein dortiger Schiffer (der scheele Friedrich) mehrmals die Bande auf dem Rhein hin- und hergeführt hatte, so machte der Commissaire Keil die Behörde darauf aufmerksam.

Die folgende Nacht erhielt Neuwied einen Besuch. Es galt wieder besonders den Häusern des Belz und der Witwe Baums. Der Commissaire Keil verlangte am kommenden Morgen von der Regierung von Neuwied die Auslieferung des Belz und der Frau Baums, nicht daß sie in Köln zur Strafe gezogen werden sollten, sondern eigentlich nur, um sie zu inquirieren und mehr Licht über das eine und andere erhalten zu können; er machte die Regierung auf einen Diener der Polizei aufmerksam, der sich nicht scheute, den Räubern als Spion zu dienen. Die Auslieferung des Belz und der Baums machte einige Schwierigkeiten, nicht daß die Regierung Anstand gefunden hätte, sie sah nur zu gut ein, was man der allgemeinen Sicherheit schuldig war, nein, sondern gewisse Übelwollende regten sich dagegen. Belz und Baums saßen mehrere Monate in Köln. Belz wußte auf geheimen Wegen im Gefängnis mit seinen alten Freunden, den dort verhafteten Mitgliedern der Neuwieder Bande, zu korrespondieren; er schrieb in ihrem Namen Briefe an Kochemer, die in der Gegend von Neuwied wohnen, um von ihnen durch die

Drohung, gewisse Geheimnisse zu entdecken, Geld zu erhalten. Belz gestand zwar seine Verbindung mit der Bande ein, war aber nicht dahin zu bringen, neue Daten über sie anzugeben. Witwe Baums war etwas offenherziger.

Von Neuwied aus richtete Br. Keil seine Reise nach Frankfurt am Main. Er hatte durch seine Spione Nachricht erhalten, daß in den Gefängnissen der dortigen Gegend der in Köln zu sechzehnjähriger Galeerenstrafe verdammte Räuber Peter Bock, der auf dem Transport unweit Metz entsprungen war, gefangensäße. In Frankfurt selbst besah er alle Gefängnisse, aber er fand seinen Mann nicht, endlich kam er nach Bergen. Vorher ging bekanntlich die Verhaftung des Schinderhannes; alles, was darauf Bezug hat, ist bereits im ersten Teil bemerkt worden.

Bei seiner Ankunft in Bergen wandte sich Br. Keil gerade an den Amtmann, der keinen gewöhnlichen Eifer in Erfüllung seiner Amtspflichten zeigte, und verlangte die sich bei ihm befindlichen Inhaftierten zu sehen. Der Amtmann ließ einen Menschen, den er in einem Turm wohlverwahrt hatte, vortreten, und es war Peter Bock. Wo Bock sitzt, so schloß der Commissaire Keil ganz richtig, befinden sich auch noch mehrere von der großen Räuberbande. Der Amtmann schien die übrigen Arrestanten eben nicht zu achten, da gegen sie nur schwache Indizien vorlagen. Er ließ einen und dann wieder einen vorführen. Den zweiten fixierten sowohl Keil als Diepenbach sehr scharf; sie nahmen ihr Signalement zur Hand und gerieten alle beide in dem einen und demselben Moment auf die Vermutung, der Vorgeführte, der sich so und so nannte, sei niemand anders als der Räuber, nach dem sie jahrelang getrachtet hatten, der das Ziel ihrer Reise war, der berüchtigte Fetzer. Sie riefen ihm diesen Namen zu, aber der Inquisit lächelte und wollte so nicht heißen. Br. Keil, der sich zu erinnern wußte, daß Fetzer geheime Merkmale an sich trage, Narben am Hals und am Schenkel, die ihm von venerischen Krankheiten übriggeblieben waren, ließ den Vorgeführten untersuchen, und siehe da – die erwarteten Zeichen fanden sich an seinem Körper. Kein Zweifel war mehr übrig, der verschmitzte Räuberchef war in den Händen der Justiz. Das Leugnen war umsonst, er war erkannt und mußte bekennen, daß er Mathias Weber vulgo Fetzer sei.

Wie wunderbar verkettet die Schicksale der Sterblichen sind, mag wohl dieser Räuber beweisen. Oft wurde er ergriffen und saß wegen seiner Räubereien fest, und jedesmal war er schuldig. Dieses Mal – es war das letzte Mal in seinem Leben – war er in der Tat von dem angeschuldigten Diebstahl frei, hätte entkommen können, verließ sich auf seine Unschuld, wurde erkannt und kam von nun an nicht mehr aus den Händen der Justiz. Fetzer,

Damian Hessel, Major, Heinze und Peter Bock hatten einen Diebstahl etwa eine halbe Stunde von Frankfurt vor, sie nahmen die Pistolen, die von einem älteren Diebstahl, bei dem Fetzer nicht zugegen gewesen war, mit, fanden sich aber, als sie an Ort und Stelle kamen, nicht stark genug, ihr Vorhaben auszuführen. Einige von ihnen, Fetzer, Bock und Damian Hessel, wollten eben in den Schottengraben zurückkehren, wo der letzte sich aufgehalten hatte, als sie von der Polizeiwache angehalten und nach Frankfurt gebracht wurden. Dort erkannte man die Pistolen und hielt sie fest. Damian Hessel und Fetzer saßen im selben Gefängnis, aber in verschiedenen Stuben. Beide kamen auf den Gedanken auszubrechen. Fetzer, da er sich nicht schuldig wußte und beweisen konnte, an dem Tag des Diebstahls noch in Sachsen gewesen zu sein, arbeitete mit weniger Anstrengung als Hessel. Eines Morgens war dieser ausgebrochen. Fetzers Mühe war nun verloren, denn man versetzte ihn in ein anderes Gefängnis und schickte ihn später nach Bergen. Auch hier war er wieder seiner Freiheit nahe. Eines von den Weibern der Bande – wie denn diese ein eigenes Geschäft haben, die Eingefangenen zu umschweben und ihnen zu ihrer Freiheit behilflich zu sein – eines von den Weibern nahte sich dem im Turm zu Bergen aufbewahrten Fetzer und sprach mit ihm. Die Unterhandlung wurde in der Kochemer Sprache geführt. Ein Jude, so erzählt Fetzer, müsse ihn beschlichen und verraten haben, denn dem abgesprochenen Vorhaben wurde gerade entgegenminirt (entgegengearbeitet, -gewirkt, d. Hg.). Fetzers endliches Schicksal weiter unten.

Soviel auch durch die Verhaftung dieses Haupträubers getan war, so waren doch Picard, Müller, der Major, Damian Hessel, Afrom May und alle ihre Gehilfen noch in Freiheit. Br. Keils Bestreben ging nun dahin, sie in ihren Schlupfwinkeln zu Gelnhausen und Eckardroth aufzusuchen. Er begab sich nach Hanau, um die dortige Regierung im Namen des ihn committirenden Gouvernements zur Ergreifung gemeinschaftlicher Maßregeln aufzufordern, und hatte das Vergnügen zu sehen, wie bereit man dazu war. Eine Anzahl von hessischen Truppen wurde unweit Gelnhausen postiert und niemandem der Zweck angegeben außer dem Hauptmann von Weitzel, daß es nämlich um die Aufhebung der Bande gehe, die einst in Nieder-Seelheim und anderen Orten so schrecklich gehaust hatte. Der Sekretär des Brs. Keil, Diepenbach, der einen Teil der Räuber von Köln kannte, nahm den Namen Henin an, ließ sich einen alten Paß geben, verstellte sich in seiner Kleidung und reiste heimlich nach Gelnhausen ab. Ein Unbekannter – wir verschweigen seinen Namen –, der die besten Grundsätze hegte und dem die Greuel des Räuberwesens in der dortigen Gegend schon lange ein Stein des Anstoßes waren, an den übrigens der sogenannte Henin Adresse hatte (ein Empfehlungsschreiben hatte, d. Hg.), wurde mit zu Rate gezogen. Von diesem ehrlichen Mann erfuhr man nun, daß noch am Tag vor Henins Ankunft das Räubergesindel, teils in Bettlerkleidung, teils aber sehr aufgeputzt, und zwar zu Pferde mit Päcken beladen, in Gelnhausen angekommen – der Beschreibung nach fanden sich der Major und Müller darunter –, aber wieder weitergezogen sei. Henin begab sich an den Ort, wo die Bande ihre Zusammenkunft zu halten pflegte. Hier traf er den schon unter den Mersenern und belgischen Räubern bekannten Macholchen (Michel Singer Singaire). Da aber durch seine Arrestation die übrigen leicht versprengt werden konnten und zu erwarten war, daß sie sich alle nächstens vereinigt einfinden würden, ließ er ihn ungehindert gehen.

Henin war so glücklich auszukundschaften, daß der Räuberchef Afrom May sich in Kaltenborn aufhielt und wahrscheinlich nach Gelnhausen kommen würde; mit ihm vielleicht noch einige andere Matadore. Den Fang zu tun, bedurfte es Militär; er wandte sich also nach Steinau zu dem hessischen Beamten Herrn Miller, einem ehemaligen Kriegsmann, einem wackeren und tätigen Beamten.

In Eckardroth war unterdessen eine Veränderung vorgegangen. Der Baron hatte wahrscheinlich auf die ernste Sprache der hessischen Regierung den alten Amtmann K... entlassen, und derjenige, der seine Stelle besetzte, Herr Kullmann, hatte gerade die entgegengesetzten Grundsätze seines Vorgängers, suchte Ordnung und Ruhe wiederherzustellen und das Räubergesindel aus seinem Amtssprengel zu entfernen. Seine Maßregeln waren so weise und wirksam, daß er in mehr nicht als acht Tagen die gefährlichen Menschen aus ihren bisherigen Schlupfwinkeln verscheuchte.

Afrom May und seine Helfershelfer wagten nicht zum Vorschein zu kommen und flüchteten sich nach Franken, wohin sie nachher auch ihren Schauplatz verlegten.

Jetzt war auch Br. Keil von seiner Reise nach Gelnhausen gekommen. Er faßte den Entschluß, die Ziegelhütte bei Eckardroth, etwa eine halbe Stunde davon am Ende des Waldes gelegen, einen Ort, der bisher der beständige Aufenthalt der Räuber war und von dem aus sie noch in den letzten Zeiten so manchen Streifzug unternommen hatten, heimzusuchen. Öd, still und verlassen liegt das große Gebäude da, und schon sein Äußeres verkündet nichts Gutes. Es war sehr spät, als die bewaffnete Macht erschien, es zu durchsuchen. Wie schuldbewußt der Bewohner war, erwies seine Flucht. Er verbarg sich, sobald er den Namen Polizei hörte, in dem tiefen Keller, aus dem unterirdische Wege in den Berg, auf dem das Gebäude liegt, führen. In dem öden Haus fand man viele Betten, ein Zeichen des Aufenthaltgestattens, und eine ganze Menge fremder Weiber, ihrer waren zwölf, die vermutlich hier auf die Rückkunft ihrer verscheuchten Männer harrten.

In Eckardroth nahm Br. Keil ebenfalls eine Visitation vor. Man fand in dem Haus, wo noch acht Tage vorher der alte Hannes und der dicke Mathies, beide unter ihren Räubernamen, sich aufgehalten hatten, noch warme Stellen – die kurz vorher irgendein Räuber verlassen haben mußte – und in der Scheune einen von niemandem in Anspruch genommenen Schleifkarren.

Da der Commissaire eilen mußte, seine Reise zu vollenden, und noch in die Gegend von Wetzlar und ins Preußische nach Bockum sich zu begeben hatte, so konnte er nicht das Wiedererscheinen der Räuber in der Gegend von Gelnhausen abwarten, auch war die hessische Regierung in Hanau zu gut unterrichtet und zu aufmerksam, als daß seine dortige Anwesenheit länger nötig gewesen wäre.

Br. Keil reiste – wie bemerkt worden – in die Grafschaft Mark, um sich mit den dortigen preußischen Beamten ins Benehmen zu setzen. Da durch die neue Länderumtauschung in Deutschland das Essendische an Preußen gekommen war und Br. Keil besonders über die essendische Bande unterrichtet war, so schien ihm und seinen Kommittenten die Reise nach Bockum um so nötiger.

Nach seiner Abreise von Eckardroth erhielt er Nachricht vom Amtmann Kullmann über die Schärfe, mit der man jetzt das fremde Gesindel verfolge, und von der Verhaftung des berüchtigten Räubers, des alten Hannes (Johann Hammers)[1]. Dieses bewies hinlänglich, daß es nicht an dem Gutsherrn von Eckardroth lag, wenn vorher die Diebe ein Asyl fanden, sondern an seinem unwürdigen Beamten. Wie sollte auch der Enkel eines Mannes (Ulrich von Huttens, d. Hg.), der in früheren Jahrhunderten fast der einzige war, der sich in Deutschland bewaffneten Räubern – und wenn sie auch Herzogshüte trugen – entgegensetzte, wie sollte dieser in seinem Bezirk einem Diebsvolk, das halb Deutschland durchstreifte, Schutz gewähren! Fetzer saß unterdessen noch in Bergen und sollte an die französische Justiz nach Köln ausgeliefert werden. Sein ganzes Bestreben ging dahin, diesem auszuweichen, die Nachricht der vielen Räuber, die dort ihren Tod unter der Guillotine gefunden hatten, mochte ihm die panische Furcht einjagen. Er

---

1 Der alte Hannes wurde nach Köln ausgeliefert, mit Fetzer und Weyers konfrontiert, leugnete aber hartnäckig, zur Räuberbande zu gehören. Die Regierung in Düsseldorf reklamierte ihn und soll ihn später an die Sicherheitskommission nach Bockum geschickt haben.

gestand in Bergen, um nicht ausgeliefert zu werden, einen gewaltsamen Diebstahl ein, den er im Schaumburgischen wollte begangen haben, aber als man nachforschte, war seine Erzählung ein Märchen. Er hätte nur den Seelheimer Diebstahl angeben können, um im Hessischen zu bleiben, aber er hatte seine gute Ursache, von einem Raub zu schweigen, der ihn unfehlbar ins Verderben gebracht haben würde. Fetzer wurde französischen Gendarmen in Bergen überliefert, die ihn nach Frankfurt brachten. Von hier aus wurde er mit Schinderhannes auf ein und demselben Wagen unter einer großen Bedeckung nach Mainz gebracht (siehe den ersten Teil dieses Werkes).

Räuber ohne Romantik: Hölzerlips und seine Bande

(Ludwig Aloys Pfister)

Als 1957 »Das Wirtshaus im Spessart« über die Kinoleinwände flimmerte, da wußte jeder, wie es bei Räubers ausgesehen hatte. Wild-romantisch war das freie Leben gewesen – mit einem kühnen und gutaussehenden Hauptmann an der Spitze, in den sich die Grafentochter ebenso unweigerlich wie unsterblich verlieben mußte: Carlos Thompson und Liselotte Pulver als Traumpaar. Da mochte selbst ein Gauner aus der dritten Reihe – in Gestalt von Wolfgang Neuss – seine Sehnsüchte nicht für sich behalten und (»Ach, das könnte schön sein«) vom bürgerlichen Heldenleben mit Häuschen und Garten träumen.

Daß es nicht einmal so gewesen sein könnte, *muß nicht ausdrücklich betont werden. Aber, es gab es wirklich, das Wirtshaus im Spessart, jedenfalls wurde ein Gebäude gleichen Namens 1959 beim Bau der Autobahn Frankfurt – Würzburg abgerissen. Dieses Haus stand in Rohrbrunn; es war die »Uzuberei«, eine von dem Oberjäger Melchior Uzuber 1686 begründete Poststation. Im »Gasthaus zur Post« bei Hessenthal scheint Wilhelm Hauff 1826 bei seiner Fahrt durch den Spessart eine Rast eingelegt zu haben. Dieser Gasthof, der heute noch steht, könnte sein Vorbild für »Das Wirtshaus im Spessart« geworden sein. Möglicherweise erfuhr er dort von den einst gefürchteten Räubern, von Veit Krämer oder Manne Friedrich, die um 1810 die Durchquerung des Spessarts zu einem gefährlichen Abenteuer gemacht hatten. Zu Zeiten Hauffs waren die Wege schon sicherer.*

Das riesige Waldgebiet, in dem nur wenige Orte lagen, bot den Räubern vielfältige Gelegenheiten, einem Wagen aufzulauern. Die Überfallenen konnten kaum mit Hilfe rechnen; sie mußten sich schon selbst wehren. Empfohlen wurde, zumindest Pistolen mitzuführen. Für die Räuber bedeuteten die noch nicht so intensiv genutzten und damit undurchdringlicheren Wälder einen idealen Schutz vor Nachstellungen.

Auch in den angrenzenden Mittelgebirgen sah es nicht anders aus: im Odenwald, im Vogelsberg und sogar im hessischen Bergland. Bekämpft werden konnten die Banden nur grenzübergreifend. Das war aber leichter gesagt als getan, denn Grenzen gab es in Deutschland mehr als genug.

Es blieb den Justizbehörden vorbehalten, nach Wegen für eine oft sehr komplizierte Zusammenarbeit zu suchen. Für die in dieser Region tätigen Banden waren das der Heidelberger Stadtdirektor Ludwig Pfister, der Gießener Hofgerichtsrat Friedrich Ludwig Adolf von Grolman und der Großherzoglich Hessische Kriminalrichter zu Darmstadt, Carl Friedrich Brill. Die Kooperation zwischen diesen dreien entbehrte nicht gewisser Pikanterien, nachdem Pfister seine Untersuchungsergebnisse 1812 veröffentlicht und Brill für seine Hilfsbereitschaft gelobt, aber Grolman nicht erwähnt hatte. 1813 legte Grolman seinen Bericht vor, Brill folgte 1814/15 gleich mit zwei Bänden, in denen er Grolman kollegial, aber mit süffisanter Härte auf einen vermeintlichen Fehler hinwies. Die Konkurrenz der drei (der wir so umfangreiches Material über diese Räuberbanden verdanken) hatte mehrere Gründe. Brill und Grolman dienten demselben Herrn, dem Darmstädter Großherzog, und durften bei erfolgreicher Arbeit auf Beförderungen hoffen. Da die einzelnen gefangenen Bandenmitglieder in Gießen, Darmstadt und Heidelberg saßen, war es recht schwierig, sie zusammenzubringen. Keiner wollte durch eine Auslieferung die Früchte seiner Nachforschungen gefährden, denn, da waren sich alle drei sicher, sie hatten ganz besonders gefährliche Räuber hinter Schloß und Riegel gebracht – und die wollten sie auch selbst vor Gericht stellen. Der Vergleich mit Schinderhannes taucht immer wieder auf, und das ist kein Zufall. Pfister behauptete z. B., daß »selbst Schinderhannes seine verruchte Zelebrität« (also Berühmtheit) nicht ohne den von ihm festgesetzten schwarzen Peter erreicht haben würde. Und Brill war sich sicher, daß »sein« Johann Adam Heusner »als Räuberanführer berüchtigter geworden wäre als Schinderhannes«, wenn es nicht, so möchte man ergänzen, den aufmerksamen Brill gegeben hätte. Der unglückliche Schinderhannes diente hier also nur dazu, das eigene Licht umso heller strahlen zu lassen.

Die Räuber selbst rechtfertigten diese Einschätzung nicht, auch wenn sie zum Teil noch zur Schinderhannes-Bande gehört hatten. Ihre Überfälle sind in der Regel brutal und zeigen wenig Phantasie oder Vorbereitung. Das beste Beispiel ist der Hemsbacher Raubmord, den Pfister ausführlich schilderte und an dem der Hölzerlips beteiligt war. Vor diesen Räubern konnte niemand und nichts sicher sein. Selbst die Ärmsten der Armen mußten um ihr Weniges fürchten. Die Beute war oft genug so erbärmlich, daß die Räuber immer neue Einbrüche und Überfälle begehen mußten, um sich selbst und ihre Familien über die Runden zu bringen.

Der 1770 geborene Pfister kam nach seiner Dienstzeit in Schwetzingen 1810 als Stadtdirektor nach Heidelberg und wechselte 1814 nach Freiburg. 1820 wurde er zum Großherzoglichen Badischen Geheimen Rat ernannt. Er starb am 29. Dezember 1829 in Mannheim. Neben seiner in zwei Bänden erschie-

nenen »Aktenmäßigen Geschichte« trat Pfister als Schriftsteller noch mit einer damals recht erfolgreichen Sammlung »Merkwürdiger Rechtsfälle« hervor, die in fünf Bänden zwischen 1815 und 1820 erschien. Als Separatdruck veröffentlichte er 1814 die kriminalistische Novelle »Karl Grandison, oder der berüchtigte Postwagendieb«. Daß Pfister zu schreiben verstand und wußte, wie Spannung zu erzeugen war, zeigt auch seine »Aktenmäßige Geschichte der Räuberbanden an den beiden Ufern des Mains, im Spessart und im Odenwalde« (Heidelberg 1812), die er mit der Schilderung des Hemsbacher Raubmordes beginnen ließ. Langsam entwickelte er den Fall, von der Tat ausgehend, und hatte dabei genügend Gelegenheit, auf seine psychologischen Tricks hinzuweisen, mit deren Hilfe es ihm gelungen war, den Inhaftierten Geständnisse zu entlocken. Eine große Schwierigkeit für die Kriminalrichter war es – das macht Pfisters Beschreibung deutlich – die Identität eines Gefangenen zweifelsfrei festzustellen. Hier sparte der Stadtdirektor auch nicht an Kritik. Wer ohne Papiere aufgegriffen wurde, konnte festgesetzt werden. Und bei der Charakterisierung des Hölzerlips deutete Pfister an, daß dieser Räuber auch einen anderen Weg hätte nehmen können, wenn er nicht als Hausierer ohne Paß verhaftet worden wäre.

Die Lebensgeschichten, die Pfister erzählte, geben einen tiefen Einblick in die erbärmlichen Bedingungen, unter denen die untersten Schichten in Deutschland zu dieser Zeit ihr Dasein fristen mußten. Daß für diese Menschen, die mit Meerschweinchen über Jahrmärkte zogen, Tragringe fabrizierten oder ihre Kinder zum Betteln schickten, damit wenigsten die etwas zu essen hatten, Recht und Gesetz nur eine untergeordnete Rolle spielen konnten, darf niemand verwundern.

Aber Pfister war nicht nur der für die damaligen Verhältnisse eher liberal eingestellte Stadtdirektor. Obwohl er wenig von der Folter hielt und mehr auf freundliche Einfühlung setzte, ließ er die Konkubine des Hölzerlips mit der Stierlederpeitsche zur Aussage zwingen und verteidigte energisch die Todesstrafe. Auch darin war er ein Repräsentant der Justiz seiner Zeit.

Wir bringen größere Ausschnitte aus dem ersten Band der »Aktenmäßigen Geschichte« und konzentrieren uns dabei auf die Überfälle und Einbrüche, die in den damaligen hessischen Gebieten begangen wurden. (1812 erschien noch ein »Nachtrag... Nebst einer neueren Sammlung und Verdollmetschung mehrerer Wörter aus der jenischen und Gaunersprache«, ebenfalls in Heidelberg.) Insgesamt zählte Pfister 142 Verbrechen der in Heidelberg in Haft sitzenden Räuber auf. Das Spektrum reicht von einfachem Diebstahl, z. B. von Bienen, Betten, Fleisch und Stoffen, bis zum Raubmord. In ihrer Taktik orientiert sich die Bande an den rheinischen Räubern, allerdings ohne deren Professionalität und Dreistigkeit zu erreichen. In der Brutalität der Ausführung stehen sie ihren Vorbildern allerdings nichts nach.

Schon im Spätjahre 1810, noch mehr aber während des darauffolgenden Winters, hatten sich auf dem oberen Teil der ihrer paradiesischen Lage wegen so hochgepriesenen und so vielbereisten Bergstraße mancherlei Spuren von Unsicherheit gezeigt – welche endlich sogar in wirkliche wiederholte Angriffe des Postwagens und verschiedener Reisenden übergegangen waren. Die Regierungen in den Großherzogtümern Hessen und Baden hatten früher schon alles getan, was zur Erhaltung der Sicherheit ihrer Landeseinwohner und einer so bedeutenden Kommerzialstraße (Handelsstraße, d. Hg.) nötig ist – und verdoppelten, durch vorgedachte Vorfälle veranlaßt, ihre Aufmerksamkeit, ihren Eifer und ihre geschärften polizeilichen Maßregeln. Dessen ungeachtet spukten nach kurzer Ruhe, welche nur dazu diente, den Eifer der Streifer zu vermindern und die Wachsamkeit der verdoppelten Patrouillen einzuschläfern, auf der Bergstraße von Zeit zu Zeit jene nächtlichen Unholde wieder, deren Schlupfwinkel man vergebens zu entdecken gesucht hatte. Man mußte daher endlich, da man alle so mühsamen Vorkehrungen vereitelt, alle Anstrengungen der Regierungen und der Untertanen verhöhnt sah, auf die Idee kommen: Es seien keine fremden, nur momentan sich zeigenden und dann wieder in entfernte Gegenden sich zurückziehende Räuberhorden, welche das Unheil verübten, sondern: eigene Landesuntertanen; Bewohner der nächsten Orte an oder auf der Bergstraße seien dessen Urheber und könnten es um so leichter sein und bleiben, weil sie, von allen polizeilichen Vorkehrungen, Streifungen, Patrouillen und dergleichen Wissenschaft erhielten und hiernach ihre eigenen Maßregeln zum Unentdecktbleiben am leichtesten treffen könnten. Auch diese öffentliche Meinung blieb von seiten der Regierungen nicht ohne polizeiliche Rücksicht. Hatten zwar die aus diesem Grund getroffenen besonderen Verfügungen keinen besonderen Erfolg, so fielen doch wenigstens keine weiteren Angriffe vor, so daß die Spuren der Unsicherheit der Bergstraße verschwanden und man sich schmeichelte, das wahre Mittel gefunden zu haben. Bei eingetretenem Frühjahr und minderlangen Nächten war es bereits so weit gediehen, daß man, wie das im menschlichen Leben so oft zu geschehen pflegt, die Vorfälle des Winters vergessen hatte und an wieder eingetretene volle Sicherheit glaubte, als die Polizei durch den Vorfall, welcher den Stoff zu dieser Schrift gab, fürchterlich aufgeschreckt und die Einwohnerschaft der ganzen Gegend wie auch das ganze kommerzierende Publikum neuerlich in die höchste Unsicherheit und in die größte Bangigkeit versetzt wurde.

In der Nacht vom letzten April auf den ersten Mai 1811 morgens gegen zwei Uhr macht ein junger Bursch, welcher eine Estaffette (Eilpost, d. Hg.) von Weinheim nach Heppenheim hatte befördern sollen, dem Schultheißen zu Hemsbach (auf dem Wege von Weinheim nach Heppenheim) die Anzeige, er habe, als er von Hemsbach gegen das nahe Laudenbach zugekommen sei, eine männliche Stimme rufen hören: »Ach Gott! Ach Gott!« und »Ach! Wehe!«

Er habe geglaubt, es hätten Reisende das Unglück gehabt, mit der Chaise umgeworfen zu werden, und sei auf den Rufenden zugeeilt. Bald aber habe er ein neues Lamentieren derselben Stimme und den Ausruf gehört:

»Ach! Laßt mir nur mein Leben, ich will euch ja alles geben, was ich habe«, – währenddessen andere Stimmen gerufen hätten:

»Gebe dein Geld her – oder ich schieße! Schlagt ihn tot! – Visitiere ihn aus!« usw.

Zugleich habe er ein fürchterliches Gepolter fallender Schläge vernommen.

Dieses habe ihn mit solcher Angst erfüllt, daß er seine Reise nicht habe fortsetzen können. Er sei also zurückgekehrt, um diese Anzeige zu machen. Der Schultheiß traf sogleich alle in solchen Fällen zweckmäßigen Anstalten; als aber die zum Streifen aufgebotene Mannschaft nur vor den Ort Hemsbach gelangte, kam ihr schon ein Postillon mit leerer Chaise entgegen, welcher erzählte, daß die Reisenden, welche er gefahren habe, von Räubern überfallen und so wie er selbst mißhandelt worden seien. Er wußte nicht, wo die Reisenden geblieben waren, ob sie noch lebten oder tot seien. Die Streifmannschaft setzte ihren Weg fort, stieß aber nicht weit hinter der Chaise auf die beiden mißhandelten Reisenden, welche einander führend, langsamen Schrittes die Chaussee her gegen Hemsbach zu kamen. Sie wurden nach Hemsbach in das Wirtshaus gebracht, dort verbunden und dem Amte Weinheim, zu dessen Bezirk Hemsbach gehört, die Anzeige gemacht.

Das Amt Weinheim traf, nach seiner gewohnten Tätigkeit, sogleich alle angemessen scheinenden Anstalten zur Verfolgung und Einfangung der Räuber und eilte dann mit dem Physikate (Landarzt, d. Hg.) unverzüglich zu den Verwundeten.

Es fand sich, daß diese zwei von der Frankfurter Ostermesse zurückkehrenden Schweizer Kaufleute:

Herr Jacob Rieder aus Winterthur, 45 Jahre alt, verheiratet, Vater von sechs Kindern, und

Herr Rudolph Hanhart aus Zürich, 32 Jahre, verheiratet, waren. Der erste, Herr Rieder, hatte zehn meistens sehr bedeutende Kopfwunden, wovon die eine die Nasenbeine aus ihrer Verbindung unter sich und mit dem Stirnbeine gebracht hatte, überdies aber auch noch andere minder bedeutende Verletzungen an sich. Der zweite, Herr Hanhart, war mit einer leichten Kontusion (Quetschung, d. Hg.) an der rechten oberen Stirngegend davongekommen. Der Postillon hatte nur leichte Verletzungen. Beide Reisenden konnten über die Art ihrer Mißhandlung und Beraubung nur sehr wenig, über die Täter selbst aber gar nichts angeben. Er habe, so erzählte Herr Hanhart, mit seinem Gefährten in der Chaise geschlafen, als sie plötzlich durch ein starkes Gepolter an der Chaise, welche in demselben Augenblick stillgestanden habe, aufgeschreckt worden und in der ersten Bestürzung aus der Chaise gesprungen seien. Er habe in dem Augenblick des Herausspringens einen Schlag auf den Kopf erhalten, welcher ihn besinnungslos niedergeschmettert habe, so daß er durchaus von dem, was weiter vorgefallen sei, nichts weiter mehr gehört als das Winseln seines Reisegefährten, der, so wie er selbst, nicht auf der Chaussee, sondern unterhalb derselben gelegen habe. Er habe diesen aufzurichten und fortzubringen gesucht, und so seien sie nach Hemsbach gekommen. Herr Rieder stimmte mit dieser Angabe überein, fügte jedoch bei: Auch er habe sogleich beim Herausspringen aus der Chaise einen Schlag auf den Kopf erhalten, der ihn zu Boden gestürzt habe; er habe aber noch mehrere Schläge erhalten, und obschon er den Räubern zugerufen habe, er wolle ihnen ja gerne alles überlassen, was er besitze, so habe doch die Mißhandlung so lange fortgewährt, bis er sein Bewußtsein verloren habe – zu welchem er erst durch die Bemühungen seines Reisegefährten wieder gekommen sei. Der Postillon wußte weiter nichts anzugeben, als daß sogleich oberhalb Laudenbachs zwei Kerle seinen Pferden in die Zügel gefallen seien, während ein anderer ihn durch Schläge vom Kutschbock heruntergebracht habe. Andere hätten die Reisenden mißhandelt, beraubt und seien dann mit dem Geraubten entflohen. Er konnte so wenig wie die Herren Rieder und Hanhart die Räuber beschreiben.

Alle weiteren Bemühungen des Amtes Weinheim, den Räubern auf die Spur zu kommen, waren ebenfalls fruchtlos; man fand zwar auf der Stelle der Chaussee, auf welcher, der Angabe nach, der Angriff und die Beraubung der Reisenden stattgefunden hatten, noch den aufgebrochenen Koffer, einige zerstreute Kleidungsstücke und einen großen, starken, mit Blut befleckten Prügel; man überzeugte sich, daß der Koffer die Spuren gewaltsamen Aufbruchs an sich trage; man fand auf dem von der Chaussee über Oberlaudenbach in den Odenwald führenden Gebirgswege eine frische Feuerstätte und einen anderen Prügel mit Blut befleckt nebst einer Kopfbinde, gezeichnet J.R., und einem Strumpfe; allein alle weitere Spur der Räuber war verschwunden. Doch schien durch den ebengedachten letzten Fund die Meinung, es hätten Bewohner der Bergstraße die Tat verübt, widerlegt, da nun offen zutage lag, daß die Räuber ihren Rückweg in den hessischen Odenwald genommen hatten. Weder der die Kaufleute geführt habende Postillon noch der die Eilpost zu besorgen gehabt habende junge Bursche von Weinheim konnten nähere Aufschlüsse über die Täter erteilen. Es blieb also dem Amte Weinheim nichts anderes übrig, als den Vorfall und das Verzeichnis der den beiden Kaufleuten geraubten Sachen den benachbarten Ämtern und durch die öffentlichen Blätter auch den entfernteren Behörden bekanntzumachen und an seine vorgesetzte höhere Behörde Anzeigebericht zu erstatten; das übrige aber von der Zeit und der Gunst des Zufalls zu erwarten.

Inzwischen wurde der schwer verwundete Handelsmann Rieder in das katholische Pfarrhaus zu Hemsbach und da auf sein ausdrückliches Verlangen, nach deshalb eingeholter Weisung des Großherzoglich Badischen Hofgerichts zu Mannheim, mit aller nur erdenklichen Vorsicht nach Heidelberg gebracht und dort der Behandlung mehrerer geschickter und allgemein verehrter Ärzte übergeben. Es geschah an ihm alles, was Wissenschaft und Kunst rätlich machten; seine Freunde und Bekannten wetteiferten, alles, was nur möglich war, zu seiner und Herrn Hanharts Erleichterung und Zerstreuung anzuwenden; allein es war zu spät; es war alles – alles vergebens. Der verwundete Rieder starb schon am 5. Mai morgens elf Uhr, und die vorgenommene Sektion und legale Inspektion seines Leichnams erzeugten und begründeten das ärztliche Gutachten, »daß die Verletzung des großen und kleinen Gehirns, welche sich an Herrn Rieder fanden, wesentliche Verletzungen waren und daß es um so weniger in der Gewalt der Kunst lag, bei so vielen bedeutenden Wunden die Entzündung des Gehirnorgans mit deren tödlichen Folgen abzuhalten, da unaufhebliche Ursachen zugrunde lagen; daß sohin die körperlichen Verletzungen des Jacob Rieder von Winterthur als schlechterdings tödliche Verwundung (Vulneratio absolute lethalis) zu achten seien«.

Kurz nach der Beerdigung des Verblichenen, welcher zum Troste und zur Beruhigung seiner Anverwandten und Freunde die in Heidelberg studierenden Schweizer, die meisten der dortigen Handelsleute und mehrere obrigkeitliche Personen und sonstige Honoratioren beiwohnten, traf der älteste Sohn des Ermordeten in Heidelberg ein. Sein Jammer war grenzenlos und unbeschreiblich, als er den Vater nicht mehr fand, zu dessen Pflege er in der Überzeugung nach Heidelberg geeilt war, es sei noch Hilfe für den ihm Unersetzlichen möglich.

Während man in der Nähe von Weinheim und in den oberen Gegenden der Bergstraße den Raubmördern mit aller nur erdenklichen Mühe vergebens nachspürte, hatte der Zufall einen derselben – und gleich nach ihm zwar keinen Teilnehmer an diesem Raube, aber dennoch einen höchstberüchtigten Gauner, Mörder, Räuber und Dieb – in obrigkeitliche Hände geliefert. Es wurden nämlich schon am 4. Mai in dem Walde bei Sickenhofen, Großherzoglich Hessischen Amtes Babenhausen, verschiedene verdächtige Burschen mit Weibsleuten von einigen Kindern, welche aus dem Walde heimkehrten, bemerkt und durch mehrere Sickenhofer Einwohner, die der Schultheiß hierzu hatte aufbieten lassen, angegriffen. Allein die Burschen hatten schon aus der Ziegelhütte bei Sickenhofen die Ankunft der Bauern bemerkt und suchten denselben zu entfliehen; die Bauern aber griffen rasch an, schlugen tapfer zu und nötigten dadurch die Burschen, ihre Bündel abzuwerfen und dann wiederholt ihr Heil in der Flucht zu suchen. Sie entkamen bis auf einen, welcher gefangen und an das Amt Babenhausen, von da aber, nebst den Bündeln, an das Großherzoglich Hessische peinliche Gericht zu Darmstadt abgeliefert wurde. Am 5. Mai wurde ein anderer Vagant gleichfalls von Sickenhofer Einwohnern eingefangen und nebst seiner Frau und einem siebenjährigen Buben ebenfalls nach Darmstadt eingeliefert. Der erste gab vor, er heiße Valentin Schmitt und sei aus Berlin gebürtig, der andere nannte sich Johann Wild und behauptete, zu Brünn in Mähren geboren zu sein. Schon das Amt Babenhausen hatte bei Durchsicht der zurückgelassenen Bündel Kleidungsstücke gefunden, welche mit den den Herren Rieder und Hanhart geraubten, deren Verzeichnis ihm bereits zugekommen war, volle Ähnlichkeit hatten. Das peinliche Gericht zu Darmstadt wiederholte den Vergleich des Inhalts der Bündel mit dem ausgeschriebenen Verzeichnis der geraubten Sachen und überzeugte sich dadurch noch mehr davon, daß die vorgefundenen wirklich von den geraubten seien. Der peinliche Richter, Herr Brill zu Darmstadt, nahm sich der Sache mit rühmlichem Eifer an, und es gelang seiner Bemühung, den sogenannten Valentin Schmitt zuerst zum Bekenntnis, daß dieser Name falsch sei und er eigentlich Valentin Krähmer heiße, dann aber auch zu dem weiteren allgemeinen Geständnis zu bringen, daß er mit fünf anderen die in den Bündeln und bei ihm selbst gefundenen Sachen (unter welchen sich auch ein silbernes Etui und ein Doppel-Louisdor fanden) auf der Bergstraße geraubt habe, und zwar zwei Kaufleuten, welche in einer Chaise gefahren seien. Das peinliche Gericht zu Darmstadt bot die Auslieferung der Arrestanten gegen Kostenersatz und gewöhnliche Reversalien (amtliche Dokumente, Bescheinigungen, d. Hg.) an; sie wurde mit höherer Bewilligung angenommen, und so erfolgte am 9. Mai die Auslieferung der Gefangenen an das Stadtamt Heidelberg als die geeignete Kriminalbehörde.

Unmittelbar nach seiner Ankunft in Heidelberg wurde Veit Krähmer in Anwesenheit des Handelsmann Hanhart, welcher sich zur Beiwohnung bereiterklärt und unter den Richtern seinen Platz genommen hatte, ins Verhör genommen. Er wiederholte da umständlich sein in Darmstadt begonnenes Bekenntnis und erkannte wiederholt die mit eingelieferten Gegenstände als geraubt. Auch Herr Hanhart erkannte sie nach Krähmers Abführung als einen Teil der ihm und dem verstorbenen Herrn Rieder geraubten Sachen und bestätigte dieses in der Folge eidlich. Den Veit Krähmer konnte er aber weder vom Ansehen noch der Stimme nach als einen Räuber erkennen. Das Stadtamt Heidelberg benutzte die Rührung, in welcher es den Veit Krähmer fand, um von ihm eine genaue Angabe des Vorfalls selbst, vorzüglich aber sogleich die Benennung und genaueste Beschreibung seiner Mitschuldigen zu erhalten, und eilte sodann, diese durch reitende Boten dem Großherzoglich Badischen Neckarkreis-Directorio vorzulegen, welches sich mit dem regsamsten, rastlosesten Eifer der Sache annahm und allen benachbarten näheren und ferneren Regierungen die zu Tausenden gedruckten Signalements der Räuber auf dem schnellsten Wege mitteilte und auch für die ebenso schnelle Bekanntwerdung im Badischen Lande sorgte. Da Veit Krähmer im ersten Verhör zu Heidelberg angegeben hatte: Als er mit seinen Kameraden nach dem Raubmord zwischen Laudenbach und Hemsbach zurück in den Odenwald, in die Gegend von Strümpfelbronn und Eberbach, gekommen sei, seien sie streifenden Bauern in die Hände gefallen, welche seinen Kameraden die Bündel, worin deren Anteile am Raub sich befanden, abgenommen hätten; so wurde sogleich ein reitender Bote nach Eberbach abgesandt und die Verification (Bestätigung, d. Hg.) dieser Angabe und die Übersendung der den Räubern abgenommenen Bündel verlangt. Dieses hatte die Wirkung, daß schon am folgenden Tag von dem Amte Zwingenberg, wohin das Amt Eberbach die Requisition (Forderung, d. Hg.) als dorthin gehörig mitgeteilt hatte, ein großer Pack übersendet wurde, worin sich die den vier Mitschuldigen des Veit Krähmer, welche den Streifern bei Strümpfelbronn in die Hände gefallen waren, abgenommenen Sachen befanden. Sowohl Veit Krähmer als auch Handelsmann Hanhart erkannten sie als weitere Teile des Geraubten, und so wurden sie diesem letzteren und des verstorbenen Herrn Rieders Sohne zugestellt. Zugleich meldete das Amt Zwingenberg, es sei einer der vier Burschen, welchen die Bündel abgenommen worden waren, eingefangen gewesen, habe aber nach einigen Tagen schon Gelegenheit gefunden, aus dem Gefängnis zu entweichen.

Die Untersuchung wurde nun unausgesetzt gegen Veit Krähmer fortgesetzt.

Er nannte wiederholt und beharrlich als seine Mitschuldigen:

den Hölzerlips,

den Manne Friederich,

den Köhlers Andres,

den langen Andres,

den Basti,

gab verschiedenes über die Verhältnisse derselben an und unter anderem, daß sein Mitarrestant, Johann Wild, der Vater des Köhlers Andres und Schwiegervater des Basti sei. In den mit diesem Johann Wild und seiner Frau vorgenommenen Verhören zeigten sich beide im höchsten Grad verschmitzt, verrieten so viel Gewandheit und wußten dem Untersuchungsrichter so sehr alle Anlehnungs- und Verbindungspunkte in der Inquisition zu erschweren, daß es ein leichtes war, in ihnen alte, völlig eingeweihte Gauner zu erkennen, ohne ihnen jedoch von irgendeiner Seite beikommen zu können. Auch der siebenjährige Bub derselben, Leonhard, benahm sich ebenso und leugnete so hartnäckig, wie diese geleugnet hatten, einen Sohn Andres zu haben, einen Bruder namens Andres zu kennen oder gehabt zu haben. Bei Leuten dieser Art, welche keine bleibende Stätte haben, täglich in anderen Hütten oder Schopfen (Schuppen, d. Hg.) oder im Freien hausen, fällt es sehr schwer, irgendeinen Beweis über ihre Familienverhältnisse aufzubringen. Doch gelang es endlich, nach lange vergebener Mühe und fruchtlosen Versuchen, Widersprüche in den Angaben der Wildischen Eheleute zu erhalten, welche gegen sie benutzt werden konnten, und mehrere unbescholtene Männer auszukundschaften, in deren Häusern Wild mit den Seinigen gelegen hatte, deren einer bestimmt behauptete, daß derselbe einen Sohn namens Andres habe. Der alte Wild unterlag bei der mit aller Vorsicht zwischen ihm und jenen Männern bewirkten Konfrontation und bekannte, einen Sohn namens Andres zu haben, fügte aber zugleich die Entschuldigung bei, er habe deshalb nichts von ihm wissen wollen, weil er ein unfolgsamer Bub sei, der in der Welt herumlaufe. Schlechte Streiche wisse er jedoch nicht von ihm. Nach dem Vater bekannte auch der junge Leonhard Wild, einen Bruder namens Andres zu haben, und entschuldigte sein früheres Leugnen lediglich mit der frechen Behauptung, er habe nicht daran gedacht. Lange kämpfte noch die Mutter; endlich jedoch bekannte auch sie, einen Sohn Andres zu haben, und suchte ihr Leugnen so wie ihr Mann zu entschuldigen. Beide wollten von dem Anteil ihres Sohnes Andres an dem Raubmord zwischen Laudenbach und Hemsbach nichts wissen. Beide beharrten auf dem, was sie von ihrer Herkunft und ihren sonstigen Verhältnissen angegeben hatten, so höchst unwahrscheinlich und offenbar falsch auch manches darin war. Der Verdacht, daß Johann Wild ein alter Verbrecher, ein bedeutendes Mitglied einer früheren Räuberbande gewesen sei, stieg in jedem Verhör und wurde durch seine Physiognomie und sein ganzes Betragen noch mehr bestärkt. Noch fehlte es aber an näheren Mitteln, die Wahrheit zu erforschen, denn das Urteilen nach den Signalements allein fand man zu gewagt; und so mußte denn das Weitere noch ausgesetzt und von Zeit und Zufall nähere Entdeckung erhofft werden.

Kaum war Andres Wild zum zweiten Mal von seinen Eltern in Heidelberg gezeugt und geboren, so langte schon am anderen Tag von dem Großherzoglich Frankfurtischen Präfekten zu Hanau, Freiherr von der Tann, welcher sich auf die ausgezeichnetste Weise um die schnelle und glückliche Fortsetzung dieser Untersuchung verdient gemacht und so wie der Herr Oberpolizeidirektor von Ißstein in Frankfurt der Untersuchungsbehörde in Heidelberg die zuvorkommendsten Dienstgefälligkeiten erwiesen hat, die Nachricht an, daß dort ein Bursche eingebracht worden sei, welcher der signalisierte Köhlers Andres zu sein scheine, zugleich überbrachte der mit dem Schreiben von Hanau abgeschickte, expresse Bote dessen Kleidung, und sie wurde von dem arretierten Veit Krähmer als die des Köhlers Andres, zugleich aber auch als die den Schweizer Kaufleuten geraubte (was später Herr Hanhart bestätigte), anerkannt. Darauf wurde sogleich dessen Auslieferung verlangt und bewilligt.

Das Großherzoglich Hessische Amt Steinheim hatte in einer dahin zum Weiterschaffen auf dem Schub von Hanau gebrachten Weibsperson die Konkubine des Hölzerlips erkannt und dieses nach Heidelberg eröffnet. Ihre Auslieferung wurde verlangt und erfolgte. Sie nannte sich Spitzin; ihr siebenjähriger buckliger Bube nannte sich Spitz. Beide verleugneten den Hölzerlips, und als Veit Krähmer dem Buben ins Gesicht behauptete, daß er ihn kenne und daß Hölzerlips sein Vater sei, hatte er zum Abscheu des Untersuchungsrichters die unerhörte Frechheit, dem Krähmer in den schmutzigsten, pöbelhaftesten Ausdrücken zu sagen: Er habe seine Mutter fleischlich brauchen wollen, und weil ihm dieses nicht gestattet worden sei, so spreche er aus Feindschaft gegen sie. Selbst der von einem Gauner gezeugte, unter Gaunern erzogene Veit Krähmer war wie versteinert ob solcher Frechheit. Nur das, was wir in der Folge von der Mutter noch hören werden, kann es begreiflich machen, daß dieser Bube zu solchem abscheulichen Benehmen, wie er in der Folge bekannte, wirklich von seiner eigenen Mutter veranlaßt, daß ihm von dieser die kalte Frechheit, die beispiellose

Bosheit eingepflanzt worden ist, mit welcher er sich vor Gericht benahm.

Die erlassenen Steckbriefe, die rastlosen Bemühungen des Neckarkreis-Directorii und die ausgezeichnet tätigen Mitwirkungen aller benachbarten höheren und niederen Behörden hatten zur Folge, daß überall eine Menge Vagabunden eingezogen und nach Heidelberg geliefert wurden. Die Arbeit der untersuchenden Behörde wurde dadurch ganz außerordentlich vermehrt und erschwert, ohne daß dieses Einfangen für die Hauptsache selbst einen gedeihlichen Erfolg lieferte; immer aber erzeugte es das Gute, daß das Gesindel aufgeschreckt und durch Angst getrieben gezwungen wurde, seine bisherigen Schlupfwinkel im Odenwald, im Spessart, im Fuldischen und in der Wetterau vielleicht auf lange Zeit zu verlassen. Man umgeht hier die Aufzählung der einzelnen Auftritte, welche diese Einfangung erzeugte, und die Benennung der Personen, welche sie traf; nur das will man, um die Leser durch einen einzigen Zug von der gänzlichen Verdorbenheit dieser Menschenklasse zu überzeugen, flüchtig anführen, daß sich darunter eine Mutter befand, welche mit ihrem eigenen siebenjährigen Knaben im Kerker Unzucht trieb. Es war eine Periode, wo 96 solcher verworfenen Geschöpfe zugleich in Heidelberg verhaftet waren. Solch eine Menge, welche täglich noch mehr anzuwachsen drohte, mußte die Hauptsache selbst aufhalten und so dem Hauptzwecke schaden; auch war es wirklich der Arbeit zuviel. Dieses wurde höchsten Orts eingesehen und darum in der Folge verordnet, daß nur die an dem Raubmord zwischen Laudenbach und Hemsbach Anteil habenden Verbrecher und die mit ihnen in direkter Verbindung stehenden wirklichen Räuber zu Heidelberg inquiriert, alle anderen eingefangen werdenden Vaganten aber einer zu diesem Ende besonders in Mannheim niedergesetzten Kommission zur Untersuchung übergeben werden sollten.

Indessen war am 30. Mai abends Andreas Wild wirklich nach Heidelberg abgeliefert worden. Er wurde sogleich am folgenden Tag zum Verhör vorgeführt und bei dieser Gelegenheit von seiner eigenen Mutter, unbemerkt von ihm, als ihr Sohn Andreas, von Veit Krähmer als Köhlers Andres erkannt. Er selbst nannte sich Andreas Wild, leugnete aber, noch lebende Eltern zu haben. Beide, so sagte er, seien gestorben, als er kaum zwei Jahre alt gewesen sei, er habe sie nicht gekannt, wisse nicht, wer sie gewesen seien und wie sie gehießen hätten; er habe nur einen Bruder am Leben, welcher älter als er sei und beim Militär, wie er von herumziehenden Leuten gehört habe, diene, ohne daß er wisse, welchem Potentaten. Die bei ihm gefundenen geraubten Kleider behauptete er von einem ihm unbekannten Juden in Aschaffenburg gekauft zu haben. Alle Ermahnungen zur Wahrheit fruchteten nicht bei ihm; er wurde in seinen Kerker zurückgebracht. Vor dem nachmittäglichen Verhör erkannte ihn auch sein Vater für seinen Sohn und Leonhard Wild für seinen Bruder. Hatte Andreas Wild sich im vormittäglichen Verhör hartnäckig und frech benommen, so betrug er sich noch weit frecher und hartnäckiger im nachmittäglichen; er beharrte bei alldem, was er morgens angegeben hatte, und fügte der Versicherung, daß dieses die reine Wahrheit sei, die effronte (freche, d. Hg.) Beteuerung bei, und wenn er ein Wort gelogen habe, so wolle er für jedes dieser Worte 25 Prügel aushalten.

Da alle gütlichen Ermahnungen, aller Ernst des Richters keinen Eindruck auf ihn machten, so mußte ein anderes Mittel diesen Eindruck erzeugen und erzeugte ihn wirklich. Es war nämlich die Vorrichtung getroffen worden, daß vor jede der drei zum Verhörzimmer führenden Türen, vor die eine Wilds Vater, vor die andere seine Mutter und vor die dritte sein Bruder Leonhard, deren Anwesenheit ihm in Heidelberg unbekannt war, gestellt wurden. Da er nun immerfort leugnete, Eltern zu haben oder einen jüngeren Bruder, und dieses mit den höchsten Beteuerungen und heiligsten Schwüren bekräftigte, so öffneten sich auf einen Schellenzug zugleich die drei Türen – und schlossen sich einen Augenblick darauf. Andreas Wild war durch den Anblick erschüttert, faßte sich jedoch gleich wieder und suchte der Frage, wer diese drei Menschen seien, auszuweichen, bis die Schelle wieder gezogen wurde, um seinen Vater vorführen zu lassen; da erklärte er endlich, der alte Mann sei sein Vater, der Bub sein Bruder Leonhard und die Frau seine Mutter. Es wurde versucht, diese Stimmung des Inquisiten zu benutzen, um auch ein weiteres Geständnis des Straßenraubs von ihm zu erhalten; dieser Versuch mißlang aber; Veit Krähmer mußte ihm vorgestellt werden. Er verleugnete diesen nicht nur anfänglich, sondern suchte sogar, ihn selbst wankend zu machen. Als aber Veit Krähmer standhaft auf seinen Angaben beharrte und ihn selbst aus eigenem Antriebe aufforderte, die Wahrheit anzugeben und sich und ihn nicht länger aufzuhalten, da fing Andreas Wild an zu zagen und zu weinen und ging dann vom hartnäckigen Leugnen plötzlich zum Geständnis seines Anteils an dem Raubmord zwischen Laudenbach und Hemsbach über. In einem weiteren Verhör wurde er noch offenherziger, er bekannte zwar keine weiteren von ihm verübten Verbrechen, wohl aber gestand er seine Bekanntschaft mit vielen Gaunern, seine Kenntnis der Gauner- oder sogenannten jenischen Sprache und entdeckte, daß Manne Friederich, ein weiterer Teilhaber am Raubmord zwischen Laudenbach und Hemsbach, unter dem angenommenen falschen Namen Goldmann, zu Hanau verhaftet worden sei und daß die Beischläferin des Hölzerlips im Gefängnis zu Hanau noch eine der den zwei Schweizer Kaufleuten auf der Bergstraße geraubten goldenen Uhren und eine goldene Karolin gehabt habe. Es wurde sogleich durch Eilboten dem Herrn Präfekten zu Hanau von diesen Angaben Nachricht erteilt, die erste fand sich begründet, und auch Manne Friederich wurde später nach Heidelberg ausgeliefert. Die Uhr konnte aber noch nicht entdeckt werden. Die Hölzerlipsin leugnete, und alle Visitationen waren fruchtlos.

Am 4. Juni ließ sich Veit Krähmer zum Verhör melden und gab in diesem mehrere, teils von ihm selbst, teils von anderen verübte, meistens bedeutende Verbrechen an. Auch Andreas Wild schritt am selben Tag zu einem ähnlichen Bekenntnis. Beide setzten in späteren Verhören ihre Geständnisse fort und gaben zugleich noch sehr viele Häuser im Odenwald, im Großherzogtum Frankfurt und anderen benachbarten Gegenden an, deren Einwohner kochem seien, das heißt: die den Räubern und Dieben Aufenthalt gestatteten und die gestohlenen Waren aufbewahrten oder selbst kauften. Es wurde, und zwar wie die Folge zeigte mit gutem Erfolg, sogleich von diesen Entdeckungen den betreffenden Behörden Nachricht gegeben – auch die Signalements der weiter genannten Räuber und Diebe aufgenommen und in alle benachbarten Staaten versandt.

Inzwischen war Manne Friederich mit seiner Frau und seinem siebenjährigen Buben von Hanau in Heidelberg angelangt. Er wurde von Veit Krähmer und Andreas Wild erkannt: Er selbst nannte sich aber in seinem ersten Verhör Johannes Goldmann und gab vor, aus Magdeburg gebürtig und ledig zu sein und die Gegend bei Heidelberg noch nie gesehen zu haben. Zufällig war am Tag dieses Verhörs der Beamte von Zwingenberg in Heidelberg anwesend, er erkannte in dem von ihm – unbemerkt von diesem – besichtigten Manne Friederich eben jenen Räuber, welcher in Zwingenberg unter dem Namen Philipp Friederich Schütz eingelegen hatte und dort entflohen war. Man glaubte, der Anblick des Beamten von Zwingenberg werde den Manne Friederich erschüttern; der Beamte selbst hoffte dieses, allein man hatte sich beiderseits geirrt. Der Inquisit behauptete dem Beamten mit der beispiellosesten, mutwilligsten Frechheit in das Gesicht: Er sei nie in Zwingenberg gewesen, forderte denselben im verschönendsten Ton auf, ihn ganz genau zu betrachten, da man sich in nichts leichter irren könne als in Menschengesichtern, und beharrte, trotz aller Vorstellungen und Ermahnungen, trotz aller Versicherungen des Beamten von Zwingenberg auf Ehre und Pflicht, daß er der dort entflohene Philipp Friederich Schütz sei, bei seinem boshaften Leugnen. Unter solchen Verhältnissen ließ sich von einer Konfrontation des Manne Friederich mit Veit Krähmer und Andreas Wild kein Erfolg versprechen. Es mußte zu anderen Mitteln geschritten werden.

Es wurde versucht, von dem Knaben des Manne Friederich ein Geständnis zu erhalten; allein er leugnete frech und beharrlich, den Mann, welcher mit ihm und seiner Mutter zugleich nach Heidelberg geliefert worden war (seinen Vater), zu kennen. Veit Krähmer wurde ihm vorgestellt, der Knabe verleugnete ihn, obschon er der Pate seines jüngsten, nur wenige Monate alten Bruders ist; endlich aber mußte er auf Krähmers dringende Ermahnungen zugeben, daß dieser und nicht, wie er vorgegeben hatte, ein armer, ihm unbekannter Bube sein jüngstes Brüderchen in Katzenbach bei Strümpfelbronn über die Taufe gehoben habe; doch beharrte er immer noch dabei, daß er den mit ihm transportierten Mann nicht kenne. Andreas Wild wurde ihm ebenfalls vor das Gesicht gestellt; der Knabe beharrte, auch auf Wilds Aussagen und Ermahnungen an ihn, auf seinem Leugnen. Wild verdoppelte seine Aufforderungen zur Wahrheit an den Knaben, der Untersuchungsrichter tat dasselbe, der Knabe verlor zwar sichtbar die Fassung, doch leugnete er fort, und erst dann, als ihm für den Fall der Überführung mit körperlicher Züchtigung gedroht wurde, bekannte er, daß der mit ihm und seiner Mutter nach Heidelberg gebrachte Mann sein Vater sei, daß derselbe Friederich heiße und daß seine Mutter ihn angewiesen habe, dieses zu verleugnen. So kräftig, so beharrlich wird wohl schwerlich eine Anweisung der besten Eltern zum Guten befolgt, wie der noch so junge Leonhard Wild und der Knabe der Hölzerlipsin und der des Schütz die Anweisung zum Bösen befolgten. Von solchen Eltern geboren, auf solche Weise in der zartesten Jugend gebildet – welche Pest drohen solche Kinder dem Lande, in dem sie geboren wurden! Des Knaben Mutter benahm sich ebenso; sie wollte noch nie im Odenwald (wo sie in Katzenbach wenige Wochen zuvor entbunden worden war) gewesen, den Namen des Orts ihrer Niederkunft sowie jenen ihres Gevattermanns nicht wissen usw.

Am 8. Juni erschienen auf vorgängige Ladung der Gefangenenwärter von Zwingenberg und sieben andere Einwohner aus dortiger Gegend, wovon zwei den Manne Friederich eingefangen hatten, die übrigen aber ihn wohl zu kennen behaupteten; auch erkannten ihn wirklich sämtliche als den in Zwingenberg eingesessenen und von dort entwichenen Philipp Friederich Schütz und behaupteten dieses auch sämtlich dem Manne Friederich ins Angesicht. Er leugnete mit unbändiger Frechheit und beharrte darauf, selbst als alle acht Männer in seiner Gegenwart ihre Aussagen gegen ihn mit feierlichen Eiden bestätigen. Jeder gefühlvolle Mann, jeder rechtlich denkende Richter, welcher die Gefahr der Selbsttäuschung, der auch er unterworfen ist, kennt, wird gewiß die zur Ehre der Menschheit abgeschaffte Folter nicht zurückwünschen; aber bedauern wird es auch jeder, wenn allzu sentimentale Gesetze dem Untersuchungsrichter alle Mittel nehmen, der Frechheit solcher verworfenen Menschen Grenzen zu setzen; bedauern wird jeder den Richter, welcher sich von Menschen dieser Art als Spielwerk ihrer Bosheit mißbrauchen lassen muß. Dem Richter bleibt in solcher Lage kein Trost als das Bewußtsein, sich streng nach dem Gesetz gerichtet zu haben. Das war auch hier der Fall. Es wurde hier der Versuch gemacht, von Manne Friederichs Frau ein näheres Geständnis zu erhalten. Veit Krähmers Konkubine und Schwiegermutter erkannten sie und behaupteten ihr in das Gesicht, sie sei dieselbe Frau, welche vor wenigen Wochen zugleich mit der ersten zu Katzenbach in derselben Scheuer niedergekommen sei; sie leugnete dieses mit unbeschreiblicher Kälte und fügte jedesmal die Bemerkung bei: solche Leute nähme sie nicht an, die seien Arrestanten wie sie und könnten nichts gegen sie beweisen. Es wurde versucht, die Inquisitin durch Einwohner des Ortes Katzenbach, in welchem sie niedergekommen war, erkennen zu lassen; es erschienen auch wirklich auf vorgängige Ladung der Eigentümer der Scheuer, in welcher die Manne Friederichin zu Katzenbach niedergekommen war, dessen Knecht und der Schulmeister von da; allein unglücklicherweise konnte keiner von ihnen jene Inquisitin erkennen, obschon wenigstens der erste den Veit Krähmer und dessen Konkubine erkannte. Es konnte also von einer Konfrontation die Rede nicht sein; doch versuchte man, ob es nicht möglich sei, auch durch den bloßen Vortritt der Katzenbacher einigen Eindruck auf die Inquisitin zu machen. Jene drei traten daher als stumme Personen auf; der Inquisitin wurde bedeutet, es seien Einwohner von Katzenbach, sie versicherte, sie kenne sie nicht, und fügte bei: die drei Männer würden sie auch nicht kennen; die drei Männer schwiegen. Es wurde der Inquisitin bedeutet, unter diesen drei Männern befinde sich auch derjenige, in dessen Scheuer sie zugleich mit Krähmers Konkubine niedergekommen sei; sie beharrte auf ihrem Leugnen. Veit Krähmer wurde vorgeführt und erklärte auf die Frage, wer die vorstehende Frau sei: »Es ist meine Gevatterin, die Ehefrau des Manne Friederich, welche zugleich mit meiner Frau in Katzenbach niedergekommen ist.«

Und nun erklärte die Inquisitin, Veit Krähmer sei wirklich ihr Gevattermann, und was er soeben angegeben habe, sei wahr. Der Mann, welcher mit ihr von Hanau nach Heidelberg abgeliefert worden sei, sei wirklich ihr Mann, der Manne Friederich. Sie bitte wegen ihres bisherigen Leugnens um Verzeihung; sie habe es tun müssen, denn ihr Mann habe ihr gedroht, er schlage ihr Arme und Beine entzwei, wenn sie die Wahrheit rede.

Nun wurde Manne Friederich selbst wieder verhört; er fuhr fort zu leugnen. Es wurden ihm nach und nach Veit Krähmers Beischläferin, deren

Mutter, Veit Krähmer selbst und Andreas Wild vorgestellt. Alle behaupteten, er sei Manne Friederich. Manne Friederich beschuldigte jeden auf eine frechere Weise der Lüge. Auch seine Frau trat nun vor und behauptete, er sei ihr Mann. »Das ist nicht wahr! Wie kommt sie dazu?« war seine ganze Antwort. Auch den Sohn derselben verleugnete er und schloß lachend das Verhör mit dem Ausruf: »Da bekomme ich allerlei Leute zu sehen!«

Ihn wurmte jedoch, als er in die Einsamkeit des Kerkers zurückkam, dieser Auftritt. Er fürchtete, wie er in der Folge selbst bekannte, seine Frau möge noch mehr gesagt haben, so daß man ihn durch unbescholtene, rechtliche Männer (denn Mitarrestanten, setzte er bei, würde er nie als Zeugen gegen sich angenommen haben, und der Amtmann von Zwingenberg und die Wächter von da hätten nicht als Zeugen gegen ihn gelten können, weil immerhin der Verdacht auf ihnen geruht hätte, sie gäben ihn nur an, um den Fehler des Entlaufenlassens ihres Arrestanten wiedergutzumachen) förmlich überführen könne, und dieses bestimmte ihn einige Tage später, sich zum Verhör melden zu lassen, in welchem er dann sein bisheriges Leugnen zurücknahm und bekannte, der zu Zwingenberg entwichene Philipp Friederich Schütz und Teilhaber am Straßenraub zwischen Laudenbach und Hemsbach zu sein. Er wollte zwar anfänglich immer noch nicht mit der Sprache rein heraus, sondern sein Bekenntnis von der Erfüllung allerlei Prätensionen (Forderungen, d. Hg.), welche er aufstellte, abhängig machen; allein als er einsah, daß man sich darauf nicht einließ, so schritt er zum volleren Bekenntnis nicht nur seiner Teilnahme am Raubmord zwischen Hemsbach und Laudenbach, sondern auch noch mehrerer Verbrechen. Unter jene Forderungen gehörte unter anderen die: man möge ihn mit seiner Frau zusammenlassen. Er suchte sie dadurch zu motivieren, daß er vorgab, er habe einen fürchterlichen Eid schwören müssen, keinen seiner Kameraden zu verraten. Er wollte seiner Frau alles eröffnen, damit diese es anzeige und er so doch seinen Schwur halte. Das ganze Vorgehen war erdichtet und nur darauf angelegt, von seiner Frau bestimmt zu erfahren, was sie gegen ihn gesagt habe, und sich danach richten zu können.

Inzwischen hatte sich aus den näheren Angaben des Veit Krähmer und des Andreas Wild ergeben, daß ein gewisser Georg Schmitt, vulgo der große Harzbub, den Raubmördern den Weg von Oberlaudenbach zu der Chaussee gezeigt hatte. Er wurde verfolgt, ergriffen und war, wie der Verlauf zeigen wird, der Tat geständig.

Da man gleich anfänglich den Verdacht hatte, daß mehrere der Räuber und ihrer Genossen mit der Bande des Schinderhannes, des Damian Hessel und anderen jenseits des Rheins in Verbindung gestanden haben mochten, so war die Einleitung getroffen worden, daß ein vertrauter Mann, dessen man sich jenseits mit sehr gutem Erfolge bedient hatte, die sämtlichen in Heidelberg verhafteten zahlreichen Gauner und Gaunerinnen besichtigte. Allein er erkannte keinen der Männer, und nur von der Konkubine des Hölzerlips behauptete er, sie habe zur überrheinischen Bande des Anton Keil gehört. Es wurde in diesem Fall geeignetes Benehmen mit der französischen Behörde eingeleitet.

Durch die eingeleitete Korrespondenz mit beinahe allen auswärtigen Behörden und durch die denselben mitgeteilten Signalements kam endlich von Gießen die Nachricht ein, daß der dort sitzende Johann Adam Steininger, vulgo Überrheiner Hannadam, ein Mitglied der Bande des Schinderhannes, den Andreas Wild zwar nicht unter diesem Namen, aber nach der ihm gemachten Beschreibung für den Sohn des schwarzen Peters, eines Mitgliedes der Bandes des Schinderhannes, zu welcher auch er, Steininger, wie oben bemerkt wurde, gehört hatte, halte. Man suchte hierüber nähere Bestätigung zu erhalten und erhielt sie auch durch Veit Krähmer, jedoch nur in der Art, daß damit eine Überführung des Johannes Wild nicht möglich war, da Krähmer seine Angabe nur vom Hörensagen hatte. Nun wurde auch deshalb Kommunikation mit den jenseitigen Behörden eröffnet und gebeten, es möge jemand nach Heidelberg gesandt werden, um den Arrestanten als schwarzen Peter zu erkennen. Diese Kommunikation blieb jedoch ohne Erfolg.

Während vorgedachter weiterer Ereignisse hatte sich gefunden, daß Hölzerlips auch unter fremden Namen zu Hanau und Basti zu Wertheim, wohin er gegangen war, um seine früher schon dort eingefangen gewesene Konkubine, eine Schwester des Andreas Wild, zu befreien, arretiert seien. Beide wurden nach Heidelberg abgeliefert; und so waren dann von sechs Verbrechern und ihrem Wegweiser, dem siebenten, welche sich gleich nach der Tat in ganz verschiedene und entlegene Gegenden entfernt hatten, schon am 18. Juni sechs in Heidelberg eingebracht, und der lange Andres war der einzige, welcher noch fehlte. Hölzerlips und Basti wurden verhört; allein sie folgten ganz dem früheren Benehmen des Andreas Wild und des Manne Friederich; sie leugneten mit frecher Kaltblütigkeit alles ab und waren taub für jede Ermahnung. Am 21. Juni erfolgte ein neues Verhör des Basti; die noch in Heidelberg befindlichen Reste der geraubten Sachen wurden ihm gezeigt; Andreas Wild wurde mit ihm konfrontiert; er behauptete, die ersten nicht zu kennen, und leugnete fort, obschon Wild ihn wiederholt und dringend aufforderte, alles zu gestehen, und beifügte: »Das Leugnen nützt dir nichts mehr, es ist schon alles entdeckt.«

Doch scheint dieses Verhör, welches gegen acht Uhr abends schloß, sonderbar auf ihn gewirkt zu haben, denn schon am selben Abend um halb zehn Uhr meldete der Gefangenenwärter, soeben sei Basti aus seinem Gefängnis entflohen, die Wache habe nach ihm geschossen, habe ihn aber verfehlt. Sogleich wurde alles zu seiner Verfolgung aufgeboten und sein Gefängnis visitiert. Es fand sich, daß er, ohne Verschulden des Gefangenenwärters, auf eine kaum begreifliche Weise im bloßen Hemde entkommen war. Er hatte das runde Fenster seines Gefängnisses mit dem ganzen Rahmen ausgehoben, dadurch einen spitzen Kloben (eigentlich ein zweischenkliges Gerät zum Aufhängen von Waren etc. – z. B. an der Waage – hier wohl ein Eisenstück, d. Hg.), mit welchem der Rahmen befestigt war, erhalten, damit die beiden neuen, guten Schlösser der Ketten, womit er kreuzweise gefesselt war, aufgebrochen, die Ketten abgelegt, seinen Teppich zerrissen, daraus ein Seil, zehn bis zwölf Schuhe lang, gedreht und war dann durch die auffallend enge Öffnung des starken Fenstergitters, welches wirklich bei der angestellten Probe keinem anderen Kopf den Durchgang erlaubte, hinausgeschlüpft, hatte sich am Seil herabgelassen und war dann noch acht bis zehn Schuhe hoch zur Erde gesprungen; der Schuß der Wache war ihm hart am Kopf vorbeigefahren.

Er war fort, und alles Streifen, alles Durchsuchen der nahen Felder mit Hunden war vergebens. Man hatte aber noch in der Nacht an alle angrenzenden Ämter durch reitende Boten, man hatte selbst an die entfernteren Behörden durch Estaffetten die Nachricht von seinem Entweichen gesandt und alle gebeten, sie sogleich ebenso schnell an die rückwärtsliegenden Behörden zu senden und dem Einfänger des Basti eine Belohnung von 50 fl. zuzusichern; und so kam es, so nur konnte es kommen, daß er schon am 22. Juni abends im Odenwalde, Großherzoglich Hessischen Amtes Fürth, wieder eingefangen und nach Heidelberg zurückgebracht wurde. Er war unmittelbar nach seinem Entweichen in den nahen Neckarfluß gesprungen und hatte sich unter dem Boden der in demselben auf einem Kahn errichteten Schwimmschule bis an den Mund im Wasser mehrere Stunden verborgen gehalten. Er war Zeuge der Nachsuchungen an beiden Ufern und in der Schwimmschule selbst. Erst nach Mitternacht versuchte er es, den Neckarfluß zu durchwaten, der zu seinem Vorteil gerade in jenem Augenblick sehr seicht war. Noch hatte er das jenseitige Ufer nicht erreicht, als er die auch dort aufgestellten Wachen gewahrte; er blieb noch lange Zeit auf einem Felsen im Fluß sitzen. Endlich wagt er einen neuen Versuch und gewinnt unter Lebensgefahr das jenseitige Ufer und durch die hohe Frucht endlich das Gebirge und den Wald.

Um sein Erscheinen im bloßen Hemd minder auffallend für Leute, welche ihn etwa im Walde gewahren könnten, zu machen, schlüpft er mit den Beinen in die Hemdsärmel und hält den unteren Teil des Hemdes oben beim Hals mit den Händen zu. So läuft er weiter. Ihm begegnen im Wald zwei Bauern; er stellt sich närrisch und dumm, bettelt sie an und ist so glücklich, nicht nur nicht angehalten zu werden, sondern noch sogar ein Almosen und das Bedauern der Geber zu erhalten. Mit diesem Almosen kauft er sich in einer entlegenen Mühle im Gebirge Brot. Man fragt ihn über seinen sonderbaren Aufzug, und er ersinnt sich eine Lüge, welche ihm hilft. Er hatte sich, so erzählt er den Leuten in der Mühle, entkleidet, um sich von Ungeziefer zu reinigen, war darüber eingeschlafen und fand beim Erwachen eine große Schlange auf seinen Kleidern liegen. Der plötzliche Schreck bestimmt ihn zur Flucht. Als er sich erholt hat, kehrt er zurück, kann aber nun seine Kleider nicht wiederfinden. Ihm wird geglaubt, er lacht der Leichtgläubigen und flieht weiter, bis er abends von minder leichtgläubigen Bauern, welchen seine Flucht und die auf seine Einlieferung gesetzte Belohnung von 50 fl., welche sie auch erhielten, vom Amte Fürth schon bekannt gemacht war, arretiert wurde. Am 25. Juni ließ Basti sich zum Verhör melden und bekannte, mit bei dem Straßenraub zwischen Laudenbach und Hemsbach gewesen zu sein, suchte aber seinem Anteil an dieser Tat so viele Entschuldigungen beizufügen, daß er sich bloß als verführten, beinahe unschuldigen Mensch darstellte. In der Folge ging er wohl hiervon ab und bekannte, tätigeren Anteil an diesem Verbrechen genommen zu haben; desto hartnäckiger leugnete er aber alle anderen, bereits weiter gegen ihn zur Anzeige gekommenen und von den übrigen Mitschuldigen eingestandenen Vergehen ab. Er war, obgleich der jüngsten einer, der letzte, welcher weitere Verbrechen bekannte.

Nun war von den eingefangenen Teilhabern am Raubmord zwischen Laudenbach und Hemsbach nur noch der Hölzerlips der einzig übrige, welcher leugnete. Er setzte dieses Leugnen bis zum 27. Juni fort, wo er die mit ihm und verschiedenen anderen Arrestanten vorgenommene Konfrontation nicht aushalten konnte und deswegen ebenfalls zum Bekenntnis schritt, an dem oftgedachten Raubmord zwischen Laudenbach und Hemsbach Anteil gehabt zu haben. Später schritt er, freilich erst nach großer Mühe des Untersuchungsrichters und oft wiederholten Versuch, zu widerstehen zum Geständnis mehrerer Verbrechen, welche er, sobald er einmal zum Bekennen geschritten war, mit dem gleichmütigsten Tone erzählte, ohne einige Reue, einiges Mitleid mit den von ihm und anderen Beraubten und Mißhandelten zu zeigen. Sein früheres Leugnen erklärte er für eine erlaubte Notlüge und äußerte dabei: »Alle, die wir einsitzen, schwören zehn falsche Eide, wenn wir uns damit losmachen können.«

Auch Hölzerlips hatte nun gestanden. Seine Konkubine war die letzte, welche leugnete und darauf beharrte, ihn nicht zu kennen. Sie wurde im vorgestellt. Hölzerlips erklärte auf die Frage, wer sie sei: »Das ist meine Kathrine!« – »Ich will deine Kathrine nicht sein!« schrie sie. Hölzerlips hatte bereits gestanden, ihr die goldene Uhr und eine Karolin in Gold zugestellt zu haben; sie leugnete dies. Hölzerlips behauptete ihr es wiederholt in das Angesicht; sie leugnete beides. Sie wurde mit Güte, sie wurde mit Ernst zur Wahrheit ermahnt; sie leugnete. Es wurde ihr mit körperlicher Züchtigung gedroht; sie leugnete fort. Sie empfing sechs Farrenziemerstreiche (Peitsche aus Stierhautleder, d. Hg.) und leugnete. Sie empfing den siebenten und erklärte, sie wolle sagen, wo sie die Uhr begraben habe, aber erst solle der Hölzerlips seine Drohung zurücknehmen; er habe ihr nämlich den Hals abzuschneiden gedroht, wenn sie die Uhr verrate. Dieser bekannte seine Drohung, nahm sie zurück, und die Hölzerlipsin bekannte nun, die Uhr zu Steinheim im Gefängnis vergraben zu haben. Sie bezeichnete den Ort. Es wurde nach Steinheim geschrieben, und die Uhr fand sich nebst Kette an der bezeichneten Stelle vergraben, wurde übersandt und kam so in die Hände des Eigentümers zurück. Die Karolin, behauptete sie, ihrem Buben auf dem Transport nach Heidelberg in Heppenheim mit dem Befehle zugestellt zu haben, sie wegzuwerfen. Der Bub gab an, die Karolin zu Heppenheim in den Abtritt geworfen zu haben; er wurde nach Heppenheim gebracht, bezeichnete die Stelle. Die Karolin wurde aber nicht gefunden. Später mußte die Hölzerlipsin ihre näheren Familienverhältnisse bekennen, und nun wurde richtiggestellt, daß sie die zu einer überrheinischen Bande gehörige, bereits von der Kaiserlich Französischen Behörde zum Tode verurteilte Kathrine Weis, eine Tochter des berüchtigten alten Scherenschleifers Hannes, sei. Von diesem Eingeständnis wurde sogleich der geeigneten K.K. Französischen Behörde Nachricht erteilt und die Auslieferung dieser Weibsperson angeboten.

Auf gleiche Weise entwickelte sich das Schicksal des durch diese Untersuchung auch entdeckten Johannes Wild und bestätigte wiederholt die Mehrheit der alten Lehre, daß die Strafe, wenngleich manchmal langsam, doch sicher dem Verbrechen folge. Es waren von den übrigen Mitschuldigen und selbst von Wilds Sohne Andreas Verbrechen bekannt geworden, an welchen auch er Anteil genommen hatte. Er wurde wegen dieser neuen Anzeigen wieder ins Verhör genommen. Er geriet in sichtbare Angst und Beklemmung, welche sich zwar bei dem Geständnis jener Verbrechen minderte, aber nich hob; selbst als er sein Geständnis vollendet hatte. Diese Stimmung des Inquisiten wurde benutzt und mußte um so mehr benutzt werden, da in einem langen Zwischenraume von der K.K. Französischen Behörde keine Antwort erfolgt war; wahrscheinlich, weil es an Subjekten fehlte, welche zur Anerkennung des Wild als schwarzer Peter hätten benutzt werden können. Der Versuch gelang. Wilds Angst stieg mit jedem Augenblick, seine Brust hob sich sichtbar, die Sprache entfloh ihm, er mußte abgeführt werden; kaum aber war er im Freien, so erholte er sich und verlangte mit den Worten: »Was soll ich mich lange quälen lassen, es ist doch aus!« wieder vorgeführt zu werden. Dieses geschah – und er konnte nur durch Kopfnicken bestätigen: er sei Peter Petry, vulgo der schwarze Peter, Genosse des Schinderhannes. Nach einiger ihm gegönnten Erholung wiederholte er dieses Bekenntnis und ging von diesem zu jenem, der aus der aktenmäßigen Geschichte der Räuberbande dies- und jenseits des Rheines bekannten Ermordung des Juden von Seibersbach und zu dem einiger Pferdediebstähle über. Auch seine Frau gestand nun, daß ihr Mann der schwarze Peter, ein Genosse des Schinderhannes, sei. Der Sohn Andreas leugnete dieses. Er, der früher zwar gebeten hatte, ihn, wenn möglich, nicht zur Überführung seines Vaters hinsichtlich der mit ihm verübten Verbrechen zu gebrauchen, dennoch aber für den äußersten Fall sich bereit erklärt hatte, auch seinem Vater alles in die Augen zu sagen; er allein konnte sich nicht entschließen, seines Vaters wahren Namen anzugeben. Selbst als man ihm die Geständnisse seines Vaters vorhielt, leugnete er, daß dieser anders als Johann Wild heiße. Er tat es, bat aber zugleich um Schonung für seinen Sohn, der nur geleugnet habe, weil er wisse, daß sein Geständnis notwendig sein, des Vaters, Leben koste. Der Sohn schrie laut auf aus Schmerz, warf sich zur Erde und tobte und raste so heftig, daß man ihn nur mit der äußersten Mühe zur Beruhigung bringen konnte. Auch dieser alte Verbrecher, dem es gelungen war, sich der längst verdienten Strafe zu entziehen und, während Schinderhannes und der größte Teil seiner Schüler und alten Genossen verhaftet und verurteilt wurden, im Odenwalde unerkannt fortzuleben und selbst, nachdem sein eigener ältester Sohn mit Schinderhannes verurteilt worden war, neue Verbrechen zu verüben und seinen zweiten Sohn Andreas zu gleichen Verbrechen anzuführen, wurde nun der geeigneten K.K. Französischen Behörde zur Ablieferung angeboten und wird nun den langverdienten Lohn seiner höllischen Großtaten empfangen.

Solches Schicksal hatte mit ihm ein anderer Genosse des Schinderhannes, Martin Delis, vulgo Zahnfranzen Martin, welcher eingefangen von den Heidelberger Arrestanten erkannt wurde und nun ebenfalls der rächenden

Strafe entgegensieht. Noch einige andere Genossen des Schinderhannes und seiner Gesellen wurden durch diese Untersuchung entdeckt, nämlich:

– die in Darmstadt verhafteten Johann Adam Grasmann, vulgo langer Samel, und Johann Adam Heußner, vulgo dicker oder roter Hannadam;

– die in Arnsberg verhafteten Peter Heinrich Hannadam und R.R. Gilbert.

Von diesen ist der vorletzte, nämlich Peter Heinrich Hannadam, eigentlich Johann Adam Hoffmann, in der aktenmäßigen Geschichte der Räuberbanden dies- und jenseits des Rheines als einer der allergefährlichsten Genossen des Schinderhannes beschrieben. Er war wegen Pferdediebstählen zu Arnsberg verhaftet worden, saß dort mit einem gewissen Ludwig Luz zweieinhalb Jahre unter dem falschen Namen Johann Winter und wurde als solcher zur Erstehung der ihm zuerkannten, ihrem Umlauf nahen (ihrem Ende nahen, d. Hg.) Zuchthausstrafe nach Marienschloß in der Wetterau abgeführt. Hier saß er, als von Heidelberg aus die Angabe seines wahren Namens anlangte. Er wurde nach Gießen gebracht, leugnete aber dort und konnte nicht überführt werden. Man sandte ihn nach Heidelberg, auch hier widerstand er lange allen Versuchen; endlich aber gelang es, ihn zum Geständnis zu bringen, daß er Peter Heinrich Hannadam sei – und nun steht auch ihm der lang verdiente Lohn seiner Verbrechen bevor.

Wir übergehen für jetzt die Aufzählung der weiteren Entdeckungen und Verhaftungen, welche die Untersuchung herbeiführte, da wir weiter unten darauf zurückkommen werden, und wenden uns nun zur Erzählung des Raubmordes selbst, so wie ihn die übereinstimmende Erzählung der Mitschuldigen liefert.

Am 28. April 1811 hatten sich Veit Krähmer mit den Seinigen und sein Gevattermann, Friederich Philipp Schütz, mit den Seinen bei Mülben unweit Strümpfelbronn im Odenwalde an einem gemeinschaftlichen Feuer aufgehalten; zu ihnen hatte sich der lange Andres auch gesellt, und später kamen auch Köhlers Andres (Andreas Petry) und Basti (Sebastian Luz) an diese Stelle. Sie plauderten eine Weile untereinander und kamen dann sogleich auf ihre gewöhnliche wechselseitige Frage, ob keiner etwas zu verdienen (zu rauben oder zu stehlen) wisse? Der wußte dies, ein anderer jenes. Sie wurden über keinen einzelnen der gemachten Vorschläge einig und beschlossen daher gemeinsam, ohne daß sie sich bestimmt erinnern, wer die erste Idee dazu gab, auf gut Glück hinab auf die Bergstraße zu ziehen und dort eine Charette zu malochnen (eine Chaise anzugreifen) oder sonst etwas zu unternehmen, wozu sich Gelegenheit zeige. In demselben Augenblick dieses gemeinschaftlichen Beschlusses kam auch Hölzerlips mit seiner Beischläferin zur Stelle. Der gefaßte Entschluß wurde ihm entdeckt, und er war sogleich mit von der Partie. Es wurde ein Schoppen Branntwein (das Lieblingsgetränk dieser Menschen) in einem Wirtshäuschen im nahen Höllengrund geholt, und mit diesem Labsal versehen, begann die Gesellschaft ihre Reise durch die steilsten und unwegsamsten Gebirge des Odenwaldes. Köhlers Andres und Basti hatten schon vor ihrem Abgang wacker geschnapst; sie gerieten unterwegs in Streit miteinander und zerkratzten und zerbläuten sich tüchtig; doch konnte diese kleine Differenz keine Störung des gemeinschaftlichen Zweckes erzeugen. Es war tief in der Nacht, als die Gesellschaft bei Oberschönmattenwag vorüberzog. Der mitgenommene Branntwein war längst alle, und Durst plagte die Räuber. Ein Keller wurde aufgebrochen und daraus ein Hafen (irdener Topf, d. Hg.) voll Milch und ein Krug Wein (mehr fand sich nicht) mitgenommen und getrunken. Erst am Morgen des 29. April kam die Gesellschaft auf dem sogenannten Juchhe-Häuschen oben auf dem Gebirge, an welchem Oberlaudenbach (auch noch im Gebirge) liegt, an. Dieses Häuschen wird von den Michael Fuhnischen Eheleuten, welche einige um dasselbe herumliegende Güterstücke besitzen, bewohnt. Beide Eheleute sind kochem, daß heißt Vertraute der Räuber oder Diebsgenossen. Die Räuber waren hier willkommen, sie ließen sich Apfelwein geben, Suppe kochen, Eier backen und labten sich damit für die Beschwerden des langen, mühsamen Marsches. Basti unterhielt sie dabei mit allerlei kurzweiligen Sprüngen und Späßen. Ihr Geld reichte nicht, um die Zeche zu bezahlen, allein sie fanden willig Kredit, als sie die Bezahlung bei der Rückkehr zusicherten. Sie hielten sich den Tag über im nahen Wald auf und stiegen erst mit sinkendem Abend das Gebirge weiter herab bis auf die Bergstraße, nachdem sie sich zuvor mannshohe junge Buchen abgeschnitten und zu Prügeln zugerichtet hatten. Sie waren auf der Bergstraße im Großherzoglich Hessischen Gebiete postiert und harrten dort der Dinge, die da kommen sollten. Nach langem Harren hörten sie das Gerassel einer kommenden Chaise. Alle stellten sich in Bereitschaft; die Chaise kam näher, und schon sollte der Angriff geschehen, als sie entdeckten, daß eine zweite Chaise hart hinter der ersten nachkam. Hölzerlips hielt sich und seine fünf Genossen nicht für zahlreich genug, die beiden Chaisen zugleich anzugreifen, und untersagte den Angriff. Die beiden Chaisen passierten glücklich vorüber. Es war die Dilligence (Eilpost, d. Hg.) mit einem Beiwagen. Es kam in dieser Nacht nichts weiter, und so zogen sich die Räuber gegen Morgen wieder in den Wald zurück. Hier verweilten sie bis zum 30. April abends, wo sie in einem Kochemer Bayes (vertrauten Hause) zu Oberlaudenbach, bei der Wittib Geigerin, einkehrten. Hier fanden sie den in diesem

Hause einheimischen großen Harzbuben (Georg Schmitt), welcher sie mit Branntwein regalirte (bewirtete, d. Hg.), auch ihnen eine Bohnensuppe selbst kochte und Eier backen ließ. Sie eröffneten ihm ihr Vorhaben und luden ihn ein, daran teilzunehmen. Schmitt, welcher entweder nicht beherzt genug zu einem Straßenraube war oder Entdeckung befürchete, weil er in dieser Gegend sehr bekannt war, schlug dieses aus, proponirte (schlug vor, d. Hg.) aber dagegen einen Diebstahl in der Mühle zu Mörlenbach, wozu er die Gelegenheit angab und wohin er mitziehen wollte. Der Vorschlag wurde, als zu wenig versprechend, verworfen. Nach eingebrochener Nacht verließen die Räuber Oberlaudenbach; Georg Schmitt zeigte ihnen den Weg zu dem Teil der Bergstraße zwischen Hemsbach und Laudenbach im Badischen, wo sie sich nun mit frischgeschnittenen, den vorigen gleichen Prügeln versehen, postierten. Sie harrten lange, es kamen endlich zwei Fußgänger; einige verlangten, sie anzugreifen, andere widersetzten sich, weil sie zu geringe Beute vermuteten. Der Angriff unterblieb. Sie harrten bis nach Mitternacht; es zeigte sich nichts. Die Räuber fühlten Hunger und beschlossen daher, in die Küche des Wirtshauses zu Unterlaudenbach (auf der Chaussee) einzubrechen, um dort Eßwaren zu holen. Schon waren sie im Hofe dieses Wirtshauses, schon hatten sie den Einbruch begonnen, als der auf der Schmier (Schildwache) stehende Räuber rief: »Es kommt eine Charette!« Alle verließen den Hof und liefen der durch Laudenbach kommenden Chaise auf der Dorfstraße nach Hemsbach zuvor. Veit Krähmer und Basti sollten den Pferden in die Zügel fallen; allein sie hatten dazu den Mut nicht und widersetzten sich standhaft dem Antrage; nun entschloß sich Hölzerlips, der stärkste, zu diesem gefährlichen Geschäft. Mit Leichtigkeit führte er, der schon so manchem Straßenraub beiwohnte, sein übernommenes Werk aus. Die Pferde wurden angehalten, der Postillon erhielt vom langen Andres und auch von Andreas Wild einige Streiche und wurde gezwungen, abzusteigen und sich vorn zu den Pferden zu stellen und diese selbst zu halten. Den beiden Reisenden war ihr Unglück im Schlaf gekommen. Sie waren schlafend bis zur Stelle des Angriffs gefahren worden und erwachten erst, nachdem Hölzerlips die Pferde gehalten hatte, während von den anderen mit ihren Prügeln auf die Chaise selbst geschlagen wurde, um dadurch die Reisenden in Furcht zu setzen und zum Herausspringen zu zwingen. Dieser Zweck wurde schnell erreicht; die beiden Reisenden, aufgeschreckt aus ihrem sicheren Schlummer, konnten sich im ersten Augenblick nicht fassen, auch hätte ihnen alle Fassung wenig gefrommt, da sie unbewaffnet waren und da auch die beste Bewaffnung, wie der weiter unten angeführt werdende Straßenraub bei Gelnhausen an zwei französischen Offiziers zeigte, die Räuber nicht gehindert haben würde, ihre Absicht zu erreichen. Sie sprangen nacheinander aus der Chaise und erhielten jeder, als er die Chaussee betrat, einen so kräftigen Schlag auf den Kopf, daß sie betäubt zu Boden stürzten. Zum Glück für ihn war die Betäubung, in welche Herr Hanhart verfiel, von längerer Dauer. Er erhielt zwar selbst in diesem Zustand noch einige Streiche, aber nur auf den Rücken. Herr Rieder erholte sich, als die Räuber ihm Geld und Uhr abnahmen; sogleich erhielt er vom langen Andres neue Streiche; er bat, wie selbst die übrigen Räuber angaben, um sein Leben, erbot sich, alles herzugeben, was er besitze, suchte durch die Angabe, daß er Vater von sechs Kindern sei, das Mitleid des Räubers rege zu machen. Umsonst, der lange Andres fuhr fort, ihn zu schlagen; Rieder fing ihm, auf der Erde sitzend, den Stock auf; nun rief der lange Andres seine Kameraden zu Hilfe. Ehe sie aber ankamen, hatte er schon die geladene Pistole, welche er bei sich führte, hervorgezogen und schlug mit dem Kolben und Schloß derselben den armen, bejammernswerten Rieder so lange auf Kopf und Stirn, bis dieser den aufgefangenen Stock losließ und in neue Betäubung hinsank. Er wurde nun völlig ausgeplündert. Während dieser Mißhandlung hatten Veit Krähmer und Manne Friederich, welcher standhaft leugnet, geschlagen zu haben, obschon Andreas Petri ebenso standhaft das Gegenteil behauptet, den Koffer, welcher hinten auf die angegriffene Chaise gepackt war, mit einem dazu eigens gefertigten, von ihnen mitgebrachten Instrument aufgebrochen, wozu ihnen am Ende auch Hölzerlips noch half. Alles, was sich in dem Koffer befand, wurde geraubt, die Chaise selbst durchsucht, und dann zogen die Räuber, mit ihrer Beute beladen, wieder zurück in das Gebirge. An dem schon gedachten sogenannten Juchhe-Häuschen hielten sie an, ließen sich, ohne jedoch in das Häuschen selbst zu gehen, Apfelwein reichen, bezahlten von dem geraubten Geld ihren vorigen Zechrückstand, schenkten dem Wirt eines der geraubten Halstücher und setzten dann ihren Weg tiefer in den Odenwald fort. Unterwegs teilten sie im Wald die Beute in sechs gleiche Teile und verlosten diese unter sich. Was sich nicht teilen ließ, wie z. B. die Uhren, Ringe usw., wurde unter ihnen versteigert oder, wie sie es nennen, von einzelnen herausgekauft. Schon am anderen Abend waren sie wieder im Höllengrund, in der Gegend, aus welcher sie ausgegangen waren. Am 2. Mai morgens tranken sie im Wirtshaus im Höllengrund Branntwein und nahmen davon sehr viel zu sich. Einem Großherzoglich Hessischen Soldaten waren diese Kerle und ihre Bündel verdächtig; er machte deshalb einige Bewohner des Höllengrundes auf sie aufmerksam, welche den Hölzerlips, Manne Friederich, Köhlers Andres und Basti, die das Wirtshaus zuerst verließen, anhielten, aber nur des Manne Friederich habhaft wurden, welchen sie nach Zwingenberg an das Amt lieferten. Zugleich wurden auch die Bündel, welche die Räuber abgeworfen hatten, dorthin gebracht.

Manne Friederich konnte nicht leugnen, in der Gesellschaft der drei anderen gewesen zu sein; wohl aber leugnete er, sie zu kennen oder zu ihnen gehört zu haben. Er wollte bloß zufällig auf dem Weg mit ihnen zusammengekommen sein. Er hatte eines der geraubten Hemden an, als er arretiert wurde; er fürchtete mit Recht, durch dasselbe verraten zu werden, er riß daher im Kerker sogleich den Chaupeau (Hemdkragen, d. Hg.) und jenes Stückchen des Hemdes ab, auf welchem der Name des Eigentümers gezeichnet war, und versteckte beides. Beide Stücke wurden entdeckt; obschon sie ihm vorgehalten und er überführt wurde, daß sie an sein Hemd paßten, so leugnete er dieses dennoch, gab aber wegen des Hemdes selbst an, er habe es von einem der drei Entflohenen gekauft und unterwegs auf freiem Felde sogleich angezogen. Alle Mühe des Beamten war vergebens, er blieb bei seinem Leugnen, bis er endlich, wie wir bereits wissen, Gelegenheit fand zu entfliehen. Über die Art seiner Flucht war von ihm kein offenes Geständnis zu erhalten, und man gerät wirklich in Versuchung, darin einen edlen Zug zu bewundern, wenn wirklich bloß Dankbarkeit und nicht Furcht, in künftigen, ähnlichen Fällen auf eine Befreiung hoffen zu dürfen, ihn zurückhielt, offen zu bekennen, wer ihn befreit habe. Daß ihm das Gefängnis von außen geöffnet, daß ihm von seinem Befreier der Weg zum Ort hinaus gezeigt und ihm noch etwas Branntwein mit auf den Weg gegeben worden sei, bekannte er; standhaft aber versicherte er, daß er seinen Befreier nicht kenne, und war durchaus durch keine Vorstellung von dieser Versicherung abzubringen. Seine und der übrigen später erfolgte Wiedereinfangung ist schon bekannt.

Die Entdeckungen, zu welchen die Geständnisse der Räuber führten, waren von großem Umfang; sie wurden allen benachbarten Behörden mitgeteilt, und alle fühlten gleich lebhaft, daß nur die energischsten Maßregeln vermögend seien, zur völligen Entdeckung dieser so höchst gefährlichen Bande in ihrer ganzen Ramification (Verästelung, d. Hg.) und zur Vertilgung ihrer Schlupfwinkel beizutragen; alle ergriffen auch mit gleicher Bereitwilligkeit, mit gleichem Eifer diese Maßregeln; und vorzüglich diesem, sonst so seltenen, rastlos tätigen Zusammengreifen ist es zuzuschreiben, daß die Untersuchung jene Resultate liefern konnte, welche sie wirklich lieferte. Die Großherzoglich Hessische Regierung zu Darmstadt überzeugte sich, daß es all ihrer Sorgfalt nicht gelingen könne, ihren Anteil am Odenwalde von Räubern freizuhalten, wenn nicht zuvor ihre Schlupfwinkel, die Kochemer Bayes (vertraute Häuser) entdeckt und für die Folge unbrauchbar für die Räuber gemacht würden. Sie wandte daher ihr Augenmerk vorzüglich hierauf. Das Amt Heppenheim mußte sich selbst nach Heidelberg begeben, um dort die vorgebrachten Fuhrischen Eheleute ihrer Teilnahme überführen zu lassen. Diese Überführung erfolgte sowohl hinsichtlich der Fuhrischen Eheleute als auch hinsichtlich der Witwe Geigerin zu Oberlaudenbach und hatte zur Folge, daß schon im Juli die ersten zu 1½, die letzte zu dreijähriger Zuchthausstrafe verdammt wurden; damit noch nicht zufrieden, sandte diese Regierung auch den Herrn Kriminalrichter Brill von Darmstadt nach Heidelberg ab, damit er dort sich näher Notizen sammele. Er unterzog sich mit Eifer und Fleiß diesem Auftrag, fand in Heidelberg die willigste Unterstützung und bei den Räubern selbst die offenste Freimütigkeit. Er kehrte mit reicher Ernte nach Darmstadt zurück und begann dort sogleich seine Untersuchungen sowohl gegen die verschiedenen Diebshehler als gegen die in Darmstadt verhafteten, bisher geleugnet habenden Mitschuldigen, welche keine anderen als günstige Erfolge für die allgemeine Sicherheit liefern können.

Auch im Badischen Lande, namentlich zu Kreuzsteinach, Strümpfelbronn und Mülben, wurden solche Diebshelfer und Käufer geraubter Sachen entdeckt, zur Untersuchung gezogen und verhaftet. Auch sie wird die wohlverdiente Strafe treffen und hoffentlich dazu dienen, sie von ferneren Vergehen und andere von Nachahmung abzuhalten.

Die Verfügung, welche das Großherzoglich Badische Ministerium traf, daß alle und jede im Lande eingefangen werdenden Vaganten nach Heidelberg und Mannheim eingeliefert werden sollen, um den dort bereits Verhafteten vorgestellt zu werden, hatte die heilsamsten Folgen, indem dadurch eine Menge sogenannter Fallenmacher (falsche Spieler), Stappler (Steifbettler und falsche Collectanten), auch wirkliche Schupper (Diebe) entdeckt und zur Bestrafung reif gemacht wurden. So wurde unter anderen der sogenannte stumpfarmige Zimmermann, Philipp Müller, und nach und nach seine ganze zahlreiche Familie verhaftet, welche sich, ohne festen Wohnsitz, ohne einen bestimmten, ergiebigen Nahrungszweig im badischen und darmstädtischen Odenwald schon seit langen Jahren herumtrieb. Der Alte hatte früher unterm pfälzischen Militär als Pionier gedient, hatte später seinen Arm durch einen unglücklichen Fall beim Arbeiten auf seiner Profession strupiert (verkürzt, teilamputiert, d. Hg.) erhalten und zog nun, seit langen Jahren, von Ort zu Ort mit einem Kasten voll Meerschweinchen umher, welche er für Geld sehen ließ, während seine Frau und Tochter durch Verfertigung von Tragringen etwas weniges zu verdienen suchten. Ein Verbrechen war von ihm nicht bekannt; die verhafteten Räuber versicherten einstimmig, daß er weder Räuber noch Dieb, noch Baldowerer (Ausspäher und Angeber der Gelegenheiten zu Raub und Diebstahl) sei. Ihm lag also damals nichts zur Last als sein Vagantenleben. Er wußte für dieses manche Entschuldigung anzuführen. Geboren in einem darmstädtischen rein lutherischen Ort, war er als kleiner Knabe seinem Vater, angeblich wegen der Härte seiner Stiefmutter gegen ihn, entlaufen; er diente als Schweinehirtenjunge in verschiedenen Orten. Ein bemittelter Zimmermann aus Mannheim fand ihn in diesem Zustand, nahm sich seiner an, ließ ihn im Waisenhaus zu Mannheim erziehen und lernte ihn seine Profession. Nun war er aber in jenem Waisenhaus katholisch erzogen worden; dieses und sein nachheriger langer Dienst unterm pfälzischen Militär hinderten ihn, nachdem er strupiert war, in seinem Geburtsort Unterkunft zu finden; auch fehlte es ihm, da er nicht mehr arbeiten konnte, an Mitteln, sich in einem festen Wohnsitz zu ernähren. »Wenn man einmal meine Meerschweinchen in einem Ort gesehen hat, so ist dort auf geraume Zeit kein Verdienst mehr für mich, und haben meine Weibsleute«, so sagte er, »einmal ein Dorf mit neuen Tragringen versehen, so ist dort auf lange Zeit für uns nichts zu tun. Unser Gewerbe macht also einen steten Wandel unumgänglich nötig. Wollten wir es von einem festen Punkt aus betreiben, so würden die Reisen zu groß werden, auch jener feste Sitz allen Zweck für uns verlieren; denn wer sollte die Kinder versorgen, wenn ich mit meinen Schweinchen, meine Frau mit den Ringen umherzöge? In einem festen Wohnsitz müßte ich herrschaftliche Abgaben geben, Wachen und Frondienste leisten, Hausmiete bezahlen; alles dieses fällt bei meinem wandernden Leben weg. Und meine Kinder würde ich in stetem Wohnsitz überdies auch nicht ernähren können; so aber fehlt dieses nicht. Klagt eines Hunger, so hänge ich ihm ein Bandelier (Schultergehänge, d. Hg.) Tragringe um und schicke es in das nächste Dorf; kauft man ihm nichts ab, so gibt man doch dem Kinde ein Stück Brot, und handelt man ihm den Kreuzer, welchen es mehr zu fordern angewiesen ist, ab, so bedingt es sich dagegen ein Stück Brot, welches man ihm willig gibt, und sein Hunger ist gestillt, oft auch der seiner Geschwister und Eltern, wenn es gutgeht.« Also der stumpfarmige Zimmermann; und was läßt sich wohl gegen seine praktische Lebensphilosophie einwenden, solange für Menschen seiner Art nicht auf andere Weise gesorgt ist? – Und seiner Art Menschen gibt es viele!

Seine Unbescholtenheit und seine selbst angegebene Kenntnis der Schlupfwinkel der Räuber, unter welche er selbst seinen eigenen Tochtermann Stephan Heußner, vulgo langbeiniger Steffen, zählte, welche er bei seinem steten Umherziehen, auf den Feuerplätzen, in den Herbergen, auf den Kirmessen und Märkten erlangen mußte, schienen es nicht zu mißraten, den Versuch zu machen, ob er nicht, nach seinem Erbieten, zum Einfangen der Gauner gebraucht werden könne. Höheren Orts wurde diese Idee genehmigt und mit großer Vorsicht ausgeführt, da es eine erprobte Wahrheit ist, daß dergleichen sogenannte Fleischmänner zwar Bettler und sonstiges Gesindel einfangen, dagegen aber die wahren Räuber und Diebe nicht nur laufen lassen, sondern ihnen sogar noch die Maßregeln der Polizei verraten, entweder aus Furcht um ihre eigene Sicherheit oder aus Furcht, daß dann auch frühere von ihnen verübte, noch unentdeckte Verbrechen verraten werden möchten, oder um für ihr Schweigen gegen die Obrigkeit und ihren Verrat an die Räuber von diesen Belohnung zu erhalten. Müller brachte zwar von verschiedenen Orten vielerlei Menschen ein, die alle Vaganten, aber auch weiter nichts waren. Er ließ dann mehrere Wochen über nichts von sich hören, obschon er große Versprechungen gemacht hatte. Nun erfolgte aber plötzlich von einem anderen sogenannten Fleischmann (welchen man von jenseits des Rheins hatte kommen lassen, um durch ihn zu erforschen, ob sich unter den Verhafteten keine Glieder der jüngsten überrheinischen Anton Keilischen Räuberbande befänden) die Angabe, daß Müller, wenigstens die Seinigen, mehrere Verbrechen verübt hätten; und so wurde er dann wieder eingezogen und eine besondere Untersuchung gegen ihn und seine Familie vorgenommen, welche jedoch nur wenig bedeutende Resultate lieferte.

Philipp Müller hatte selbst seinen Tochtermann, Stephan Heußner, als einen höchstgefährlichen Räuber denunziert; er selbst hatte dessen Frau, seine eigene Tochter, in Eberbach, wohin er gesandt worden war, rekognosziert (wiedererkannt, d. Hg.). Nun wurde dieser Stephan Heußner selbst eingebracht. Er war schon in den ersten Tagen des Monats Mai, kurz nach dem Dörrfleischdiebstahl zu Igelsbach, wovon weiter unten die Rede sein wird, mit dem kleinen Johann zu Hüngheim, wohin beide ihren Anteil gestohlenen Fleisches verkauft hatten, arretiert worden. Er nannte sich in seinen Verhören Stephan Müller und gab vor, aus dem Kaiserlichen zu sein. Bei alldem aber hatte er die Unvorsichtigkeit, den Namen seiner Frau und die Familienverhältnisse derselben und den Ort seiner Trauung richtig anzugeben. Der kleine Johann hatte seinen Namen Johann Adam Treber (wenn es anders sein wahrer Name ist) richtig angegeben und stimmte auch hinsichtlich seiner sonstigen Verhältnisse mit dem überein, was seine in Heidelberg verhaftete Frau Caroline, geborene Höhnin, davon angegeben hatte. Einzig der höheren Orts auch scharf gerügten Oberflächlichkeit der gegen diese beiden schweren Verbrecher geführten Untersuchung ist es zuzuschreiben, daß es beiden gelang, trotz aller Ausschreibung ihrer richtigen Signalements unentdeckt zu bleiben, und daß sie bloß als Vaganten zu sechsmonatiger Arbeitshausstrafe verurteilt wurden. So oberflächlich die gegen beide geführte Untersuchung war, so nachlässig war auch die Art, womit ihr Transport nach Bruchsal in das Arbeitshaus bewerkstelligt wurde. Ein einziger Begleiter wurde dem Bauern, welcher beide auf seinem Karren führte, mitgegeben. Die Folge war, daß beide Arrestanten zwischen Schefflenz und Mosbach, während eines heftigen Hagelwetters, den Augenblick benutzten, in welchem ihr Begleiter seine Flinte im Büchsenranzen gegen die Nässe zu schützen suchte, um diesen selbst anzugreifen. Sie sprangen zugleich vom Karren und schlugen den Begleiter mit ihren Handschellen zu Boden. Er war bereits ohne Besinnung, als der Fuhrmann sich ermannte, mit einem Stein dem langbeinigen Steffen neun Kopfwunden schlug, von welchen er ohne Bewußtsein niedersank, dann dem kleinen Johann das Gewehr, welches er dem Begleiter abgenommen hatte, entwand und es auf ihn selbst losdrückte. Es versagte. So entkam der kleine Johann. Der Stephan Heußner wurde, nachdem er in Mosbach verbunden worden war, nach Bruchsal abgeliefert. Dort saß er ruhig und spann geduldig als Stephan Müller seine Wolle, bis man in Heidelberg durch das Amt Eberbach Nachricht von jenem Transporte erhielt, Verdacht schöpfte und ihn nach Heidelberg kommen ließ. Er wurde sogleich von allen seinen Konsorten und der Familie seiner Frau erkannt. Er selbst beharrte, dessen unbewußt, auf seinem angenommenen Namen Müller und seinen sonstigen Angaben. Als ihm aber schnell nacheinander alle seine in Heidelberg verhafteten Konsorten und Verwandten vorgestellt wurden, verlor er die Fassung so sehr, daß er in demselben Verhör alle seine Verbrechen, wenigstens alle bekannten, deren Zahl bedeutend war, und noch darüber bekannte. Seine Geständnisse hatten wesentlichen Einfluß auf das Ganze der Untersuchung, da sie dazu dienten, seinen schon seit langer Zeit in Darmstadt verhafteten Bruder Johann Adam Heußner, vulgo dicken oder roten Hannadam, ebenfalls zum Geständnis zu bringen, wozu ihn bisher nichts bewegen konnte. Stephan Heußner wurde, als sein Bekenntnis abgelegt war, auch in seinem ganzen übrigen Benehmen offener und freundlicher; er verriet zwar bei den Zusammenstellungen mit den übrigen nicht die Frechheit, nicht jenen Mutwillen, womit diese jede Nachsicht des untersuchenden Richters benutzten, um sich an alte Späße zu erinnern, einander zu necken oder zu ängstigen; aber er wurde doch manchmal auch ganz munter und launig. In dieser guten Stimmung hatte er am 30. August abends spät das Verhör verlassen. In dieser guten Stimmung hatte ihn der Gefangenenwärter noch am 31. August vormittags zehn Uhr gefunden; als ihm aber einige Stunden später das Mittagessen gebracht werden sollte, wurde er erhängt gefunden. Er hatte sich mit seinem Halstuch an das Gitter seines Kerkerfensters gehängt. Es wurden alle nur möglichen Wiederbelebungsversuche angestellt, aber es war zu spät.

Wenn ihn nicht die Furcht, zur Überführung seines Bruders gebraucht zu werden und von diesem Vorwürfe über seine Geständnisse zu erhalten, oder die Furcht, seine wieder in die Haft gekommene Frau werde noch weitere Verbrechen gegen ihn angeben, zum Selbstmord bestimmt hat, so kann derselbe lediglich in folgendem vorhergegangenen Ereignis seinen Grund haben: Der mit den bereits verhafteten Verbrechern auch mehrerer Diebstähle verübt habende Peter Eichler, vulgo Hainstadter Peter, ein äußerst gefährlicher Gauner, welcher in der Gegend von Borberg so bekannt und gefürchtet war wie der schwarze Peter im Soonwald und wirklich auch zu seinem Verdruß in jener Gegend der schwarze Peter genannt wurde, war wegen eines mit Mord verknüpften Straßenraubs, welchen er gemeinschaftlich mit einem jungen Weibsbild verübt hatte, zu Borberg eingefangen worden. Die Kunde davon kam nach Heidelberg, und seine Ablieferung dahin wurde verlangt; ehe diese ankam, war aber Eichler schon nach Mannheim abgeliefert, weil er mit einigen, schon in früheren Jahren dorthin gelieferten Verbrechern zusammenhing. Dieser Peter Eichler aus Hainstadt unweit Borberg hatte sich in Borberg Anton König aus Wien genannt und war trotz aller gegen ihn aufgebrachten Beweise bei dieser Behauptung geblieben. Er erhielt, da nichts seine Frechheit beugen konnte, Schläge, er widerstand – er wurde enger und enger geschlossen, er hielt es aus; es wurden ihm Daumenschrauben angelegt, er blieb bei seiner Behauptung: er heiße Anton König und sei aus Wien gebürtig, welches er erst vor wenigen Monaten verlassen habe. Auch in Mannheim beharrte dieser Bösewicht auf seinem Vorgeben; weder die Konfrontation der mit ihm verhafteten Weibsperson, welche seinen wahren Nahmen angab, noch die Vorstellungen und Ermahnungen des untersuchenden Beamten konnten seinen Starrsinn beugen. Es sollte daher ein anderer Versuch gegen ihn gemacht, er sollte mit seinen in Heidelberg einsitzenden Raubgenossen, er sollte demnächst mit acht Einwohnern von Neckarschwarzach, wo er vor kurzer Zeit noch anderthalb Jahre lang als Peter Eichler im Arrest war, konfrontiert, es sollte ihm noch sogar das Amt Neckarschwarzach selbst vorgestellt werden, um ihn, wenn er es so weit kommen ließ, als Peter Eichler anzuerkennen.

Zu diesem Ende wurden am 28. August mehrere Heidelberger Arrestanten und unter diesen auch Stephan Heußner nach Mannheim gebracht. Die Konfrontation mit Peter Eichler erfolgte, blieb aber fruchtlos. Er trotzte den ihm entgegengestellten Verbrechen mit frecher Stirn. Er verhöhnte durch unbeschreibliche Kälte die acht Neckarschwarzacher Einwohner, welche ihm in das Gesicht sagten, daß er Peter Eichler sei und worunter sich der Gefangenenwärter, welcher ihn achtzehn Monate lang täglich im Gefängnis gesehen, der Amtsdiener, welcher ihn so oft zum Verhör geführt, der Amtschirurg, welcher ihn fast neun Monate lang als krank im Kerker behandelt hatte, befanden. Sie beschworen in seiner Gegenwart in der Zuchthauskirche, daß er Peter Eichler und anderthalb Jahre zu Neckarschwarzach verhaftet gewesen sei; er leugnete beides. Ebenso trotzte er dem Beamten von Neckerschwarzach und seinem Aktuar, welche ihn beide als Peter Eichler erkannten. Als ihn der Beamte daran erinnerte, daß er auch in Neckarschwarzach am Anfang, Peter Eichler zu sein, geleugnet, es aber endlich dennoch bekannt hatte, zugleich aber im Verhör sich den kleinen Zahn, welcher ihm zwischen den zwei oberen vorderen Schneidezähnen saß, ausgebrochen und ihn in die Stube geworfen habe, damit er durch diesen Zahn nicht mehr signalisiert und verraten werde, schlich sich, gleich einem vorübergleitenden Traumgesichte, ein kaum merkbares, selbstgefälliges Lächeln über den äußersten Rand seiner Unterlippe; doch zog sich diese sogleich wieder in tiefem Ernst zusammen, und er erklärte: Er wisse von alldem nichts, er wisse nicht, wo Neckarschwarzach liege; er heiße Anton König und sei aus Wien. Er mußte den Mund öffnen, die Lücke von dem aus gebrochenen kleinen Zahn zeigte sich. Auf die ihm darüber gemachte Bemerkung erklärte er, wenn alle Leute, welche Zahnlücken hätten, Spitzbuben sein müßten, dann gäbe es viele Spitzbuben in dieser Welt. Er äußerte dabei, was man praktisch schon gar oft erfahren, vielleicht aber noch nie so offen und deutlich aus dem Munde eines Gauners gehört hat und die höchste Rücksicht verdient, da es den klarsten Beweis liefert, daß so barbarisch es auch in den Ohren sentimentaler Kriminalisten klingen mag, nur die Todesstrafe allein diese Menschenklasse von Verbrechen abschrecken könne, das Zuchthaus aber nichts anderes für sie sei, als das zwar gefürchtete, aber wenn es sein muß, doch willkommene und erwartete Asyl für die alten Tage. Er äußerte nämlich dabei, man solle nicht glauben, daß er leugne, Peter Eichler zu sein, um aus dem Zuchthaus zu kommen; das wolle er keineswegs, es könne sich bei ihm niemand einen größeren Undank verdienen, als der, welcher ihn aus dem Zuchthaus entlasse. Er erklärte freimütig, daß er lebenslänglich darin bleiben wolle. »Was hat das Leben im Freien«, fuhr er zu reden fort, »für mich für einen Wert, bei den jetzigen strengen Anstalten? – In keinem Ort werde ich geduldet als höchstens über Nacht, und das kaum über den dritten oder vierten Tag einmal, je nachdem, ob die Ortsvorstände strenger oder nachsichtiger sind. Ich muß also täglich wandern, ohne zu wissen, wo ich abends meinen Kopf hinlege; ich kann, eben weil ich täglich wandern muß, nichts verdienen; ich habe also auch weder etwas zum Leben noch Geld, um mich kleiden zu können; ich muß also betteln oder stehlen; beim ersten bekomme ich oft kaum einen Bissen alten Brotes, um mich gegen den Hungertod zu schützen; und wenn ich mich zu letzterem entschlossen hätte, so würde ich durch innere Angst und äußere Verfolgung noch mehr gelitten haben. Diesem allem bin ich im Zuchthaus enthoben. Ich bin zwar gefesselt, allein daran gewöhnt man sich; ich darf nicht umherlaufen, das ist mir gerade recht, ich bin des Laufens müde; die Kost ist, sagt man, schlecht, allein sie ist immer besser, als ich sie, wenige Fälle ausgenommen, im Freien hatte, und ich brauche sie so wenig wie meinen Trunk zu suchen oder zu erbetteln; man bringt mir beides täglich zu richtiger Zeit; ich liege zwar auf Stroh, aber lag ich in der Freiheit weicher? Oft hatte ich nicht einmal Stroh oder Heu zum Liegen; oft, sehr oft mußte ich unter freiem Himmel auf harter Erde bei Regen und Kälte liegen. Hier bin ich gegen beides geschützt und darf mir meine Lagerstätte nicht erst erbetteln, die Nacht nicht in Angst, aufgegriffen, mißhandelt und von Kerker zu Kerker geschleppt zu werden, zubringen.«

Diese Philosophie des Peter Eichler scheint nicht ganz nach dem Geschmack des noch jungen und rüstigen Stephan Heußner gewesen zu sein; vielmehr scheint gerade die gemachte Bekanntschaft mit dem Inneren des Mannheimer Zuchthauses ihn zum Selbstmord bestimmt, wenigstens zu dieser Bestimmung neben den oben gedachten anderen Motiven mitgewirkt zu haben. Er konnte nach dem, was er von seinen Mitgefangenen hörte, und nach dem, was er sich selbst bewußt war, auf nichts anderes rechnen als, im glücklichsten Falle, auf lebenslängliche oder doch langjährige Zuchthausstrafe in Mannheim. Er hatte sich, da er nicht wie Peter Eichler mit allen Leiden eines harten und langwierigen Arrestes schon vertraut, sondern noch ein Neuling in all diesem und zum ersten Male im längeren schweren Arrest war, wahrscheinlich das Zuchthaus mit leichteren Farben gemalt und sich dasselbe wenigstens nicht schlimmer als das Arbeitshaus zu Bruchsal gedacht; nun war er aber mit dem Inneren jenes Hauses bekannt geworden, er hatte die Blockzimmer, die festen Geschließe, die vielen Ketten, Sprenger (Fußeisen, das mit einer Kette beide Füße fesselt, d. Hg.) und Kugeln gesehen und sich dabei höchstwahrscheinlich die Idee gemacht, jeder Züchtling bleibe in Mannheim beständig so eingesperrt, wie er es am Tage seines Dortseins war; wodurch begreiflicherweise das Bild der seiner harrenden Zukunft im schwärzesten Schatten vor seiner Seele erscheinen mußte. Daß der Anblick des Inneren des Mannheimer Zuchthauses einen tiefen Eindruck auf ihn gemacht habe, verriet er selbst teils durch die dringende, ängstliche Bitte an den in Mannheim anwesenden Heidelberger Richter, ihn doch ja wieder nach Heidelberg mitzunehmen, teils durch das Vergnügen, welches er am folgenden Tag sowohl gegen diesen Richter als gegen seine Mitschuldigen über die erhaltene Gewährung jener Bitte äußerte. Doch scheint, wie schon gesagt, zugleich auch die Furcht weiterer Entdeckungen gegen ihn mitgewirkt zu haben, indem er dem Andreas Petri, wie dieser jedoch erst nach Heußners Tod angab, auf dem Rückweg von Mannheim eröffnete: er habe noch sieben bis jetzt unentdeckte Straßenräubereien auf sich. Er hatte sich in seinem Gefängnis ruhig betragen und besonders in den letzten Tagen vor seinem Tod anhaltend laut und bis spät in die Nacht gebetet. Sein Leichnam wurde, auf Befehl des Großherzoglichen Hofgerichtes zu Mannheim, in das anatomische Theater (anatomische Institut, d. Hg.) abgeliefert.

Schon früher als Stephan Heußner war der auch zu der Räuberbande gehörende, berüchtigte Matheus Österlein von Sindelfingen, vulgo Krämermathes, von dem Amt Buchen, wo er in Haft gekommen war, nach Heidelberg geliefert worden. Auch er versuchte zwar, seine Verbrechen zu verschweigen, doch leistete er nur schwachen Widerstand, indem er sogleich im ersten Verhör zu einem beinahe ganz vollständigen Einbekenntnis aller gegen ihn angegebenen Verbrechen überging; und dieser Freimütigkeit blieb er auch in der Folge treu.

Hartnäckiger zeigten sich und blieben auch in der Folge die vier sogenannten Frankfurter Karlsbuben, Söhne eines zu der vor achtzehn Jahren die Gegend von Heidelberg, Speyer, Grünstadt, Worms usw. unsicher gemacht habenden Johann Rangischen Diebsrotte gehört habenden Gauners, gewöhnlich der Frankfurter Karl genannt. Hier zeigt sich der offenste Beweis, daß sich unter dieser Menschenklasse die Verbrechen von Generation zu Generation fortpflanzen und daß folglich die Gefahr für das Allgemeine sich in eben der Progression vervielfältigt, in welcher die ohnedies wuchernde Generation in der Gaunerwelt zunimmt, insofern nicht durch energische, nicht bloß für den Augenblick, sondern für eine längere Reihenfolge von Jahren berechnete, zusammengreifende Maßregeln mehrerer Staaten Mittel angewendet werden, welche, sobald man ernstlich will, gar leicht gefunden werden können, deren Aufzählung aber nicht in den Plan der gegenwärtigen Schrift gehört. So wie in den Kindern der Gauner der Keim neuer Räuberbanden fortgepflanzt und entwickelt wird, ebenso erhalten diese sich neu bildenden Banden durch den Zutritt versprengter Glieder älterer Banden mehr Konsistenz und größere Praktik. Ohne den Zutritt der versprengten Glieder der Niederländer Räuberbanden, der Konsorten von Schinderhannes und Damian Hessel würden unter den diesseits Rheinischen Gaunern, welche sich vorher gewöhnlich nur auf nächtliche Einbrüche und Marktdiebstähle beschränkt hatten, das Strahlenkehren (Straßenrauben), Laatschen fezen (Plündern der Güterwagen) und Kassne malochnen (Einbrechen mit offener, lauter Gewalt mit dem Drohn oder Rennbaum) nie an die Tagesordnung gekommen sein. Selbst Schinderhannes würde ohne den schwarzen Peter und andere alte Räuber seine verruchte Zelebrität nicht erreicht haben. Der zu seiner Bande gehört habende, mit ihm guillotinierte Franz Bayer, vulgo scheeler Franz, war schon vor achtzehn Jahren eines der gefährlichsten Mitglieder der Rangischen Bande, wozu auch der unter der jüngsten Anton Keilischen Bande paradierende Theodor Daniel Mayer, vulgo Schwabendaniel, gehört hat.

Die vier Frankfurter Karlsbuben erscheinen deshalb als gefährlichere Räuber, weil sie mit ihren Schwägern, dem roten Christian und Franz Veter, eine eigene Räuberfamilie bildeten, welche kräftig genug war, ohne fremde Beihilfe Verbrechen auszuführen; wodurch sie gegen Verrat um so gesicherter waren, da sie gemeinschaftliche Familienverhältnisse banden und also ihr öfteres Beisammensein keinen Verdacht gegen sie erregen konnte. Überdies hatten sich zwei von ihnen als Feldhüter feste Wohnsitze erworben, in welchen sie, da sie tief im odenwäldischen Gebirge isoliert lagen, nicht beobachtet werden konnten und auf welchen sie, selbst wenn ihre nächtliche Abwesenheit bemerkt worden wäre, sich ganz füglich damit entschuldigen konnten, daß sie ihrem Dienste, als Hüter der Heidekornfelder gegen das Wild, nachgegangen seien.

Der älteste von ihnen, Joseph Jacobi, Stiefbruder der übrigen, wurde vom Amt Zwingenberg, der zweite, Balthasar, gleichfalls vom Amt Zwingenberg, der dritte, Bernhard, vom Amt Reichelsheim und der jüngste, Friederich, vom Amt Neckarschwarzach nach Heidelberg eingeliefert. Joseph hatte – so wie Friederich – seine Brüder geleugnet, Bernhard nur den Joseph, Balthasar hingegen hatte sie alle erkannt. Die hieraus sich bildenden Widersprüche dienten zwar dazu, sie sämtlich noch verdächtiger zu machen, als sie durch die übrigen gegen sie vorliegenden Angaben schon waren, allein zu einem offenen Geständnis ihrer Vergehen waren sämtliche nicht zu bewegen. Nur dann bekannten sie, wenn keine weitere Ausflucht mehr möglich schien. Hatte aber auch der eine Bruder bekannt, so leugneten die anderen wieder und waren nur dann zum Geständnis zu bringen, wenn sie aus dem eigenen Munde des bekannt habenden Bruders dessen

Eingeständnis vernahmen; weder die Versicherung des Richters, daß der Bruder gestanden habe, noch die Aussagen der anderen mit ihnen konfrontierten Räuber vermochten etwas.

Nun war auch Johann Bauer, vulgo der Schefflenzer Bube, von Aschaffenburg nach Heidelberg geliefert worden, und die Untersuchung richtete sich nun auch gegen diesen. Sie war um so leichter und schneller beendet, weil Bauer schon in Aschaffenburg frühere Vergehen, wegen welcher er in Haft gekommen war, eingestanden hatte und in Heidelberg nicht zögerte, auch das, was weiter gegen ihn angezeigt war, zu bekennen.

Mit nicht ganz gleicher Ergebenheit in sein Schicksal bekannte auch der später noch von dem Amt Buchen mit seinem dreizehnjährigen, auch schon zum Marktdiebe gebildeten Sohn eingelieferte Johann Adam Karr, vulgo strobelicher Adel, jene Vergehen, welche in Heidelberg gegen ihn angezeigt waren. Seinem Beispiel folgte der vom Amt Lauden später auch noch eingelieferte Johann Schulz, vulgo Vogelhannes. Der Verbrechen dieser beiden sind freilich nur wenige; wahrscheinlich aber nicht darum, weil sie nur wenige begangen haben, denn sie scheinen, besonders der erste, alte praktische Gauner zu sein, sondern nur darum, weil sie mit den anderen in Heidelberg einsitzenden Gaunern nur ganz kurze Zeit in Berührung gestanden hatten. Sie gehörten nämlich nie zu der Bande, welche in den Gegenden des Odenwaldes hauste, sondern zu einer anderen, welche an der Grenze des vormals fränkischen Kreises ihr Wesen oder vielmehr ihr Unwesen trieb, und die Berührung und Geschäftsverbindung einzelner Mitglieder der Odenwälder Bande mit jener, wozu sie gehörten, war nur die Folge einer momentanen Versprengung der Odenwälder aus ihrem gewöhnlichen Sprengel; auch war es gegen die Absicht jener Nomaden an der fränkischen Grenze, die versprengten Odenwälder in bleibende Verbindung mit sich zu ziehen, vielmehr kündigten sie denselben nach ganz kurzer Zeit die Gesellschaft auf und wiesen sie ernstlich an, dahin zurückzukehren, woher sie gekommen seien, mit dem Beifügen: »Was hieroben zu machen ist, ist unser, und wir können es machen ohne Euch«, und bestätigten damit die frühere Wahrnehmung des Verfassers, daß diese Menschen, so wie einst die verschiedenen Orden der Bettelmönche ihre eigenen Provinz-Einteilungen zur Besteuerung der frommen Gläubigen hatten, ebenfalls ihre eigenen Sprengel gebildet haben, in welchen sie das ausschließende Recht zum Treiben ihres Räubergewerbes zu haben vermeinen und in welchen sie den zu anderen Sprengeln gehörenden Raubgenossen keinen oder doch nur kurzen Aufenthalt für besondere Notfälle gestatten. Wollten sich Räuber eines fremden Bezirks in einem anderen Sprengel gegen den ausdrücklichen Willen der darauf ein erworbenes Recht ausübenden Räuber zu halten suchen, so würde ihnen dieses schon wegen der ihnen von allen Seiten und von allen Gliedern der einheimischen Bande bevorstehenden Gefahr wiederholter Mißhandlungen und Angriffe auf ihr Leben beinahe unmöglich sein; wollten sie aber auch diesen Gefahren trotzen oder wollten oder könnten die einheimischen Räuber durch eigene Angriffe auf das Leben der Eingedrungenen jene nicht vertreiben, so finden sie gar leicht andere Mittel, sie zu verscheuchen. Es ist schon deshalb solchen Eingedrungenen beinahe unmöglich, sich ohne den Willen der Einheimischen in einem fremden Sprengel zu halten, weil sie der Gegend unkundig sind, die Seitenwege, die Fußpfade, Waldungen, Gebirgsschluchten usw. nicht kennen, weil sie keine Kocheme Bayes (vertraute Häuser) haben, in welchen sie für sich und das Geraubte Unterkunft finden, und weil es ihnen ebenso an Kenntnis solcher Leute gebricht, an welche sie das Geraubte schnell und sicher absetzen können; wenn nun zu diesen ihnen schon im Wege stehenden Hindernissen sich noch die Gegenwirkungen der einheimischen Räuber gesellen, so sind jene offenbar verloren. Solche Gegenwirkungen sind den einheimischen Räubern gar leicht ausführbar. Sie machen die ohnehin noch kein Vertrauen besitzenden fremden Räubern in den Kocheme Bayes und bei den Käufern gestohlener Waren als Zikmer (Burschen, welche, wenn sie eingefangen werden, sogleich alles bekennen und verraten) verdächtig; sie spüren jenen Fremden nach, und wenn diese im Begriff sind, einen Raub oder Einbruch auszuführen, so kommen sie ihnen in demselben Lokale oder in einem sehr nahen um eine oder einige Stunden zuvor, so daß, wenn jene eben auf dem Marsch nach ihrem gestreckten Ziel sind, schon Lärm in der Gegend ist und sie so den Streifern und Wachen in die Hände fallen müssen; oder sie verüben in der Nähe des Ortes, in welchem die Fremden mit ihren Familien herbergen, oder in diesem Ort selbst einen Diebstahl und zerstreuen einige gestohlene Effekten in der Nähe der Scheuer oder des Schopfen, worin jene liegen, oder wissen sie wohl gar selbst in diese Lagerstätte zu bringen, entfernen sich dann schnell wieder; und so sind jene am folgenden Morgen gewiß arretiert oder versprengt und auf jeden Fall auf lange Zeit aus dem Sprengel vertrieben. Alle diese Handwerksvorteile und ihre gefährlichen Folgen kennen sämtliche Räuber, und darum wagt es auch nur selten einer, in einen fremden Sprengel einzudringen.

Ehe ich zur Beschreibung des Tuns und Treibens dieser Menschen im allgemeinen übergehe, halte ich es für zweckmäßiger, die von den in Heidelberg eingefangenen Räubern eingestandenen Verbrechen aufzuzählen, weil sich hieraus gar manche Notiz über ihre Taktik und ihre Lebensweise von selbst ergibt; um aber auch diese leichter begreiflich und beurteilbarer zu liefern, sende ich eine kurze Schilderung der eingefangenen Räuber voraus. Ihre Biographien liefern wenig Interessantes, da sie sich meistens darauf reduzieren: Sie wurden als Gauner geboren, zu Gaunern erzogen und lebten als Gauner.

1.
Veit Krähmer

Er ist 22 Jahre alt, zu Ramsthal im Fuldischen gebürtig. Sein Vater ist Albert Krähmer, vulgo Zunderalbert, ein alter Gauner, welcher schon seit mehreren Jahren zu Würzburg im Gefängnis sitzt und auch dort der wohlverdienten Strafe entgegensieht. Seine rechte Mutter ist tot; seine damalige Stiefmutter – oder vielmehr die zweite Beischläferin seines Vaters – ist die sogenannte Fulder-Ließ, vorher an seinen sicheren Selser, auch einen herumziehenden Krämer, verheiratet oder dessen Konkubine. Sie ist mit Veits jüngstem Bruder auch in Heidelberg verhaftet und zugleich die rechte Mutter der Beischläferin des Veit Krähmer, Eva, geborene Selserin. Beide Weibsleute sind lebhafte, stets muntere Geschöpfe, welche als Bänkelsängerinnen die Märkte besuchten und so das zu verdienen strebten, was Veit entweder nicht verdienen konnte oder, wenn er es verdient hatte, nicht abgab, weil er es ganz oder größtenteils zu vertrinken pflegte. Veit wurde ganz im Gaunerleben und zu diesem erzogen. Er hat nie eine feste Wohnstätte gehabt. Schon in seinem 15. bis 16. Jahr wurde er von seinem Vater zu Einbrüchen mitgenommen und teilte mit ihm die Beute. Wenn er nicht ganz als der verworfenste, ausgemachteste Bösewicht erscheint, so ist dies weniger seiner Erziehung und der Mühe, welche sich sein Vater gab, ihn zum vollendeten Räuber zu bilden, zuzuschreiben als der Eigentümlichkeit seine Charakters, welcher zwar ein Übermaß an unendlichem Leichtsinn, aber auch eine große Gabe Gutmütigkeit oder, wenn man lieber will, Schwäche zu enthalten scheint. Er kann einer ernstlichen Ermahnung nicht lange, einer gütigen, freundlichen Behandlung aber noch weit weniger widerstehen. Seine Geständnisse waren die Folge der Furcht, von anderen verraten zu werden, denn er war, als er bekannte, noch keiner weiteren Vergehen beschuldigt und alleine verhaftet; sie waren nicht die Folge der Rachsucht gegen andere, denn er hat nichts Falsches angegeben, und es hat sich gezeigt, daß er von keinem beleidigt war, mit keinem in Feindschaft lebte; sie waren auch nicht ein Erzeugnis der Hoffnung, durch sie seine Strafe zu mindern, denn er glaubt, den Tod verdient zu haben und damit bestraft zu werden; auch hat er bei seinen Geständnissen nie daran gedacht, sich eine gelindere Strafe zu erbitten. Sie wurden vielmehr einzig dadurch hervorgebracht, weil Veit nicht schweigen kann, sobald man sich mit ihm in ein Gespräch über seine Lebensweise und seine Diebsgenossen einläßt; und weil ihn, sobald er nur nach einem Verbrechen, welches er mit verüben half, gefragt wird, sein unwillkürliches Lächeln verrät, welches während der Geständnisse in wirkliches volles Lachen übergeht. Nicht aber, daß er sich aus teuflischer Bosheit seiner Taten freute, sondern weil er in jedem Bekenntnis die Bestätigung der Vorhersagung seiner Kameraden, daß er nichts verschweigen könne, findet und im voraus das Vergnügen genießt, welches ihm daraus erwächst, wenn er in der Folge hören oder sehen kann, wie seine Kameraden sich die Köpfe zerbrechen, um zu erraten, wer wohl das von ihm Angegebene gesagt haben möge. Er weiß, daß er gegen die Gesetze gefehlt hat, er glaubt sogar, daß er des Todes schuldig sei; er ist aber nicht imstande, das Abscheuliche seines Räuberlebens einzusehen, und zeigt darum auch weder Reue noch Vorsatz zur Besserung. Dies erklärt sich, ohne den Veit in einem häßlicheren Licht darzustellen, leicht, wenn man bedenkt, daß das, was der Mensch von Jugend auf und immer treibt, ihm zur Gewohnheit wird, so daß ihm selbst das Häßlichste und Ekelhafteste bei solcher Beschäftigung nicht mehr auffällt; und wenn man weiter erwägt, daß Veit nicht wohl einen Vorsatz zur Besserung fassen könne, da es ihm an den Mitteln und an der Kraft zur Ausführung gebricht. Was sollte er, der nie etwas gelernt hat, der nicht zum Arbeiten angehalten wurde, ergreifen, wenn er wieder loskäme, und wo würde er, wenn er arbeiten wollte, geduldet? Er müßte wieder stehlen, und wenn er nicht wollte, so brächten ihn die alten Kameraden wieder dazu. Er selbst hat bei einer Konfrontation dem Hölzerlips, welcher erklärte, wenn er je wieder frei würde, wolle er ein ehrlicher Mann werden, ganz offen entgegnet: »Wie ist das denn möglich? Wenn du heute loskommst, so schuppst (stiehlst) du wieder, ehe drei Tage vergehen.« Er liebt übrigens sehr den Branntwein und hat gewöhnlich das, was er durch Straßenraub und Einbruch erwarb, mit seinen Genossen versoffen, ohne den Seinigen etwas Bedeutendes davon zu geben; obschon er für seine Beischläferin und sein jüngstes Kind sehr viel Liebe zu haben scheint.

2.
Andreas Petry

vulgo Köhlers Andres.

Er ist 17 bis 18 Jahre alt, ledig, ein Sohn des Peter Petry, vulgo schwarzen Peters. Dieses wird in Verbindung mit dem, was schon von dem Vater gesagt ist, hinreichen, um sich einen Begriff von der Erziehung zu machen, welche

Andreas Petry erhielt. Er ist heute noch nicht konfirmiert. Doch hat sein Vater in politischer Hinsicht mehr für seine Erziehung getan, als der Zunderalbert für die seines Veit. Er ließ ihn nämlich verschiedene musikalische Instrumente lernen. Andreas Petry spielt mit großer Fertigkeit die Klarinette; auch die Flöte und das Flageolet (die Hochflöte, d. Hg.) spielt er nicht ungeschickt. Diese Kunstfertigkeit sollte dem Andreas Petry zu einem ehrlichen Erwerb helfen; wie war aber dies möglich, wenn ihn die Ausübung seiner Kunst von Ort zu Ort unter der niedersten Volksklasse herumtrieb, ihn immer mit Räubern und Dieben in Berührung brachte, welche er schon von Kindesbeinen an kannte; da sie ihm manche freie Stunden übrigließ, ihn nicht vollkommen ernährte und da sein eigener Vater ihn schon als Buben auf Straßenräubereien und Diebstähle mitnahm, ihm von seinen Großtaten jenseits des Rheins, von dem erhabenen Schinderhannes und dessen und seinen eigenen alten, würdigen Kämpen erzählte und so seinen Geist ebenso erhitzte und zur Nachahmung der großen Vorbilder anspornte, wie einst die Phantasie des edlen Ritters von Mancha (Don Quichotte, d. Hg.) exaltiert (überreizt, d. Hg.) und sein Nachstreben rege gemacht wurde! Er ist von lebhaftem, munterem Temperament, besitzt aber zugleich einen hohen Grad Verschlossenheit, Verschlagenheit, Falschheit und Rachsucht. Sein Blick ist immer unstet wie der eines Verfolgten, welcher ängstlich nach der Nacheile umschaut. Er fühlt, daß die Menge seiner Verbrechen eine Folge seiner schlechten Erziehung, die Schuld seiner Eltern ist. Er hat zwar, wie oben gesagt wurde, den wahren Namen seines Vaters bis auf den letzten Augenblick geleugnet; später aber hat er noch gar manche Vergehen seines Vaters freiwillig angegeben. Ebenso hat er unaufgefordert verschiedenes gegen seine Mutter, gegen seine Schwester und deren beiden Zuhälter, Lüttich und Luz, angegeben.

3.
Sebastian Luz

vulgo Basti.

Auch er ist der Sohn herumziehender Eltern, auch erst 17 bis 18 Jahre alt, von Neckargerach gebürtig. Von seinen Eltern sind keine Vergehen bekannt. Auch er ist musikalisch, und die Kultivierung dieses Talentes brachte ihn mit Andreas Petry zusammen und durch diesen mit der Räuberbande in Verbindung. Er ist von allen der Munterste, Aufgeweckteste, Mutwilligste und, den Mangel an Erfahrung abgerechnet, der Gescheiteste; aber auch der Ausdauerndste. Hölzerlips selbst, der ungern einem anderen den Vorrang in irgend etwas zugesteht, erklärte während einer Konfrontation, bei welcher Basti nicht zugegen war: »Basti ist der härteste von uns allen. Wenn der als Räuber bis zu seinem 30. Jahr fortgelebt hätte, so wäre Schinderhannes nichts gegen ihn gewesen.« Er wurde als Schulknabe wegen seiner ausgezeichneten Fähigkeiten besonders geschätzt, und eine vornehme Person nahm sich eben darum seiner an und wollte ihn ein Handwerk lernen lassen. Sein Vater verließ aber damals gerade die Gegend des Odenwaldes, in welcher Basti zur Lehre kommen sollte, und beharrte darauf, daß er mit ihm ziehen sollte. Er folgte, blieb aber nicht lange bei seinem Vater, sondern verließ ihn und trieb sich nun bei englischen Reitern, Marionettenspielern und Leuten, welche Lappländer für Geld sehen ließen, herum, bis er sich endlich auch von diesen wieder losmachte und mit seinem Saitenspiel allein umherzog. Auf diesen Zügen kam er mit anderen Burschen seines Gelichters und unter diesen auch mit Andreas Petry zusammen. Jugend, Frohsinn und gleiche Beschäftigung knüpfte das Band ihrer Freundschaft enger. Durch Andreas Petry wurde Basti in den Familienzirkel des schwarzen Peters eingeführt. Dieser hatte seine Tochter Margaretha bei sich, welche früher mit einem gewissen Lüttich als dessen Beischläferin verbunden war und von ihm zwei Kinder hatte. Dieser Lüttich war jenseits des Rheins beim Forstwesen angestellt und hatte dort Frau und Kinder. Er war aber vom linken Rheinufer unter deren Zurücklassung wegen eines verübten Mordes entflohen und hatte in den Gebirgen des Odenwaldes Schutz gefunden. Hier traf er Margaretha Petry und verband sich, seine früheren Verhältnisse verschweigend, mit ihr. Seine Frau erfuhr endlich seinen Aufenthalt und suchte und fand ihn mit ihren Kindern; er wußte sie aber durch die fürchterlichsten Drohungen zurückzuschrecken. Margaretha Petry erfuhr zwar nun die wahren Verhältnisse Lüttichs, allein sie hatte schon ein Kind von ihm gezeugt und bleib daher mit ihm in fortgesetzter Verbindung, deren Folge bald ein zweites Kind hervorbrachte. Lüttichs vorzüglichste Beschäftigung war die Wilderei, und sie war es auch, welche ihn auf zwei Jahre in das Zuchthaus nach Mannheim brachte. Margaretha Petry hatte, der Verhältnisse Lüttichs, ihrer Eltern und ihrer eigenen bewußt, dennoch die Frechheit, öffentlich als seine Frau aufzutreten und als solche bei Sr. Königlichen Hoheit, dem Herrn Großherzog von Baden, schriftlich um Begnadigung Lüttichs zu bitten. Sie wurde ihr abgeschlagen, und nun war auch ihre Liebe erkaltet. Sie suchte nun als feile Dirne jeden an sich zu locken, bis es ihr endlich gelang, den Basti auf längere Zeit mit sich zu verbinden.

4.
Georg Philipp Lang,

vulgo Hölzerlips.

Er ist etliche und 30 Jahre alt, von Roth am Berg im Nassauischen gebürtig und ebenfalls der Sohn herumziehender, übrigens aber keiner Verbrechen bezichtigter Eltern. Seine Erziehung wurde wie die des Veit in jeder Hinsicht vernachlässigt. Er trieb sich lange mit seinem Vater herum, bis er endlich sich mit einer Weibsperson verband und, wie er behauptet, förmlich trauen ließ. Um für die und seine damalige Familie seine Subsistenz (seinen Lebensunterhalt, d. Hg.) zu begründen, fing er einen Handel mit hölzernen Waren an und trieb denselben geraume Zeit. Daher sein Name Hölzerlips. Von früheren Zeiten sind keine Verbrechen von ihm bekannt, und er beharrt standhaft auf der Behauptung, daß er bis zu seiner Loslassung von Bergen streng ehrlich gewesen sei und sich von allen Verbindungen mit Räubern freigehalten habe. Er wurde in Bergen wegen Landstreicherei durch eine Streifmannschaft verhaftet und saß dort geraume Zeit. Seine Abwesenheit benutzte ein gewisser Heinrich Pfeiffer, um eine vertraute Bekanntschaft mit seiner Frau anzuknüpfen. Es gelang ihm, und er hatte sie beständig als seine Konkubine bei sich. Hölzerlips erfuhr dieses in seinem Arrest zu Bergen und schnaubte Rache. Seine Freilassung erfolgte, und sein erstes Geschäft war nun die Aufsuchung seiner Frau. Er fand sie noch am selben Abend und den Pfeiffer und seine zwei eigenen Kinder bei ihr. Noch ehe er seine Vorwürfe begann, schilderte sie ihm die Freundschaft, mit welcher Pfeiffer sich ihrer und seiner Kinder angenommen, sie gegen Hunger und Mangel geschützt und allerorten für sie gesorgt habe, mit so lebhaften Farben, daß der Zorn des Hölzerlips schon in seinem Ausbruch gemindert wurde. Zwar begann er seine Vorwürfe, aber wie leicht waren diese widerlegt! Alles war Verleumdung boshafter Menschen, welche ihm sein Unglück gegönnt und gerne gesehen hätten, daß auch sie und ihre Kinder zugrunde gegangen wären, und die nun, da dieses nicht erfolgt sei, sie durch ihn selbst verderben wollten. Hölzerlips hatte keine Beweise, seine Frau fuhr fort, ihn durch die heiligsten Versicherungen ihrer Treue zu beschwichtigen, erzählte ihm ihre Teilnahme an seinen Leiden, ihren tiefen Kummer und ihre Trostlosigkeit, ließ sich seine Leiden erzählen und, um ihn schnell dafür zu entschädigen und sie leichter vergessen zu machen, Branntwein holen. Hölzerlips, welcher dieses Getränk bis zum Unsinne liebt, trank den Versöhnungstrunk. Der Groll war vergessen, es wurde des köstlichen Trankes mehr und immer mehr gebracht, bis Hölzerlips berauscht auf sein Lager nieder und in den tiefsten Schlaf versank, aus welchem er erst spät am folgenden Morgen erwachte, um sich mit seinen zwei kleinen Kindern alleine, von seiner Frau und Pfeiffer verlassen zu sehen. Hölzerlips war nun wirklich in der erbärmlichsten Lage; und einzig diese, so behauptet er, zwang ihn, sich dem Räuberleben zu widmen, weil er sich ferner mit seinen zwei Kindern ehrlich nicht fortbringen konnte. In der Folge legte er sich eine Beischläferin zu und, als diese später mit seinen zwei Kindern nach Darmstadt in Arrest gekommen war, wo nun auch seine wirkliche Frau einsitzt, verband er sich mit der oben schon erwähnten Catharina Weisin, welche sich zu Heidelberg so würdig benahm. Hölzerlips ist trotz allem Mangel an Erziehung kein ungebildeter Kopf. Er ist der stärkste unter allen in Heidelberg Verhafteten und, nach allen Umständen, auch der grausamste und boshafteste. Er kann seinen Zorn, wenn er ausbricht, nicht dämpfen; er beträgt sich im Kreis der übrigen stets mit ausgezeichneter Superiorität (Überlegenheit, d. Hg.), und auch wenn er leugnet, bei diesem oder jenem Raub der anerkannte Anführer gewesen zu sein, so zeigen doch die Umstände, daß er es wirklich gewesen war; so wie die Art, womit die übrigen seine Anmaßungen ertragen, beweist, daß sie schon daran gewöhnt sind, von ihm so behandelt zu werden. Die Geschichte der von ihm verübten Verbrechen wird helleres Licht über seinen Charakter verbreiten.

5.
Philipp Friederich Schütz,

vulgo Manne Friederich.

Auch er ist über 30 Jahre alt und in Kopenhagen gebürtig. Seine Eltern waren in Frücht, einem damals dem Freiherrn vom Stein zugehörigen Ort unweit Koblenz, als Bauersleute wohnhaft und nährten sich dort zwar ärmlich, doch ehrlich. Ein gewisser Graf von Schimmelpfennig kam in die Gegend, machte Bekanntschaft mit dem Freiherrn vom Stein und lernte durch ihn die Industrie der Bewohner der Rheingegenden kennen. Er wünschte diese auch auf seine Güter in Dänemark zu verpflanzen, besonders aber mit dem Tabakbau Versuche zu machen. Freiherr vom Stein suchte die Wünsche des Grafen zu erfüllen, und es gelang ihm, in seinem eigenen Ort Frücht zwei und in dem damals Gräflich Leyenschen Lande noch einige Familien zum Umzug nach Dänemark zu disponieren. Unter den ersten befanden sich Manne Friederichs Eltern. Sie ließen ihr Wohnhäuschen und einige Güterstücke, freilich nicht schuldenfrei, in Frücht zurück. Sie hatten bereits mehrere Jahre in Dänemark gelebt, als der alte Schütz dort starb. Seine Witwe konnte nun allein ihrem Geschäft in Dänemark nicht vorstehen, auch sehnte sie sich in die heimatlichen Gefilde zurück; sie reiste mit ihren kleinen Kindern, worunter unser Inquisit sich befand, nach Deutschland zurück. Sie hatte gehofft, ihre verlassene Hütte wieder beziehen, ihre wenigen Felder verpachten und sich mit dieser Beihilfe durch Arbeit fortbringen und ihre Kinder großziehen zu können; allein ihre Hoffnung hatte sie getäuscht. Das Häuschen war, nebst dem übrigen, was sie verlassen hatte, auf Drängen der Gläubiger versteigert und der Erlös zur Tilgung der Schulden und Bestreitung der Kosten verwendet worden; man legte ihr Rechnung über das Ganze vor; ihr gehörten noch 3 fl. 32 1/2 kr. Diese empfing sie, wurde aber nicht länger in Frücht geduldet und sah sich also gezwungen, von Ort zu Ort mit ihren armen kleinen Kindern das Brot zu suchen. So brachte der lobenswerte Eifer des Grafen von Schimmelpfennig, die Industrie in Dänemark zu befördern, eine rechtliche (rechtschaffene, d. Hg.) deutsche Familie in Armut und Elend und unseren Manne Friederich unter die Räuber. Er lernte auf den immerwährenden Zügen, welche er mit seiner Mutter machte, bei einem auch herumziehenden Korbmacher diese Profession, und von diesem Korb- oder Wannenmachen erhielt er später den Namen Wannen- (oder, wie es in der Wetterau und dortigen Gegend gesprochen wird, Mahnen-) Friederich. Bald verband auch er sich mit einer Weibsperson, welche er als ständige Beischläferin mit sich führte und welche mit ihm nach Heidelberg in das Gefängnis kam. Auch er ist dem Branntwein ganz außerordentlich ergeben, übrigens aber bei weitem nicht so boshaft wie Hölzerlips. Er ist unter allen der gebildetste, manierlichste und klügste.

6.
Matheus Österlein,

vulgo Krämer-Mathes.

Er ist 23 Jahre alt und von Sindelfingen gebürtig, wo seine Eltern seßhaft waren und wo noch ein Bruder von ihm etabliert ist. Seine Eltern, welche er schon früh im Verdruß verlassen hatte, sind inzwischen nach Rußland gezogen. Er zog anfänglich auf seiner Profession als Maurer umher, bald aber machte er Bekanntschaft mit einer herumziehenden Landkrämerin (angeblich die Tochter eines würzburgischen Grenadiers) und schloß sich an diese an. Er trieb eine Zeitlang seinen kleinen Handel als herumziehender Krämer, bald aber geriet er in die Gesellschaft der Räuber und machte mit ihnen gemeinschaftliche Sache.

Seine Frau oder vielmehr Konkubine wurde mit ihrem einzigen Kind schon früher durch Streifer eingezogen und sitzt in Darmstadt gefangen. Er hat eine verschlossene, übrigens ruhige Physiognomie, welche nur beim

Zusammenziehen der Augen, welches ihm gewöhnlich ist, in finsteren, tiefen Ernst übergeht, sich aber bald wieder ebnet. Er ist von allen der ruhigste.

7.
Stephan Heußner,

vulgo langbeiniger Steffen.

Er war 28 Jahre alt, zu König in der Grafschaft Erbach gebürtig. Oben ist schon über seinen Charakter das Nötigste gesagt. Er hinterließ eine Frau und zwei kleine, schöne Kinder.

8.
Johann Bauer,

vulgo der Schefflenzer Bube.

Er ist 20 Jahre alt und zu Oberschefflenz bei Mosbach gebürtig. Sein Vater war angeblich ein pfälzischer Soldat und so wie seine Mutter ohne Vermögen. Nach dem Tod seines Vaters zog er mit seiner Mutter umher; später setzte er dieses Leben als Bettler allein fort. Er arbeitete von Zeit zu Zeit bei Schiffleuten und Bauern, kehrte aber bald wieder zu seiner gewohnten Lebensweise zurück. Auf seinen Kreuz- und Querzügen als Betteljunge wurde er mit falschen Spielern bekannt, und zwar mit solchen, welche mit sogenannten tragbaren Warenlotterien die Märkte besuchen. Diese fanden an ihm einen offenen Kopf und nicht gewöhnliche Beredsamkeit und warben ihn deswegen als Fallenmacher an, das heißt: Er wurde der Lockvogel und die Falle für andere, die betrogen werden sollten. Um dies auszuführen, erschien er nie öffentlich mit seinen Gesellschaftern; wenn aber diese ihre Lotterie, deren höchste Lose mit Uhren, silbernen Löffeln, Geld usw. besetzt waren, aufgestellt und die Neugierigen beigezogen hatten und wenn sich dann unter diesen ein den Markt besuchender Müller oder Metzger oder Bauer mit strotzendem Geldgurte um den Leib einfand oder überhaupt ein rupfbar erscheinender Simpel angeflogen war, welcher noch unentschlossen vor der Bude stand, dann erschien Johann Bauer als ein gänzlich unbekannter Bursche und gaffte mit. Der Inhaber der Lotterie forderte unter manchen anderen auch ihn auf, sein Glück zu probieren. Er zeigte keine Lust; es wurde ihm zugeredet, er verweigerte es standhaft; man bot ihm einen unentgeltlichen Wurf zur Probe an, er war (mit dazu eingerichteten Würfeln) ziemlich hoch. Nun sollte er den Wurf um Geld wiederholen; er ließ sich überreden, warf, verlor und schimpfte nur. Man stellte ihm vor, daß er nicht stets hoch werfen könne, er solle es noch einmal probieren; er verlor abermals, schimpfte noch ärger, spielte aber nun, freiwillig, hitzig fort, verlor noch einige Male (mit anders eingerichteten Würfeln), bis er endlich plötzlich das höchste oder ein sehr hohes Los (mit den ersten Würfeln) gewann. Nun erscholl ein allgemeiner Jubel, das Gewonnene wurde ihm, zum überhöhten Preis, wieder vom Lotterie-Direktor abgekauft. Er wollte fort, wurde aufgefordert weiterzuspielen, gewann einige Kleinigkeiten – dann plötzlich wieder einige Louisdor auf einen Wurf. Nun waren die Umstehenden gereizt, die Simpel gingen in die Falle, und während sie zu Dutzenden kahlgerupft wurden, hatte Bauer den Markt verlassen und fand sich erst am folgenden Tag an einem anderen Ort wieder mit seinen Kameraden zusammen, um seinen bedungenen Anteil an der Beute zu empfangen. Diese Lebensgattung mußte ihn mit den die Märkte auch besuchenden Gaunern zusammenbringen, und so wurde er denn endlich Dieb und Räuber. Er besitzt, wie schon gesagt, große Beredsamkeit, welche er, wie so mancher Redner, sehr gern offenbirt (zur Schau stellt, d. Hg.). Er hat aber die Untugend an sich, daß er sich auf Kosten anderer beliebt zu machen sucht und, wenn er keine Wahrheiten anzugeben weiß, Lügen ersinnt und als wahre Beschuldigungen vorbringt. So hatte er sich in einem früheren Arrest brauchen lassen, die anderen Gefangenen, zu welchen man ihn geflissentlich gesetzt hatte, anzulocken und sie dann zu verraten; er rühmte sich selbst, daß er manche Lüge unter seine Angaben gemischt und dadurch jenen gar manchen Buckel voll Schläge procurirt (verschafft, d. Hg.) habe. Er ist im übrigen von schöner Gesichtsbildung.

9. 10. 11. 12.
Joseph Jacobi,
Balthasar Held,
Bernhard Held,
Friederich Held,

vulgo die vier Frankfurter Carlsbuben.

Der erste 36 Jahre alt, der zweite 28, der dritte 26, der vierte 20. Beide erstere mit Beischläferinnen versehen, von welchen sie Kinder haben; beide letztere ledig. Ihr Vater, der rechte Vater der drei letzteren, Stiefvater des ersten, war, wie schon bemerkt, ein Gauner, ihre Mutter zog auch nach seinem Tod mit den zwei jüngsten Brüdern umher; die beiden ältesten hatten sich als Fruchthüter in abgelegenen Hütten des Odenwaldes fixiert und trieben von da aus ihre Räubereien. Sie sind sämtlich verschlossene, boshafte, hartherzige Menschen, doch der älteste in minderem Grade als die übrigen.

13.
Johann Schulz,
vulgo Vogelhannes oder Krautscheißer.

Er ist 25 Jahre alt, von Distelhausen gebürtig und hat eine Frau und vier Kinder. Seine Eltern waren herumziehende Krämersleute. In früheren Jahren diente er bei den Bauern, dann lebte er einige Zeit als Hirte auf einzelnen Höfen. Nach seiner Verheiratung (er ist wirklich getraut) zog auch er als fahrender Krämer umher und kam bald in die Gesellschaft der Diebe. Sein Charakter scheint nicht der schlimmste zu sein.

14.
Johann Adam Karr,
vulgo der strobeliche Adel.

Er ist 49 Jahre alt, von Hohefeld bei Wertheim gebürtig. Seine Eltern hatten, so wie er selbst, nie einen festen Wohnsitz, sondern zogen mit Münchberger Häfen, welche sie verkauften, im Lande umher. Bis in sein 23. Jahr blieb Karr bei seinen Eltern und war ihnen, wie er angibt, in ihrem Handel behilflich; dann aber verband er sich mit seiner damaligen, noch nicht eingefangenen Ehefrau, Anna Maria, geborene Märzin, deren Eltern ebenfalls Vaganten waren. Er ist nach seiner Versicherung mit seiner Frau nicht nur einmal, sondern zweimal kopuliert; einmal lutherisch, das andere Mal katholisch. Nach seiner Trauung fing er sein eigenes Gewerbe an, welches in Verfertigung von Körben, Stöcken und Blasrohren bestand, und zog darauf in der Grafschaft Wertheim, im Taubergrunde und den angrenzenden Gegenden umher. Er hat drei Kinder, wovon ein Mädchen von sechs und ein Junge von vier Jahren mit der Mutter umherziehen, das dritte aber der unten bemerkte Joseph ist.

Er hat allem Anschein nach noch weit mehr Verbrechen begangen als eingestanden; bei dem gänzlichen Mangel aller näheren Inzichten (Beschuldigungen, d. Hg.) konnte aber etwas Weiteres nicht gegen ihn herausgebracht werden. Er ist ein sehr verschmitzter Mensch und hat in den Verhören stets den Reuigen gemacht; immer aber verriet sich dabei, daß es nur Gleißnerei (Schein, d. Hg.) war. Wenn andere gegen jene, welche etwas gegen sie angezeigt hatten und es ihnen nun in das Gesicht behaupteten, in Zorn ausbrachen, so ergoß dagegen Johann Adam Karr im frömmelnden, warnenden Ton seine Vorstellungen an die ihm gegenüber Gestellten; und nur, wenn alle seine Ermahnungen jene nicht irre machen konnten, schritt er zum Geständnis.

15.
Joseph Karr,

Sohn des vorigen.

Ein Bub von 13 Jahren und schon zum Gehilfen bei Marktdiebstählen gebraucht. Solche Bäume tragen solche Früchte!

Da, wie schon früher bemerkt wurde, der stumpfarmige Zimmermann Philipp Müller nebst den Seinigen mit Veit Krähmer und dessen Raubgenossen nicht in Verbindung stand, so übergehe ich hier die Aufstellung der Charakteristik derselben um so mehr, da einige bedeutende Verbrechen bis jetzt von ihnen nicht bekannt geworden sind, und wende mich nun zur Aufzählung der vom Veit Krähmer und seinen Genossen verübten und eingestandenen Vergehen. Es sind, wie das Verzeichnis nachweisen wird, nur solche Vergehen aufgenommen worden, bei welchen wirklich einer oder einige der in Heidelberg verhafteten Gauner zugegen waren und welche alle, so viel nur immer möglich war, gehörig richtiggestellt sind. Die von Veit Krähmer und seinen Raubgenossen noch weiter gegen ihre auswärts einsitzenden Kameraden angezeigten Vergehen (worunter mitunter sehr bedeutende gehören, wie z. B. die Ermordung des Gauners Valentin Dörschner durch die in Gießen verhafteten Jacob und Johannes Vielmetter, Vater und Sohn), wurden jedesmal den einschlagenden Gerichten sogleich angezeigt, um deshalb gegen die Beschuldigten die erforderliche Untersuchung vorkehren zu können; sie konnten aber hier nicht aufgenommen werden, weil der Erfolg jener Mitteilungen bis jetzt meistens unbekannt geblieben ist. Die Verbrechen sind in jener Reihe aufgeführt, in welcher sie zur Anzeige kamen, und ich glaube, daß auch hier die bunte Reihe den Lesern angenehmer sein wird als die Zusammenstellung derselben nach irgendeiner ausgedachten Ordnung. Die meisten Verbrechen wurden von Veit Krähmer angezeigt, und er ist wahrscheinlich auch jener, welcher die meisten Verbrechen auf sich hat. Keiner der anderen war so freimütig wie er, und keiner hat so sehr ohne alle Nebenabsicht wie er Geständnisse abgelegt oder Anzeigen gemacht. Er hat noch ganz zuletzt, als keiner mehr etwas Weiteres von ihm wußte, freiwillig mehrere Straßenräubereien eingestanden, bloß um bei sich, wie er sagte, Ruhe zu haben. Er hat die von den meisten anderen, besonders von Manne Friederich, gleich anfänglich gemachten Vorschläge, man möge ihn zum Fleischmann (Spitzbubenfänger) anstellen, nur in seinem Schlußverhör vorgebracht – und auch da nicht in der Weise, daß er um Freilassung und förmlich Anstellung bat. Er fühlte selbst, daß dies nicht angehe. Nur um sein Leben bat er und versicherte, daß er, wenn ihm dies aus höchster Gnade geschenkt werde, solange er noch lebe, stets zur Entlarvung der unter falschen Namen eingefangenen Gaunern mitwirken wolle. Er hat nie aus Rachsucht gegen andere etwas angezeigt wie Hölzerlips, der meistens nur dann denunzierte, wenn er gereizt war. So erklärte dieser unter anderem einmal im Verhör, nachdem er ein von Jacob Heinrich und Johannes Vielmetter gegen ihn angezeigtes Verbrechen bekannt hatte, »das muß ich siebenfach vergelten!«, und wirklich gab er auch sieben Verbrechen derselben mit allen Umständen an. Doch ich wende mich zu dem Verzeichnis der den in Heidelberg verhafteten Räubern und ihren Genossen zur Last liegenden Verbrechen.

Gewaltsamer Einbruch zu Geislitz bei Gelnhausen.

Teilnehmer:

1. Matheus Österlein.
2. Stephan Heußner.
3. Johann Adam Treber.
4. Georg Horn, vulgo Wurzeljörg.
5. Johann Adam Heußner.
6. Wurzeljörgs Gevattermann R. R. der kleine Krämerjörg.

Es war am 12. Januar 1807, nachts 1 Uhr, als der Schultheiß Geiger zu Geislitz durch ein Getös aus seinem Schlafe aufgeweckt wurde. Beim ersten Aufblicken sah er vier starke Kerle, deren jeder ein brennendes Wachslicht trug, in seiner Stube. Einer von diesen nahte sich mit einem Messer im Mund und einem starken Prügel in der Hand seinem Bette und sprach zu ihm: »Sei still und gib's Geld her!« Der Schultheiß versicherte, er habe kein Geld; und sogleich führte der Räuber einen heftigen Schlag nach seinem Kopfe, welchen der Schultheiß zwar mit dem Arm auffing, aber auch dadurch den Arm zerquetscht erhielt. Nun setzte ihm der Räuber das Messer auf die Brust und rief ihm wiederholt zu: »Sei stille, sonst steche ich dich tot!« Ein anderer ging nach der Kammer und schlug der Frau des Schultheißen mit einem Stachelstock so heftig über das eine Auge, daß sie betäubt liegen blieb. Der 15jährige Sohn des Schultheißen, welcher in derselben Kammer lag, sprang aus seinem Bette hervor, um seiner Mutter zu helfen; nun wurde aber der nämliche Stachelstock gegen ihn gebraucht; dessen ungeachtet ergab er sich nicht, bis er von einem anderen mit einer Holzaxt einen Schlag auf den Kopf erhielt, wovon ihm das Blut bis oben an die Decke sprang und welcher ihn außer Stand setzte, länger Widerstand zu leisten. Während diesem Kampfe hatte sich des Schultheißen Frau im Bette wieder aufgerichtet, und nun empfing auch sie mit derselben Axt ebenfalls einen Streich auf den Kopf, nach welchem sie für tot liegen blieb. Sie kam zwar wieder zu sich, das Amt sagt aber selbst in seinem Befundprotokoll von derselben Nacht: es habe diese Frau, gleichsam im Blute schwimmend, gefunden.

Während dieser Mißhandlung der Frau und des Sohnes des Schultheißen erbrach der erste Räuber den Kleiderschrank und plünderte ihn, dann wurden die vorhandenen Kisten mit der Axt aufgehauen und das, was sich darin an Geld und Weißzeug fand, mitgenommen. Einer der Räuber, sagt Schultheiß Geiger, stand mitten in der Stube, sprach kein Wort und legte auch keine Hand an, vielmehr sah er mich immer so an, als ob er Mitleid mit mir hätte.

Die Räuber waren, nachdem sie den Hofhund vergiftet gehabt hatten, durch ein eingebrochenes Loch in das Haus gedrungen. Der Wert des Geraubten beträgt an barem Geld 408 fl. 15 kr. und an Kleidung und Weißzeug 300 fl., im Ganzen also 708 fl. 15 kr.

Gewaltsamer Einbruch im Fuldischen hinter Weihers auf der Aumühle.

Teilnehmer:

1. Matheus Österlein.
2. Krämers Hanneschen, vulgo Halbbäckchen oder Eselskinnbäckchen.
3. Johann Adam Treber.
4. Georg Schmidt, vulgo Tanzstoffel.
5. Großer Johann.
6. Johann Adam Heußner.
7. Lenhards Konrad, vulgo schwarzer Konrad.
8. Wilhelm Rhein.
9. Zinngießers Johann.

Am 3. März 1808 versammelten sich die Räuber auf dem Sparhof zur Ausübung dieses Verbrechens. Von da zogen sie fort und gelangten gegen Abend auf die Beckenmühle vor Wüstensachsen, wo sie einkehrten und sich ein Nachtessen bereiten ließen. Ob die Bewohner dieser Beckenmühle kochem seien und freiwillig die Räuber aufgenommen und bewirtet haben, wie diese behaupten, oder ob sie, wie sie selbst vorgeben, von jenen hierzu gezwungen worden seien, ist bis jetzt unausgemittelt geblieben. Das erste scheint deshalb wahrscheinlicher, weil die Räuber keine Bedenken trugen, in dieser Mühle ihre Larven vorzutun und die Weibsleute aus Kurzweil damit zu schrecken. Spät in der Nacht verließen sie die Beckenmühle und zogen gegen die nicht gar weit von Eckweisbach einsam liegende Aumühle.

Der Müller selbst war nicht zu Hause, wohl aber seine Frau, seine Eltern, eine Schwester seines Vaters, eine im Haus aufgenommene Weibsperson, der Knecht und die Magd. Auch hatte ein armer Mann mit seiner Frau in der Mühlstube Nachtquartier erhalten. Alles lag im ersten, tiefen, sicheren Schlaf. Ein fürchterlicher Tumult schreckte alle aus dem Schlaf auf; krachend stürzte die mit dem Rennbaum forcierte Haustür ein, und es fielen, unter lautem Geschrei der Räuber, mehrere Schüsse im Hausgang. Der Knecht suchte die Stubentür zuzuhalten, er wurde aber übermannt, und die Räuber traten, größtenteils mit geschwärzten Gesichtern oder vorgebundenen haarigen Larven, lärmend in die Stube. Einige eilten sogleich in die oberen Stuben, banden dort dem alten Müller die Hände auf den Rücken, der jungen Müllerin aber, obschon sie ihrer Schwangerschaft wegen um Schonung bat, die Arme von vorn zusammen, brachen und schlugen Schränke und Kisten auf und raubten, was sie fanden. Einige andere drangen in die Stube, wo die Magd lag; diese wurde aus dem Bett gerissen, geschlagen, ihre Kiste geöffnet und ausgeplündert. Andere kamen in die Stube der Schwester des alten Müllers; diese hatte den Lärm schon gehört, dessen Absicht erraten und in der Eile ihr bestes Weißzeug zum Fenster hinaus in den Garten geworfen. Als die Räuber ihrer Stube nahten, sprang sie wieder in ihr Bett und erklärte den Räubern, welche ihr Geld verlangten, sie sei krank. Sie wurde angewiesen, sich ruhig zu verhalten, damit ihr der Schreck nicht schade, übrigens aber beraubt wie die anderen. Inzwischen hatten die Räuber, bei der Rückkehr aus der oberen Stube, den Knecht ebenfalls geschlagen und gebunden, den armen Mann und dessen Frau aber angewiesen, sich ruhig zu verhalten, und der letzteren, als sie dennoch aufstehen wollte, einen heftigen Schlag mit einem Grabscheit (Spaten, d. Hg.) gegeben. Die Frau des alten Müllers hatte sich in eine Kammer zurückgezogen, aber auch dahin drangen etliche Räuber, schlugen sie und brachen auf und plünderten, was sie in der Kammer fanden. Während dieser Geschäfte entfloh die alte Müllerin und erreichte glücklich Eckweisbach, wo sie Lärm machte. Die in der Mühle befindliche, dort aufgenommene Weibsperson, versuchte ebenfalls zu entfliehen; einer der wachestehenden Räuber feuerte aber auf sie, verwundete sie am Fuß und trieb sie mit Schlägen in die Mühle zurück.

Während dieses ganzen Vorfalls hatten die Räuber das Innere der Mühle durch mitgebrachte Lichter erleuchtet und ununterbrochen in den Stuben und Kammern geschossen. Plötzlich bemerkten sie die Abwesenheit der alten Müllerin und zogen, als sie dieselbe nicht fanden, mit ihrer Beute eilends davon. Gleich nach dem Abzug der Räuber kamen die Einwohner von Eckweisbach und entfesselten die Gebundenen.

Die Beute entsprach der Erwartung der Räuber nicht; sie betrug im ganzen nur 168 fl. 33 kr. nach eidlicher Angabe der Beraubten.

Charakteristisch ist es, daß die Räuber einen solchen, mit offener Gewalt verübten Raub mit dem hebräischen Ausdruck Chassne (Hochzeit) bezeichnen und das Vollführen desselben Chassne malochne (Hochzeit machen) nennen, weil es, wie sie sagen, dabei so lustig und lärmend zugeht wie bei einer Bauernhochzeit.

Die Beraubung der Metzger im Königsteiner Walde

Teilnehmer:

1. Georg Philipp Lang, vulgo Hölzerlips.
2. Veit Krähmer
3. Joseph, der vorher in Darmstadt gesessen.
4. Langer Andres.
5. Stephan Heußner.
6. Heinrich Vogt oder Winkler.
7. Hennerle.

Die Räuber hatten sich im Königsteiner Wald bei einem Brunnen gelagert. Sie ruhten hier aus und spielten, zum Zeitvertreib, Karten. Es zogen zwei Metzger mit Hunden an ihnen vorüber. Die Räuber waren in ihr Spiel vertieft und achteten ihrer nicht. Als die Metzger eine Strecke weitergegangen waren, fingen sie an zu singen. Dies machte die Räuber auf sie aufmerksam. »Die hätten wir auch machen (berauben) können«, rief der eine. »Dazu ist noch Zeit«, antwortete der andere, und sogleich wurden die Metzger eingeholt, angefallen, mißhandelt und beraubt. Die Hunde der Metzger machten den Räubern viel zu schaffen; sie wurden aber überwältigt. Der Wert des Geraubten betrug 300 fl. 42 kr.

Straßenraub bei Hauswörz.

Teilnehmer:

1. Veit Krähmer.
2. Albert Krähmer.
3. Matheus Österlein, vulgo Krämermathes.
4. Johann Adam Heußner, vulgo der dicke Hannadam.
5. Johann Adam Treber.
6. Wilhelm Rhein, vulgo der Überrheiner Wilhelm.
7. Hessen-Heinrich.

Die Räuber waren auf dem Henchenhahner Markt beisammen und von da ausgezogen, um den Gersfelder Metzgern auf der Straße aufzulauern. Diese blieben etwas lange aus, inzwischen aber kamen (es war am 10. Mai 1808) fünf Bauern und zwei Juden von jenem Markt zurück. Sie wurden sogleich von den Räubern, deren einer mit einer Flinte, zwei aber mit Pistolen bewaffnet waren, angefallen, sehr mißhandelt und beraubt. Einer der Juden war ein armer Makler, der nur wenige Gulden bei sich hatte, welche ihm auch abgenommen worden waren. Der Jude klagte laut seine Not. Dieses rührte einen der Räuber, und dieser befahl auch sogleich jenem seiner Kameraden, welcher diesem Juden sein Geld abgenommen hatte, es demselben sogleich wieder zurückzugeben. Der Räuber gehorchte, dem Scheine nach, und steckte selbst dem Juden sein Geld wieder in die Tasche, nahm es aber in demselben Augenblick auch wieder heraus und die Tabakspfeife des Juden dazu.

Beraubung des Glaswagens und Totschlag des Fuhrmanns im Wald bei Mittelgründau.

Teilnehmer:

1. Martin Rupprecht.
2. Stephan Heußner.
3. Großer Samel.
4. Dicker Hannadam.
5. Dicker Bub.

Die Räuber hatten sich am 2. Februar 1809 auf dem Gräflich-Meerholzischen Pachthof unweit Mittelgründau versammelt, um den vom Gelnhäuser Markt zurückkommenden Tuchmachern von Schotten im nahen Wald aufzulauern. Sie tranken bei dem Pächter Apfelwein. Der 66jährige Jude Salomon Levi von Lorbach kam auch dahin, trank mit den Räubern, wurde von ihnen mit der Absicht ihres Daseins bekanntgemacht und befragt, ob die Schotter Tuchmacher kämen. Der Jude bejahte dieses, und die Räuber zogen diesem zufolge bei herannahender Nacht in den Mittelgründauer Wald. Als sie hier auf die Tuchmacher warteten, kam auf der durch diesen Wald führenden Straße ein vierspänniger Wagen von Mittelgründau hergefahren. Der Fuhrmann ging neben seinen eigenen, der Vorspänner Heinrich Weinel von Mittelgründau neben seinen vorgespannten Pferden her. Die Räuber glaubten, auf diesem Wagen seien die Waren und das Geld der Tuchmacher von Schotten; sie fielen daher sogleich über die beiden Fuhrleute her und schlugen mit ihren im Mittelgründauer Wald frisch geschnittenen Prügeln auf sie drein. Schon beim zweiten Streich stürzte Weinel röchelnd zu Boden und hat auch sein Bewußtsein nicht wieder erhalten. Die Streiche, welche den Stangenreiter trafen, waren nicht so stark. Er fand Zeit, den Räubern zu erklären, daß sein Wagen nichts als Glaswaren enthalte, und bat um Schonung. Die Räuber führten den Wagen von der Straße ab in den

Wald, dort banden sie dem Stangenreiter die Hände zusammen und ihn so an das eine Wagenrad fest; dann gingen sie zurück, um den röchelnden Weinel auch von der Straße hinweg in den Wald zu schleppen. Während sie dies bewirkten, setzten sich die Pferde in Bewegung und zogen den Wagen und den armen Gebundenen in das Dickicht. Dieser schrie laut, die Räuber kamen zurück, hielten die Pferde an, banden ihn vom Rad los, knebelten ihm aber nun auch die Füße zusammen, warfen ihn auf die Erde nieder und bedeckten ihn mit einem von dem Wagen abgenommenen Tuch. Nun machten sie sich an den Wagen selbst. Er wurde ganz abgepackt, und sie überzeugten sich nun, zu ihrem hohen Verdruß, daß der Fuhrmann die Wahrheit angegeben hatte und die ganze Ladung in Glas bestand. Aus Unwillen hierüber wurde alles zertrümmert, der röchelnde, sterbende Weinel auf den leeren Wagen geworfen, mit einem Tuch bedeckt, der Fuhrmann entknebelt und angewiesen, nach Mittelgründau zurückzufahren. Er befolgte dies; am folgenden Morgen um halb sieben Uhr starb der arme Weinel.

Empörend für jeden, selbst für den Mindergefühlvollen, ist gewiß diese Tat; man wird darum auch sicher glauben, daß sie den regsamsten Eifer der Gerichte gegen die Täter angefacht habe; – allein leider! – war dieses nicht der Fall, und hierin zeigt sich abermals eine der vielen Ursachen, welche es den Räubern möglich machen, sozusagen auf demselben Fleck eine lange Reihe von Verbrechen zu verüben.

Das Amt erhielt am 3. Februar morgens die Anzeige des Vorfalls durch einen Bericht des Schultheißen zu Mittelgründau. Alles, was das Amt hierauf verfügte, war, daß es unter den Bericht folgendes bemerkte:

»Es wurde sogleich beim Empfang dieses zum Husar geschickt, um auszureiten und Kundschaft einzuziehen, wohin sich die Täter nach der Tat etwa begeben oder gewendet hätten; allein der Husar war nicht zu Hause und sein Pferd lahm! Zur Absendung einer Streifung war es auch schon viel zu spät, weil die Tat abends gegen fünf Uhr geschehen, abends gegen neun Uhr zuerst in der Gemeinde Mittelgründau durch die leere Zurückkunft der abgeschnitten gewesenen Vorspannpferde Aufmerksamkeit oder Vermutung eines Unglücks entstanden, dann erst um zehn Uhr Gewißheit angelangt, hierauf erst gegen elf Uhr ein Chirurgus geholt und endlich erst am anderen Morgen, nach dem Tod des Weinel, der gegenwärtige Bericht (der von allen obigen Zeitbestimmungen – die erste vom Angriff ausgenommen – und Umständen nichts besagt) abgesendet worden war.

Es hatten somit die Täter, von denen man keine Spur als nach dem Büdinger Wald hin hatte, einen Vorsprung von siebzehn Stunden, wobei alle Verfolgung vergeblich gewesen sein würde, zumal auch ohnehin des einzigen

Husars Pferd lahm stand und gar nicht in dem Augenblick geritten werden konnte.«

Die Raubmörder zwischen Laudenbach und Hemsbach hatten einen Vorsprung von acht bis vierzehn Tagen voraus, da hätte man wohl ganz ruhig bleiben können und nicht einmal eines solchen Raisonnements ad Acta (einer solchen Vernünftelei, d. Hg.) bedurft?

Noch tat aber jenes Amt einen weiteren Schritt, es erließ folgenden Befehl: »Schultheiß und Vorsteher zu Bonhausen haben sich sofort in den Kohlwiesenwald zu begeben und alles, was von dem nächtlichen Vorfall noch von Wert etwa allda sich findet oder sonst auf Spur führen könnte, in Verwahrung zu bringen und nebst Verzeichnis darüber hierher zu senden, auch ihren Bericht über den Befund zu erstatten.«

Dieser Bericht erfolgte dahin, daß nichts mehr gefunden worden war, da bereits alles nach Mittelgründau geschafft gewesen wäre.

Später erfuhr das Amt, daß der schon obengenannte Jude mit den Räubern beisammen gewesen sei; er wurde darüber gehört; obgleich er aber schon damals höchst verdächtig erschien und durch die Angaben von Stephan Heußner noch verdächtiger wurde, so fand doch das Amt keinen Grund, weiter gegen ihn zu procediren (vorzugehen, d. Hg.).

So das Amt. Ebenso auffallend handelte das Physicat (der Amtsarzt, d. Hg.). Alles, was es tat, bestand in der Erstattung des nachstehenden Visum repertum (Untersuchungsberichts, d. Hg.):

»Der am 2. dieses im Ronneburger Wald erschlagene Heinrich Weinel, 53 Jahre alt, von Mittelgründau, zeigte bei der Besichtigung eine Wunde an der linken Seite des Hinterhaupts, diese hat ihm den Tod verursacht; denn, dem Gefühl nach, schien der Hirnschädel darunter entzwei zu sein. Auch war Blut aus dem Ohr derselbigen Seite geflossen, zum Zeichen der im Innern des Kopfs zersprungenen Blutgefäße. Keine weitere Verletzung von Bedeutung fand sich an dem übrigen Körper. Die Öffnung des Körpers wurde für überflüssig gehalten.

R.R., den 4. Februar 1809.

Dr. R.R. Landphysikus.

R.R. Chir. jurat.«

Der Wert der Beschädigung an Glas wurde nicht aufgenommen und kann darum auch hier nicht angegeben werden.

Einbruch und Dörrfleischdiebstahl unweit des Bastelhofs.

Teilnehmer:

1. Johannes Bauer.

2. Johann Adam Steininger.

3. Konrad Eckstein, vulgo Konradsbub.

4. Katharina Hellerin, vulgo die große Kathrine.

Er wurde in der Nacht vom 10. auf den 11. März 1809 zu Günterfürst im Erbachischen verübt. Die Weibsleute hatten beim Betteln im Hause des Daniel Gerbich die Gelegenheit dazu ausgesehen. Die große Kathrine, deren Mann damals zu Darmstadt einsaß, war mit auf den Platz gegangen, angeblich, um von dem Fleisch, welches geholt werden sollte, ihrem Mann einen Teil nach Darmstadt in den Arrest zu bringen. Sie war es, welche durch das von Johann Adam Steininger mit einer Pflugegge in die Wand neben der Tür gebrochene Loch hineinlangte und so die Tür öffnete; auch half sie das entwendete Fleisch forttragen. Johann Bauer stand auf der Wache und war mit einer Pistole bewaffnet, welche die Diebe, in Ermangelung von Kugeln oder Schrot, mit einigen Stücken eines zu diesem Ende zerschnittenen zinnenen Löffels geladen hatten. Sie entkamen glücklich, fürchteten aber, da nasse Witterung war, durch ihre Fußstapfen verraten zu werden; sie zündeten einen Wachsstock an und beim Scheine desselben untersuchten sie den Weg und glaubten, keine Spur ihrer Tritte auf ihm zu finden. In dieser Meinung setzten sie ihren Weg fort, wurden aber schon am anderen Morgen im Wald bei Affolderbach, wo sie schon einige Stücke Fleisch verzehrt und die andern in das Gebüsch versteckt hatten, arretiert. Sie leugneten den Diebstahl; der Unteroffizier von der Landmiliz machte kurzen Prozeß; durch einige derbe Argumenta ad Posteriora (Schläge auf den Hintern, d. Hg.) erhielt er das Geständnis und die Entdeckung des Fleisches, dessen Wert 33 fl. 51 kr. betrug.

Auf dem Transport nach Erbach zerschnitt Steininger, mit auf den Rücken gebundenen Händen, den Strick, womit ihn einer der Dragoner an sein Pferd gefesselt hatte, und entfloh in das Dickicht des Waldes. Die anderen wiederholten in Erbach ihre Geständnisse, auch bekannte Bauer einen weiteren mit Steininger verübten Kleiderdiebstahl.

Den 24. März 1809 erfolgte schon von der Großherzoglich-Hessischen, Fürstlich-Löwensteinischen und Gräflich-Erbachischen gesamten Justizkanzlei das Urteil, wonach Konrad Eckstein, Johann Bauer und Katharina Hellerin zwei Stunden lang an den Pranger gestellt, erster mit 40, der zweite mit 34, die dritte mit 20 Stockstreichen bestraft und unter dem Verbot, bei Zuchthausstrafe sich nicht wieder im dortigen Territorium blicken zu lassen, auf die Badische Grenze gebracht wurden.

Welchen Effekt dieses Urteil hatte, und welchen alle ähnliche bei Menschen dieser Klasse stets haben werden, hat sich an Johann Bauer bewiesen. Er wurde bald darauf Straßenräuber.

Straßenraub bei Steinau.

Teilnehmer:

1. Veit Krähmer.
2. Matheus Österlein.
3. Krummer Hannjost.
4. Kammerdieners Hannjost, des vorigen Schwager.
5. Höllenbrands Wilhelm.
6. Langer Samel.
7. Christian, der kaiserl. Deserteur, des großen Johanns Bruder.
8. Jakob Selzer, Veit Krähmers Stiefbruder.

Er wurde den 6. September 1809 abends gegen 8 Uhr an fünf Handelsleuten, vier Juden und einem Christen, welche in einer Chaise von Gelnhausen kamen, zwischen Steinau und Ahl, auf die gewöhnliche Weise verübt, das heißt: die Pferde wurden angehalten, der Kutscher niedergeschlagen und geplündert, dann die Reisenden aus der Chaise gerissen, hart geschlagen und unter Vorhaltung von Pistolen beraubt. Einer der Reisenden hatte selbst eine Pistole bei sich; als er sie aber eben abdrücken wollte, erhielt er einen solch heftigen Schlag auf den Arm, daß sie ihm entfiel.

Der Wert des Geraubten ist nicht angegeben, sondern bloß das Geraubte verzeichnet worden; – er beträgt aber, da allein schon 100 fl. bares Geld und mehrere Uhren genommen wurden, sicher 200 bis 250 fl. Auffallend ist es, daß die Räuber den Juden auch ihre zehn Gebote, Gebetbücher und Paradiesäpfel nahmen.

Totschlag des Zahnfranzen Henrich.

(Heinrich Delis, genannt Hennerle)

Täter:

1. Lorenzen-Peter und angeblich
2. Hölzerlips.

Ungefähr 3 oder 4 Wochen vor dem Totschlag, so erzählte Hölzerlips, sei ein gewisser Peter Wittmann, vulgo Lorenzen-Peter, oder vielmehr dessen Schwiegermutter, vulgo die Kropf-Jacobsin, mit Zahnfranzen-Martin und Hennerle, dann deren Schwester Kathrine in der Porzellanfabrik zu Kettersheim am Main beisammen gewesen; die Kropf-Jacobsin habe Gold bei sich gehabt und vorgegeben, es sei ihr von der Kathrine eine Karolin entwendet worden, worüber ein großer Zank unter ihnen entstanden sei. Etliche Wochen hernach sei er mit dem Lorenzen-Peter in einem Dorfe unweit Darmstadt zusammen gewesen. Lorenzen-Peter habe gewußt, daß die Zahnfranzischen auf dem sogenannten Linsenhäuschen bei Darmstadt lägen und habe ihn aufgefordert, mit ihm dorthin zu gehen, weil er noch einen Tragkorb bei jenen stehen habe. Er sei mitgegangen. Unfern des Linsenhäuschens hätten sie die beiden Brüder Martin und Heinrich Delis, dann noch einen anderen Mann angetroffen. Sogleich bei der Zusammenkunft habe Lorenzen-Peter dem Hennerle Schläge gegeben, worauf er, Hölzerlips, sogleich fortgesprungen sei. Erst nachts sei Lorenzen-Peter blutend und ganz zerschlagen heimgekommen. Gegen Morgen habe derselbe ihn abermals aufgefordert, mit ihm in die Gegend des Linsenhäuschens zu gehen, um ihm seinen verlorenen Hut und ein Pfeifenrohr suchen zu helfen. Er sei nur dann mitgegangen, als Peter ihm versichert habe, daß die andern nicht mehr dort seien. Peter sei vorausgegangen; lange habe er dessen Rückkunft erwartet, endlich sei er auch vorwärts und bis an das Linsenhäuschen gekommen, welches er zu umgehen gesucht habe. Die beiden Brüder Delis hätten aber seiner dennoch gewahrt, seinen herausgekommen, hätten ihn höflich bewillkommt und mit ihnen in die Stube zu gehen genötigt. In der Stube hätten sich diese beiden und der bei ihnen gewesene große Mann so gesetzt, daß sie ihn hinter den Tisch bekommen hätten. Ihm sei Angst geworden, darum habe er eine Viertelskrone für Branntwein hergegeben. Während des Trinkens habe Martin Delis plötzlich sein Messer gezogen und ihm damit in den Arm gestochen, Hennerle ihm aber mit einem Stock einen Streich auf den Kopf gegeben, und nun hätten beide so lange auf ihn dreingeschlagen, bis er ohnmächtig hinter den Tisch gesunken sei, worauf ihn der große Mann zur Tür hinausgeworfen habe. Hier habe er sich wieder erholt und sei morgens gegen 8 Uhr wieder in seine Herberge gekommen, wo ihm seine Frau die Wunden ausgewaschen habe.

Als die Frau des Lorenzen-Peter gesehen habe, wie er zugerichtet sei, sei sie fortgegangen, um ihren Mann zu suchen. Erst nachmittags 4 Uhr sei sie wieder zurückgekommen und habe ihm gesagt: »Ach Gott! Sie schlagen sich wieder!« Zugleich habe sie ihn aufgefordert, mit ihr auf ein anderes nahes Ort zu ziehen. Dieses sei geschehen, und dahin sei dann abends gegen 7 Uhr Lorenzen-Peter gekommen und habe ihm gesagt: »Bruder! Ich habe dem Hennerle die Schläge wieder zurückgegeben, die du erhalten hast!« Er habe geantwortet: »Wenn du ihm nur keinen Schaden getan hast!« Und Peter erklärt darauf: »Ich habe ihm nur die Hosen versohlt!«.

Am folgenden Morgen sei des Zahnfranzen-Martins Frau in diesen Ort gekommen, habe die Nachricht gebracht, daß Hennerle totgeschlagen worden sei, und die Arretierung des Lorenzen-Peter verlangt. Wirklich seien auch dessen Frau und Schwiegermutter arretiert worden, Peter aber sei entsprungen, durch den Rhein geschwommen und habe sich bisher jenseits

Rheins aufgehalten. Niemand habe verlangt, daß er, Hölzerlips, arretiert werde, dennoch habe ihn Furcht ergriffen, und so habe er den Ort verlassen. Nachher habe er erfahren, daß man auch ihn mit Steckbriefen verfolgt habe, und darum das Darmstädtische Gebiet vermieden.

Straßenraub bei Vilbel.

Teilnehmer:

1. Veit Krähmer.
2. Matheus Österlein.
3. Heinrich Vogt, vulgo Schoden-Heinrich.
4. Martin Ruprecht, vulgo Hessen-Martin.
5. Dessen Schwager Andres.
6. Ein Kaiserlicher Deserteur Christian.

Am 27. September 1809 fuhr Herr Doctor juris Häberlin von Frankfurt mit seiner Gattin, seiner Schwester und seinen zwei Kindern von Niederwöllstadt, wo sie einen guten Freund besucht hatten, zurück nach Frankfurt. Es war gegen 10 Uhr nachts, als sie den Berg bei Vilbel hinanfuhren. Kaum hatten sie die Höhe des Bergs erreicht, als die vorgenannten Räuber die Chaise anfielen, indem sie, nach ihrer Sitte, den Pferden in die Zügel fielen und mit ihren Prügeln sowohl auf den Kutscher und Bedienten als auf die Chaise selbst dreinschlugen. Zweimal war der Kutscher schon, durch die Heftigkeit der empfangenen Schläge, vom Bock herunter zwischen die Pferde gefallen, jedesmal aber hatte ihn der Bediente wieder emporgezogen. Nun ergriff dieser letzte das Leitseil, zog aber dadurch auch die Streiche der Räuber nach sich. Es fielen mehr als 40 Streiche auf und in die Chaise, aber nur einer beschädigte die Demoiselle Häberlin am Arm. Dem Bedienten gelang es, einem der Räuber den Prügel aufzufangen und zu entreißen. Die Räuber versuchten, die Chaise von der Straße ab in den Wald zu führen, die Pferde aber waren wild geworden; so kam es, daß die Chaise sich drehte; der Bediente benutzte diesen Augenblick, trieb die Pferde an und fuhr in vollem Trabe den steilen Berg nach Vilbel hinunter. So war die Absicht der Räuber, zum Glück der Reisenden, vereitelt.

Straßenraub bei Hainchen.

Teilnehmer:

1. Hölzerlips.
2. Kleiner Johann.

Veit Krähmer hatte diese Tat unter der Bemerkung angegeben, sie sei nur eine Viertelstunde Wegs von Hainchen an zwei Juden verübt worden. Einer der Juden sei sogleich entsprungen, der andere aber sei von Hölzerlips angefallen und geschlagen, – die völlige Ausführung des Raubs aber durch das Zusammenlaufen der Leute auf dem Feld, auf das Geschrei der Juden, vereitelt worden.

Hölzerlips bekannte den Angriff und die Mißhandlung des einen Juden, leugnete aber, dabei einen Raub beabsichtigt zu haben, und gab vor: er habe den Juden nur darum geschlagen, weil derselbe früher den kleinen Johann verraten gehabt habe.

Das eingekommene Verifikationsprotokoll (Untersuchungsbericht, d. Hg.) des Amtes Ortenberg stellte aber die Sache anders dar. Nach ihm wurden die beiden Juden Isak Moyses von Hainchen und Affrom von Lindheim auf die gewöhnliche Weise von den Räubern angehalten und ihnen ihr Geld abverlangt. Affrom entsprang glücklich; Isak Moyses aber erhielt von Hölzerlips, als er versicherte, kein Geld zu haben, einen heftigen Schlag auf den Kopf. Hölzerlips holte zu einem zweiten Schlage aus, der Jude wich ihm aus und sprang in einen Hohlweg hinunter, hatte aber das Unglück, am Gesträuch hängen zu bleiben. Hölzerlips ergriff ihn nun und visitierte ihn, fand aber nur 20 kr., welche er ihm abnahm, zugleich aber auch noch mehr Geld verlangte. Der Jude reichte ihm sein Beutelchen, worin sich aber auch nur 9 bis 10 Batzen befanden. Nun kam auch der kleine Johann hinzu und fragte den Hölzerlips, ob er das Geld habe. Hölzerlips antwortete: »Ja! Es ist aber nicht der Mühe wert.« Der kleine Johann fragte den Juden nach seinem Geldgurt; Hölzerlips visitierte ihn wiederholt, fand aber keinen Gurt. Darauf nahm der kleine Johann dem Hölzerlips das Beutelchen ab und stellte es dem Juden wieder zu mit den Worten: »Trapp dich fort!«

Eine Frau von Himbach, welche in der Nähe Gerste schnitt, hörte den Lärm, trat oben an den Hohlweg und rief hinunter: »Was gibt's denn da?« – »Wir wollen dir's zeigen!« entgegneten beide Räuber, sprangen die Höhle hinauf, holten die fliehende Frau ein und schlugen sie so hart, daß sie acht Tage zu Bett liegen mußte.

Versuchter Diebstahl zu Herchheim bei Münzenberg.

Teilnehmer:

1. Albert Krähmer.
2. Veit Krähmer.
3. Ruckesburger Heinrich.
4. Hessen-Heinrich.
5. Schoden-Heinrich.
6. Haarbacher Hannes.
7. Scheeles Peterchen.

Vor ungefähr zwei Jahren sollte dieser Diebstahl verübt werden. Hessen-Heinrich soll die Gelegenheit angegeben haben. Es war auf ein Haus angelegt, dessen Bewohner gewöhnlich alle Abende in einem anderen Haus die Spinnstube zu besuchen pflegten. Schon waren die Diebe durch die angeblich an der oberen Hälfte unverschlossen gebliebenen Tür in das Haus eingedrungen und hatten verschiedenes Getüch herausgeschleppt, als sie entdeckt wurden. Sie ergriffen, unter Rücklassung des Getüchs, die Flucht und entkamen alle, bis auf Schoden-Heinrich. Dieser hatte seinen Weg nach einer Richtung genommen, welche ihn an die vorüberfließende Wetter führte. Die ihm nahen Verfolger erlaubten ihm nicht umzuwenden und eine andere Ausflucht zu suchen; er sprang also rasch in die Wetter, um sie zu durchwaten, hatte aber das Unglück, in ein Fischernetz zu geraten, in welchem er sich so verwickelte, daß die beigesprungenen Fischer ihn ergreifen und gefangennehmen konnten. Er wurde nach Niederweisel in Arrest gebracht, fand aber schon am sechsten Tage Gelegenheit, von da zu entweichen.

Straßenraub bei Bieber.

Teilnehmer:

1. Stephan Heußner.
2. Johann Adam Treber.
3. Dicker Bub.
4. Martin Rupprecht.

Montags den 21. Mai 1810 wurde dieser Raub verübt. Es waren drei Juden, welche angegriffen wurden. Zwei entsprangen sogleich beim ersten Zuruf der Räuber, der dritte, Israel Salemon von Lohrhaupten, wurde ergriffen und, jedoch ohne alle Mißhandlung, beraubt; doch hatte ihm der Schreck eine gefährliche Nervenkrankheit zugezogen. Der Wert des Geraubten beträgt 355 fl. 20 kr.

Straßenraub beim Bastelhof.

Teilnehmer:

1. Johann Adam Steininger, vulgo Überrheiner Hannadam.
2. Veit Krähmer.
3. Matheus Österlein, vulgo Krämermathes.
4. Georg Philipp Lang, vulgo Hölzerlips.
5. Der dicke Bube (Christian Haag).
6. Bürstenkasper.
7. Johann Adam Treber, vulgo der kleine Johann.

Am 15. Juli 1810 hatten sich die vorstehend genannten Räuber auf der Landstraße von Laudenbach nach Beerfelden im Odenwald bei der lichten Eiche unfern des Brehm-, vulgo Bastelhofes, versammelt, um Juden aufzulauern, welche aus dem Freiherrlich von Fechenbachischen Orte Laudenbach am Main mit Wagen auf den Beerfelder Markt ziehen würden, wie ihnen der Räuber Johann Adam Steininger angezeigt hatte. Die Juden, fünf an der Zahl, waren auch wirklich an diesem Tage morgens halb 9 Uhr von Laudenbach abgegangen. Als sie den 3/4 Stunden von Laudenbach entfernten Berg, über welchen die Straße führt, erstiegen hatten, ruhten sie eine kleine Weile und setzten dann, einzeln hintereinander hergehend, ihren Weg fort. Löser Dornwald war der erste von ihnen, und dieser wurde auch, bei der lichten Eiche, zuerst von den Räubern angefallen, mit einem starken Hebel auf die rechte Schulter geschlagen und angewiesen, sein Bündel abzuwerfen. Er gehorchte; in demselben Augenblick wurde ihm seine Uhr genommen und seine Geldgurte vom Leib abgeschnitten. Auf gleiche Weise wurden auch die übrigen Juden geschlagen und beraubt, doch trug nur einer derselben eine tiefe, übrigens aber wieder glücklich geheilte Kopfwunde davon.

Die Räuber waren bloß mit Prügeln bewaffnet, nur der Überrheiner Hannadam hatte eine Pistole bei sich, welche jedoch nicht geladen war. Die Räuber zogen sich nach der Tat in eine Dickung des Waldes zurück und teilten dort ihre gemachte Beute.

Der Wert der geraubten Sachen, einschließlich des baren Geldes, ist von den Beraubten eidlich angegeben auf 956 fl.

Beraubung eines Fuhrmannskarrens auf der neuen Herberge bei Lieblos.

Teilnehmer:

1. Hölzerlips.
2. Krämer-Mathes
3. Kleiner Johann.

Dieser Raub ist, was die Größe des Werts der geraubten Sachen betrifft, der bedeutendste. Er wurde verübt in der Nacht vom 7. auf den 8. September 1810. Die Räuber waren in dieser Nacht ausgezogen, um in einem Wirtshaus das Zinn aus der Küche zu holen. Veit Krähmer war auch eingeladen, er konnte aber nicht mit von der Partie sein, weil ihm seine Füße den Dienst versagten, denn er war mehrere Nächte hintereinander auf Diebstähle ausgegangen gewesen, hatte aber nie etwas ausführen können und bloß müde Füße davongetragen. Die Diebe konnten in dem Wirtshaus, aus welchem sie das Zinn holen wollten, nicht ankommen, weil der Wirt eine neue Mauer um seinen Hof herum hatte aufführen lassen, auch sich ein Hund in dem Hof befand. Sie zogen von da ab und auf gutes Glück weiter. So gelangten sie an die neue Herberge. Im Hof derselben fanden sie drei bepackte Fuhrmannskarren stehen. Sie schnitten, ohne daß der Wächter, welcher unter einem der beiden anderen Wagen gelegen zu haben behauptet, es gewahrte, den einen der Karren auf und nahmen ein Kästchen von Tannenholz heraus, welches sie einige Büchsenschüsse weit von der Herberge hinwegtrugen und dann aufschlugen. Sie fanden, daß es lauter feines, weißes Zeug enthielt. Sie nahmen dieses Zeug heraus, packten es in die Säcke, welche sie bei sich hatten, und trugen es zuerst in das Wirtshaus zu Lützelhausen. Dort wurde es zwei Juden feilgeboten. Man konnte aber nicht einig werden, und so wurde es weiter in ein Wirtshaus bei Hanau gebracht und den Wirtsleuten in Verwahrung gegeben. Von da holten es in der folgenden Nacht Hölzerlips, Krämer-Mathes und Veit Krähmer, welcher dazu vom kleinen Johann um 3 fl. gedungen worden war, ab und trugen es auf die Ober-Ristheimer Mühle. Dort holten es die Weibsleute in Krämerkästen ab und trugen es in den Wald bei Ostheim, wo die Räuber sich gelagert hatten und wo sich nebst mehren anderen auch der alte, erfahrene Porzellan-Hannes befand. Diesem wurde das geraubte Zeug vorgewiesen, und er übernahm es, durch seine Tochter den Verkauf besorgen zu lassen. Wirklich setzte diese auch sogleich das ganze Zeug ab und überbrachte den Räubern als Erlös per Stück 3 fl. 6 kr.

Durch die Untersuchung hat sich ergeben, daß die geraubte Kiste 88 Stücke Batist enthalten hatte, welche das Handlungshaus Gebrüder Goffart zu Quesnoy dem Fuhrmann Frevel zur Überführung nach Leipzig übergeben hatte. Der Fuhrmann konnte nachweisen, daß er bei dem Wirt Emmel auf der neuen Herberge gute Bewachung seines Wagens besonders bestellt und zugesichert erhalten habe, und so blieb dann dieser Wirt für den Ersatz des Schadens zu seinem gänzlichen Ruin gehalten.

Der Wert des geraubten Batists betrug 12332 Francs oder 5722 fl. 49 kr.

Doppelter Straßenraub bei Babenhausen.

Teilnehmer:

1. Hölzerlips.
2. Stephan Heußner.
3. Barthel Bartsch (Anton Keil).

Die drei vorgenannten Räuber waren ausgegangen, um Zinn zu stehlen. Es war am 20. November 1810, abends gegen 5 Uhr, als sie, auf diesem Gang, im Wald bei Babenhausen neben dem Weg ausruhten, da gingen zwei Männer an ihnen vorüber, wovon der eine einen Tragsack anhängen hatte.

»Dem wollen wir nach«, sagte Barthel Bartsch zu seinen Genossen, »der hat Waren!« Sie folgten sogleich jenen beiden, da kam ihnen der Herr Steuerrevisor Rödel von Babenhausen entgegen. »Der hat mehr«, sagte Stephan Heußner, »laßt uns diesen anpacken.« Gesagt, getan. Es wurde Herrn Rödel, nachdem er einige Stockstreiche über den Kopf erhalten hatte, der Büchsenranzen, welchen er anhängen hatte, abgenommen, auch wurden ihm seine Stiefel ausgezogen und er so gezwungen, in den Strümpfen nach Hause zu gehen. Kaum war dieses vollbracht, so verfolgten die Räuber, ihrem ersten Entschluß gemäß, jene beiden Männer. Diese hatten einen Vorsprung von einer halben Stunde Wegs gewonnen. Dennoch holte Barthel Bartsch sie ein und unterhielt sich so lange mit ihnen, bis seine Kameraden nachgekommen waren. So wie diese angekommen waren, erhielt der Mann mit dem Tragsack, ein Strumpfweber von Dudenhofen, zwei Schläge in das Genick und wurde seiner Waren und seines Geldes beraubt.

Die Anteile des Stephan Heußner und des Hölzerlips an diesen Waren kaufte der in die Untersuchung mit verwickelte, auch arretierte Krämer Friedrich Kern von Kreuzsteinach.

Der eidlich bestätigte Wert des Geraubten beträgt vom ersten Raube 12 fl. 50 kr., vom zweiten 100 fl., also im ganzen: 112 fl. 50 kr.

Zinndiebstahl zu Berkersheim.

Teilnehmer:

1. Hölzerlips.
2. Jakob Heinrichs Hanneschen.
3. Jakob Heinrich.
4. Ein Müllersbursch aus dem Usingischen, namens Johann Georg Kleebach.

Der Diebstahl geschah im Winter von 1810 auf 1811. Er ist deshalb besonders merkwürdig, weil die Räuber mit drei Pistolen bewaffnet waren und weil sie, bei dieser Gelegenheit, ihre gewohnte Handlungsweise offen zeigten. Sie saßen nämlich in der Mühle zu Arnoldshain und soffen anderthalb Maß Branntwein; von da gingen sie nach Berkersheim, brachen in die Küche ein und holten das Zinn. In der Küche fanden sie einen Krug Branntwein, der wurde auf der Stelle ausgetrunken; damit hatten sie aber noch nicht genug; sie gingen mit dem Gestohlenen auf den Kronauer Hof und soffen wieder so lange Branntwein, bis die Streifer sie arretierten und nach Bergen lieferten. Von dort entflohen Hölzerlips und Johann Vielmetter. Der Wert des Gestohlenen Zinnes beträgt nur 30 fl.

Angriff und versuchte Beraubung der Bauernwagen bei Frankfurt.

Teilnehmer:

1. Veit Krähmer.
2. Andreas Petry.
3. Heinrich Pfeiffer.
4. Stephan Heußner, vulgo langbeiniger Steffen.
5. Johannes Bauer, vulgo Schefflenzer Bub.
6. Der rote Christian.
7. Joseph Jacobi, einer der Frankfurter Carlsbuben.
8. Georg Philipp Lang, vulgo Hölzerlips.
9. Barthel Bartsch.

Am 3. Dezember 1810 war es, als die vorgenannten Räuber diesen Angriff unternahmen. Ein Jude von Heretshausen hatten ihnen entdeckt gehabt, daß an diesem Tag zwei Wagen von Frankfurt zurückkommen würden, auf welchen sich mehrere Juden befänden, welche etwa 10000 fl. Geld bei sich führten. Er selbst werde sich unter diesen Juden befinden und auch wohl ungefähr 500 fl. bei sich haben; es verstehe sich aber von selbst, daß sie ihm diese aber nicht nehmen dürften. Sie könnten ihn wohl, zum Schein, mit den übrigen binden, aber das Geld müßten sie ihm lassen. Die Räuber folgten dem Wink, hatten aber, wie sie selbst angaben, fest beschlossen gehabt, jenem schlechten Kerl, dem Angeber, sein Geld zuerst zu nehmen.

Die Räuber hatten sich in dem Wald bei Babenhausen gelagert, durch welchen die Wagen kommen mußten. Die erwarteten Wagen blieben lange aus, da wurde einstweilen ein anderer, quer durch den Wald fahrender Wagen angepackt, die Leute geschlagen und ihnen ihre wenigen Sachen, ein Paar Stiefel, 24 kr. Geld und etwas Seife, abgenommen.

Über diesem Raube kamen die erwarteten Wagen. Es waren aber nicht nur zwei, sondern fünf, bei welchen sich etliche und zwanzig Menschen und unter diesen mehrere Metzger befanden, welche ihre Hunde bei sich hatten. Trotz dieser offenbaren Überlegenheit wurden die Ankommenden dennoch von den neun Räubern angehalten. Es kam zu wechselseitigem Zuschlagen, und die Räuber würden ganz sicher die Oberhand erhalten haben, wenn nicht die Hunde der Metzger, welche unter die Wagen gebunden waren, von einem derselben losgelassen worden wären und durch ihre Anfälle die Räuber zur Flucht in den Wald genötigt hätten.

Beraubung des Handelsmann Schlinck von Bensheim.

Teilnehmer:

1. Veit Krähmer.

2. Johannes Bauer, vulgo der Schefflenzer Bub.
3. Andreas Petry.
4. Heinrich Pfeiffer.
5. Barthel Bartsch.
6. Georg Philipp Lang, vulgo Hölzerlips

Am 4. Dezember 1810 fuhr der Handelsmann Morell Schlinck von Bensheim, in Gesellschaft seiner Frau und seiner Tochter, von Mannheim über Weinheim nach Bensheim zurück. Es war nachts zwischen 9 und 10 Uhr, als er bei dem sogenannten Salzbrunnen, zwischen Laudenbach und Heppenheim, unter dem Zuruf: Halt! Halt! von den obengenannten Räubern angefallen wurde. Der Schefflenzer Bub hatte die Pferde angehalten und Andreas Petry die Stränge entzwei geschnitten. Es wurde zugleich auf den Kutscher dreingeschlagen, auch diesem sein Geld, seine Uhr und sein Wams abgenommen. Andere der Räuber nötigten inzwischen den Handelsmann Schlinck und die Seinigen auszusteigen. Sie wurden ausvisitiert und geplündert, ohne jedoch mißhandelt zu werden. Ihm wurden Uhr und Geld, seiner Frau eine goldene Halskette, Ringe und Halstuch, der Tochter ihr tuchener Schanzenlaufer vom Leibe genommen.

In der Ziegelhütte zu Rimbach wurde der Raub geteilt, wobei der Schefflenzer Bub die Uhr des Kutschers unterschlagen und für sich behalten hat; obschon vorher bestimmt war, daß derjenige, welcher etwas unterschlage, dieses verlieren und keinen Teil vom Raube haben solle. Hölzerlips hatte auch wirklich, nach bestehender Sitte, nach der Auslieferung jeden Räuber visitiert, aber doch die Uhr nicht gefunden.

Handelsmann Schlinck hat den Wert des ihm Geraubten eidlich angegeben, auf 389 fl. 30 kr.

Straßenraub bei Gelnhausen.

Teilnehmer:
1. Georg Philipp Lang, vulgo Hölzerlips.
2. Heinrich Pfeiffer.
3. Sebastian Luz, vulgo Basti.
4. Johann Werner, vulgo Wuttwuttwutt.

Dieser Straßenraub wurde am 8. Januar 1811 an zwei Kaiserlich Französischen Offizieren verübt. Die Räuber waren nicht expreß (ausdrücklich, d. Hg.) auf diesen Straßenraub, sondern darauf ausgegangen, einen Branntweinkessel zu entwenden, welchen ihnen Pfeiffer verraten hatte. Auf dem Hinwege nach dem Dorf, in welchem dieser Kessel geholt werden sollte, jenseits Wirtheim, hinter Gelnhausen auf dem Aufenauer Berg, fuhr die

Chaise, worin jene zwei Französischen Offiziere sich befanden, an ihnen vorüber. Pfeiffer machte den Antrag, der Chaise nachzueilen und sie zu berauben. Gesagt, getan. Wohl eine halbe Stunde Wegs liefen sie der Chaise nach, ohne sie erreichen zu können. Schon bekam Hölzerlips das Milzstechen und mußte zurückbleiben; da nahm Pfeiffer noch einmal seine Kräfte zusammen, und es gelang ihm, die Chaise zu erreichen. Er fiel sogleich den Pferden in die Zügel und hielt sie fest, bis die anderen kamen. Im Augenblick dieses Beikommens schoß einer der Offiziere mit einer Pistole nach Pfeiffer. Dieser wähnte, er sei getroffen, und schrie daher den anderen zu: »Ihr lieben Brüder, ich kann nicht mehr, ich habe meinen Teil, nun macht ihr es fertig!«

Nun übernahm Hölzerlips die Pferde und zwang den Kutscher abzusteigen. Inzwischen hatte Pfeiffer sich von seinem Schreck erholt und nahte mit den anderen der Chaise selbst und forderte den Offizieren ihr Geld ab. Er erhielt fünfzehn Goldstücke.

Während diesem schlugen die beiden anderen heftig auf das Dach der Chaise, um die Offiziere dadurch zum Herausspringen zu verleiten. Ihre Absicht wurde erreicht. Im Herausspringen hieb aber einer der Offiziere mit entblößtem Säbel nach Wuttwuttwutt; dieser glaubte, der Streich werde nur mit einem Stock auf ihn geführt, und hob, um ihn zu parieren, den Arm vor, wodurch ihm der linke Vorderarm halb durchgehauen wurde. Die Offiziere ergriffen die Flucht – und nun plünderten die Räuber die Chaise aus, brachen den Koffer auf, in welchem sie noch einige Packe Geld und verschiedene Kleidungsstücke, Pistolen usw. fanden.

Sie teilten das Geraubte im Wald unter sich.

Der Wert des Geraubten konnte, da die beraubten Offiziere nicht zu erforschen waren, nicht eidlich erhoben werden; da aber, nach Angabe des Hölzerlips, jeder Räuber 59 fl. 20 kr. bares Geld erhielt, so betrug er, allein in Geld, 238 fl. und kann also im ganzen wohl füglich angenommen werden auf 400 fl.

Einbruch zu Wilhelmsbad.

Teilnehmer:

1. Hölzerlips.
2. Andreas Petry.
3. Sebastian Luz.
4. Kleiner Hannadam (Scherenschleifer).
5. Johann Werner.

Er wurde in der Nacht vom 25. auf den 26. Januar 1811 verübt. Die Räuber hatten die Absicht, die Vorhänge und sonstigen Gerätschaften aus den Arkaden-Sälen zu entwenden, so wie dies schon vor zwei Jahren geschehen war, allein es war bereits alles weggeräumt; sie brachen daher in den Keller ein und entwendeten da 78 Bouteillen Malaga. Aus Bosheit machten sie den Krahnen von einem halböhmigen (1 Ohm entspricht 130-160 l, d. Hg.) Fäßchen voll Niersteiner Wein und von einem anderen öhmigen Fäßchen voll geringeren Weines auf und ließen den Wein in den Keller laufen. An die Kellertür hatten sie mit Bleistift geschrieben:

»dreizehn Verschworene«.

Im Saale hatten sie neun große Tafelfensterscheiben eingeschlagen. Die Größe des Schadens ist eidlich bestimmt auf 329 fl.

Straßenraub bei Gelnhausen an einem Fußgänger.

Teilnehmer:

1. Manne Friederich.
2. Veit Krähmer.
3. Der langbeinige Steffen.
4. Der lange Andres.
5. Der kleine Johann

Am 31. März 1811 kurz vor zehn Uhr begegnete ihnen unfern Gelnhausen die Diligence und hinter dieser, langsam einhergehend, der Herr Referendar Köhler aus Fulda. »Der hat schöne Kleider an«, rief einer der Räuber seinen Kameraden zu, »und wahrscheinlich auch Geld, laßt uns ihn angreifen.« Es geschah ohne Verzug; dem Herrn Köhler wurden seine beiden Röcke und die Stiefel ausgezogen, ihm sein Hut, seine Uhr, sein Geld, die Brieftasche, seine Tabakspfeife und der Tabaksbeutel genommen, worauf er, ohne Mißhandlung, entlassen wurde.

Der Wert des Geraubten ist eidlich angegeben auf 100 fl.

Abschiedselegie des Manne Friederich an seine Frau

Am 1. Juni 1812 fällte das Oberhofgericht in Mannheim das Urteil gegen die von Pfister verhörten Räuber. Veit Krähmer, Andreas Petry, vulgo Köhlers Andres, Sebastian Luz, vulgo Basti, Georg Philipp Lang, vulgo Hölzerlips, Philipp Friedrich Schütz, vulgo Manne Friederich, und Matheus Österlein, vulgo Krämer-Mathes, wurden zum Tod durch das Schwert verdammt. Nachdem das Urteil vom badischen Großherzog bestätigt und am 28. Juli 1812 den Tätern verkündet worden war, sollte am 31. Juli die öffentliche Hinrichtung in Heidelberg stattfinden. Einen Tag vorher nahmen die Delinquenten voneinander Abschied und baten sich gegenseitig um Verzeihung – vor allem für ihre Denunziationen. Dann wollten sie noch einmal ihren Untersuchungsbeamten sehen. »Da sämtliche Inquisiten ausdrücklich verlangten«, schreibt Pfister in seinem Nachtrag zur aktenmäßigen Geschichte, »noch einmal von dem Stadtdirektor Abschied zu nehmen, so wurde ihnen, so schwer es auch dem Stadtdirektor ankommen mußte, diese Bitte willfahrt; sämtliche waren teils mehr, teils weniger gefaßt.«

Um zehn Uhr kamen die zum Tode verurteilten Räuber ganz in Weiß gekleidet auf den von einer großen Menschenmenge gesäumten Marktplatz. Es herrschte Volksfeststimmung. Aber bevor die Köpfe rollen sollten, demonstrierte die Staatsmacht, daß sie gegen reuige Räuber auch Gnade walten lassen konnte, daß die Entscheidung über Leben und Tod letztlich nicht bei den Gerichten, sondern beim Souverän lag. Hörbar bewegt verkündete Pfister den sensationshungrigen Zuschauern, daß Andreas Petry und Sebastian Luz das Leben geschenkt werde. Lauter Jubel der Menge; wiederholtes Rufen der Menge: Es lebe der Großherzog von Baden! Er lebe! Er lebe hoch! »Sebastian Luz sank in dem Augenblick der verkündeten Gnade ohnmächtig vom Stuhl zur Erde... Andreas Petry war im ersten Moment tief erschüttert, zeigte aber gleich darauf die lebhafteste Freude auf seinem Angesicht.« Ob sich diese Freude erhalten hat, ist nicht bekannt, denn immerhin bedeutete die Begnadigung einen lebenslangen und keineswegs angenehmen Zuchthausaufenthalt in Mannheim.

Die anderen vier Räuber mußten den Gang zum Richtstuhl antreten. »Manne Friederich ging munter und immerfort mit dem ihm Nächststehenden auf dem Schafotte sprechend zum Stuhle, setzte sich, und 15 Minuten nach 12 Uhr mittags flog sein Kopf vom Rumpfe. Hölzerlips nahte sich zwar gefaßt, aber mit sichtbarem innerem Kampfe dem Stuhle; auf ihm sitzend verlangte er Wein. Er erhielt ihn und trank in langen Zügen. 25 Minuten nach 12 Uhr lag sein Kopf zu seinen Füßen. Krämer-Mathes nahte sich still und ruhig, wie er stets war, dem Stuhle, nahm Platz und war 30 Minuten nach 12 Uhr gerichtet. Veit Krahmer wurde in lautem Jammer, weinend und um Mitleid umherflehend, da er nicht gehen konnte, zum Stuhle gebracht. 35 Minuten nach 12 Uhr war auch sein Lebensfaden durchschnitten . . . Der Kirchenrat und erste evangelisch-lutherische Stadtpfarrer, Herr Wolf, schloß diese traurige Szene mit einer ebenso vortrefflichen wie sachgemäßen Rede.«

Wolf nutzte die Gelegenheit, um der versammelten Menge ernstlich ins Gewissen zu reden und sie dringlich zu ermahnen, einen geordneten Lebensweg einzuschlagen. Auf der noch blutigen Hinrichtungsstätte hielt er eine donnernde, mit Bibelzitaten gespickte Predigt, die mit keinem Wort darauf einging, warum die zum Tode Verurteilten Räuber geworden waren. Ihm diente das Spektakel zur politischen, sozialen und religiösen Disziplinierung der tiefbeeindruckten Zuschauer und Untertanen.

Pfisters Darstellung in seiner zweiteiligen Aktenmäßigen Geschichte ist da weitaus differenzierter. So läßt er am Schluß noch einmal Manne Friederich zu Wort kommen, der seiner Frau ein Abschiedsgedicht widmete, das er angeblich mit Frakturbuchstaben an seine Kerkerwand geschrieben hatte.

Seit dem ersten Mai ist uns bekannt
der Hemsbacher Raub im badischen Land,
der unser Leben hat verkürzt
und uns in großes Leid gestürzt.

Die Armut, die war freilich schuld,
weil man sie nicht mehr hat geduld't.
Die meisten Herrn sind schuld daran,
daß mancher tut, was er sonst nicht getan.

Drum sind wir jetzt, wir arme Leut',
in diesem Fall, der uns gereut,
sind unsrer fünfe arretiert,
nach Heidelberg in Arrest geführt.

Valentin Krähmer der erste war,
der machts den Herrn gleich offenbar,
wer diesen Raub und Mord verricht't,
und sagts den andern ins Gesicht.

Danach wir andre gestanden ein
durch Kerkerstraf' und Kettenpein,
daß wir gewesen auch dabei
und daß die Armut schuld dran sei.

Im Oktober ward das Verhör geschlossen,
viel Tränen haben wir vergossen.
Gott, der in alle Herzen sicht,
doch dieser, der verläßt uns nicht.

Ob uns schon viele Menschen hassen,
tun wir uns doch auf Gott verlassen,
denn er ist doch derselbe Mann,
der des Menschen Herz regieren kann.

Unsern armen Weibern und Kinderlein
mag Gott nun ein Begleiter sein,
da du doch selbst, Herr Jesu Christ,
der armen Waisen Vater bist.

Jetzt wollen wir das Lied beschließen;
doch lasse sichs niemand verdrießen,
ist vielleicht ein Fehler drein,
das macht, weil wir nicht studieret sein!

Vom Schwarzen Jung, dem Heiden-Peter und Polengängers-Hannes: Die Banden im Vogelsberg und in der Wetterau

(Friedrich Ludwig Adolf von Grolman)

Friedrich Ludwig Adolf von Grolman stammt aus einer angesehenen Gießener Familie. Er war der älteste Sohn des 1795 verstorbenen Hessen-Darmstädtischen Geheimen Regierungsrates Adolf Ludwig Grolman. Sein Bruder Carl zählte neben Anselm von Feuerbach zu den bekanntesten Strafrechtlern des beginnenden 19. Jahrhunderts. Die Karriere des zwei Jahre älteren Friedrich Ludwig Adolf war dagegen eher bescheiden. Am 25. Januar 1773 in Gießen geboren, studierte er von 1789 bis 1792 an der Universität seiner Heimatstadt Jura und ging dann als Praktikant an das Reichskammergericht nach Wetzlar. 1793 wurde er Kabinettssekretär des Fürsten Wilhelm von Solms-Weilburg. Er reiste viel und besuchte für einige Zeit die Universität Göttingen, um sich »bei gelehrten Männern« weiterzubilden. 1796 ließ er sich als Advokat und Kriminalgerichtsdefensor (Verteidiger) in Gießen nieder. 1800 wurde er zum wirklichen Kriminalrichter ernannt. 1811 erfolgte die Beförderung zum Großherzoglich Hessischen Hofgerichtsrat und 1. Kriminalrichter. Aus gesundheitlichen Gründen trat Grolman 1829 in den Ruhestand. 1855 starb er.

Schon vor seinem Wechsel in den Staatsdienst hatte Grolman zwei Bücher verfaßt: über den »Geist des Seneca« und über Knigges »Umgang mit Menschen«. Als Kriminalrichter und Hofgerichtsrat widmete er sich nur noch juristischen Themen. Er schrieb für Hartlebens »Allgemeine Justiz- und Polizey Blätter« und für das »Archiv des Criminalrechts«. 1813 erschien in Gießen seine »Actenmäßige Geschichte der Vogelsberger und Wetterauer Räuberbanden«, die ihn weit über die Grenzen des Großherzogtums Hessen hinaus bekannt machte. Das Buch wurde von zahlreichen Regierungen in Deutschland angekauft und in den örtlichen Behörden verteilt. Avé-Lallemant lobte noch Mitte des 19. Jahrhunderts, daß Grolman tief »in das eigentümliche Gaunerwesen« eindringe, »obschon er nur ein Verzeichnis der Vogelsberger und Wetterauer Bandenmitglieder gibt. Aber gerade in diesem Verzeichnis zeigt sich Grolman in der ganzen Meisterschaft seiner tiefen geistvollen Auffassung der verschiedenen Individualitäten. Er gibt nicht bloß ganz vortreffliche Personenbeschreibungen der Verbrecher, sondern führt auch ihre Genealogie, ihren Charakter, ihre Verbrechen, ihre Genossen und ihr Schicksal in so ausgezeichneten Zügen vor, daß das ganze Buch einem Album der vortrefflichsten und geistvollsten Zeichnungen gleicht, die zu eifrigen Studien reizen und immer neue reiche Belehrung geben«.

Für sein Werk erhielt Grolman 1813 den Großherzoglichen Haus- und Verdienstorden 4.Klasse; der Großherzog von Frankfurt und der Herzog von Nassau ließen ihm goldene Ehrenmedaillen überreichen.

1822 veröffentlichte er noch den ersten Teil eines auf zwei Bände angelegten »Wörterbuches der in Teutschland üblichen Spitzbuben Sprache, die Gauner und Zigeuner Sprache enthalten«. Der zweite Teil konnte nicht mehr erscheinen, weil der Gießener Buchhändler und Verleger Müller unterdessen gestorben war. Einen anderen Verleger schien das Thema nicht mehr zu interessieren.

Wir haben aus der mehr als 600seitigen »Actenmäßigen Geschichte« die im Sinne von Avé-Lallemant interessantesten Charakterisierungen und Schilderungen ausgewählt. Sicherlich gehören die Vergewaltigung einer hochschwangeren Butterfrau aus Lißberg und die fatal an eine Schwarze Messe erinnernde Entweihung der Kirche von Herren-Haag zu den Tiefpunkten in der Geschichte der deutschen Räuberbanden. Fast erheiternd sind dagegen die eingestreuten Gedichte und vor allem die in holprigsten Reimen verfaßte Lebens-Elegie des zum Tode verurteilten Heiden-Peter.

Diese eher unterhaltsamen Episoden dürfen aber nicht darüber hinwegtäuschen, daß Grolman als erster Kriminalrichter der Provinz Oberhessen in seinen Ansichten erheblich rückständiger war als z. B. sein Kollege Pfister in Heidelberg. Das zeigt sich vor allem in seiner Forderung, auch für »handwerksmäßigen Diebstahl«, also nicht nur für Raub, die Todesstrafe zu verhängen. Solche scharfen Töne waren für seine Zeit schon ungewöhnlich.

Personal = Beschreibung vieler in alle Lande teutscher Mundart dermalen versprengter Diebe und Räuber

Jonas Hoos von Reptich, Werra-Departement, Königreich Westfalen

Hingerichtet am 14. Juli 1812.
Er ist 28 Jahre alt.

Schicksal
Sein Vater, Conrad Hoos, war ehedem ein angesehener Bauer und sogar Greve (Schultheiß) in dem Geburtsort, wurde aber (warum, ist unbekannt)

abgesetzt. Die Mutter des Inquisiten starb zu früh, um zu seiner Erziehung beitragen zu können. Nach achtjährigem Witwenstand heiratete der Vater aufs neue. Dies mißfiel dem Knaben; er gibt überdies vor, daß ihn die Stiefmutter stiefmütterlich behandelt habe. Schon im 9. oder 10. Jahr verließ er die Heimat und begab sich nach Jesberg in eine Wirtschaft. Hier diente er den Fuhrleuten. Jede Woche einmal holte ihn anfänglich der Vater ab. Der Bub tat aber nicht gut und entlief immer wieder. Weil dieser die Stiefmutter nicht leiden konnte, tat er ihn nun zu Verwandten in ein anderes Haus. Hier hielt der Knabe zwar eine Zeitlang aus und genoß notdürftig den Unterricht der Schule. Sobald er aber konfirmiert war, entlief er auf immer. Er ging nunmehr mit den Fuhrleuten auf Reisen. So sah er nach und nach beinahe alle Städte Deutschlands. Er kam selbst nach Danzig. Seine Roheit wurde wohl abgeschliffen, und die Gabe der Verstellung wurde ihm eigen; Ehrfurcht aber für das Eigentum anderer, Gewohnheit zur Ordnung und zum häuslichen Leben, diese Eigenschaften waren es nicht, die er bei den Fuhrleuten lernte. Mächtig fühlte er dagegen mehr herangewachsen den Trieb, independent (unabhängig, frei, d. Hg.) zu sein. Diesen zu befriedigen, gesellte er sich bald zu einer liederlichen Dirne. Angelica Krämerin, so heißt sie, aus echtem Gaunergeschlecht, wurde seine erste Beischläferin. Er zog mit ihr auf dem Land umher und sammelte Lumpen. Durch sie und die ergriffene Lebensart geriet er bald in nähere Bekanntschaft mit Gaunern. Haarbacher Hannes war es, der ihn vollends in das Kochemer-Leben einführte. Und nun war seine Räuberlaufbahn betreten.

Am 22. August 1807 wurde er wegen eines zu Mornshausen an J. Adam Joachim, seinem Wohltäter, verübten Einbruchs zum ersten Mal in hiesiges Stockhaus gebracht. Am 23. November wurde er deshalb zu achtmonatiger weiterer Zuchthausstrafe und nachfolgender Landesverweisung verurteilt und am 22. Juli 1808 nach verbüßter Strafe entlassen. Schnell vergaß er alle ihn zum guten gegebenen Ermahnungen. Sein erster Ausflug war der in eine Räuberherberge. Hier, auf der Mardorfer Ziegelhütte, traf er gleich mehrere von seiner Gesellschaft. Auch Angelica Krämerin, die früher als er losgekommen war, fand er hier. Allein er verstieß sie, wahrscheinlich aus Jalousie (Eifersucht, d. Hg.) oder aus Rachsucht, weil sie durch ihr Geständnis zu seiner Überführung und Bestrafung gewirkt hatte. Sie hing sich nun an Ludwig Funk und er an Elisabetha Reinung. Diese verständige Dirne war ehedem die Zuhälterin des berüchtigten Räubers Hunds-Velten (Valentin Bröschler), welcher im Jahr 1807 von seinen Kameraden im Zwist über die Teilung eines Raubes auf dem Wannhof, A. Ulrichstein, ermordet worden war.

Am 23. Dezember 1808 wurde der Inquisit zum zweiten Mal zum Stockhaus geschickt. Er war in den neu akquirierten (erworbenen, d. Hg.) v. Riedeselischen Gerichten ergriffen und zuerst mit der Warnung, das Land zu meiden, entlassen, gleich darauf aber von neuem in Gesellschaft gefährlicher Räuber ertappt worden. Er saß bis zum 9. April 1810, bis ihm gemäß Urteil vom 5. der bisherige Arrest wegen gebrochener Urfehde (eidliches Versprechen, das Land nicht mehr zu betreten, d. Hg.) und fortgesetztem Vagabundenlebens zur Strafe angerechnet wurde und seine abermalige Entlassung unter nochmaliger Landesverweisung und Androhung noch härterer Strafe im Wiederbetretungsfall erfolgte. Auch diesmal wurden ihm die dringendsten Ermahnungen zur Ergreifung einer anderen Lebensart sowie eine Unterstützung an Geld zu seiner augenblicklichen Forthilfe mit auf den Weg gegeben. Er versprach alles, hielt aber nichts. Von diesem Augenblick an vermehrte sich vielmehr sein Eifer zur Begehung von Verbrechen. Überall gefürchtet und berüchtigt, wurde er endlich am 17. September 1810 auf Veranlassung des Beamten zu Burg-Gemünden von neuem eingezogen. Er hatte eben auf der Werners-Mühle bei Zeilbach, Großherzogl. Hessischen Patrimonial-Gerichts des Freiherrn von Riedesel zu Ober-Ohmen, einen Diebstahl begangen. Schon einige Wochen früher saß zu Burg-Gemünden Elisabetha Reinung, seine zweite Beischläferin. Durch sie war über seine Vergehen einiges Licht verbreitet worden. Er tat alles mögliche, um sie mit Gewalt zu befreien. Allein sein Vorsatz scheiterte an der Wachsamkeit des Beamten und der Stärke der Bewachung. Racheschnaubend hatte er gedroht, alle seine Kameraden zu sammeln, um sie auf dem Transport nach Gießen dem sie bewachenden Militär zu entreißen. Sie war aber weggebracht worden, ehe er seine Drohung ausführen konnte. Nun wollte er Erkundigung einziehen über ihre Geständnisse. Er schwor – dies beweisen Zeugen –, den Beamten zu Burg-Gemünden und seinen Bruder, den Kriminalrichter, wegen der scharfen Untersuchung zu ermorden. Allein eben diese törichten Pläne stürzten ihn ins Verderben. Statt die dortige Gegend zu meiden, wo er überall bekannt war und wo Landdragoner und Spione stündlich auf ihn lauerten, fesselten sie ihn vielmehr daran. Seine Rachsucht und sein Leichtsinn ließen ihn alle Sorge für persönliche Sicherheit vergessen. Und doch wäre er vielleicht dem Verrat entgangen, wäre er schonender wenigstens mit denen verfahren, die ihn beherbergten. Allein diesem Menschen war selbst Gastfreundschaft nicht heilig, und ganz gegen die auf Klugheit gegründete Regel der Bande, schonte er selbst diejenigen nicht, bei denen er Quartier und Zuwandel (Zuwanderung, d. Hg.) hatte. Die erste Gelegenheit, sie zu bestehlen, war ihm die liebste. Beweise hiervon liefern die Diebstähle zu Sterndorf und die von Mornshausen und auf der Werners-Mühle, welche beide seiner ersten und letzten Arretierung kurz vorangingen. In Burg-Gemünden gestand der Inquisit eine Menge Verbrechen, die er später hier widerrufen hat. Dagegen traten einige andere wichtige Diebstähle, namentlich die zu Friedberg, Bärstadt und Harbach, denen man hier erst auf die Spur kam, an deren Stelle. Die meiste Arbeit machten seine Denunziationen wegen Diebshehlerei und Abnahme gestohlener Sachen, welche etliche und zwanzig (weit mehr als zwanzig, d. Hg.) nicht unbedeutende Nebenuntersuchungen veranlaßten. Unter grinsendem Lächeln weidete er sich mit innigem Seelenvergnügen bei Konfrontationen an der Verlegenheit anderer, worin er sie brachte. Mit Frechheit sagte er ihnen alles ins Gesicht, und doch nahm er im Juli v.J. mit den früheren Bekenntnissen seiner meisten Verbrechen auch den größten Teil jener Denunziationen zurück. Wahrscheinlich machte ihm nun die Vorstellung Freude, seine Richter in Verlegenheit zu bringen. Auch bei der Konfrontation mit den auf der Kuhmark beraubten Juden brach er in wohlgefälliges Lächeln aus, als diese die Drangsal und Mißhandlungen erzählten, die sie durch ihn und seine, nun größtenteils in Marburg hingerichteten Kameraden erlitten hatten.

Während seines Arrestes im hiesigen Stockhaus machte er mehrere Versuche auszubrechen, die aber immer am Ende der Ausführung mißlangen. Das eine Mal deckte er im Angesicht zweier Schildwachen das mit Schiefern gedeckte Dach seines Abtritts ab, um daraus zu entfliehen. Das andere Mal hatte er die Mauer durchbrochen. Nach dem Mißlingen dieser verschiedenen Versuche, welche ihm geschärfte Züchtigungen zuzogen, machte er mit anderen Verbrechern ein Komplott, um sicherer seinen Zweck zu erreichen. Wirklich fehlte nur wenig an der völligen Ausführung, und wahrscheinlich hat man das Mißlingen bloß einem Zufall zu verdanken. Fast alle Gefangenen von den Räuberbanden waren mit in das Komplott gezogen. Zwei der neuen Gefängnisse waren unter dem Schlafzimmer der Arbeiter angelegt. Von diesen waren einige einverstanden. Sie machten sich eine Kommunikation mit den Inquisiten der unteren Gefängnisse und reichten ihnen durch ein in dem Fußboden und dessen Decke angebrachtes Loch Dietriche und andere Instrumente, die sie von Kammzinken, Fenstereisen etc. geschmiedet hatten. Nun brach einer von ihnen durch den Ofen auf den unteren Gang des Stockhauses. Hier öffnete er eine Tür nach der anderen. Schon waren die meisten Gefängnisse offen, und die Halbbefreiten warteten auf den Augenblick, wo die gerade vor der Wachstube befindliche verschlossene Gangtür durch den Verwalter geöffnet wurde. Jonas Hoos hatte die Rolle übernommen, mit einer aus einem Ofenloch gezogenen Holzspalte hinter dem Türpfosten auf den Verwalter zu lauern und ihn beim Eintritt unversehens niederzuschmettern. Dann sollten alle übrigen nachstürmen; die Wache sollte überwältigt und nötigenfalls mit Messern, die sie aus Tür- und Fensterblechen geschliffen und mit hölzernen Stielen versehen hatten, ermordet werden. Hierauf hätten sie sich des geladenen Gewehres bemächtigt und so mit bewaffneter Hand die Tore oder Stadtgräben angegriffen.

Noch war aber der Augenblick nicht gekommen, wo der Verwalter visitieren ging; noch war eines der am festesten verwahrten Gefängnisse zu öffnen. In diesem saß neben Mitgliedern der Bande ein erst vor kurzem eingebrachter Bauer, der noch an demselben Tag in eine Gefangenenstube gesetzt werden sollte. Diesem Manne, der durchaus kein Interesse hatte, an dem Komplott Anteil zu nehmen, in das man ihn ziehen wollte, wurde, als die anderen von außen an der Öffnung seines Gefängnisses arbeiteten, bange. Er machte daher Lärm, rief der Schildwache zu und wurde glücklich vernommen, obgleich ihn diejenigen, die bei ihm eingesperrt waren, durch die Drohung, ihn zu ermorden, bald zum Stillschweigen brachten. Mit Vorsicht öffnete nun der Verwalter die Gangtür des Stockhauses. Die alarmierte Stockhauswache drang sogleich mit aufgepflanztem Bajonett ein und, gescheucht durch diesen Überfall, krochen die Räuber, die größtenteils sich ihrer Ketten entledigt hatten, zurück in ihre Löcher. Nach Publikation des Todesurteils setzte man den Inquisiten allein in ein Loch und ließ ihn anschließen. Vorher war er genau visitiert worden. Dennoch fand man nach einigen Tagen ein scharfes Messer bei ihm, wodurch er sich wahrscheinlich abermals einen Ausbruch bereiten wollte. Er gab vor, solches von der Schildwache, die seit dem vorigen Komplott auf Veranlassung Großherzoglicher Regierung in den unteren Gang des Stockhauses gestellt worden war, durch die Klappe erhalten zu haben. Dies aber konnte bis jetzt nicht erwiesen werden.

Charakter

Dieser Mensch war im höchsten Grad leichtsinnig, aufgeblasen, stolz, feige, grausam und schadenfroh; dabei besaß er eine gewisse Biegsamkeit und äußere Politur, wodurch er das Schändliche seines Charakters vor denjenigen, die ihn nicht genau kannten, täuschend zu verbergen wußte. Oft sah man ihn in demselben Moment vom Weinen zum ausgelassenen Lachen übergehen. Sein höchster Genuß bestand in der Freude über das Unglück anderer. Die Geschichte seiner Verbrechen und die Untersuchung liefern die Beweise. Die fürchterlichsten Drohungen tat er, nach Zeugenaussagen, über die Arretierung seiner Konkubine; in demselben Augenblick überließ er sich alles vergessend dem Taumel ausgelassener Freude. Es war auch durchaus nicht Liebe, was ihn für sie portirte (einnahm, d. Hg.), denn während seines Arrests fragte er nach ihr mit keiner Silbe. Selbst als sie nach der Verurteilung in das Zuchthaus nach Rockenberg abgeführt wurde, trug er kein Verlangen, sie zu sprechen. Grausam und prahlend mit seinen Taten gegen andere, immer die Rolle eines Anführers affektirend (spielend, d. Hg.), hielt er feig genug keine Züchtigung von zwei Schlägen aus, ohne zu winseln. Verschwenderisch war er, wenn er Geld hatte; in wenigen Wochen war auch der beträchtlichste Raub schon vergeudet. Bei seiner letzten Arretierung waren noch keine drei Wochen verflossen, daß er mit fünf Kameraden über 30 Carolins allein an barem Geld auf der Kuhmark geraubt hatte. Doch hatte er schon damals nichts mehr davon übrig, und er mußte zu erbärmlichen kleinen Diebstählen seine Zuflucht nehmen. Neben ihm im Stockhaus saß ein Mitgefangener namens Anschuh. Der untersuchende Richter hatte sein Gewissen gerührt; auch hatte Anschuh eben eine große Reihe schwerer Verbrechen bekannt, und Furcht vor der Strafe ängstigte seine Seele. Zurückgeführt ins Stockhaus, fing er laut zu beten an. Hoos, der dies hörte, trieb seinen Spott mit dem geängstigten Verbrecher. Den Freigeist affektierend, verwies er ihm seinen Aberglauben: »Noch nie hab' ich gebetet«, fuhr er fort, »und doch hat mich der Teufel nicht geholt. Ich bin zwar zum dritten Mal hier im Stockhaus, ich will aber auch ohne Gebete zum dritten Mal meine Freiheit erlangen. Dann soll das Kochemer-Leben erst von vorne angehen. Es ist wahr, ich war ein Kerl wie ein Teufel. An fünfzehn Bauernhöfen habe ich in einer Nacht den Einbruch versucht. Komm' ich aber wieder los, will ich die Kunst anders treiben. Die Bauern sollen nichts damit ausrichten, daß sie ihre Häuser zu verbohlen (verrammeln mit Holzbohlen, d. Hg.) anfangen.« Freilich hat man diese Reden nur aus der Anzeige anderer Verbrecher, die neben ihm saßen; er selbst ist solcher nicht geständig. Allein sie sehen ihm, wie wir wissen, ähnlich, und die es anzeigten, gaben uns in jeder anderen Hinsicht unzweideutige Proben besonderer Aufrichtigkeit. Als der Inquisit nach Bekanntmachung seines Todesurteils in ein leeres Gefängnis getan worden war, bat er andern Tages dringend, ihm Gesellschaft zu geben, »damit ihm die Zeit nicht so lang würde«. Man riet ihm, seine Gedanken auf Besserung seines Herzens, auf Gott und Ewigkeit zu lenken. Man stellte ihm vor zu bedenken, es sei doch möglich, daß einem solchen Verbrecher, wie er es sei, im Weg der Gnade, den er zu betreten sich entschlossen, nicht geholfen werde und ihn dann nichts weiter als eine beruhigende Aussicht jenseits des Grabes trösten könne. Man eröffnete ihm, daß man dies alles in seinem eigenen Besten wünsche und daß man ihm den Rat und Trost eines Geistlichen, wenn er ihn verlange, verschaffen werde.

Dergleichen Äußerungen und Ermahnungen schienen aber nicht nach dem Geschmack des Inquisiten zu sein. Er machte zwar große Augen, als man die Idee in ihm weckte, daß er vielleicht nicht begnadigt werden könne, und kleinmütig fiel er auf die Knie, um für sein Leben zu bitten. Alles übrige aber achtete er nicht. Er ließ alles, was man ihm deshalb sagte, unbeantwortet – und ebenso machte er es folgenden Tages, als man ihm diese Äußerungen wiederholte. Selbst als der Stockhausgeistliche aus freien Stücken ihn besuchte, war derselbe nicht imstande, Reue und Gefühl für Religion und Moralität oder den Glauben an Gott und ein anderes Leben in ihm zu wecken. Er war nicht vermögend, den Leichtsinn, den dieser Mensch bei grenzenloser Feigheit besitzt, zu erschüttern. (. . .)

Am 7. Februar 1812 wurde die Untersuchung geschlossen. Tags darauf wurden die Akten an das Großherzogliche Hofgericht eingeschickt und mit diesen die gegen seine Beischläferinnen Angelica Krämerin und Elisabetha Reinung sowie gegen Kunigunde Kreisin von Odenhausen und sechzehn angegebene Abnehmer.

Durch Urteil des Großherzoglichen Hofgerichts vom 1. Mai 1812, eingelangt am 5. und öffentlich bekanntgemacht am 9., wurde Jonas Hoos zur Hinrichtung mit dem Schwert, Krämerin zu vierjähriger Zuchthausstrafe und nachfolgender Landesverweisung, Reinungin zu eineinhalbjähriger Zuchthausstrafe und nachfolgender weiterer Beibehaltung im Korrektions-Haus auf unbestimmte Zeit und Kunigunde Kreis, unter Anrechnung ihres bisherigen Arrestes als eigentliche Strafe, zu weiterer unbestimmter Beibehaltung im Korrektions-Haus verurteilt. Das im Weg der Gnade angebrachte Gesuch des Jonas Hoos um Verwandlung der Todesstrafe in Zuchthausstrafe wurde von Hessens ebenso gerechtem wie mildem Beherrscher abgeschlagen.

Am 14. Juli 1812 wurde das Urteil vollzogen. Nie starb ein Mensch kleinmütiger als der vorbeschriebene Verbrecher. Schwebend mußte er zum Schafott hinaufgetragen werden, und seine letzten vernehmlichen Worte waren das Flehen um Gnade und Branntwein.

Drei Tage vor der Hinrichtung wurde ihm die Bestätigung des Urteils und der Tag der Vollziehung bekanntgemacht. Zitternd hörte er zu; aber ein Anflug von Lächeln zeigte sich in seinen Mienen, als man ihn auf höhere Verordnung aufforderte, sich zu erklären: Ob er einen Geistlichen seiner Religion beigegeben zu haben wünsche? Lange verweigerte er hierauf die Antwort. Endlich sagte er: »Es ist mir einerlei, wenn ich einen Geistlichen haben muß, so geben Sie mir, welchen Sie wollen.« Da kein reformierter Geistlicher in der Stadt war, sondern erst verschrieben (durch schriftlichen Auftrag kommen lassen, d. Hg.) werden mußte, so wurde er einstweilen von dem lutherischen Stockhausprediger besucht.

Tags nach der Bekanntmachung verlangte er, katholisch zu werden, und brauchte zum Vorwand, daß ihm der lutherische Geistliche zu scharf rede und die katholische Religion, die er bei seinen Weibsleuten kennengelernt, ihm weit besser gefalle. Man ließ ihm hierauf einen katholischen Geistlichen kommen. Dieser erklärte aber, er könne binnen der kurzen Frist ihn nicht in der katholischen Religion unterrichten. Hierauf war es eigentlich abgesehen. Hoos hoffte dadurch, die Hinrichtung zu verschieben; denn er dachte, daß ihm nun Zeit zum Unterricht gestattet würde.

Wie er sah, daß nicht darauf reflektiert und ihm ein reformierter Geistlicher von Amts wegen zugeschickt wurde, äußerte er das Verlangen, sein Frau (oder vielmehr Beischläferin) zu sprechen. Er wußte, daß solche zu Marienschloß saß und daß sie binnen der kurzen Frist, die ihm noch zu leben vergönnt war, nicht herkommen konnte. Man eröffnete ihm daher geradezu, daß seinem so spät geäußerten Verlangen nicht willfahren werden könne, daß aber, wenn er etwas an sie zu bestellen habe, solches besorgt werden solle. Nun fing er an, laut zu heulen, und verbarg sein Gesicht mit den Händen. Ein Anwesender rief ihm zu: »Pfui, du alte Hure! Ist das auch ein Betragen für einen Spitzbuben, wie du es bist?« Plötzlich tat er die Hände von dem Gesicht und lachte laut auf. »Oh, er weint auch nicht«, sagte er. »Weinen und Lachen muß man in einem Sack haben.«

Dreißig Stunden vor seinem Ende besuchte ihn der untersuchende Richter, weil man ihm gemeldet hatte, daß es dem Stockhausgeistlichen zum ersten Mal gelungen sei, sein Gewissen zu erschüttern, und daß er nunmehr äußerst betrübt scheine und seine durch Zittern usw. schon bewiesene Todesfurcht auf das höchste gestiegen sei. Wie er hinkam, fand er denselben beim Abendessen; er hatte einen Schoppen guten Wein zu 24 kr. vor sich. Er fragte ihn, ob ihm der Wein schmecke, der ihm zu seiner Stärkung gereicht worden war. »Der Wein ist gut«, sagte er, »ich habe ihn aber doch schon besser getrunken.« Eine solche Antwort von einem Vagabunden befremdete einen der Anwesenden. Er fragte: »Wo hast du denn den herbekommen? Den wirst du gestohlen haben.« – »Nein, gestohlen habe ich ihn nicht, aber genommen«, erwiderte Hoos. Und nun führte er an, wie zu der Zeit, als er noch bei den Fuhrleuten gedient hatte, manchmal von ihm Fässer angebohrt und sehr guter Wein herausgezogen, dafür aber Wasser eingeschüttet worden war. Der Richter fragte ihn: Ob er denn diese Handlung für erlaubt halte? »Oh, warum nicht?« fragte er. »Könnte ich es nur noch einmal tun; das Gut, das man fährt, darf man auch genießen.«

Diese wenigen Züge werden die Richtigkeit der obigen Schilderung beweisen.

Friedrich Adam Thomas, angeblich von Sturzhausen im Sachsen-Gothaischen gebürtig, genannt langer Friedrich, ohne bleibenden Wohnort

Haupt-Spitzbub.
Alter 28 Jahre (sowohl auch 2 – 6 Jahre darüber).

Charakter
Verständig, überlegsam, vorsichtig, unternehmend, furchtlos, ehrsüchtig, rachsüchtig, viel Verstellungsgabe und Gelassenheit, Heuchler.

Schicksal und Familienverhältnisse
(Nach seiner eigenen Angabe.)

Inquisit ist ein Kind der Liebe und verdankt seinem Vater nichts als das Leben. Dieser mit Namen Johann Adam Thomas war ein Schäfer; er diente, als er ihn zeugte, zu Oberseemen und ist vor ungefähr zwanzig Jahren verstorben. Seine Mutter, Anna Elisabetha Sucherin aus Coll im Sachsen-Gothaischen gebürtig, diente zu Volkartshain (in der Nähe von Oberseemen, Prov. Oberhessen) angeblich sechzehn Jahre. Als ihre Niederkunft nahte, zog sie in ihr Vaterland nach Sachsen. Dort kam sie nieder, fand aber wenig Unterstützung. Sie kehrte daher mit ihrem Kind nach Volkartshain zurück und diente von neuem. Zuletzt wurde sie von der Gicht geplagt und konnte nicht mehr arbeiten. Sie zog daher in der Nachbarschaft herum und sammelte Almosen. Vor ungefähr vier Jahren starb sie zu Langenhain, Patrimonial-Gericht Engelrod. Hier hatte sie sich vor ihrem Ende niedergelassen und wurde auf Kosten des Gerichts unterhalten.

An Inquisitens Bildung ist nichts versäumt worden. In Ilbeshausen genoß er ein Jahr, in Dirlammen ein Jahr, in Eichelhain ebenfalls ein Jahr den Unterricht der Schule. In Hofmannsfeld erhielt er zum Schluß die Konfirmationslehre von dem Prediger. In allen angeführten Orten, wo er zur Schule ging, diente er, von seinem neunten Jahr an, bei den Bauern. Als er konfirmiert war und seine Mutter ihn hinlänglich zur Arbeit gewöhnt glaubte, tat sie ihn aus dem Bauerndienst. Sie verlangte nun, er solle bei ihr bleiben und ihr in ihrer Krankheit Hilfe leisten. Bald aber wurde er dieser

Kindespflicht müde. Kaum war er etwas herangewachsen, so verließ er seine Mutter und wurde Gauner. Vor elf Jahren verband er sich mit Anna Margretha Glüber. Von fünf Kindern, die er mit ihr zeugte, sind noch drei am Leben. Sein Hauptaufenthalt war der Vogelsberg, besonders, wie er sagt, das sogenannte Junckerland. Unter diesem Ausdruck wird von dem Landvolk der hiesigen Gegend das ehemals großenteils immediate (reichsunmittelbare, d. Hg.) Gebiet der Freiherrn von Riedesel verstanden. Stets affektierte er den Schein, sich ehrlich zu nähren. Meistens führte er daher steinernes und irdenes Geschirr oder Fayence. Er verfertigte auch für die Bauern zuweilen Kötzen (besondere Körbe, die auf dem Rücken getragen werden, d. Hg.), Körbe und beinerne Knöpfe.

Bemerkt zu werden verdient: Der sonst keiner Rührung fähige Inquisit wurde erweicht, als man beim Erforschen seiner früheren Verhältnisse auf seine Mutter zu sprechen kam. Er vergoß Tränen – vielleicht wider Willen, und heftig brach er in die Worte aus: »Ja, sie war eine brave Frau, sie meinte es wohl mit mir und führte mich stets zum Guten an. Wenn ich ihrem Beispiel und ihren Lehren gefolgt wäre, wüßte ich nichts von diesem Unglück.«

Moralische Imputation (Rechtfertigung, d. Hg.) der verübten Verbrechen findet nach dem bisher Gesagten bei dem Inquisiten ohne Zweifel in einem bei Gaunern seltenen hohen Grade statt.

Allgemeine Notizen über Friedrichs Lebenswandel, Betragen und Gefährlichkeit

Den langen Friedrich halten wir für den vollendetsten Spitzbuben der Vogelsberger Bande. Er besitzt am meisten Verstand, am meisten Körperkraft, am meisten Gewandtheit, am meisten Selbstbeherrschung, am meisten Scharfblick, am meisten Taktik, am meisten Vorsicht, am meisten Unerschrockenheit. Bei der Bande vor anderen berühmt und gefürchtet, war er lange Zeit dem friedlichen Einwohner unter allen Gaunern am wenigsten verdächtig; denn sorgfältig affektierte er bei ihm den Schein eines redlichen, arbeitsamen Mannes. Fast nie war er ohne Wahre, fast nie ohne gepackte Esel oder Pferde. Streng sah er darauf, daß, wo er sich öffentlich zeigte, kein Diebstahl in der Nähe begangen wurden. Scharf ahndete er einige Male, selbst an seinen intimsten Kameraden, an renommierten Kochemern, den Mangel an Achtung für ihn und seine Grundsätze. »Ihr Satane, wie leicht hätte ich durch euch in die Brühe kommen können!« Dies war dann seine Ratio decidendi (sein Entscheidungsgrund, d. Hg.), die er sogleich handgreiflich demonstrierte. Er hatte auch Ursache, doppelt auf seiner Hut zu sein. Denn in seiner verborgenen Rocktasche oder unter seinen gepackten Effekten befand sich (hierin stimmen die Aussagen vieler überein) seine treue Gefährtin, die Pistole. Mit besonderer Zufriedenheit zeigte er sie vor dem Einbruch zu Heckersdorf der versammelten Bande. »Seht einmal das schöne Dingschen!« Dies waren nach der Angabe Druckers-Peters damals seine Worte. Überdies machte seine ausgezeichnete Figur ihn jedem, der ihn einmal gesehen hatte, kenntlich. Auch darum diktierte ihm Klugheit, seinen Namen wohl in acht zu nehmen. Deswegen war seine Maxime, in beträchtlicher Entfernung von dem Ort zu stehlen, wo er oder die Seinigen öffentlich verweilten; darum pflegte er nach vollbrachter Tat eiligst mit ihnen weiterzuziehen. Da zuletzt im Vogelsberg nicht leicht ein bedeutendes Verbrechen geschah, bei dem er nicht mit Rat oder Tat gewirkt hätte, so wurde schon deshalb, weil er beständig von anderen Spitzbuben gesucht wurde, sein Name allmählich bei dem Landmanne stinkend. Wahrscheinlich bedurfte es noch kurzer Zeit und, genötigt, die Maske der Ehrlichkeit abzuwerfen, stand der Ehrgeizige da als Oberhaupt und Anführer der ganzen Vogelsberger Bande.

Die Heuchelei dieses Menschen fällt oft in das Übertriebene. Hiervon noch ein Beispiel:

Als man ihn über notorisch geschehene Verbrechen fragte, deren er bezichtigt war, rief er aus: »Gott, ist denn das wirklich geschehen?« Nachdem man ihm aus den Akten bewiesen hatte, daß man sie mit allen Umständen wisse, fuhr er fort: »Ja, ich gebe es zu; es fällt mir selbst ein, davon gehört zu haben. Es ist schlimm genug, daß die Welt jetzt so im argen ist. Oft habe ich mich darüber geärgert, daß heutzutage jeder sich von dem Diebstahl nähren will. Ich bin zwar auch nicht rein. Aber ich habe meine Sünden bereut und gestanden. Alles andere – das können Sie sicher glauben – wird mir bloß aus Feindschaft nachgesagt, weil ich nicht so wie die anderen wollte. Sie wissen es ja, daß ich den Frank und andere im Unwillen über ihre Diebstähle geprügelt habe. Wäre ich selbst ein Dieb von Profession, so würde ich dieses nicht getan haben. Ich habe zwar Strafe verdient und will sie leiden. Aber von den Sachen weiß ich nichts, die Sie mir vorhalten. Ich danke Gott, daß ich nicht bin wie die anderen, die mich schlecht machen wollen. Einst wird noch alles an den Tag kommen.«

Am 18. März 1812 wurden die den Friedrich Adam Thomas betreffenden Akten in vier sehr starken Bänden an das Großherzogl. Hofgericht zur Entscheidung eingeschickt und zugleich mit ihnen Faszikel (Bündel, d. Hg.) geschlossener Untersuchungsakten gegen seine Konkubine Anna Margretha Glüber.

Der Inquirent fand sich veranlaßt, wegen der nach seiner Überzeugung ganz vorzüglichen Gefährlichkeit dieses Menschen und beispielhalber, daß Beweis über hartnäckiges Leugnen gehe, auf Anwendung der ganzen Strenge der Gesetze zu bestehen und die Todesstrafe zu beantragen. Die Majorität Großherzogl. Hofgerichts war der gleichen Meinung. Durch Urteil dieses Kollegs vom 7. Juni 1812 wurden Friedrich Adam Thomas zu lebenslänglicher und seine Beischläferin Anna Margretha Glüber zu zweijähriger Zuchthausstrafe und letztere zu nachfolgender Deportation verdammt. Friedrich wandte bei Publikation des Urteils – aus welchem übrigens nicht zu ersehen ist, ob außer den wiederholt gestandenen Verbrechen auch andere für erwiesen angenommen worden sind – stehenden Fußes ein Rechtsmittel ein und äußerte dabei: lebenslängliche Zuchthausstrafe sei zu hart für ihn, denn er habe ja keinen Menschen ermordet!

Wir haben eine Menge Äußerungen anderer Diebe, die beweisen, daß kein Gauner heutzutage für die größte Menge von Diebstählen mehr die Todesstrafe fürchtet, und Andreas Thron z. B. führte schon bei der zu Burg-Gemünden geführten Generaluntersuchung an, daß die Diebstähle hauptsächlich deshalb so überhand nähmen, weil alle Gauner wüßten, daß kein Dieb mehr gehängt werde. Aber diese Äußerung beweist uns, daß die Nichtachtung der Gesetze in Deutschland und das hundertköpfige Ungeheuer, Praxis genannt, das ebenso sehr die Untersuchungen erschwert, wie es die Urteile erleichtert, sogar bei sehr vernünftigen Räubern die Meinung erzeugt hat, daß die höchste gesetzliche Strafe für Mord in lebenslänglichem Zuchthaus bestehe.Des Herausgebers Überzeugung ist, daß, solange man überhaupt zu Todestrafen rekuriren (Zuflucht nehmen, d. Hg.) muß, auch handwerksmäßiger Diebstahl nicht ganz davon verschont werden darf. Das Elend von hundert und mehr Familien, die bei Überhandnahme der Gauner jährlich durch Diebstahl zugrunde gerichtet werden, wiegt in der Waagschale des gemeinen Besten gewiß das Unglück auf, das ein nur seltener Mord oder Straßenraub über einzelne verbreitet.

Als der Vollzug des Todesurteils gegen Jonas Hoos im Stockhaus bekannt geworden war, verzichtete Friedrich auf das bereits ergriffene Rechtsmittel. Er mochte nun wohl erkennen, daß er kein besseres Schicksal als Hoos verdient hatte.

Nachstehende Episode mag zur Probe dienen, wie junge Gauner mit dem Landvolk ihren Mutwillen treiben. Wenn nämlich die Bauern in der Kirche oder im Feld waren, gingen sie häufig in die Dörfer, um bei zurückgebliebenen alten Mütterchen oder Hausfrauen zu betteln und eine Gelegenheit zum Diebstahl auszusehen. Statt aber ein christliches Gebet herzusagen, wie es sonst bei Bettlern auf dem Lande, wenn sie eine Gabe fordern, üblich ist, schnatterten sie, im Ton und in der Manier eines Betenden, Leberreime wie folgende, die sie spottweise das

Vogelsberger Vater-Unser
nannten, und freuten sich über die Leichtgläubigkeit oder Furchtsamkeit derjenigen, welche sie damit eine Gabe ablockten oder -nötigten.

Guten Morgen Finckelmuß [a)]
Lebt der olmisch b) Schmalfuß c) noch?
Ja, ja, er lebt noch.
Wo scheft d) er dann?
Im Ringeling. e)
Butt f) Schund g) und Schäberling. h)
Blattfuß; i) Amen!

Oder mit dem Ausgang:

Schund und Schmunk k) ist zweierlei,
Butt du den Schund, und ich den Schmunk,
So bleiben wir alle beide gesund.
Blattfuß; Amen!

Ein anderes:

Ich war 'mal in's Tirol gefockt, l)
Und hegt m) mer'n Riß n) voll Staubert o)
geschuppt; p)
Da kam der Roller q) nachgefockt, r)
Und hegt mer Koberment s) gedockt, t)
Und hegt mer den Staubert wieder gezuppt. u)

Nicht ästhetische Schönheit, wohl aber charakteristische Züge von rohem Mißbrauch des Heiligen wird der Leser in den gegebenen originellen Proben suchen und finden.

Jacob Heinrich Vielmetter,
vulgo alter Jacob Heinrich

Er ist nach seinem Angeben 65 Jahre alt, dem Ansehen nach scheint er älter.

---

a) Hexe, b) alte, c) Katze, d) ist, e) Garten, f) Friß, g) Dreck, h) Rüben, i) Tanz, k) Fett, Butter, l) gezogen, m) hatte, n) Sack, o) Mehl, p) gestohlen, q) Müller, r) nachgelaufen, s) Schläge, t) gegeben, u) abgenommen.

Familienverhältnis

Der Vater des Inquisiten hieß Johannes Vielmetter und war gebürtig aus Oberursel; er wohnte nachher auf Zins zu Wirtheim bei Gelnhausen und zuletzt in Kaltenborn im Isenburg-Meerholzischen. Sein Tod erfolgte vor vielen Jahren.

Inquisitens Mutter hieß Anna Margretha, geborene Jungblut, und war von Dudenhofen jenseits des Mains gebürtig. Ihr erster Mann hieß N. Werner. Inquisit hatte noch drei Brüder, Peter, Conrad und Hans-Philipp.

Charakter

Einschmeichelnd, aber boshaft und hinterlistig.

Als dem Inquisiten einst einige Diebstähle vorgehalten wurden, die er nach Aussage Heidelberger Inquisiten begangen haben soll, bekräftigte er sein Leugnen durch folgende Äußerung: »Mein Herr Hofgerichtsrat! Was sollte ich leugnen, wenn es wahr wäre, was Sie mir vorhalten? Ich habe schon so vieles gestanden, daß ich doch nicht wieder loskommen werde. Weiter, das weiß ich[1], wird mir doch nichts geschehen[2]. Ohne Bedenken würde ich also noch mehr sagen, wenn ich es getan hätte. Und, glauben Sie mir, ich habe keine Furcht vor dem Schicksal, das mir bevorsteht! Im Gegenteil, ich bin sehr wohl damit zufrieden, und es wäre mir leid, wenn ich je wieder loskäme. In Bergen, wo ich saß, ehe ich hierher kam, konnte ich durchgehen, wie mein Sohn auch durchging: Allein ich wollte nicht. Sagen Sie selbst, was soll ich noch in der Freiheit anfangen? Ich bin ein alter Mann, der nicht mehr recht fortkommen und auf keine Weise sich mehr gut ernähren kann. Wo soll ich mich aufhalten, da ich überall ausgeschrieben bin, da mich jedes Kind beinahe kennt und da man keinen armen Menschen mehr mit Pässen versieht? Die jetzige Unsicherheit für das Gaunerleben hat mir solches zum Ekel gemacht. Hier und in dem Zuchthaus habe ich mein Obdach, meine Kleidung, meine Lagerstätte und ziemlich gutes Essen. In der Freiheit würde ich um alle diese Bedürfnisse in steter Verlegenheit sein müssen.«

---

1 Schlimm genug, daß die Nichtbeobachtung der Gesetze Dieben von Profession häufig diese Überzeugung beigebracht hat!

2 Als dem Räuber Jonas Hoos schon der Hals auf dem Richtstuhl entblößt war, fragte er noch dringend den Geistlichen: »Ob er denn keine Gnade bekomme?« Wie Christian Haas, vulgo der dicke Bub, den Todesstreich vernahm, der seinem vor ihm am 17. Juli 1812 zu Breuberg hingerichteten Kameraden Caspar Windörfer, vulgo Bürsten-Caspar, den Kopf vom Rumpf trennte, sank er in die Knie und rief aus: »Ach Gott, der Caspar ist gerichtet; ich habe den Streich gehört. Man hat mir doch immer gesagt: der Großherzog habe sich verschworen, keinen Menschen hinrichten zu lassen – oh Weh! Oh Weh!« (G. Pfister's aktenm. Geschichte)

Dank sei es dem edlen Großherzog! Er hat bereits einige Beispiele geben lassen, welche geeignet sind, die Gaunerwelt auf andere Gedanken zu bringen.

Dessen ungeachtet schlug Inquisit in der Folge nicht aus, mit von der Partie zu sein, als der größte Teil der hier sitzenden Gauner auszubrechen beschlossen und versucht hatte. Er nahm aber keinen tätigen Anteil, sondern ließ sich bloß von den anderen bereden mitzugehen.

(Im folgenden sind drei der Vielmetter zur Last gelegten Straftaten wiedergeben, d. Hg.)

Ehebruch, grausame Mißhandlung seiner neuen Beischläferin und Beraubung derselben.

Inquisit verließ auf eine Zeitlang seine Frau und paarte sich mit einem anderen Mensch namens Liesel. Diese, aus der Gegend von Bayreuth gebürtig, brachte ihm einen Krämerkasten mit kurzen Waren und eine Orgel zu und ging mit beiden abwechselnd hausieren. Auf einmal fand sich Frau Vielmetter ein, Zufall oder nicht! Sie hatte das Pärchen gesucht und gefunden. Die Alte vindicirte (forderte zurück, d. Hg.) ihre Rechte. Jacob Heinrich Vielmetter selbst war bereit, sie zu rächen. Liesel wurde erbärmlich von ihnen geschlagen und mißhandelt. Nun gingen Vielmetter und seine Frau nach Burgjoß, wo der Liesel Krämerkasten stand, und holten sich auch diesen. So wurde Liesel, zum Lohn ihrer Begünstigung, auf einmal ihrer ganzen Habseligkeit beraubt, womit sie sich und den Undankbaren bisher ernährt hatte. (. . .)

Großer qualifizierter Diebstahl zu Weißenborn, Werra-Departement, Königreich Westfalen. Ende Februar oder Anfang März 1807.

Teilnehmer:

1. Kannengießers Hannes.
2. Kannengießers Hannbast = Gebrüder Hartmann.
3. Hunds-Velten (Valentin Bröschler).
4. Heinrich N. (wahrscheinlich Heinrich Euler von Freiensteinau, vulgo Hildebrands Heinrich).

Dieser Diebstahl macht in verschiedener Hinsicht Epoche. Mit ihm beschloß Hunds-Velten die Laufbahn seiner Verbrechen, über ihn besudelten sich die Kameraden mit seinem Blute.

Folgendes ist der Vorgang! Nachts zwischen elf und zwölf Uhr brachen die Räuber in die Behausung des Garnhändlers Jacob Battenberg zu Weißenborn, Kanton Oberaula, Distrikt Hersfeld, im Werra-Departement, Königreich Westfalen ein. Zu Reinhards in des Heinrichen Haus war die Verabredung geschehen; Hunds-Velten und der lange Hannes hatten den Vorschlag gemacht. Jener hatte im Haus des zu Bestehlenden gelegen und letzterer mehrmals Branntwein darin getrunken. Sie glaubten den Wohlstand des Mannes bemerkt zu haben und versprachen sich eine große Ausbeute an barem Geld und Effekten.

Hunds-Velten wußte am meisten Bescheid in dem Haus und nach ihm der lange Hannes; sie erhielten daher den Auftrag zu plündern. Sie beschäftigten sich deshalb in des Bestohlenen oberen Zimmern mit Aufbrechen und Ausleeren; die anderen hielten unten im Haus und vor demselben Wache.

Hunds-Velten kam über den Geldvorrat des Mannes. Dieser bestand nach dessen eidlicher Angabe in 40 schweren Talern. Eben war er im Begriff, vier große Taler davon in seinem Uhrsack heimlich auf die Seite zu bringen, als langer Hannes hinzukam und es bemerkte. Er gab darauf diesem zwei davon und machte ihm zur Bedingung, gegen die anderen zu schweigen. Hannes nahm sie und schwieg. In der folgenden Nummer erblicken wir wieder den Faden der Geschichte.

Unterdessen war der Bestohlene, der noch nicht fest geschlafen hatte, munter geworden. Er hörte Geräusch in seinem Haus und öffnete die Tür seines Wohnzimmers. Kannengießers Hannbast, der an der Treppe stand, donnerte ihm zwar mit furchtbarer Stimme und aufgehobenem Prügel ein »Zurück« entgegen, so daß er sich erschrocken in seine Stube zurückzog und, besorgt für sein Leben, nicht nur die Tür zuschlug, sondern sogar zuhielt, um nicht persönlich überfallen zu werden. Allein der Umstand, daß der Bestohlene unversehens munter geworden war, veranlaßte die Räuber, sich nicht mehr lange zu säumen. Sobald sie abgezogen waren, machte der Bestohlene Lärm. Es versammelten sich mehrere Leute im Ort, und er verfolgte mit ihnen die im Schnee zurückgelassenen Spuren der Räuber bis gegen Lingenbach über die Grenze, ohne jedoch solche zu ertappen.

Kannengießers Hannes hatte bei dem Diebstahl eine Pistole. Der Wert des Gestohlenen betrug laut eidlicher Würdigung 222 fl. 57 kr.

Grausame Ermordung des Valentin Bröschler, genannt Hunds-Velten, auf dem Wannhof, A. Ulrichstein, veranlaßt durch obigen Diebstahl.

Die Diebe zogen sich mit ihrer Beute auf den Wannhof A. Ulrichstein, auch der Böckelsberger Hof genannt. Hier teilten sie den Raub; allein das bare Geld entsprach der Erwartung der Gesellschaft nicht. Es entstand Verdacht gegen Hunds-Velten, daß er untergemackelt (d.h. betrogen) habe. Bei dem Abendessen, als die Köpfe erhitzt waren vom Branntwein, gerieten Velten und langer Hannes auf einmal in Wortwechsel. Hannes warf ihm nun öffentlich vor, daß er betrogen habe, und um die anderen, besonders seinen Bruder, recht in das Interesse zu ziehen, erzählte er die Geschichte mit den vier großen Talern. Darauf packte er Velten an der Brust mit den Worten: »Betrügst du meinen Bruder, so betrügst du auch mich!«, warf ihn zur Erde und schlug ihm mit umgewandter Pistole aus allen Kräften auf den Kopf. Jetzt griff er ihm in die Uhrtasche, holte zwei große Taler heraus, die Velten untergemackelt hatte, und steckte sie zu sich. Hierdurch stieg besonders die Erbitterung seines Bruders Hannbast auf das höchste. Er zog seinen zum Einbruch bestimmten Schnitzer aus der Tasche und stach damit fünf- bis sechsmal dem niedergeworfenen Velten in die dicken Beine und Waden. Es quetschte fürchterlich, und stromweise quoll das Blut in die Stube. Jetzt legte sich der Hauswirt – er ist nunmehr verstorben – in das Spiel und bat dringend die Mörder, mit ihrem Opfer seine Stube zu verlassen. Sie folgten; der Verwundete wurde auf den Hof geschleift und auf den Trog gelegt, der bei dem darin befindlichen Brunnen stand. Hier wurde ihm eine Sehne oder Flechse nach der anderen aufgelöst; die dicken Beine und Waden wurden durchaus zerfleischt und zerschnitten. Jetzt zogen sie ihn aus, und sämtliche Räuber, mit ihnen auch Vielmetter, entfernten sich mit ihrer Beute. Unter den fürchterlichsten Schmerzen und Zuckungen starb der Verwundete ein bis zwei Stunden nach der Mißhandlung.Vielmetter kann nicht leugnen, Zeuge dieses Mordes gewesen zu sein, und gibt die Veranlassung an, wie wir sie erzählt haben. Allein er leugnet, daß er selbst an den Ermordeten Hand gelegt hat, und wirft die Schuld der Ermordung allein auf die Gebrüder Hartmann.

Daß an dieser scheußlichen Tat die beiden Kannengießer Haupturheber sind, scheint den Umständen nach nicht zu bezweifeln. Daß aber Vielmetter und Hildebrands-Heinrich gar nicht geholfen haben sollten, ist ebenso unwahrscheinlich. Auch haben wir Aussagen anderer, wonach Vielmetter sich selbst dieses Mordes gerühmt haben soll. Ein hinreichender Beweis konnte indessen nicht gegen ihn erbracht werden.

Urteil

In Untersuchungssachen gegen Jacob Heinrich Vielmetter aus Oberhain wegen vieler Diebstähle, unterhaltener Diebsverbindung und geführten Räuber- und Vagabundenlebens wird auf amtspflichtige Untersuchung, erbrachte Verteidigung und erstatteten schriftlichen Vortrag zu Recht erkannt:

Daß Jacob Heinrich Vielmetter wegen attentierten Straßenraubs, Kirchendiebstahls zu Maria Ehrenberg, vieler großer und kleiner, zum Teil durch Bewaffnung, Einsteigen und Einbrechen qualifizierter Diebstähle, an denen derselbe geständige- und erwiesenermaßen bald näheren, bald auch nur entfernteren Anteil genommen, wegen lange Jahre unterhaltener förmlicher Diebsverbindung mit anderen Räubern von Profession und geführten Gauner- und Vagabundenlebens,

zur lebenslänglichen Zuchthausstrafe

zu verurteilen sei.

Dessen zu Urkund ist dieser Urteils-Brief nach Verordnung Großherzogl. Hessischen Hofgerichts ausgefertigt und mit dem größeren Gerichts-Siegel versehen worden. So geschehen Gießen, den 28. September 1812.

Bei der am 26. September 1812 erfolgten öffentlichen Bekanntmachung des Urteils erklärte Vielmetter, »daß er gegen dessen Inhalt nichts einzuwenden habe«, und ungeachtet dessen, daß ihm gesagt worden war, daß er nach hiesigen Landesgesetzen zehn Tage Zeit habe, ein Rechtsmittel dagegen einzuwenden, so ließ er sich schon folgenden Tages melden und verlangte, augenblicklich in das Zuchthaus abgeführt zu werden.

Wes Geistes Kind Vielmetter war, zeigt unter anderem folgendes

Wetterauer Räuberlied

das auch die ganze Wetterauer Bande charakterisieren kann. Er pflegte solches ehedem öfters zu singen, und der Verfasser erhielt es, als er ihm bekanntmachte, daß er durch andere davon unterrichtet sei, aus dessen eignem Munde.

1.
Hopfa-Viva insgemein,
Wie die Kochemer Künstler sein!
Sie boschen a) die Strahle b) auf und nieder,
Sie scheften c) sich auf die Strahle nieder,
Bis ein Freier d) holcht e) herbei,
Mit einem Blete f), zwei oder drei.

2.
Hopfa
Wie
Guter Freund! wo hoscht ihr hin?
Hoscht ihr zu dem Mokum g) h'nin,
In den Kober h) zu dem Jain i)? –
Wir wollen zwei Kameruschen k) sein!

3.
Hopfa
Wie
Als der Freier gedippelt l) drein,
Mußt er auch schon gerissen m) sein.
Als der Freier gerissen war,
Macht' sich der Kochemer aus der Gefahr.
(...)

a) gehen, b) Straße, c) setzen, lagern, d) Passagier, e) kommt, f) Carolin, g) Stadt, h) Wirtshaus, i) Wein, k) Kameraden, l) gesprochen, geantwortet, m) niedergeschlagen und geplündert

Der sog. Schwarze Jung oder Veltens Heinrich, welcher sich den Namen Johann Georg Gottschalk gibt

Er ist 24 bis 25 Jahre alt.

Schicksal
Wie der Schwarze Jung eigentlich heißt und wer seine Eltern gewesen sind, hierüber haben wir bloß von ihm selbst einige Nachricht. Sein Name, behauptet er, sei Johann Georg Gottschalk, und er sei zu Ilbenstadt in der Wetterau geboren. Seine Eltern, wovon der Vater angeblich Johann Georg, die Mutter aber Lies geheißen, will er nie gekannt haben. Nach dieser Angabe scheint es, daß er aus echtem Gaunergeschlecht entsprossen ist. Auffallend ist es indessen, daß er aktenmäßig lange Zeit den Namen Heinrich führte. Er gibt hierüber folgende Erläuterung: Wie er zu Fulda gefirmt worden war, sei einer namens Heinrich sein Firmpate gewesen; diesem zur Ehre habe ihm seine Stiefmutter den Namen Heinrich gegeben. Diese heiratete nachher den Räuber Valentin Bröschler, der in der Folge die Elisabetha Reinung, Hoosens spätere Beischläferin, nahm und auf dem Wannhof im Jahr 1807 erschlagen wurde. Von diesem hieß man ihn Veltens Heinrich. Als sein Stiefvater Velten erwähntermaßen die Reinung zur zweiten Frau nahm fing Inquisit an, recht auf eigene Faust zu wirtschaften. Sein ganzes Bestreben war nun dahin gerichtet, sich unter den Gaunern geltend zu machen. Dies glückte ihm früh durch allerlei verwegene Streiche. Er war noch sehr jung, aber doch hatte er den Ruf eines herzhaften, unverzagten Genossen; denn bei Gefahr ging er voran und ermunterte die anderen: »Ich will einst am Galgen sterben, und ich kann es noch weit bringen, bis ich dahin komme«, dies war angeblich oft seine Äußerung. Bald suchten ihn auch alle Partien. In der Wetterau, im Vogelsberg und in Franken wurde er zu Raub und Diebstählen zugelassen. Über seine Streifereien nach Franken haben wir indessen nur einige wieder zurückgenommene Geständnisse und unerwiesene Anzeigen anderer. Nach letzteren trieb er bei irgendeinem Raub seinen rohen Mutwillen so weit, eine geknebelte Hausmagd auf den Tisch zu legen, zu entblößen und mit einer Schuster-Seule (Ahle/Pfrieme, Nähwerkzeug des Schusters, d. Hg.) in den hinteren Teil ihres Körpers zu stechen.

Charakter
Über den Charakter des Inquisiten läßt sich leicht nach dem Vorhergehenden urteilen. Der Herausgeber dieses lernte ihn überall kennen als einen verdorbenen, grausamen, schadenfrohen, hartnäckigen, boshaften, verstockten, verwegenen, lügenhaften und auf Räuberehre geizigen Menschen.

Alle scine zu Burg-Gemünden gemachten Bekenntnisse nahm er hier zurück, den Braukessel-Diebstahl zu Ebsdorf ausgenommen, welchen er sich nicht zu leugnen getraute, weil zwei seiner Komplizen schon vor sieben, acht Jahren solchen in Gießen gestanden und auf ihn bekannt hatten und weil er wußte, daß man noch andere Beweismittel in Händen hatte.

Je mehr indessen der Inquisit alle anderen Verbrechen leugnete, desto mehr und öfter gab der Verfasser sich Mühe, diesen höchst gefährlichen, überall berüchtigten Menschen so zu überführen, daß er völlig unschädlich gemacht werden könne. Nach vielen fruchtlosen Versuchen gelang es ihm endlich, das Geständnis einer Menge vorher nicht bekannter Verbrechen von ihm zu erhalten. Zuletzt bequemte sich Inquisit auch zum wiederholten Bekenntnis zwar bei weitem nicht aller, jedoch einiger derjenigen Verbrechen, die er zu Burg-Gemünden, wiewohl nur oberflächlich und ganz im allgemeinen, bereits eingestanden hatte.

Aber selbst nachdem er durch lange, oft wiederholte Untersuchungen zum Geständnis vieler Verbrechen gebracht war, verriet er noch seinen Ehrgeiz als Räuber, sobald man mit ihm ins Detail gehen wollte. Besonders schwer war es, von ihm die Gehilfen und Abnehmer zu erforschen; falsche Angaben oder die Entschuldigung, daß er es nicht wisse oder vergessen habe, enthielt gewöhnlich seine Antwort. Hatte man auch diese Schwierigkeiten besiegt, dann erwachte noch oft sein Räuberstolz in dem Augenblick, wo er konfrontiert werden sollte. Oft widerrief er dann seine frühere Aussage, oder, war es halb möglich, so leugnete er wenigstens die Identität des Vorgestellten. Er selbst z. B. hatte den Räuber Schoden-Heinrich der Teilnahme an dem Raub zwischen Butzbach und Wetzlar beschuldigt, ehe derselbe in Gießen saß. Nachher wurde Schoden-Heinrich hierher gebracht, leugnete und wurde konfrontiert mit ihm. Bei der Gegenüberstellung maß Schoden-Heinrich den Schwarzen Jung mit seinen Blicken, als wollte er sagen: »Bist du der berüchtigte Räuber und verrätst vor Gericht deine Kameraden?« Jetzt sah man des Inquisiten Räuberstolz lebendig werden. Trotzig schüttelte er Mähnen und Ketten, biß sich auf die Zunge, schlug die Augen nieder und behauptete noch keck, den Konfrontanten ganz und gar nicht zu kennen. Schoden-Heinrich wurde bald darauf nach Darmstadt abgeführt, um dort konfrontiert zu werden. Jetzt glaubte der Schwarze Jung wahrscheinlich, man habe denselben ausgeliefert oder entlassen; er gestand nun freiwillig, daß er bei der Konfrontation gelogen hatte, weil ihm Schoden-Heinrichs Blick unerträglich gewesen sei, zu gestehen und einen Kamerden zu verraten.

Während seines hiesigen Arrests versuchte Inquisit drei- bis viermal auszubrechen; sein Vorhaben wurde aber jedesmal vereitelt. Er war auch einer der ersten von dem Komplott, das Jonas Hoos machte, um durch Ermordung des Verwalters und der Wache sich die Freiheit zu verschaffen. (*Am 24. März 1813 wurde der Schwarze Jung wegen seiner Diebstähle und Straßenräubereien, die zum Teil auch von Mißhandlungen und Gewalttätigkeiten begleitet waren, zur Hinrichtung mit dem Schwert verurteilt, d. Hg.*)

Peter Görzel (ehedem Gärtner), vulgo scheeler oder Heiden-Peter

Alter 28 Jahre.

Schicksal

Inquisit, in jeder Hinsicht einer der interessantesten, die wir beschreiben, stammt nicht von Gaunern, obgleich er keine bleibende Stätte hatte; er ist ein uneheliches Kind angesessener Eltern. Sein Vater hieß Görzel, oder, wie früher unrichtig berichtet sein will, im Grund aber wahrscheinlich ist, Gärtner, war Musikus und wohnte in Ziegenhain. Seine Mutter, die Tochter eines armen Bauern aus Oberurff, zwei Stunden von Jesberg, gebar ihn zu Großenglis bei einer an einen dortigen Chausseeknecht verheirateten Schwester. Der Vater nahm sich nie des Buben an, und seine Mutter starb ohne Vermögen, bevor er das achte Jahr erreicht hatte. Sein Stiefvater zog nun mit ihm auf dem Land umher. Nach sechs Wochen verdingte sich dieser, und den kleinen verlassenen Peter nahmen drei Zigeunerweiber zu sich, worunter die Mutter des Heiden-Andres, der ihn nachher zu seinem ersten Verbrechen verführte, war. Man nannte ihn scheelen Peter, weil die Blattern ihm die Sehkraft des rechten Auges gelähmt hatten; von nun an hieß man ihn auch Heiden-Peter, weil Zigeunerweiber, welche der Pöbel Heidinnen zu nennen pflegte, ihn erzogen. Wahrscheinlich schmierten ihn seine Erzieherinnen mit Speckschwarten und brannten ihn an der Sonne. Wenigstens bekam er wirklich eine gelbliche, zigeunerähnliche Farbe. Auch lehrten sie ihn die Sprache der Zigeuner, und er erlernte sie noch fertiger als ihresgleichen. Durch die Erziehung der Zigeunerweiber erlangte er weiter eine seltene Tüchtigkeit und Biegsamkeit des Körpers, Artigkeit, Gewandtheit und einschmeichelndes Wesen. Eben dadurch wurde ihm aber auch der Hang zum unsteten Leben und die Raffinerie (das Lauern, d. Hg.) auf Betrug und Täuschung anderer eigen, und die kleinen Mausereien wurden ihm natürlich, von denen er, durch die Verführung seines Pflegebruders, der ihm die Bekanntschaft mit Gaunern verschaffte, bald zu eigentlichen Verbrechen überging. Peter war herangewachsen. Seine Erzieherinnen waren tot – bis auf eine. Er fühlte, daß er nicht allein stehen könne und weder Zigeuner noch Deutscher sei. Er entschloß sich, irgendeiner Menschenklasse anzugehören, und seine Wahl fiel auf die deutsche, aus der er entsprossen war. Er kannte aber unter ihnen nur Gauner, und da die Lebensart derselben mit seiner gewohnten am meisten Ähnlichkeit hatte, so machte er Gemeinschaft mit ihnen und wurde nach und nach Mitglied verschiedener Banden. Doch vergaß er nie die Industrie der Zigeuner und wußte sich durch einen kleinen unbeschwerlichen Handel mit allerlei kurzen Waren Nebenverdienst und den unverdächtigen Zugang in Städte und Dörfer zu verschaffen. Er diente ihm zugleich als Mittel zu leichterer Erhaltung gültiger Pässe, zur Konservierung eines guten Rufs und gab ihm die Aussicht, einst im Fall der Not eine bleibende Wohnstätte zu erlangen. Ebenso begünstigte sein Handel das weite Umherstreichen, wozu er durch das Zigeunerleben ohnehin Neigung fühlte und wodurch er in die Bekanntschaft mit den Gaunern mehrerer Länder und Distrikte gelangte. Bei allen seinen Kreuz- und Querzügen blieb indessen sein Hauptaufenthalt Vogelsberg und Wetterau; letztere aber ganz vorzüglich und späterhin beinahe ausschließlich.

Die Geschichte seiner Arretierungen datiert sich, soviel wir wissen, vom Frühjahr 1805. Damals wurde er mit Ludwig Funk, Caspar Huthmann und Konsorten auf dem Vogelsberg ergriffen, und zwar in dem Freiherrl. von Riedeselischen Gebiet, das damals noch seine eigene peinliche Verfassung hatte. Er kam nach Lauterbach in Arrest, log sich der dringendsten Beweise ungeachtet durch und wurde nach sechs Wochen unter Landesverweisung entlassen.

Das folgende Frühjahr wurde er wegen eines zu Wermutshausen im damaligen Werra-Departement, Königreich Westfalen, begangenen Einbruchs, von dem die Sachen bei ihm gefunden wurden, nach Marburg in Haft gebracht. Er kam dort in peinliche Untersuchung und wurde am 2. September 1806 von der damaligen Marburger Regierung zu dreijähriger Eisenstrafe verurteilt. Man brachte ihn zu deren Verbüßung nach Ziegenhain, wo er am 31. Dezember 1806 mittels Ausbruch desertierte.

Im nachfolgenden Frühjahr, nämlich am 10. März 1807, wurde er im damaligen Großherzogtum Berg arretiert, während er neben zwei anderen querfeld ein Bündel zu Oberndorf in dortiger Gegend mittels Einbruch gestohlener Sachen trug. Er kam nach Dillenburg in Arrest, leugnete, wiewohl gleichsam in flagranti ertappt, und befreite sich durch Ausbruch in der Nacht auf den 1. Oktober 1807. In Dillenburg hatte er den Namen Ferdinand Kreuz, in Lauterbach aber den Peter Gärtner geführt. Von nun an blieb er fast beständig in der Wetterau.

Zur Beischläferin wählte er sich Cathrina Tobiasin, eine Person aus Kransberg im Gräfl. Bassenheimischen, nunmehr zum Herzogl. Nassauischen Hoheitsamt Cleeberg gehörig. Sie stammte nicht aus einem Gaunergeschlecht, hatte aber durch ihre Verhältnisse Neigung dazu und paßte so am besten für ihn, weil sie in Kransberg einen sicheren Aufenthalt hatte und im Fall der Not ihm selbst dort Zuflucht verschaffen konnte. Er nahm sie mit sich und unterrichtete sie in der Kunst der Zigeunerweiber, wodurch diese sich selbst und ihre Männer sorglos zu ernähren wissen. Hierunter verstehen wir das sog. Kaspern oder betrügerische Prophezeien, Hexenwesen und die Gelegenheitsentwendungen, vulgo Mausereien. Er hieß, wie wir wissen, Heiden-Peter; sie nannte man nunmehr das Heiden-Cathrinchen. Ob sie es weit in ihrer Kunst gebracht hat, können wir gerade nicht sagen. Er selbst hat zu viel Liebe für sie, um sie zu verraten, und dieses edle Gefühl haben wir, da es die Untersuchung erlaubte, möglichst geschont. Aussagen anderer, die uns mitgeteilt wurden, enthalten: Er habe gestohlen und sie gekaspert.

Im Jahr 1810 endlich erhob sich in der Provinz Oberhessen der Sturm gegen die Gauner und verbreitete sich auch bis in die benachbarten Provinzen und Lande. Schon früher hatten sich in der Wetterau Territorialveränderungen ereignet, die manchem kleinen Flecken Erde statt der ehemaligen reichsunmittelbaren die wahre bürgerliche Freiheit, d.h. Sicherheit und Schutz für Raub- und Diebsgesindel, gegeben hatte. Diese Umstände bewogen Heiden-Peter, an die Zukunft zu denken. Sein Weib mußte sich mit den Kindern nach Kransberg zurückziehen, und er selbst suchte um den dortigen Schutz nach. Nach seiner Aussage und dem ihm abgenommenen Paß zu urteilen, erhielt er ihn wirklich und war wenigstens als toleriert zu betrachten.

Indessen wurde er im Spätherbst 1809 in das Verzeichnis verdächtiger Leute aufgenommen, das auf Veranlassung der Burg-Gemünder Untersuchung in Gießen ausgegeben wurde. Anfänglich wußte man nur wenig von ihm; die Fortsetzung der Untersuchung in Gießen lehrte ihn aber als einen Hauptdieb kennen, der zum Resultat des Ganzen unentbehrlich war. Sein Signalement wurde daher vervollkommnet, man erneuerte die Steckbriefe und setzte sogar Prämien auf ihn. Nun war es bei aller Vorsicht um seine Sicherheit geschehen. Er wurde im Sommer 1811 im Hanauischen eingezogen, wo er sich erst Johann Georg Schiefer aus Altengronau nannte, als er aber erkannt wurde, einen Herzoglich Nassauischen, von dem Amte Cleeberg d.d. (de dato, d. Hg.) Usingen, den 12. Mai 1811 ausgestellten Polizeipaß produzirte (vorlegte, d. Hg.). In diesem auf sechs Monate gültigen Paß, dessen Richtigkeit übrigens nicht bezweifelt werden konnte, werden alle Zivil- und Militärbehörden ersucht, den »Vorzeiger Peter Görzel, welcher mit kurzen Waren, Halstüchern, Kattun u.a. handelt, gebürtig von Berlin und wohnhaft in Kransberg, hiesigen Amtes« frei und ungehindert im Inland reisen zu lassen. Bewandten Umständen nach (bei dieser Sachlage, d. Hg.) konnte auf diesen Paß nicht reflectirt (durfte der Paß nicht beachtet werden, d. Hg.) werden, und der Herr Präfekt Freiherr von der Tann in Hanau, der überhaupt sehr tätig die benachbarten Behörden in polizeilicher Hinsicht unterstützte, hatte die Güte, die Auslieferung des Arrestanten nach Gießen kurzerhand zu verfügen. Hier gelang es bald, seine eigentliche Herkunft zu erforschen.

Eigenschaften und Charakter

Er ist behend, geschmeidig, flüchtig, aufmerksam, gelehrig, vorsichtig, überlegt, einschmeichelnd, von guter Beurteilungskraft und Gedächtnis. Auch die Gabe der Verstellung scheint ihm in hohem Grad eigen. Mögen indessen auch Falschheit, Grausamkeit und Eigennutz in ihm gewurzelt haben, so ist er doch für bessere Regungen und Eindrücke noch empfänglich, und die Anhänglichkeit an seine Familie scheint vollkommen aufrichtig. Er ist nicht so verdorben, daß eine solide Besserung, wozu er jetzt schon den Anfang gemacht zu haben scheint, unter gewissen Umständen nicht von ihm zu hoffen wäre. Er ist ein Mensch, der in vieler Hinsicht Talent besitzt, und es ist zu bedauern, daß solches nicht ausgebildet und besseren Zwecken verwendet wurde. Leider gab es aber oft Veranlassung zu Verbrechen, die sonst nicht geschehen wären. Von Conrad Anschuh, der ihn der Verführung zum Gaunerleben beschuldigt, wird er daher auch der General genannt.

Am Anfang seines hiesigen Arrestes versuchte er verschiedene Male den Ausbruch, wurde aber am Ende der Ausführung immer entdeckt. Später machte er keinen Versuch mehr. Ebenso probierte er anfänglich, mit Leugnen durchzukommen, und wand sich, soviel er konnte. Wie aber der Verfasser einmal seinen Charakter studiert, sein Zutrauen gewonnen und ihn einiger Hauptverbrechen überführt hatte, war es minder schwer, ihn nach und nach zum Bekenntnis vieler anderer zu bringen, wovon man Kenntnis hatte oder erlangte. Doch waren seine Bekenntnisse, wodurch er seine Reue und Aufrichtigkeit bestätigen wollte, meistens mit einem gewissen Rückhalt verbunden, da er öfter, gegen die Wahrscheinlichkeit und die Behauptungen anderer, seine eigene Schuld auf Kosten anderer, vorzüglich abwesenden Gefährten zu vermindern suchte.

Einer seiner Spezialkameraden war der berüchtigte Hessen-Heinrich, der zu Dillenburg mit ihm ausbrach und stets eines der angesehensten Mitglieder der Banden dies- und jenseits des Rheins gewesen ist. (*In demselben Verfahren, das dem Schwarzen Jung die Todesstrafe brachte, wurde auch der Heiden-Peter zur Hinrichtung mit dem Schwert verurteilt, d. Hg.*)

Johannes Borgener,
vulgo Polengängers-Hannes.

Er ist 24½ Jahre alt.

Schicksal

Der Vater des Inquisiten, Wilhelm Borgener, versilberte, wie wir wissen, sein geringes Vermögen, zog nach Polen, kam nach einigen Jahren wieder zurück, durchstreifte den Vogelsberg und starb bei Schotten unter freiem Himmel. Die Mutter Elisabetha lebt noch und hält sich in und um Gelnhausen auf.

Inquisit gibt zwar seinen Eltern das Zeugnis, sie hätten ihn nicht zum Stehlen angeführt, im Gegenteil, wenn sie so etwas gemerkt, streng bestraft. Indessen wurde er doch durch ihre Lebensart zum Landstreicher gebildet und den Gaunereien nahegebracht. Sein Bruder Michael war lange vor ihm Gauner und nahm ihn schon mit zu Diebstählen, als er noch nicht zur Hälfte erwachsen war. Früh geriet er dadurch in Bekanntschaft mit Adolph Diederich und anderen vorzüglichen Gaunern. Jung, feurig, kräftig, aufrichtig und unerschrocken, wie er war, wurde er bald berüchtigt und gesucht und blieb nirgends auf halbem Wege stehen.

Schon im Jahr 1801 wurde er wegen Lanstreichereien mit seiner Mutter im hiesigen Land eingezogen und nach Gießen gebracht. Nach Verlauf einiger Wochen wurden beide, da keine besonderen Verbrechen gegen sie vorlagen, unter Landesverweisung wieder entlassen.

Am 18. Februar 1808 kam er abermals ins hiesige Stockhaus. Er war in dem neuakquirierten von Riedeselischen Gebiet aufgegriffen und eines Schafdiebstahls beschuldigt worden. Die Untersuchung gab keinen vollständigen Beweis; er erlangte daher nach etlichen Wochen unter Landesverweisung abermals die Freiheit.

Beide Male war er im Vogelsberg arretiert worden, und die zweite Landesverweisung wurde mit seinem Signalement in die Zeitung gesetzt. Dies wahrscheinlich und die Eifersucht, die zwischen beiden Brüdern herrschte, trieb ihn aus dieser Gegend. Er zog nun höher hinauf nach der Wetterau. Die Verbindung mit seiner Beischläferin Christine Groß verschaffte ihm bald die Bekanntschaft mit der Wernerischen und Vielmetterischen Familie. Jetzt war sein Hauptaufenthalt im Hanauischen und Isenburgischen, wo seiner Beischläferin Mutter und mehrere Glieder der Familie Werner und Vielmetter Schutz und Aufnahme genossen. Bedenkt man, daß das Hanauische Gebiet nach dem Sturz der alten Regentenfamilie lange Zeit ein verwaistes, bloß administriertes Land war und die Durchkreuzung seines Territorialumfangs von fremdem Gebiet noch dazu jede solide Polizeianstalt lange darin erschwerte, so sieht man, daß alle Umstände dahin wirkten, den Inquisiten bei obiger Verbindung zum vollendeten Räuber zu machen, und wie es möglich war, daß er ohne Scheu und ungehindert mehrere Jahre sein Unwesen forttreiben konnte, wodurch er immer tollkühner und verwegener wurde. Im Jahr 1809 war er zwar wegen getriebenen Unfugs mit Kindern, die er mit gezücktem Messer zwischen Kilianstädten und Wachenbuchen auf öffentlicher Straße verfolgte und ihres Brotes beraubte, zwanzig Wochen zu Hanau in Arrest. Allein dieser Vorfall war, da kein förmliches Urteil ihn bestrafte, bald vergessen, und einer Untersuchung, die ein Jahr später zu Bergen gegen ihn eingeleitet werden sollte, wußte er sich durch Ausbruch aus dem Gefängnis bald genug zu entziehen.

Jetzt hatte die Untersuchung zu Burg-Gemünden, die den Grund zur hiesigen Räuberuntersuchung legte, ihren Anfang genommen, und Inquisit war dabei als Dieb angegeben worden. Obgleich man aus den dortigen Angaben nur wenig oder eigentlich gar nichts Bestimmtes entnehmen konnte, so veranlaßte dies doch seine Aufnahme in das Gaunerverzeichnis, das im Oktober 1810 in Gießen auf Verordnung des um die Sicherheitspolizei sehr verdienten Herrn Regierungspräsidenten Freiherrn vom Stein verfaßt und den Benachbarten von Großherzoglicher Regierung mitgeteilt wurde. Nach und nach erfuhr man durch die hiesige Untersuchung mehr über seine Verbrechen. Man kommunizierte nunmehr noch besonders mit den Behörden im Hanauischen Lande, das seinem neuen Regenten eine bessere Polizeiverfassung verdankte. Inquisit wurde hierauf ergriffen und ohne Umstände hierher geliefert. Am 2. September 1811, am Tag nach seiner Einlieferung, begann sein Verhör und das Geständnis seiner Verbrechen. Es war in allen zur Generaluntersuchung gehörigen Punkten bis zum 5. Dezember vollendet.

Charakter

Folgende Grundlinien bezeichnen seinen Charakter.

Er ist aufrichtig, wahrheitsliebend, beherzt, leichtsinnig, feurig, schnell hingerissen, jedoch bei einmal gefaßtem Entschluß standhaft, dankbar, aufbrausend, racheliebend, in jeder Hinsicht wollüstig und unangenehme Empfindungen scheuend; begabt mit lebhafter Einbildungskraft, gutem Gedächtnis und überwiegendem Hang zu guter Laune, bei hellem Verstand, doch öfter reiflicher Überlegung und Nachdenken ermangelnd, naiv, selbst zu Zeiten witzig, etwas eitel, musikliebend, selbst musikalisch; sanguinisch, unbekümmert um die Zukunft und meistens lustig.

Er versuchte während seines hiesigen Arrests nie einen Ausbruch. Man erinnert sich nicht, daß er irgendeine Züchtigung erhielt oder notwendig machte. Er schien dem Verfasser, der seine Untersuchung allein führte und ihm wegen seines ordentlichen Betragens einige kleine Wohltaten erwies, sehr zugetan und verpflichtet.

(*Die Schilderung dreier Verbrechen, an denen Johannes Borgener beteiligt war, haben wir in die Auswahl aufgenommen, weil sie für die Vogelsberger/Wetterauer Banden ungewöhnlich sind: eine Vergewaltigung, ein Raubmord und eine fast rituelle Entweihung einer Kirche. Borgener beging sonst nur kleine Räubereien und Diebstähle, z. B. von Dörffleisch, Gänsen, Schafen, Ziegen oder kupfernen Kesseln. Vergewaltigungen sind wie Morde die große Ausnahme. Borgeners Gefährten waren Conrad Werner, der schwarze Konrad, der am 25. September 1812 in Offenbach hingerichtet wurde, und Johannes Werner, auch Wuttwuttwutt, der ebenfalls 1812 in Offenbach im Gefängnis starb und mit einem Strick um den Hals unter dem Galgen begraben wurde. An dem Kirchenraub zu Herren-Haag waren auch Ludwig Vielmetter und seine Schwester Anna Margaretha Vielmetter beteiligt, d. Hg.*)

Straßenraub beim Kinzigheimer Hof unweit Hanau; 17. April 1811.

Am angeführten Ort griffen die Räuber eine Butterfrau aus Lißberg an, welche nach Hanau wollte. Die Beute bestand in 40 Pfund Butter, einem Kaffeekessel und ein paar Schuhen. Wert 18 fl. 50 kr.

Beide Werner hatten die Reuße der Butterträgerin abgehängt. Polengängers-Hannes hatte letztere unterdessen um den Leib gefaßt und gehalten. Während nun seine Raubgenossen die Reuße forttrugen, in einiger Entfernung aufschlugen und plünderten, zog Inquisit die erschrockene Frau in die Hecken und nötigte sie zu seinem Willen. Sie war hochschwanger; der Schrecken beschleunigte ihre Niederkunft. Ihr Kind lebt zwar noch, ist aber schwächlich.

Raubmord bei Heckenbergheim, Amt Ortenberg; 11. April 1811.

Wegen dieses Raubmordes war vordem ein Einwohner von Bindsachsen namens Martin Beram unschuldigerweise in Verdacht gewesen. Sehr unbestimmte Anzeigen hatten den Beamten zu Ortenberg veranlaßt, diesen Mann mehrere Monate im Kerker schmachten zu lassen. Das hiesige Großherzogliche Hofgericht hatte indessen durch verordnete Loslassung bereits seinen Leiden ein Ende gemacht, als die hiesige und Langenselbolder Untersuchung die wahren Täter entdeckte und Martin Beram völlig schuldlos darstellte.

Der Tatbestand jenes grausamen Verbrechens ist folgender.

Drei Butterhändler von Bleichenbach, A. Ortenberg, Friedrich Gräuling, Conrad Liebegott und Augustin Koch sind ihre Namen, wurden ungefähr eine halbe Stunde von Bergheim im Wald auf dem sogenannten Bette überfallen. Dem Liebegott gelang es, seine Reuße, als er auf solche einen Schlag erhielt, eilends abzuwerfen und nach Bergheim zu entspringen. Gräuling wurde auf der Stelle niedergeschlagen und geplündert. Noch sieht man auf seiner Stirn eine drei Zoll lange, breite, tief in das Stirnbein dringende Narbe. Sie rührt von dem Schlag her, der ihn zu Boden streckte und den Polengängers-Hannes, nach eigenem hiesigem Geständnis, ihm versetzte. Fünf Wochen war er der Behandlung des Wundarztes unterworfen. Mehrere Stückchen der Hirnschale wurde ihm unter großen Schmerzen herausgenommen. Obgleich die Wunde verharscht ist, verursacht sie ihm noch immer, besonders bei sich ändernder Witterung, Schmerzen.

Der unglücklichste von allen drei Angegriffenen war Augustin Koch, Gatte und Vater. Er erhielt einige Schläge und versuchte noch zu entfliehen. Verfolgt und eingeholt, wurde er überwältigt und niedergeschlagen. Flehentlich bat er um sein Leben, wurde aber fortwährend ohne Schonung mißhandelt. Sprach- und besinnungslos lag er zu Boden; der ganze Hirnschädel wurde ihm zerschmettert. Die so schleunig wie möglich angewandte ärztliche Hilfe war vergebens. Der Tod erfolgte in einigen Stunden.

Die Verletzungen wurde, nach angestellter legaler Sektion, für absolut tödlich erklärt. »An Rettung des Ermordeten«, sagte der Fundschein, »war nicht zu denken. Denn einenteils hätte der ganze Hirnschädel wegtrepaniert werden müssen, anderenteils war die Wirkung der fürchterlichen Erschütterung auf das Gehirn keineswegs zu beseitigen.«

Bei dem Ermordeten fand man noch in einer verborgenen Rocktasche das bei sich gehabte Geld. Gräulings geraubte Barschaft bestand in 19 fl. Die übrigen genommenen Effekten der drei Angegriffenen betragen an Wert ungefähr dasselbe.

Johannes Borgener gesteht selbst, daß er den Vorschlag zum Angriff dieser Leute gemacht habe, behauptet aber, daß weder der Raub noch der Mord in seiner Absicht gelegen haben, sondern daß er bloß sich durch Schläge an einem von den Leuten, welcher ihn ehemals auf einer Kirchweih beleidigte, habe rächen wollen. Er gibt zwar zu, aus dieser Absicht den Friedrich Gräuling niedergeschlagen zu haben, wirft aber die Schuld an dessen Beraubung auf den bei ihm gestandenen Johannes Werner und die der Ermordung Augustin Kochs auf Conrad Werner, welcher denselben allein geschlagen und, als Koch habe fortlaufen wollen und wie er eingeholt worden, sich zur Wehr gesetzt, mit den Mißhandlungen fortgefahren habe, obgleich er, Borgener, hinzugesprungen sei und gerufen habe, er möchte den Mann gehen lassen. Er behauptet, wohl gewußt zu haben, wo Augustin Koch sein Geld gehabt, und will daraus, daß es demselben nicht abgenommen worden, den Schluß ziehen, es sei ihm um Beraubung der Leute nicht zu tun gewesen.

Der Glaubwürdigkeit dieser Angaben stehen indessen mancherlei Umstände entgegen.

Er selbst hatte in den Akten gestanden, daß er schon vierzehn Tage früher diesen Leuten aufgelauert hatte, um sie zu berauben. Erst später leugnete er, zwar nicht jenes Conat (jene Unternehmung, d. Hg.), aber die eben erwähnte Absicht zu rauben, und behauptete, er sei mißverstanden worden, habe vielmehr auch damals nur die Absicht gehabt, die Leute durchzuprügeln.

Ganz gegen diesen Vorwand erklären sich aber seine eigene Beischläferin, Christine Grosin, und sein Schwager und Gehilfe Conrad Werner. Beide versichern übereinstimmend, Borgener habe ausdrücklich den Vorschlag gemacht, die Leute zu berauben. Auf Vorhalt von Borgeners Vorgeben beharren sie fest bei ihrer Aussage. Christine Grosin setzt hinzu: Borgener hätte damals Geld nötig und keine Schuhe gehabt und daher den Vorschlag getan, etwas zu verdienen, und Conrad Werner fügt an: Er und sein Bruder hätten bezweifelt, daß der von Borgener vorgeschlagene Raub ausführbar sei, daß sie nämlich zu dritt die Leute bezwingen könnten; aber Borgeners Beischläferin habe ihnen die Bedenken ausgeredet.

Hören wir nun, wie Conrad Werner, der Schwager und Mitschuldige Borgeners, sich über die Ermordung Augustin Kochs erklärt hat! »Ich«, sagte er, »habe zwar den Koch zuerst geschlagen, während Polengängers-Hannes den Gräuling niederschlug. Aber Koch lief fort und suchte nach Gelnhaar zu entfliehen. Als ich ihn einholte, setzte er sich zur Wehr und faßte mich an der Brust. Darauf kam Johannes Borgener herbeigesprungen, schlug ihn nieder und versetzte ihm die tödlichen Streiche. Als er kein Zeichen des Lebens mehr von sich gab, visitierte er ihn durch, nahm ihm seine Mütze und ließ ihn liegen.«

Conrad Werner mag unserem Inquisiten darin zuviel nachgesagt haben, wenn er ihm allein die tödlichen Streiche zuschreibt. Da es aber faktisch richtig und von Johannes Borgener selbst eingestanden ist, daß Koch anfänglich fortgelaufen und daß Borgener hinzugesprungen war, so ist es auf der anderen Seite kaum denkbar, daß er einen müßigen Zuschauer abgegeben und daß Conrad Werner allein und ohne sein Zutun den flüchtigen Augustin Koch habe festhalten und wie geschehen zurichten können. Selbst das Visum repertum läßt vermuten, daß die Verletzungen Augustin Kochs, namentlich die tödliche am Kopf, aus verschiedenen Richtungen kamen.

Zwar nicht beweisend, aber doch einigermaßen beachtenswert ist der folgende Umstand. Als Conrad Werner kurz vor seiner Hinrichtung gebeichtet und das hl. Abendmahl genommen, auch seine Strafe als gerecht und verdient anerkannt hatte, beharrte er, laut offizieller Nachricht, auf alldem, was er über den Anteil Borgeners an der Ermordung August Kochs früher zu Protokoll gegeben hatte. Eine seiner letzten Äußerungen war, daß Polengängers-Hannes an seinem Unglück schuld sei und doch wohl auch die gleiche Strafe wie er leiden würde. – Werner starb übrigens mit Ruhe und war mit einer allgemeines Aufsehen erregenden Standhaftigkeit zum Richtstuhl gegangen.

Endlich verdient auch die Angabe des in Heidelberg gesessenen, nunmehr ebenfalls hingerichteten und unverzagt gestorbenen Hölzerlips nicht unberührt zu bleiben. Hiernach soll Johannes Borgener sich selbst gerühmt haben, er hätte einem Bleichenbacher Butterhändler die Nase eingeschlagen und ihn deshalb, obgleich er sehr um sein Leben gebeten, ohne Schonung ermordet, weil ihn derselbe erkannt und mit Namen genannt hätte.

Nimmt man nun die vorbemeldeten Umstände zusammen, so dürfte kaum ein Zweifel übrigbleiben, daß Borgener sowohl an der Beraubung der Bleichenbacher Leute als auch an dem dabei verübten Mord hauptsächlichen Anteil hatte. Und soviel Aufrichtigkeit derselbe sonst bewies, so ging doch in dieser offenbar kapitalen Sache sein Bestreben wohl dahin, seine Schuld auf Kosten der Wahrheit in den Augen der Richter zu vermindern.

Der Mitschuldige Johannes Werner war übrigens, ehe er über diesen Raubmord vernommen werden konnte, im Gefängnis verstorben. Aus seines Bruders und Borgeners Geständnissen geht aber hervor, daß er dem Augustin Koch keinen Schlag gegeben, sondern sich während der Mißhandlung des letzteren mit der Verfolgung des flüchtigen Liebegotts und der Beraubung des Gräulings beschäftigt hat.

Kirchenraub zu Herren-Haag, März 1810.

Viermal in einem Zeitraum von nicht gar anderthalb Jahren wurde die Kirche zu Haag oder Herren-Haag im Isenburg Büdingischen aufgebrochen und beraubt, obwohl von Seiten der Behörde alles mögliche zur Sicherung derselben durch Anschaffung neuer Türen, Fenstereisen usw. geschehen war. Der gesamte durch die viermalige Plünderung angerichtete Schaden ist auf 596 fl. 25 kr. berechnet.

Unter diesen Einbrüchen war der bedeutendste und schädlichste der im März 1810, dem Inquisit beigewohnt zu haben gesteht. Gemeinde und Kirchenkasten kamen durch diesen, mit dem schändlichsten Mutwillen begleiteten Einbruch in eine Ausgabe von 507 fl. 17 kr.

Mit einem Stab Eisen, der von einem zu Assenheim geraubten Treppengeländer herrührte, wurde die Kirchentür aufgesprengt und zertrümmert. Es galt zuerst der Glocke[1] die Räuber konnten solche nicht loszwingen (gewaltsam losbringen. d. Hg.) und begnügten sich daher mit Entwendung des Schwengels. Darauf wurde die ganze Orgel zerstört und die Windlade zerschnitten. Von den Pfeifen nahmen sie mit, was sich fortbringen ließ[2]; alle übrigen wurden unbrauchbar gemacht. Auch ein Pfarrersmantel, zwei Leichentücher, sogar der Klingelbeutel und zwei Gesangbücher wurden entwendet. Die Glockenseile wurden abgeschnitten und der Altar umgeworfen. Einer schlug von der Kanzel sein Wasser ab, während er mit umgehängtem Mantel den Prediger affektierte. Die drei anderen hörten dessen aus Zoten und Lästerreden bestehendem Vortrag zu und verrichteten a posteriori (von hinten her, d. Hg.) ihren Unrat in die Kirche.

Zum Schluß der Biographie Johannes Borgeners folgt noch ein Bruchstück aus dessen Verhör nebst einer Anekdote von ihm und einem Räuber-Lied, das er von Jacob Heinrich Vielmetter gelernt haben will und das in einer sehr angenehmen Melodie aus E-Dur gesungen wird.

Bruchstück aus Borgeners Verhör

Am 22. Mai 1812 wurde er gefragt: »Zu welcher Religion bekennt Ihr Euch?«

Antwort: »Soviel ich weiß, zur katholischen. Mit Religion habe ich mich nicht viel abgegeben. Meine Eltern führten mich nicht dazu an, und in die Schule bin ich gar nicht gekommen. Meine Mutter lehrte mich bloß so viel

---

[1] Der Jude W . . . zu Burg-Gräfenrode hatte Glockenmetall bei ihnen bestellt und schon vorher den Preis bestimmt, um welchen er ihnen das Pfund abnehmen würde.

[2] Auf dem Wingertshäuschen bei Ilbenstadt, wo die Diebe öfter ihre Niederlage hatten, vertrieben.

Gebete, daß ich konfirmiert werden und um Ostern beichten konnte. Seit vier Jahren ist aber auch dies unterblieben. Ich weiß von Religion nur so viel, daß ich kein Jude bin.«

Frage: »Ihr wußtet doch, daß Rauben und Stehlen verboten sei?«

Antwort: »Das wußte ich wohl, fragte aber nicht danach. Hingegen daß es Sünde sei, davon hatte ich keinen Begriff.«

Frage: »Warum habt Ihr Euch nicht durch das erlernte Handwerk ernährt?«

Antwort: »Das hätte ich wohl gekonnt; denn ich verstand das Korbmachen aus dem Fundament. Durch Verführung geriet ich in das Diebsleben, und daß ich darin solche Fortschritte machte, verdanke ich besonders meiner Beischläferin und deren Mutter.«

Frage: »Habt Ihr noch etwas zu Eurer Verteidigung anzuführen?«

Antwort: »Nein.«

Frage: »Wollt Ihr Euch unter den hiesigen Advokaten einen Verteidiger wählen?«

Antwort: »Das überlasse ich Großh. Hofgericht.« (Nach einer Pause:) »Doch wenn ich einen wählen soll, so verlange ich den allerjüngsten. Entweder soll der Lehrgeld geben oder ich.«

Anekdote

Nach der Hauptsache beendeter Untersuchung verlangte er, den Inquirenten ohne Beisein anderer Gefangener zu sprechen. Als ihm willfahrt wurde, tat er folgende Erklärung:

»Ich habe eine Bitte an Sie. Machen Sie doch, wenn Sie können, daß ich gar kein Urteil bekomme. Ich will ohne Urteil lebenslänglich hierbleiben, und das Ihnen zu Gefallen. Es wird ja einerlei sein, ob ich ohne Urteil im Gießener Stockhaus oder mit Urteil zu Marienschloß im Zuchthaus sitze.«[1]

[1] Die später erfolgte Hinrichtung des Jonas Hoos machte indessen auf Borgener und andere seinesgleichen einen so starken Eindruck, daß sie an dem Tag der Vollstreckung ihr Essen liegen ließen. Jetzt scheint alles wieder vergessen.

Vogelsberger und Wetterauer Räuber-Lied

1.
Lustig ist das Kochemer Leben,
Wenn wir uns in d'Wehsch a) begeben,
In dem Jaar b) ist Lust und Freud.
Lustig sind wir Kochemer Leut.
Trallerallera, Trallerallera,
Trallerallera, Trallerallera
2.
Wann uns tut der Buttlack c) plagen,
Thun wir uns ein Balo d) jagen,
Jagen wir im Gefahr e) (in dem Jaar) herum,
Eins davon ist unser Lohn.
Trallerallera usf.
3.
Wann die Kaffer f) schuppen g), holchen h)
Thun die Schickse i) ihnen folgen.
Bringt dann der Kaffer die Schore j) herbei,
Buckeln k) sie's vom Emmes l) zum Bajes m) hinein.
Trallerallera usf.
4.
Wann wir im Gritschimme n) liegen,
Tun wir flugs die Gahtsche o) betrügen.
Gritschimari p) schenk ein vom besten Malain! q)
Laßt uns Kochemer lustig sein!
Trallerallera usf.
5.
Tut uns dann der Gahtsche r) nexen,
Lassen wir unsere Driknalschker s) wechslen,
Machen dann unsere Kochemer Kunst, t)
Kommen d' dri Knalschker gleich wieder zu uns.
Trallerallera usf.
6.
Wann wir ein'n jungen Kochemer machen,
Tut das Kuder im Buhsch u) schon lachen.
Sie kommen zum Treff zum Knalschke heraus,
Sie schauen wie der Bingo v) aus.
Trallerallera usf.
7.
Hinter em Bajes w), hinter der Schorne x),
Treiben wir unsere Kochemer Storne y).
Aber jetzt ist alles umsonst;
Das macht unsere Kochemer Kunst. –
Trallerallera usf.

---

a) Wald, b) Wald, c) Hunger, d) Schwein, e) Dorf, f) Mannsleute, g) stehlen, h) gehen, i) Weibsleute, j) gestohlene Ware, k) tragen, l) verabredeter Platz, m) Diebsherberge, n) Wirtshaus, o) Leute, p) Wirt, q) Wein, r) Bauer, Wirt, s) Dreibätzner, t) Diebshandwerk, u) Kind im Leib, v) Teufel, w) Haus, x) Scheuer, y) Kunst, Handwerk.

(Auch Johannes Borgener wurde am 24. März 1813 in Gießen zur Hinrichtung mit dem Schwert verurteilt, d. Hg.)

Zum Schluß gebe ich eine vom Heiden-Peter auf sein Schicksal selbst gefertigte und ungefähr vier Wochen vor seiner Verurteilung mir rezitierte, seine Biographie vollendende

Elegie.
1.
Lang war ich schon in Qual h'rumgegangen,
Zu Oberis'gheim nahm man mich gefangen,
Drauß mußt' ich zur Stadt Hanau h'nein.
Dort mußt' ich drei Wochen gefangen sein.
2.
Hier wollten sie nichts von mir wissen,
Und brachten mich nach der Stadt Gießen.
Man bracht' mich vor des Richters Haus;
Hofgerichtsrat Grolman kam heraus.
3.
Er ließ mich sogleich vor sich führen,
Und fing mich an zu examinieren.
»Peter Görzel, sagt' ich, ist mein Nam',
Vor sieben und zwanzig Jahr' auf die Welt ich kam.«
4.
Der Richter hört zu fragen auf.
Man führt' mich durch die Stadt hinauf,
Und bracht mich in das Stockhaus h'nein.
Da mußt' ich erst recht gefangen sein.
5.
Drauf ging nun das General-Verhör an.
Ich stellt' mich erst sehr übel an.
Man sagt mir drauf: »Bekenn' deine Sünd,
Denn Reue öfters Gnade find'.«
6.
Nun begab ich mich an das Bekennen,
Tat diesen und jenen Diebstahl nennen.
Dies dauert beinah ein Vierteljahr,
Als mein Verhör geschlossen war.

7.
Nun habe ich schon lang gesessen,
Meine beste Speis hab' ich gegessen.
Drei Tag, drei Stund vor meinem End
Will ich empfangen das Sakrament.

8.
Stadt Gießen hat noch nicht erfahren,
Daß ein Mann von schier dreißig Jahren
Eine solche Straf' empfangen hat,
Von wegen seiner Missetat.

9.
Das leidige Geld hat mich betrogen,
Den Arm zum Frevel mir gebogen.
Nun muß ich büßen meine Schuld.
Gott geb! 's geschehe mit Geduld.

10.
Zwar hatt' ich mich vom Stehlen abbegeben,
Und angefangen ein ander Leben.
Mich auch gestellt zum Guten ein,
Und dacht', meine Sünden sollten verborgen sein.

11.
Morgens früh um halber zehen,
Werde ich zum Frühstück gehen.
Ihr seid All' geladen ein!
Ich werd selbst das Frühstück sein.

12.
Was werden Frau und Kinder sagen?
Wie werden sie dann um mich klagen!
Doch wenn ich alles recht betracht,
So habe ich mir's selbst gemacht.

13.
O liebe, gute, zarte Jugend
Ergebe dich doch früh der Tugend
Ihr Eltern hört die Bitte mein,
Und ziehet eure Kinderlein!

14.
Glaubt mir in dieser letzten Frist,
An Zucht gar viel gelegen ist.
Hört Sünder! laßt die Laster fliegen,
Und Teufelslist euch nicht besiegen.

15.
Jetzt steige ich die Himmelsleiter,
O Herr und Gott! Sei mein Begleiter.
Dich Jesu, Heiland! ruf ich an,
Nimm meiner Seel' dich gnädig an.
Oh! – Amen!

Die Hölzerlipsbande: 1 Der Schwarze Peter, 2 Sein Sohn Andreas, 3 Der Langbeinige Stephen, 4 Hölzerlips, 5 Dessen Frau, 6 Ihr buckliger Bube, 7 Mane Fritz, 8 Veit Kraemer, 9 Der Basti, 10 Der große Harz Bube, 11 Der Scheflenzer Bube, 12 Kraemer Mathes, 13 Erster Karlsbub, 14 Zweiter Karlsbub, 15 Dritter Karlsbub, 16 Vierter Karlsbub, 17 Peter Henrichs HanAdam

Die Bande des Schinderhannes nach ihrer Verhaftung rechts des Rheins.
1 Schinderhannes, 2 Schwarzer Jonas, 3 Weber, 4 Reinhard,
5 Konkubine des Schinderhannes, 6 2 Weiber mit Kindern

Zeitgenössischer Holzschnitt von der Hinrichtung des Schinderhannes

Julchen Blasius, das »Liebchen« des Schinderhannes – in der Sicht des Porträtisten Ernst

»Zu Hülfe – barmherziger Gott, – zu Hülfe – mein Weib, mein geliebtes junges Weib hat sich in den Rhein gestürzt!«

»In die Flammen mit ihm, in die Flammen mit Battiany, dem Verräter!« befahl Leichtweis. In demselben Moment hob Rigo, der Blinde, den gefesselten Mann empor und stieß ihn mit Gewalt in den glühenden Ofen.

»Henker von Wiesbaden ich fordere Euch auf, mir den Wilddieb Heinrich Anton Leichtweis sofort auszuliefern.«

Heinrich Anton Leichtweis
der verwegene Räuber u. Wilddieb
oder
Dreizehn Jahre Liebe und Treue im Felsengrab.

Raum ist in der kleinsten Hütte, für ein glücklich liebend Paar!

In einer Felsenhöhle tief unter der Erde

hat der berühmte und berüchtigte

Heinrich Anton Leichtweis

der verwegene Räuber und Wildschütz des Rheinlandes

mit seiner schönen, abenteuerlichen **Lore von Bergen** dreizehn Jahre gehaust.

Heinrich Anton Leichtweis ist keine Phantasiegestalt, welche von unserem Dichter ersonnen wurde. Dieser kühne, männlich schöne Räuber hat gelebt, und vor ihm, dessen Büchse stets schußbereit war, der vor keinem Verbrechen zurückscheute, haben die Bewohner der Rheinufer einst gezittert. Noch heute erzählt man am Rhein, ja in ganz Deutschland sogar von diesem deutschen Räuber, der an Tapferkeit, Verwegenheit und Grausamkeit doch auch an Edelmut gegen Bedürftige und an Galanterie gegen schöne Frauen und Mädchen einen Rinaldo Rinaldini, einen Schinderhannes, einen Fra Diavolo weit übertroffen hat. Noch heute strömen alljährlich Deutsche, Russen, Engländer, Amerikaner, kurz alle Fremden, welche den berühmten Kurort Wiesbaden besuchen, hinaus zur **Leichtweishöhle**, zu der geheimnisvollsten Räuberhöhle der Welt, in welcher Leichtweis und seine schöne Lore von Bergen dreizehn Jahre zusammen lebten.

Deutsche Leser! Wollt ihr ein echtes rechtes Räuberleben kennen lernen, ein Leben, erfüllt von Liebe und Haß, Edelmut und Verbrechen, wollt ihr erfahren, wie ein schöner, hochbegabter Mann um eines geliebten Mädchens willen sich mit ihr in eine Felsenhöhle vergrub, weil er dieses Mädchen so wahnsinnig und eifersüchtig liebte, daß er das Antlitz seiner Lore der Männerwelt, die dieser Perle des Rheins nachstellte, nicht zeigen wollte, wollt ihr das Geheimnis ergründen, wie es kam, daß dieser Mann, ein Räuber, seine holde Lore, die Frau eines Banditen wurde, lest den sensationellen Roman

Heinrich Anton Leichtweis

der verwegene Räuber und Wildschütz des Rheinlandes, oder

Dreizehn Jahre Liebe und Treue im Felsengrab

Nach Chroniken, Kirchenbüchern, Kriminalakten und Erzählungen der ältesten Leute am Rhein geschrieben

---

Zur gefälligen Beachtung!

Der Roman: **Heinrich Anton Leichtweis** wird in Heften zu **20 Pfg.** herausgegeben und ist durch alle Buchhandlungen, Kolporteure, Buchbindereien des In- und Auslandes zu beziehen. Sollte einmal der Bote mit der Lieferung des Werkes ausbleiben, oder es befindet sich am Orte kein ständiger Buchhändler, so empfiehlt es sich, den Betrag für die verlangten Hefte per Postanweisung oder in Briefmarken an den unterzeichneten Verlag einzusenden. Marken aller Länder werden in Zahlung genommen. Zusendung erfolgt franko

Um genaue Angabe der Adresse wird gebeten!

Auslieferung nur durch **Otto Maier** Leipzig, Seeburgstraße 50

Neuer Volksroman-Verlag
Werdau.

Die Schrecken des Odenwalds: Johann Adam Heusner und seine Kumpane

(Carl Friedrich Brill)

Carl Friedrich Brill war, auch was seine Karriereschritte betraf, das Darmstädter Pendant zu Grolman in Gießen. Am 10. November 1765 in Buchsweiler geboren, studierte er an der damaligen Landesuniversität Gießen die Rechte und wurde 1789 Regierungssekretariatsakzessist (d.h. Anwärter für den Berichts- und Verwaltungsdienst). Die Beförderungen erfolgten kontinuierlich, aber mit nur durchschnittlicher Geschwindigkeit: 1790 Regierungsadvokat, 1795 peinlicher Gerichtsdefensor, 1797 peinlicher Gerichtsassessor, 1809 peinlicher Kriminalrichter und schließlich 1814 Großherzoglicher Hofgerichtsrat. An diesem Titel konnte sich Brill allerdings nur kurze Zeit erfreuen. Er starb am 9. oder 10. August 1817.

Seine publizistische Tätigkeit beschränkt sich auf vier Bücher: die beiden Bände, aus denen wir zitieren, eine 1814 erschienene Kurzfassung davon und die »Actenmäßige Geschichte des Verbrechens und der persönlichen Verhältnisse des am 5. April 1814 durchs Schwerdt hingerichteten Joh. Pet. Neussel von Eberstadt (Darmstadt 1814)«. Brills Hauptwerk, die »Actenmäßigen Nachrichten von dem Raubgesindel in den Maingegenden, dem Odenwald und den angrenzenden Ländern . . .«, kam 1814 und 1815 in zwei Abteilungen ebenfalls in Darmstadt, bei Heyer und Leske, heraus. Es umfaßt ins insgesamt 543 Seiten und konzentriert sich auf die Räuber, die in der großherzoglichen Residenz in Haft saßen bzw. dort hingerichtet worden waren. Brill leitete die Untersuchungen, und die dadurch gewonnene Vertrautheit mit den Gefangenen und ihren Lebensläufen ließ der Hofgerichtsrat seine Leser und damit auch seine Kollegen spüren.

Selbstverständlich traute er, wenn es zu konträren Aussagen zwischen Gießen und Darmstadt kam, »seinen« Räubern mehr als denen von Grolman. So ergeben sich gelegentlich, wenn es sich um dieselben Täter handelt, geringfügige Abweichungen in den Darstellungen der beiden Untersuchungsrichter. Johann Adam Heusner, »seinen Haupträuber«, schien Brill regelrecht ins Herz geschlossen zu haben. Ihn, der so geständig und reumütig war, versuchte er immer wieder zu verteidigen und damit zu entlasten. Vor dem Gang aufs Schafott versprach er Heusner sogar, für dessen Tochter zu sor-

gen. Verwundert liest man in einem Nebensatz, daß Brill bereits vor mehreren Jahren die Tochter eines anderen Räubers, von Johann Adam Grasmann, bei sich aufgenommen hatte. Diese Form des sozialen Engagements, die weit über die Tätigkeit eines Untersuchungsrichters hinausging, dürfte auch damals schon ungewöhnlich gewesen sein.

In einem krassen Gegensatz dazu stehen die von ihm (im Vorwort zu seinem ersten Band) vorgeschlagenen Maßregeln zur Verbrechensbekämpfung. Brill sah die Gründe allen Übels in der Bettelei, die er radikal verbieten oder zumindest stark einschränken wollte. Daß nicht nur falsche Bettler, sondern auch tatsächlich in Not geratene Menschen übers Land zogen, ignorierte er.

Wir haben aus der ersten Abteilung die Lebensgeschichte des Johann Adam Heusner ausgewählt, des schon erwähnten »Haupträubers« der in Darmstadt inhaftierten Bande. Von den über 120 ihm zur Last gelegten Delikte sind die aufgenommen worden, die die Brutalität, den Dilettantismus und die Trostlosigkeit der Raubzüge am deutlichsten zeigen. Die Schilderung der Hinrichtungsvorbereitungen und der Hinrichtung selbst stammt aus der zweiten Abteilung.

Die Veranlassung zu der Untersuchung, deren Resultat man nun vortragen will, war folgende:

In der Nacht vom 8. auf den 9. März 1810 wurden dem Einwohner Johannes Maaser zu Fränkisch-Crumbach mehrere Kleidungsstücke, leinen Tuch und andere dergleichen Effekten mittels Einbruch entwendet. Der Sohn des Bestohlenen eilte mit seines Vaters Bruder von Wersau in die benachbarten Orte, um den Dieben nachzuspüren. In Rimbach (wo Heusner und Grasmann schon länger sehr bekannt waren) kehrten jene beiden in dem Wirtshaus Zur Krone ein. Gleich danach kam der Knecht des dortigen Neumüllers in die Wirtsstube, der Maaserische Sohn erzählte ihm den Diebstahl und erhielt dagegen die Äußerung, er solle still sein, soeben komme einer von den Hauptkerlen. Es kam darauf auch ein Mann in die Stube, welcher einen Mantel umhängen hatte und den rechten Arm in einer Binde trug (es war Johann Adam Heusner); dieser ließ sich ein Glas Bier reichen und holte dabei einen stark mit Silber beschlagenen Pfeifenkopf aus der Tasche. Der Maaserische Sohn äußerte, daß der Pfeifenkopf gestohlen sein müsse, da er von einem Crumbacher Horndreher beschlagen sei; und ohne ein Wort zu sagen, entfernte sich hierauf Heusner aus der Stube. Nach seiner Entfernung riet der Wirt Zur Krone dem Maaserischen Sohn, daß er sich nach Albersbach werden solle, da sich der berüchtigte Samel da aufhalte. Hier wurde nun Grasmann, der sich mit seiner Beischläferin flüchtig zu machen suchte, hinter einer Hecke im Feld ergriffen und festgehalten, ein bei sich gehabter Büchsenranzen mit Effekten aber nicht weit von ihm entfernt gefunden.

Mittlerweile war auch Johann Adam Heusner in den Ort gekommen und als ein verdächtiger Kerl, dessen Einfangen von dem Amt schon längst angeordnet war, ebenfalls verhaftet worden. Beide wurden nach der vom Patrimonialgericht Crumbach geführten Generaluntersuchung am 13. März 1810 in das hiesige Stockhaus eingeliefert.

Johann Adam Grasmann schien der mutmaßliche Anführer einer Räuberbande zu sein, welche in einer Bekanntmachung der damaligen Großherzogl. Frankfurtischen Regierung zu Aschaffenburg vom Jahr 1809 im allgemeinen signalisiert war; Johann Adam Heusner aber war nicht nur in seiner eingeräumten Verwandtschaft mit Grasmann, sondern auch aus einem Schreiben des Löwensteinischen Amtes Freudenberg höchst verdächtig, da derselbe nach diesem Schreiben in eine Familie eingeheiratet hatte, die wegen Räubereien berüchtigt war und deren Vater deswegen schon eingesessen hatte; diesen Verdacht bestätigten die Tatsachen, daß er bereits im Jahre 1806 wegen Diebstahls bei dem Großherzogl. Amt Umstadt verhaftet worden war und sehr bedenkliche Verhältnisse damals gegen ihn eintraten.

Da sich hiernach mit großer Wahrscheinlichkeit in den beiden Arrestanten bedeutende Räuber vermuten ließen und da das Schreiben des Amts Freudenberg auch wahrscheinlich machte, daß Johann Adam Heusner selbst schon von dem Würzburgischen Zentamt Homburg als Mitglied einer beträchtlichen Diebsbande in öffentlichen Polizeiblättern verfolgt werde, so veranlaßte dies mit vorläufiger Beiseitsetzung der Untersuchung des Diebstahls bei Johannes Maaser, durch Korrespondenz nähere Notizen von den Verhältnissen zu erhalten zu suchen, welche dafür sprechen konnten, daß beide Inquisiten berüchtigte Räuber seien.

Die ersten näheren Nachrichten erhielt man

a) in Beziehung auf Johann Adam Heusner

von der in Würzburg gegen eine in Kissingen arretierte Räuberbande besonders niedergesetzt gewesenen Untersuchungskommission; nach diesen Nachrichten war Heusner in den dortigen Untersuchungsakten mehrerer Räubereien bezichtigt, auch im Jahr 1805 auf Verordnung des dortigen Hofgerichts in öffentlichen Blättern signalisiert und verfolgt worden. Die Übereinstimmung des mir von dieser Kommission von dem dort bezichtigten Überrheiner oder dicken Hann Adam mitgeteilten Signalements mit dem Johann Adam Heusners und die Übereinstimmung der mir von den

Familienverhältnissen jenes seiner Frau kommunizierten Notizen mit denen der Frau des Heusners ließen keinen Zweifel an dessen Identität mit dem dicken Hann Adam übrig.

b) Den Johann Adam Grasmann

bezeichneten von Wiesbaden erhaltene Akten, Mitteilungen, die ich von dem Gemmingischen Patrimonialgerichtsbeamten Stein zu Fränkisch-Crumbach erhielt, und endlich frühere Untersuchungsakten gegen die berüchtigen Räuber Zunder Albert und kleiner Johann, die unter den falschen Namen Selzer und Jahn hier gesessen hatten, allenthalben als den unter dem Namen großer Samel berüchtigten Räuber. Von der Untersuchungskommission zu Würzburg erhielt man bald hernach auf derselben gegebene Nachricht von der höchstwahrscheinlichen Identität des Heusners mit dem dicken Hann Adam aus den dortigen Untersuchungen die gegen denselben vorgelegenen Bezichtigungen speziell mitgeteilt und ebenso von dem Großherzogl. Würzburgischen Landgericht Karlstadt dasjenige kommuniziert, was in den dortigen Untersuchungsakten vom Jahr 1805 gegen denselben vorlag. Durch die zu Heidelberg auch gegen den hier zuerst zum Geständnis des bekannten zwischen Hemsbach und Laudenbach vorgefallenen Raubmords gebrachten Veit Krähmer und seine Komplizen eingetreten gewesene Untersuchung erhielt man weitere Notizen von neueren Verbrechen Heusners und Grasmanns durch schriftliche Mitteilungen, die dadurch, daß Kriminalrichter bei einer auf Verordnung Großherzogl. Regierung hier Ende Juli 1811 nach Heidelberg unternommenen Reise, die dortigen Inquisiten selbst sprechen und näher vernehmen konnten, noch erweitert und bestätigt wurden.

Mit den auf diese Weise besessenen Notizen wurde die Untersuchung am 14. August 1811 mit dem Johann Adam Heusner angefangen.

So hartnäckig dieser anfänglich sich anließ, so offenherzig wurde er, freilich nur nach und nach, nachdem man ihm eine Reihe seiner Kameraden mit ihren Spitznamen vorgehalten und ihn so in den Spiegel der über ihn erhaltenen Kenntnisse hatte sehen lassen und hierbei, da man wahrnahm, daß er für sachgemäße, auf Herz und Verstand wirkende Vorstellungen empfänglich war, auch von dieser Seite auf ihn zu wirken suchte und ihn dann sogleich allein und so hatte setzen lassen, daß er ganz sich selbst und seinem Nachdenken über die ihm gemachten Vorstellungen überlassen war. Es ist in psychologischer Hinsicht vielleicht nicht unerheblich, daß eben dieses Alleinsitzen vereint mit den Einwirkungen auf seinen Verstand und das Nachdenken, dem er sich bei jenem überlassen war, bei ihm Gewissensrührungen hervorbrachte, die ihn zu seinem ersten Bekenntnis brachten, und daß seine ganze Offenherzigkeit da anfing, als er sah, daß man ihn mit möglichster Schonung bei seinen Verhören behandelte, und er dadurch gewonnen worden war, sein Zutrauen dem Inquirenten zuzuwenden. In der ersten Zeit, als er mit seinen Bekenntnissen anfing und als er von der Verhaftung seines Bruders noch gar nichts wissen konnte, äußerte er gleich bei dem Eintritt in die Verhörstube mit sichtbarer Bewegung, daß es im Stockhaus umgehen müsse, daß es einen heftigen Schlag in seinem Zimmer getan hätte und sein Bruder ihm erschienen wäre; er bemerkte dabei, daß keine Stunde in der Nacht sei, in der er nicht an den unheimlichsten Orten marschiert wäre, ohne daß ihm je etwas begegnet wäre. Das, was er in dem Verlauf der Untersuchung und nachdem er seine Hauptverbrechen bekannt hatte, darüber, und wie er durch seine in den ihm vorgeschwebten Bildern entstandene Gewissensangst zur Aufrichtigkeit bestimmt worden sei, weiter angibt, ist in psychologischer Hinsicht ebenfalls merkwürdig. Er sagt hierüber in seinem Verhör vom 28. August 1812: Als er das zweite Mal (es sei am 15. August ein Jahr gewesen) aus dem Verhör zurück in sein Zimmer gekommen sei, habe er die Lehren und Ermahnungen, die ihm gegeben worden, überlegt, und da er hierbei gefunden, daß ihm Leugnen nichts helfen würde, daß er aber auf der anderen Seite bei einem offenen Geständnis nicht nur selbst verloren zu sein, sondern auch noch so viele andere Menschen unglücklich machen werde, so habe er den Gedanken gefaßt gehabt, sich zu erhängen, und auch bereits den Strick dazu gedreht. In dem Augenblick aber, wo er die Tat habe ausführen wollen, sei es ihm vorgekommen, als wenn hundert und abermal hundert Menschen um ihn stünden, und wo er nur in eine Ecke des Zimmers geblickt, habe er darin jemand zu sehen geglaubt und doch niemand gefunden. Dies habe ihn von seinem Vorsatz abgebracht, und er habe sich auf seinen Sack hingelegt. Da sei ihm sein Bruder in seiner gewöhnlichen Kleidung erschienen, so daß er denselben hätte anreden können, wenn der Schrecken es ihm zugelassen hätte. Die zwei darauffolgenden Nächte habe er die gleiche Erscheinung gehabt, da sei aber sein Bruder nicht in der gewöhnlichen Gestalt, sondern bläulich gewesen; seine Bestürzung habe ihn aber jedesmal abgehalten, seinen Bruder zu fragen, was er wolle. Diese Erscheinungen hätten ihn bestimmt, den ihm gegebenen Lehren und Ermahnungen zu folgen und mit offener Aufrichtigkeit all das Böse, was er getan habe, zu bekennen, und bete er gegenwärtig, so gut er könne, gar oft zu Gott, daß er ihm nur so lange das Leben lassen möge, um der Obrigkeit durch Aufrichtigkeit wieder dienen und dadurch noch so viel Gutes tun zu können, wie er vorher Böses getan habe.

Da es nicht uninteressant sein kann zu wissen, auf welchem Weg ein so großer, entschlossener, viel Verstand und Gewandtheit habender Verbrecher, der schon an mehreren Orten arretiert und verschiedentlich gleichsam über dem Verbrechen ergriffen worden war und sich immerhin durchzulügen wußte, endlich zu einem so offenen Geständnis gebracht wurde, wie es bei ihm der Fall ist, so habe ich geglaubt, das bisher Gesagte erzählen zu dürfen.

Johann Adam Heusner

Derselbe ist seit dem 14. Mai dieses Jahres 36 Jahre alt, katholischer Religion, verheiratet, Vater eines noch lebenden Mädchens von elf Jahren und zu Mümling-Crumbach in dem Standesherrlichen Amt Breuberg geboren.

Sein noch lebender Vater, Tobias Heusner, von Grünenwört bei Wertheim gebürtig, ist der Sohn eines Hirten und nährte sich bei und seit seiner Verheiratung mit Maria Catharina Grasmännin, einer Schwester des Mitinquisiten Johann Adam Grasmann, gleichfalls als Hirt, Taglöhner und Korbmacher, indem er, ohne einen festen Wohnsitz zu haben, an verschiedenen Orten in dem Standesherrlichen Amt Breuberg und jenseits des Mains von den Gemeinden die Viehhut übernahm. Diesen Ernährungszweig behielt derselbe bis vor etwa sechs Jahren, seitdem er sich als sogenannter Kastenkrämer und daneben auch auf dem Taglohn ernährt und sich gleichfalls ohne festen Wohnsitz in den Ämtern Reichenberg und Schönberg besonders aufhält.

Der Inquisit hatte bei seiner Verhaftung noch drei Geschwister, die sämtlich jünger waren als er. Einen Bruder namens Stephan, der als Räuber und Dieb zu Heidelberg in der Folge verhaftet wurde und sich dort im Gefängnis erhängt hat (dieser führte den Spitznamen: langbeiniger Steffen), eine Schwester, die an einen herumziehenden Krämer namens Johann Adam Vogel verheiratet ist, und endlich noch einen Bruder, der, mit seiner Mutter verhaftet, hier im Stockhaus an der Lungensucht (Schwindsucht, d. Hg.) gestorben ist.

Den Eltern sowie seinen jüngeren Geschwistern, steht durchaus nichts entgegen, was annehmen ließ, daß er nicht, solange er bei ihnen sich aufhielt, zu einem ordentlichen Lebenswandel wäre angehalten worden.

Während seines ledigen Standes hielt sich der Inquisit teils bei seinen Eltern auf, teils diente er in reiferen Jahren bei Bauern als Knecht.

Er war 21 Jahre alt, als er auf diese Weise bei einem Bauern zu Mehnert im Großherzogl. Frankfurtischen Amt Klingenberg diente, seine Eltern aber in dem benachbarten Orte Vockenrode das Vieh hüteten. Während seines

Dienstes kam seiner Mutter Bruder und Pate, Johann Adam Grasmann, auf dem Feld zu ihm, als er eben mit Zackern (Pflügen, d. Hg.) beschäftigt war, schilderte ihm seinen Zustand in einem möglichst gehässigen Licht und zeigte ihm dagegen, wieviel besser er es haben würde, wenn er mit ihm gehe, und bestimmte ihn auf diese Weise, seinen Dienstherrn heimlich zu verlassen. Der Inquisit nahm hierbei diesem ein Bettuch oder Kissenbezüge mit, in welche er seine Effekten packte. Er ging nach Laudenbach, wohin ihn Grasmann beschieden hatte, und traf hier solchen und dessen in seiner Gesellschaft gewesenen Schwager Michel Herold. Heusner wurde nun von Grasmann zu kleinen Diebereien von altem Eisen, Ketten, alten Hacken und dergleichen angehalten. Er blieb auf diese Weise von Ostern bis Michaeli bei dem Grasmann, bis er dann nach Vockenrode zu seinen Eltern, die dort noch das Vieh hüteten, zurückkehrte. Während er sich nun bei diesen aufhielt, lernte er seine Frau kennen, die nach Würzburg reisen und dort kurze Waren kaufen wollte, hierbei aber bei seinen Eltern, die sich mit der Beherbergung armer Leute abgaben, Nachtquartier genommen hatte; wenige Tage nach dieser ersten Bekanntschaft wurden beide zu Wertheim in dem Kapuzinerkloster getraut. Diese seine, des Heusners Frau, ist eine Tochter eines sicheren Johann Georg Kaufmann, der ehedem Torwächter zu Freudenberg war, dann Krämerei trieb und Daubenholz (Faßholz, d. Hg.) machte und von dieser Beschäftigung den Namen Daubenhauer führt. Sie hat mehrere rechte und Stiefgeschwister und unter ersteren eine Schwester namens Elisabeth, die eine zeitlang mit Georg Fehn, vulgo dicken Jörg, und dann auch mit dem sogenannten kleinen oder Krämer Johannchen, auch Schneider genannt (Johannes Kinzinger), auch mit dem sogenannten Schmuh-Balser als deren Beischläferin herumzog und unter anderem im Jahr 1805 in dem Großherzogl. Würzburgischen Zentamt Homburg verhaftet wurde.

Nach seiner Verheiratung blieb Heusner noch etwa ein Jahr bei seinen Eltern und zog dann mit diesen nach Wüstamorbach bei Umstadt. Hier kam Johann Adam Grasmann wieder zu ihm und beredete ihn abermals, mit ihm zu gehen. Heusner blieb nun aufs neue von Neujahr bis Ostern bei jenem, indem er mit demselben die kleinen Diebereien fortsetzte. Die Lebensweise, bei der seine Frau dennoch betteln gehen mußte, fing inzwischen an, dem Heusner zu mißfallen und er entfernte sich daher wieder von Grasmann und begab sich zu seinem Schwiegervater nach Monbrunn und arbeitete mit demselben eine zeitlang als Holzmacher in einem Walde bei Miltenberg. Auf Pfingsten, zu einem Zeitpunkt, wo Heusner mit seinem Schwiegervater überspannt gewesen sein will, kam Grasmann wieder zu ihm und beredete ihn nochmals, mit ihm zu gehen. Er zog mit demselben wiederholt bis zur Ernte auf die gleiche Weise wie früher herum: Um die angegebene Zeit wurde er aber von seinem Vater bei Hammelbach abgeholt und mit nach Rimhorn genommen. Er wohnte hierauf hier mit seinen Eltern im Hauszins und machte gemeinschaftlich mit seinem Vater Körbe, brach während des Winters mit demselben Tannäpfel usw.

Heusner, der wahrscheinlich doch der Lebensweise, zu der er nach seiner Angabe von seinem Paten Grasmann angeführt worden war, mehr Geschmack abgewonnen hatte als anhaltender Arbeit, bleib nicht sehr lange bei seinen Eltern, sondern entfernte sich abermals von ihnen in Gesellschaft des sogenannten schrammbackigen Jörg (Georg Fontsch); von nun an wurde er Dieb und dann Räuber von Profession.

Seine erste Ausflucht mit dem schrammbackigen Jörg war nach Obernburg und von da nach Schippach, wo er die Bekanntschaft des sogenannten Mahnenjörgs und des Lumpenstoffels machte. Er kam bald nachher mit dem Balthasar Meinhard, vulgo Schmuh-Balser (Schmue heißt in der jenischen Sprache weibliche Scham), in Bekanntschaft, mit dem die obengenannte Schwägerin Heusners, Elisabeth, ebenfalls eine zeitlang herumgezogen war und welcher unter dem Namen Balthasar Grünewald in dem ehemaligen Zuchthaus hier gesessen hatte und darin gestorben ist. Meinhard war ein Hauptgenosse des Schinderhannes und nach Heusners Angabe derjenige, welcher in jenes und anderer Gesellschaft am 25. Mai 1801 einen Kurmainzischen Korporal zu Kleinrohrheim erschlagen hat.

Dieser Meinhard, der nach Heusners Aussage gerade wie ein Schornsteinfeger mit der Leiter auf der Achsel des Nachts in den Ortschaften herumging und in ein Haus nach dem anderen einstieg, bis er etwas fand, was der Mühe wert war mitzunehmen, war sein Lehrmeister in nächtlichen Diebstählen; und der zu Mannheim im dortigen Zuchthaus verstorbene Peter Eichler, vulgo Hainstädter Peter, mit dem er später bekannt wurde, führte ihn zum Straßenraub an, und er kam seinen Lehrmeistern nicht nur bald gleich, sondern übertraf sie auch. Selten war er auf einer Unternehmung, ohne ein Gewehr bei sich zu führen, was gewöhnlich Pistolen waren, er stand bei seinen Genossen in großem Ansehen, erkannte keinen über sich an, sondern war bei Hauptunternehmungen gewöhnlich der Anführer. Er führte den Namen dicker oder Krämer, auch roter Hann Adam, er zog als sogenannter Kastenkrämer herum, hatte gewöhnlich nicht unbedeutende Warenvorräte und führte der Regel nach gute Pässe.

Von seinen ersten unter der Anleitung des Johann Adam Grasmann begangenen Diebstählen sagt Heusner, daß sie nichts als Kleinigkeiten betroffen hätten. Im ersten Sommer, wo er mit jenem herumzog, stahlen sie unter anderem zu Breitenbrunn ein oder zwei Stück Tuch, die von dem Eigentümer aus Vergeßlichkeit auf der Bleiche liegengelassen worden waren. Einmal mußte Heusner zu Oberkinzig aus einer Scheune einen Sack Spelz (Dinkel, d. Hg.) fort und bis nach Oberlaudenbach tragen, wo Grasmann die Frucht mit dem Sack an einen dortigen Müller verkaufte. Heusner sagt, dem Grasmann sei keine Kleinigkeit zu schlecht gewesen, daß er sich nicht mitgenommen hätte; und er ärgere sich noch, daß er demselben bei solchen Lumpereien geholfen hätte.

So groß und vielfältig übrigens die von Heusner bekannten Verbrechen sind, so begreifen sie doch noch nicht die Summe der von ihm begangenen. Er behauptet zwar beharrlich, daß kein größeres Verbrechen von ihm begangen worden sei, das er nicht eingestanden habe, allein er sagt hinsichtlich geringerer Verbrechen, wozu er auch attentierte (versuchte, d. Hg.) Straßenräubereien, Diebstähle durch Einbruch oder Einsteigen oder mit Führung von Waffen verübt, rechnet, selbst: Wenn man ihn noch fünf Jahre ins Verhör nehme, so würde er am Ende diese Zeit doch nicht behaupten könne, daß er alles angegeben habe, denn der Kleinigkeiten könne er sich unmöglich alle noch so genau erinnern. *(Von den 121 von Brill beschriebenen Räubereien und Diebstählen haben wir die ausgewählt, die typisch für seine z. T. sehr brutale Vorgehensweise sind, d. Hg.).*

Raub auf der Mühle bei Oberliederbach

In der Nacht vom 1. auf den 2. September 1807 wurde ein sich durch die große Mißhandlung der Beraubten und die Verwegenheit der Räuber auszeichnender Raub auf der Mühle bei Oberliederbach in dem Herzoglich-Nassauischen Amt Höchst ausgeführt.

Teilnehmer dabei waren:

1. Johann Adam Heusner;
2. Kleiner Jörg;
3. Itzig Muck;
4. dessen Knecht Moses;
5. Itzig Lindheimer, vulgo Schmuckel;
6. Mosche Fuchs;
7. Polak
8. ein anderer Jude und
9. Braun, ein mitunter als falscher Kollekteur (Los- oder Einlagensammler, d. Hg.) herumziehender Kerl.

Die unter 5, 6 und 7 genannten Juden sind wegen eines drei Wochen nach dem gegenwärtigen Verbrechen zu Sossenheim verübten Raubes und der dabei vorgefallenen Ermordung eines Metzgers, bei welch letzterem Verbrechen auch Itzig Muck und Braun Teilnehmer waren, zu Wiesbaden durch den Strang hingerichtet worden.

Johann Adam Heusner und der kleine Jörg waren zusammen in Heldenbergen, wo sie Itzig Muck durch seinen Knecht hatte aufsuchen und in die dortige Judenherberge, eine Haupträuberhöhle, von wo aus die Räuber auch auf den Raub zu Sossenheim, nach den Wiesbadener Untersuchungsakten, gegangen waren, bestellen lassen. Sie fanden indes den Muck nicht dort, derselbe hatte aber die Bestellung hinterlassen, daß sie nach Bürgel bei Offenbach in das dortige Wirtshaus Zum Adler kommen sollten. Auch hier trafen sie den Gesuchten nicht; durch einen dem Wirtshaus gegenüber wohnenden Juden, der auch bei dem schon bemerkten Raub zu Sossenheim beteiligt und zu Wiesbaden zu einer mehrjährigen Zuchthausstrafe verurteilt worden war, erhielten sie aber die Nachricht, daß Muck und seine Kameraden die Nacht auf etwas anderes ausgegangen seien und sie erwarteten. Diese fanden sich dann auch bald ein, und es wurde nun dem Heusner und dem kleinen Jörg der Vorschlag zu diesem Raub gemacht und solcher von ihnen angenommen. In des vorbemerkten Juden Haus wurden Patronen gemacht und abends, nach Einbruch der Nacht, wurde bei Bürgel über den Main gesetzt und der Weg nach der zum Raub ausgesehenen Mühle angetreten. Die Juden führten Pistolen, Stricke zum Binden, Lichter etc. bei sich. Die Patronen wurden aus des Juden Haus zu Bürgel mitzunehmen vergessen; Johann Adam Heusner und der kleine Jörg gingen daher auf dem Marsch zu der Mühle nach Höchst hinein, kauften da noch Pulver, und der letztere las Kieselsteine zusammen, welche in die Pistolen geladen wurden. Vor dem Hof der Mühle, in welchen die Räuber, da er unverschlossen war, ohne Beschwerden kamen, wurden die Lichter angezündet und dann mit einem Stück Bauholz die Haustüre aufgerannt. Der noch nicht lange zu Bett liegende Müller Jung, durch den heftigen Lärm aufgeschreckt, sprang heraus, um nach der Ursache zu sehen. Die Räuber kamen ihm aber schon in dem Hausgang mit ungestümem Lärm, unter französischen Flüchen und mit den brennenden Lichtern in der Hand entgegen. In der Meinung, daß es betrunkene Menschen seien, die ihn in der Besoffenheit necken wollten, rief er ihnen ganz unbefangen entgegen, daß sie sich mit ihren Lichtern in Obacht nehmen und ihm die Mühle nicht anstecken möchten. Augenblicklich wurde er aber von Moses Fuchs, Itzig Muck und dessen Knecht beim Kopf gepackt. Heusner drang sogleich in die Mühle, um sich des Mühlknechts zu versichern, fand aber keinen, dafür aber eine geladene Flinte, die er zu sich nahm und dann wieder zu den anderen zurückkehrte. Die Juden hatten bis dahin vergeblich den Müller zu Boden werfen versucht, sie konnten aber seiner nicht mächtig werden. Heusner sprang daher herbei, warf den Müller zu Boden, und nun wurde er sogleich gebunden; ein gleiches geschah mit dessen Frau. Auch der kleine Sohn des Müllers, der sich unten in der Mühle befand und der von Itzig Muck aufgefunden worden war, wurden von diesem gebunden. In der unteren Stube wurde sodann ein an der Wand befestigtes Eckschränkchen mit Gewalt aufgesprengt und das darin befindliche Geld, nach der Angabe des Beraubten 500 bis 600 fl., herausgenommen. Mit seinem eigenen spanischen Rohr (Rohrstock, der in der Regel als Spazierstock benutzt wurde, d. Hg.) wurde dieser dabei mit den heftigsten Schlägen von Moses Fuchs mißhandelt und an verschiedenen Teilen seines Körpers mit Lichtern gebrannt, um anzugeben, wo er sein übriges Geld habe. Dessen Frau, der anfänglich die Hände auf den Rücken gebunden waren, wurde ebenfalls mit Schlägen mißhandelt, da sie sich die Hände freizumachen gewußt hatte, und ihr nun die Hände an die Haare gebunden. Während dies unten in der Stube vorging, waren Heusner und Muck in den oberen Stock gedrungen; es wurden die Türen aufgesprengt und die Kisten zerschlagen. Die in einem Zimmer liegende Tochter des Beraubten wurde aus dem Bett gerissen und zu Boden geworfen und ebenfalls gebunden, die Magd aber, da sie flüchten wollte, auf das Bett zurückgeworfen und mit Faustschlägen mißhandelt, daß sie beinahe sinnlos liegenblieb. Der ältere Sohn des Beraubten wurde, da er erklärte, daß er das Bein gebrochen habe, nicht gebunden, sondern ihm nur das Gesicht mit einem Kissen bedeckt. Die Frau des Müllers hatte sich inzwischen wiederholt von den Stricken, mit denen sie gebunden war, zu befreien gewußt und sich zum Fenster hinaus geflüchtet. Der mit dem Juden Polack auf der Schildwache stehende kleine Jörg schoß auf sie, ohne ihr jedoch zu schaden. Der in dem Stall liegende Fuhrknecht des Beraubten, durch das Lärmen aufgeweckt, fiel durch die vielen Lichter, die er auf dem Hof und in der Mühle wahrnahm, auf den Gedanken, daß Feuer ausgebrochen sei, und sprang deshalb schnell über den Hof nach der Mühle zu. An der Haustüre wurde er aber von den auf der Schildwache stehenden Räubern zurück- und wieder in den Stall getrieben, indem sie ihm die Gewehre mit der Drohung auf die Brust setzten, daß er bei dem ersten Laut niedergeschossen werden würde. Der kleine Sohn des Müllers hatte sich indes seiner Banden zu entledigen gewußt, sich durch das Wasserbeet (das aus Bohlen hergestellte Gerinne einer Mühle, d. Hg.) hinausgemacht und war in den benachbarten Ort nach Hilfe geeilt.

Noch ehe aber diese ankam und, wie Heusner angibt, ohne daß die Räuber von dem Entspringen des Jungen etwas gewahrt hatten, verließen dieselben wieder die Mühle. Auf dem Rückzug geschah die Teilung neben der Straßc von Bad Vilbel nach Frankfurt, ungefähr drei oder dreieinhalb Stunden von der Mühle.

Während dieser Raub vorging, hatten im Seitenbau sechs bis sieben Maurer und Zimmerleute gelegen, die bei dem Bauwesen des Beraubten in Arbeit standen, was den Räubern nicht unbekannt war. Allein ungeachtet, daß diese Menschen ihr Handwerkszeug, Pickel, Äxte bei sich hatten, so waren sie doch so vor den Räubern in Furcht, daß sich keiner von seiner Stelle zu bewegen getraute. Der Beamte fand sie noch unbeweglich auf derselben Stelle, als er nachts zwölf Uhr auf die Nachricht von dem vorgefallenen Raub mit mehreren Einwohnern von Oberliederbach auf der Mühle ankam. Nach dem auf der Stelle von dem Beamten aufgenommenen Protokoll wurden der Müller und seine Frau auf die abscheulichste Weise geschlagen und mißhandelt und der erstere an mehreren Stellen des Hinterns mit angezündeten Lichtern gebrannt, auch die eine Magd am Kopf sehr zerrupft gefunden. Es wurden sodann in der Mühle von den Räubern zurückgelassene Stricke, einige Wachskerzen, ein gewöhnlicher Stock von Hartriegel, auf welchem ein Ellenmaß eingekerbt war, gefunden; die Haustür war mit einem schweren eichenen vierkantigen Balken aus ihrem Riegel gesprengt, alle Türen der oberen Etage mit einem etwas kleineren Balken aus den Angeln gerissen und alle Kisten und Schränke mit einem auf der Mühle gefundenen Hebeisen zerschlagen und eingestoßen, die Kleider und sonstigen Effekten durchwühlt und auf den Boden geworfen.

Nach der Angabe des Beraubten bestand das geraubte Geld in 500 bis 600 fl., von sonstigen Effekten, die mitgenommen wurden, sind nur ein mit Silber beschlagenes spanisches Rohr und eine Flinte angegeben: Der Müller Jung gab aber selbst an, daß er das Geraubte nicht für sehr bedeutend halte. Der Dienstmagd wurden nach ihrer Angabe ihr erspartes Geld und ein weißes Halstuch aus ihrer Kiste geraubt.

Straßenräubereien mit tödlicher Verwundung der Beraubten

Das erste dieser Verbrechen fiel zwischen Höhfeld und Wertheim am 10. November 1803 vor.

Teilnehmer waren:

Johann Adam Heusner und

das kleine Krämer-Johannchen – oder Schneiderchen (Johannes Kinzinger)

Beide Räuber kamen aus der Gegend von Rimbach nach Miltenberg, von wo sie nach Wertheim gingen. Hier kehrten sie bei dem Bäcker und Nebenwirt H... ein, der mit beiden bekannt war und ihnen die Nachricht gab, daß der Rosenwirt von Höhfeld in Wertheim anwesend sei, Wein dahin gebracht und dafür ungefähr 700 fl. einzunehmen habe und daß die Nacht herbeikommen werde, bis derselbe von Wertheim wegfahre. H... selbst war nach der Aussage des Rosenwirts einer von denjenigen, welcher von dem Wein erhalten, den er mit seinem Bruder Peter Fiederling dahin um Lohn gefahren hatte.

Beide Räuber machten sich auf diese Kundschaft von Wertheim voraus fort auf den Weg nach Höhfeld. Sie kamen auf demselben bis an den nächst diesem Ort liegenden Hof, ohne daß ihnen der erwartete Rosenwirt nachgekommen wäre. Indem sie daher den Weg wieder zurück nach Wertheim zu nahmen, begegnete ihnen der Brudersohn des Rosenwirts, der mit seinem Ochsenwagen voraus zurückfuhr. Die Räuber gesellten sich zu demselben, gingen wieder eine Strecke mit ihm zurück, ließen sich mit ihm in ein Gespräch ein, fragten ihn hierbei auch nach dem Rosenwirt und erfuhren, daß solcher noch zurück sei und nachkomme.

Beide kehrten sich nun wieder nach Wertheim zu. Es war sechs Uhr abends und vollständig Nacht, als sie bald nachher dem Rosenwirt und seinem Bruder Peter Fiederling, die nach vier Uhr von Wertheim weggefahren waren, begegneten. Mit der Pistole auf die Brust gesetzt, wurde ihnen das Geld abgefordert. Der Rosenwirt reichte sein Beutelchen, in dem sich etwa 3 fl. befanden, hin, wurde aber von Heusner angewiesen, dasselbe auf die Erde zu werfen, und gleich seinem Bruder aufgefordert, auch das übrige Geld herzugeben. Da beide versicherten, daß sie keins mehr bei sich hätten, die Räuber aber nach der von ihrem Kundschafter angegebenen Nachricht glaubten, daß dieselben solches nur verleugneten, wurden solche nun persönlich angepackt, mit Schlägen mißhandelt und zu Boden geworfen. Johann Adam Heusner hatte es hierbei nach seiner Angabe mit dem Bruder des Rosenwirts, das Krämer-Johannchen aber mit diesem zu tun. Zur Erde geworfen, visitierte Heusner die Kleidungsstücke, indem er dabei seine Pistole und seinen Stock neben sich auf die Erde legte. Der von dem Schneiderchen zu Boden geschlagene Rosenwirt rief seinem Bruder: »Gott sei meiner armen Seele gnädig! Bruder, ich bin hin!«

Heusner glaubte, daß sein Kamerad in Gefahr sei, ließ deshalb den Bruder des Rosenwirts fahren, suchte im Dunkeln nach Pistole und Stecken, während jener ihm entschlüpfte, seinem Bruder zu helfen suchte und dabei dem Schneiderchen mit einem kurzen Stecken (Heusner nennt es einen Peitschenstiel) auf den Kopf schlug. Nun rief dieser: »Bruder, jetzt schieß!«, sprang zu gleicher Zeit zurück und schoß seine mit Schrot geladene Pistole auf den Peter Fiederling los und verwundete ihn am linken Arm. Diese Wunde hinderte indes denselben nicht, den Räubern zuzurufen: »Halt ihr Kerle, der Schuß hat mir nichts getan! Jetzt kommt wieder her, wir wollen es euch machen!«

Diese hielten es aber nicht für gut, länger zu verweilen, sondern machten sich fort, da auch der Rosenwirt, welcher durch den Schuß aus seiner Betäubung, in welche er durch die Schläge auf den Kopf versetzt gewesen, wieder zu sich selbst gekommen war und rief: »Bringt mir mein Wagenbeil her!«

Seine Pistole ließ Heusner auf dem Platz zurück, wo sie am anderen Morgen aufgefunden wurde. Sie war mit einer kleinen Kugel geladen.

Der, nachdem die Untersuchung gegen Johann Adam Heusner längst geschlossen war, durch den von Aschaffenburg hier zur Konfrontation gewesenen kleinen Johann entdeckte und zur gefänglichen Haft gebrachte Johann Kinzinger (Krämer-Johannchen) stellt indes in Abrede, den Schuß getan zu haben, und behauptet, daß es vielmehr Heusner gewesen sei, der geschossen habe, da er sich gegen die beiden Angegriffenen nicht mehr habe wehren können, die auf dem Platz vorgefundene Pistole auch nicht dem Heusner, sondern ihm, Kinzinger, zugestanden habe. Der verwundete Bruder des Rosenwirts starb am 17. November, also am zweiten Tag nach seiner Verwundung, am Brand. Zufolge der nach seinem Tod vorgenommenen Legal-Inspektion (gerichtlichen Untersuchung, d. Hg.) war der Schuß in die äußere Seite des linken Arms gegangen und ein Schrotschuß. Dieser Stelle der Verwundung nach war solche durchaus nicht absolut letal, sondern vielmehr unter geschickten chirurgischen Händen unbedeutend. Das von dem Fürstlich-Löwensteinischen Landamt zu Wertheim erhaltene, aber leider in der Mitte abgebrochene und nicht einmal unterschriebene Untersuchungsprotokoll über das Ableben des laesi (Verwundeten, d. Hg.) läßt auch in seiner jetzigen Gestalt nur zu sehr vermuten, daß der Tod lediglich eine Folge ebenso unwissender wie ungeschickter und vernachlässigter Behandlung war.

Sehr zu wünschen wäre es gewesen, daß der die Inspektion des Leichnams vorgenommen habende Arzt – eine Sektion konnte wegen allzugroßer Fäulnis nicht vorgenommen werden – sich darüber näher geäußert hätte, ob nach der Beschaffenheit der Verwundung der hinzugetretene Brand unabwendbar und derselbe in der Beziehung absolut letal oder ob der Brand Folge unwissender und ungeschickter Behandlung und so die Ursache des Todes war.

Die Wunden des Rosenwirts Georg Fiederling bestanden in vier oberflächlich gequetschten Hautwunden in osse parietatis (am Scheitelbein,

d. Hg.). Nicht lange nach dieser Tat hatte Heusner, wie er selbst erzählt, die Frechheit, als Kastenkrämer dem Rosenwirt in seinem eigenen Haus ein paar Bockfelle zum Verkauf anzubieten; er erzählt dies mit dem Zusatz: Der Rosenwirt müsse sich dieses Umstandes selbst noch erinnern, und der Krämer sei er, Heusner, gewesen. Das nächste Nachbarhaus war dessen gewöhnliches Quartier zu Höhfeld.

Heusner hatte mit dem Bekenntnis dieses Verbrechens lange zurückgehalten und, wie er zu jenem überging, zur Entschuldigung angeführt, daß er es deshalb nicht angegeben hatte, weil er und sein Schwager, das Schneiderchen, dabei allein gewesen seien.

Straßenraub zwischen Butzbach und Wetzlar

Am 21. August 1809 wurden die Gebrüder und Tuchmacher Ludwig und Philipp Eisenhard und des ersteren Sohn, Johannes Eisenhard, von Niederkleen im Nassau-Weilburgischen Amt Atzbach, bei ihrer Rückkehr von dem Markt zu Wetzlar, den sie mit ihren Fabrikaten besucht hatten, abends gegen neun Uhr eine Viertelstunde von dem Ort Klein-Rechtenbach in der sogenannten Hochelheimer Waldecke, auf der Chaussee von Räubern angegriffen, schrecklich mißhandelt und der bei sich geführten Waren und ihres Geldes beraubt.

Die Teilnehmer an diesem durch die gefährliche Mißhandlung der Beraubten sich auszeichnenden Raub waren:

Johann Adam Heusner,
Hessen-Henrich (Heinrich Festweber),
Überrheiner Wilhelm (Wilhelm Rhein),
Martin Rupprecht,
Selnröder Ludwig (Ludwig Funk),
Conrad Anschuh,
Heiden-Peter (Peter Görzel),
Krummer Hannjost (Justus Holzapfel),
ein zweiter Hannjost, vulgo Lumpen-Jost genannt,
schwarzer Jung.[1]

---

[1] Die in Gießen einsitzenden Teilnehmer: Heiden-Peter, Conrad Anschuh, schwarzer Jung, Lumpen-Jost und Ludwig Funk nennen auch den sogenannten Schoden-Henrich als Komplizen; Johann Adam Heusner widerspricht aber dieser Angabe beharrlich ebenso wie Martin Rupprecht.

Der Kriminalrichter Hofgerichtsrat von Grolman findet kein Bedenken, in seiner Aktenmäßigen Geschichte etc. da, wo er das gegenwärtige Verbrechen aufführt, die Angabe des Heusner, daß Schoden-Henrich an demselben nicht teilgenommen, mit einer Note zu beehren; der Wert dieser Anmerkung bestimmt sich inzwischen von selbst, wenn man die Zahl der Teilnehmer, wie sie Heusner angibt, mit dem zur Unterstützung seiner Behauptung, daß Schoden-Henrich nicht dabei gewesen, angegebenen Grund, daß

Die Räuber kamen in dem Hofhaus zu Münzenberg zusammen. Hessen-Henrich hatte die Gelegenheit zu dem Raub gewußt und unter anderen den Heusner mit dem krummen Hannjost und Heiden-Peter zu Aich bei Ostheim sowie den gleichfalls in der Gegend gelegenen Überrheiner Wilhelm dazu angeworben. In dem Hofhaus zu Münzenberg verweilten die Räuber bis in die Nacht, bis sie dann auf die Straße von Wetzlar nach Butzbach zogen und ungefähr drei Viertelstunden von diesem Ort in dem Wald sich lagerten. Morgens ungefähr um zehn Uhr machten sich Johann Adam Heusner und Heiden-Peter nach Wetzlar, um näher auszuforschen, ob die von letzterem gekannten Personen, auf die es abgesehen war, auf dem Markt sich befänden, und bezeichneten deren Warenkasten mit Kreide, um sie daran auf der Straße zu erkennen. Bei ihrer Zurückkunft wurde sich nun an die Stelle gelagert, die zur Ausführung des Raubes bestimmt war. Hessen-Henrich führte einen in Münzenberg geliehenen Karabiner bei sich, Johann Adam Heusner, Martin Rupprecht, Heiden-Peter und, was Heusner jedoch nicht gewiß wissen will, der krumme Hannjost Pistolen. Die anderen führten, wie gewöhnlich, Prügel. Als die Gebrüder Ludwig und Philipp Eisenhard und des ersten Sohn mit dem Karren, worauf sie ihre und sodann die Waren eines gewissen Schneider Dallinger von Niederkleen bei sich führten, an dem Platz, wo die Räuber lagen, anlangten, sprangen sämtliche aus dem Gebüsch. Mit vorgehaltenem Karabiner rief ihnen Hessen-Henrich »Halt!« zu. Der den Karren führende Ludwig Eisenhard erhielt von dem krummen Hannjost einige Schläge auf den Kopf, daß er zusammenstürzte. Mit Hilfe des Johann Adam Heusner wurde von dem Überrheiner Wilhelm der Karren gewendet und eine Strecke in den Wald geführt, hier die Kästen aufgeschlagen und die darin vorgefundenen Waren, bestehend aus mehreren Sorten Tuch, seidenem Band, Spitzen, Kattun, leinenem Tuch, Sammet und wollenem Band und etwas Kaffee und Zucker, herausgenommen.

Ludwig Eisenhard, der sich von den ersten Schlägen wieder ermannt hatte, suchte sich zwar zu wehren, allein er wurde überwältigt, dem Karren in den Wald nachgeführt und hier unter fortwährenden Schlägen und Stößen gebunden. Ohnmächtig zu weiterem Widerstand, lamentierte und schrie er zu den Räubern, ob sie denn keinen Gott hätten, erhielt aber von einem mit der Antwort »Wart, ich will dir den Gott geben!« einen Faustschlag ins Gesicht, ein anderer schlug einen Karabiner auf ihn an. Da er

---

er von daher, daß sie aus dem in dem Wirtshaus zu Münzenberg von dem Raub verkauften Tuch zehn Carolins erlöst und jeder eine Carolin erhalten, bestimmt wisse, daß es ihrer nur zehn gewesen, vergleicht. Übel wird es Herr Hofgerichtsrat von Grolman nicht nehmen, daß man den Heusner nicht durch physische Mittel dazu gezwungen hat, auch den Schoden-Henrich als Teilnehmer zu nennen.

immerfort lamentierte, schrie ein dritter Räuber dem mit dem Karabiner zu: »Schieß den Hund tot!«, und dieser drückte auf ihn los; das Pulver brannte aber auf der Pfanne ab. Gebunden auf der Erde liegend, durfte er sich nach seiner Aussage nicht umsehen; so wie er dieses versuchte, erhielt er von einem der bei ihm stehenden Räuber einen Schlag ins Gesicht mit den Worten: »Hund, siehst du dich auch noch um?« Nach Johann Adam Heusners Angabe war es Hessen-Henrich, welcher gegen den Ludwig Eisenhard den Karabiner anschlug und losdrückte; er behauptet aber, daß dieses gleich anfänglich und ehe derselbe noch in den Wald gebracht worden war, geschehen sei. Von dem drohenden Zuruf: »Schieß den Hund tot!« will derselbe nichts wissen. Martin Rupprecht und Ludwig Funk waren nach jenes Eingeständnis diejenigen, welche den Ludwig Eisenhard, als er sich wehrte, mit Schlägen mißhandelten und in den Wald brachten. Ersterer nahm ihm hier den nach dessen Angabe in 150 fl. bestehenden Markterlös aus dem Büchsensack.

Johannes Eisenhard suchte gleich in dem ersten Augenblick nach Klein-Rechtenbach durch die Frucht zu entspringen, er wurde aber von dem Hessen-Henrich, dem Johann Adam Heusner zuletzt noch zu Hilfe kam, eingeholt, an Händen und Füßen gebunden, auf das Gesicht gelegt und seines Markterlöses, nach seiner Angabe in 50 fl. bestehend, und einer silbernen Uhr beraubt. Umsehen durfte sich der Beraubte hierbei nicht; sooft er dies versuchte, erhielt er von Hessen-Henrich einen Schlag ins Gesicht. Sonst erlitt er keine Mißhandlung, da er ruhig war und sich weiter nicht zur Wehr setzte. Ein Räuber soll nach seiner Angabe zuletzt noch mit einem Karabiner immer auf ihn angeschlagen, auch losgedrückt haben, ohne daß jedoch der Schuß losgegangen ist. Am grausamsten und gefährlichsten wurde Philipp Eisenhard mißhandelt.

Gleich bei dem ersten Angriff sprangen zwei der Räuber auf ihn zu, einer schlug ihn auf den Kopf, während der andere sich seines Markterlöses, der gegen 100 fl. betrug, bemächtigen wollte. Derselbe setzte sich nach seiner Angabe dagegen zur Wehr, so daß er mit den Räubern zusammen in einen Graben fiel. Sogleich drangen noch andere Räuber auf ihn ein, er wurde in den Wald geschleppt und hierbei von einem mit einem Prügel auf Kopf und Schultern so heftig geschlagen, daß er besinnungslos liegenblieb. Es waren nach Johann Adam Heusners Angabe die in Gießen einsitzenden Conrad Anschuh und Johann Justus Dietz, vulgo Lumpen-Jost, welche den Philipp Eisenhard so sehr mißhandelten. Er wurde hierüber so ergrimmt, daß er den Conrad Anschuh zurückstieß und, als dieser den Prügel nun gegen ihn hob, ihn in den Graben stürzte. Anschuh gibt selbst diesen Zug von Menschlichkeit, den Heusner auch bei anderen Gelegenheiten blicken ließ, an und will nur nicht einer von denjenigen gewesen sein, welcher die Mißhandlung verübt hat, sondern gibt den Lumpen-Jost als denjenigen an, welchen Heusner deshalb in den Graben geworfen hat; dieser bleibt dagegen dabei, daß dies kein anderer als er, der Anschuh, gewesen sei. heusner blieb noch zuletzt bei dem schwer verwundeten Philipp Eisenhard und verband ihm auf sein Bitten den Kopf mit seinem Schnupftuch, das er solchem aus der Tasche zog.

Nach vollzogenem Raub kehrten die Räuber wieder auf den Hof zu Münzenberg zurück. Hier wurde noch in der Nacht das meiste des geraubten Tuchs an einen Juden um zehn Carolins, die seidenen Bänder aber an einen anderen Juden um drei Carolins verkauft. Die übrige Beute wurde geteilt, bis auf das dem Johann Eisenhard geraubte Geld und die silberne Uhr, welche nach Johann Adam Heusners Angabe Hessen-Henrich unterschlug.

Nach dem Abzug der Räuber hatte sich zuerst Johannes eisenhard von seinen Banden an den Füßen zu befreien gewußt; mit auf dem Rücken gebundenen Händen eilte er nach Klein-Rechtenbach und von da nach Groß-Rechtenbach um Hilfe, in der Meinung, daß sein Vater und Onkel totgeschlagen worden seien. Auf dem Weg dahin schnitt ihm der Schäfer von Klein-Rechtenbach die Stricke entzwei, mit denen seine Hände auf den Rücken gebunden waren.

Auch Ludwig Eisenhard wußte sich nach Entfernung der Räuber aufzurichten. Mit noch auf den Rücken gebundenen Händen eilte auch er nach Klein-Rechtenbach, wo inzwischen schon durch die Ankunft seines Sohnes die Einwohner in Alarm versetzt waren.

Den Philipp Eisenhard fanden die zu Hilfe Gekommenen in seinem Blute und ohne Besinnung auf dem Platz liegen: Das Pferd mit dem Karren war im Wald an einen Baum gebunden.

Nach dem viso reperto (ärztlichen Besichtigungsbericht, d. Hg.) fanden sich an letzterem elf beträchtliche Kopfwunden; die beiden Schulterblätter und Arme waren durch die heftigen Schläge aufgeschwollen und mit Blut unterlaufen. Das linke Schulterblatt war zersprengt und die Röhre des Oberarms zerschlagen. Ludwig Eisenhard hatte gleich über dem Stirnbein eine dreieinhalb Zoll lange, bis aufs Cranium (auf den Schädelknochen, d. Hg.) tiefe Wunde, am Hinterhaupt eine Wunde von zweieinhalb Zoll Länge; beide Hände aber waren durch das Zusammenbinden und die Schläge geschwollen.

Nach der eidlichen Angabe der Beraubten betrug der Wert des Geraubten einschließlich des Geldes und ausschließlich einer auf dem Karren gelegenen Flinte 2332 fl. 35 kr. Philipp Eisenhard und Schneider Dallinger wurden durch den Verlust in ihrem Nahrungsstand ganz zurückgesetzt, und bei ersterem hatten die erlittenen Mißhandlungen die noch jetzt fühlbaren traurigsten Folgen für seine Gesundheit. Bei Ludwig Eisenhard ist dieses der Fall weniger, allein er leidet noch jetzt an öfterem Schwindel.

Nach der Angabe Heusners, mit der auch die des Martin Rupprecht übereinstimmt, waren die Beraubten diejenigen nicht, auf welche es die Räuber eigentlich abgesehen hatten.

Heusner hat dieses Verbrechen zuerst und ehe noch einer der in Gießen einsitzenden Teilnehmer etwas davon angegeben hatte, freiwillig angegeben; dessen Aussagen wurden dem dortigen Kriminalgericht mitgeteilt.

Straßenraub zwischen Albersbach und Wald-Erlenbach

Im Jahr 1805 gegen die Herbstzeit wurde der Einwohner und Wagner Adam Emig von Bonsweiher auf seinem Rückweg von Lindenfels von Straßenräubern angefallen, gefährlich mit Schlägen mißhandelt und beraubt. Die Täter waren

Johann Adam Heusner,

dessen Bruder, Stephan Heusner,

das sogenannte Hann-Martinchen (Martin Rieckert) und, wie Johann Adam Heusner angibt,

Johann Adam Grasmann, was dieser aber beharrlich leugnet.

Der beraubte Emig war nach Lindenfels gegangen, um sein Meistergeld zu bezahlen; er konnte aber bei dem damaligen Beamten nicht vorkommen. Es war gerade Markt zu Lindenfels; Emig ging in ein Wirtshaus, traf da mehrere Bekannte, bei denen er bis abends nach neun Uhr verweilte und dann seinen Rückweg nach Bonsweiher antrat. Vor dem Albersbacher Wald, wo der Pfad von dem Ort Albersbach nach Wald-Erlenbach geht, hatte sich Heusner mit seinen Spießgesellen, die zusammen von ersterem Ort kamen, hinter einem großen Misthaufen verborgen, als Emig singend den Weg daherkam. Hann-Martinchen bemerkte seinen Spießgesellen: »Ich will denn doch einmal zu dem Mann gehen und ihn fragen, warum er so singt«, und sogleich sprang er auch hinter dem Misthaufen gegen den Wagner Emig hervor, ohne daß jedoch, wie Heusner behauptet, damals noch die Absicht gewesen sein solle, denselben zu berauben. Auf ihn einspringend, rief Hann-Martinchen dem Wagner Emig zu: »Bist du Spitzbube da, gib das Geld her!« und gab ihm zugleich einen Schlag mit dem Stock. Emig kam indes dadurch nicht aus der Fassung, er faßte dem Hann-Martinchen den Stock und prügelte ihn ab; unglücklicherweise zersprang dem Emig der

Stock bei dem dritten Schlag, er wehrte sich jetzt noch mit den Händen, stieß den ihn Angreifenden zurück und suchte sich mit Laufen zu retten. Nun sprangen auch Heusner und sein Bruder hinter dem Misthaufen hervor und verfolgten in Gemeinschaft mit Hann-Martinchen den sich zu retten suchenden Emig. Einer der Räuber, der beinahe immer gleich mit ihm sprang – es war Stephan Heusner –, gab ihm hierbei einen Schlag mit einem Prügel von einer jungen Tanne mit solcher Heftigkeit auf den Kopf, daß der Prügel entzweibrach. Schon war Emig bis in die Nähe von dem Ort Albersbach gekommen, als er beim Herabspringen von einem jähen Berg in ein von Schweinen gewühltes tiefes Loch sprang und in diesem Augenblick von dem ihm zunächst gewesenen Stephan Heusner einen Schlag oder Wurf an das rechte Hüftbein erhielt, wodurch er außer Stand gesetzt wurde, weiterzuspringen. Er wurde nun von den drei Räubern überfallen, mit Schlägen auf den Kopf heftig mißhandelt, so daß ihm das Blut gleich über das Gesicht floß. Einer der Räuber zog ihn, als er zur Erde lag, an den Haaren mit dem Gesicht gegen die Erde, während ein anderer immer auf ihn schlug und der dritte sich auf ihn kniete und ihm das Geld aus der linken Westentasche und ein Schnupftuch aus der Rocktasche nahm; in der rechten Westentasche hatte er noch vier Laubtaler, die er dadurch rettete, daß sie nicht visitiert wurde. Das ihm geraubte Geld betrug nach seiner Aussage 17 fl. 30 kr.

Nach vollzogenem Raub entfernten sich die Räuber, indem sie den Beraubten und Mißhandelten auf dem Platz liegen ließen, der, als er wieder zu sich selbst gekommen war, sich in den nahen Ort Albersbach schleppte, wo ihm in dessen Schultheißen Haus die Wunden ausgewaschen wurden und er die Nacht über zubrachte. Nach seiner Angabe hat Emig neun Wochen lang im Bett liegen müssen und noch längere Zeit mit seiner Genesung zu tun gehabt. Seine Kleidung war von Blut gefärbt; er hatte zwei tiefe Kopfwunden und mehrere Kontusionen (leichte Verwundungen, d. Hg.) auf demselben und anderen Teilen des Körpers, besonders schmerzhaft war für ihn der Schlag oder Wurf am rechten Schenkelbein: Noch jetzt will er eine besondere Schwäche daran empfinden.

Versuchter Straßenraub im Merchinger Wald

Heusner und Friedel, die nach ihrem Weggang von Altheim im Baulande und Odenwald miteinander herumzogen, erfuhren von einem Handelsjuden, der gewöhnlich den Merchinger Wald passierte und viel Geld bei sich haben sollte. Sie beschlossen, diesem aufzulauern und ihn zu berauben. Hütten-Hannes, von dem jene wußten, daß er sich zu Sindolsheim in dem Hause des Vaters des berüchtigten Krämer-Matthes aufhalte, wurde von ihnen dazu eingeladen, und die drei gingen dann zusammen von Sindolsheim weg nach Altheim in das dortige vertraute Haus. Hier wurde zu dem Unternehmen eine Flinte geliehen, dieselbe, um sich ihrer Brauchbarkeit zu versichern, auseinandergelegt, sodann mit Schrot geladen und am Abend nach dem Merchinger Wald gezogen. Außer der Flinte hatte Friedel seine doppelte Pistole bei sich. Auf ihrem Weg nach dem Merchinger Wald kamen dieselben an dem Brandackerhof vorbei. Sie hatten Durst, und es wurde auf der Stelle beschlossen, ihn aus dem Keller dieses Hofes zu stillen. Heusner und Friedel brachen die nach außen gehende Kellertür auf und brachten aus dem Keller ein Fäßchen mit Wein. Da dieses ihnen aber zu schwer zum weiteren Fortbringen und der Wein, wie sie glaubten, durch das Rütteln ihnen untrinkbar war, so kehrten Heusner und Friedel nochmals in den Keller zurück. Heusner drückte die in den Hausgang gehende Falltür auf, öffnete die Haustür und ging sodann mit Friedel die Treppe hinaus unter das Dach, wo sie Hemden, zinnerne Teller, ein Bett und etwas Dörrfleisch mitnahmen und dann wieder in den Keller zurückkehrten und da einige Häfen (Steingut- oder Tonkrüge, d. Hg.) mit Wein füllten.

Hütten-Hannes hatte unterdessen an der Haustür mit der Flinte Schildwache gestanden. Sie setzten nun ihren Weg nach dem Merchinger Wald fort. Hier lagerten sie sich neben der Straße in die Hecken, die Beischläferin des Friedel aber wurde an die Straße gesetzt, um ihnen bei der Ankunft des erwarteten Juden das Zeichen zu geben. Die Räuber hatten die Nachricht, daß der Jude zu Fuß komme; es kam inzwischen einer zu Pferd, den sie zwar für jenen hielten, aber doch nicht gewiß waren.

Auf das von des Friedels Beischläferin gegebene Zeichen kamen die Räuber aus den Hecken heraus; der auf dem Fußpfad, welcher an der entgegengesetzten Seite der Straße herzog, reitende Reisende hatte sie aber durch die nicht dick stehenden Hecken wahrgenommen, hatte seinem Pferd die Sporen gegeben und war davongejagt, ehe die Räuber ihn festhalten konnten. Hütten-Hannes, der die Flinte hatte, schoß ihm zwar nach, allein er fehlte, und so entkam der Reisende, der nach dem Schuß noch stillhielt, sich umkehrte und den Räubern zurief: »Wart ihr Spitzbuben, ich will euch schießen lernen!«, glücklich der Gefahr.

Nach diesem mißlungenen Raub kehrten die Räuber wieder nach Altheim zurück. Auf diesem Rückweg gewahrten sie einen französischen Geistlichen, auf einem anderen Weg gehend. Friedel machte sogleich den Vorschlag, diesem die Uhr zu nehmen. Er sprang auch sogleich auf den Geistlichen zu und Heusner ihm nach. Derselbe wurde angehalten und von Friedel aufgefordert, die Uhr herzugeben; er erklärte aber den Räubern: »Meine

Herren, was wollen Sie? Ich bin ein französischer Geistlicher und wollte, daß Sie mir hier auf diesem Platz 1000 fl. abnehmen könnten, dann hätte ich noch mehr zu Haus«; dies half ihm nichts; er wurde von Friedel durchvisitiert, und zuerst als dieser sich dadurch überzeugt, daß der Geistliche keine Uhr hatte und nur ungefähr 13 Batzen besaß, unberaubt gehen zu lassen. Der Reitende, welcher in dem Merchinger Wald angegriffen werden sollte, konnte nicht ausfindig gemacht werden.

Der Wert des Diebstahls auf dem Brandackerhof betrug nach der Angabe des Bestohlenen 75 fl. Die Räuber hatten nach seiner Aussage das Faß, welches sie zuerst aus dem Keller brachten, aus einem anderen gefüllt; dasselbe war ungereinigt, und der Wein wollte ihnen deshalb nicht schmecken.

Versuchter Straßenraub auf demselben Platz und dabei erfolgte Tötung des Friedel

Ungefähr drei oder vier Wochen nach dem eben vorgetragenen attentierten Straßenraub, es war am 3. September 1805, machten

Johann Adam Heusner,
dessen Bruder Stephan und
Friedel

auf demselben Platz den Versuch, den schon das erste Mal erwarteten Juden zu berauben, wobei Friedel von dem Revierjäger Gambs zu Merchingen tödlich verwundet wurde.

Johann Adam Heusner und Friedel hatten den Stephan Heusner bei Kainsbach im Odenwald angetroffen, diesem ihr Vorhaben, erwähnten Juden zu berauben, eröffnet und solcher sich zu ihnen gesellt. Während sie ungefähr fünfzehn Schritte von der Straße ab in dem Wald lagen und auf den Juden warteten, war Friedel unter der angeblichen Erklärung, einmal Wasser trinken zu wollen, von den anderen beiden weggegangen und an der Straße geblieben. Inzwischen kam der von Berligingische Revierjäger Gambs in Dienstgeschäften von Merchingen her. Friedel bemerkte ihn kaum, als er aufbrach und die Straße fortging. Dem Jäger schien dies verdächtig; sein Verdacht vermehrte sich, als er wahrzunehmen glaubte, daß Friedel ein Gewehr unter dem Rock trage. Er forderte daher solchen auf, stillzuhalten, allein Friedel sprang statt dessen schnell in das Gebüsch. Dadurch noch mehr darin bestärkt, daß er einen Spitzbuben oder einen Wilddieb vor sich habe, schoß Gambs dem Friedel in das Gebüsch nach und verwundete ihn. Friedel starb einige Tage darauf an der Wunde.

Die beiden Heusner hörten den Friedel noch jammern, und unser Inquisit Johann Adam stand ungefähr neun Schritte entfernt in dem Gebüsch, als der Revierjäger Gambs zu dem Friedel kam und darüber klagte, daß er ihn geschossen habe. Heusner sagt: »Ich hätte den Jäger schießen können, daß er keine Ader mehr gerührt hätte; allein ich dachte, warum sollst du den schießen, wenn Friedel schon geschossen ist.«

Auf dem Platz, wo der Revierjäger Gambs den Verwundeten antraf, wurden ein Wachsstock, ein dicker eichener Prügel, ein paar Diebsschlüssel, ein Pulverhorn, eine doppelte Pistole und verschiedene Patronen, mit Pulver und Schrot gefüllt, gefunden. Die Schlüssel und die Pistole wurden in der Erde vergraben gefunden, wohin sie der Gauner nach seiner Verwundung noch begraben hatte.

Außer der doppelten Pistole des Friedel hatten Heusner und sein Bruder zwei Pistolen und die Flinte von Altheim, welche schon das erste Mal mit auf den Platz genommen worden war, bei sich.

Versuchter Straßenraub bei Kerbersdorf im vormals Fuldischen bei Salmünster

Spielhannes (Johannes Lehn) hatte von einem Juden zu Romsthal, vulgo Runspel, die Nachricht von zwei Juden von Ulmbach, vulgo Ulmich, erhalten, die von Frankfurt kommen und viel Geld bei sich haben sollten. Spielhannes gab hiervon dem Johann Adam Heusner Nachricht; beide gingen an dem Tag, an dem die Juden kommen sollten, nach Romsthal in das Haus des Baldowerers, wo sie warteten, bis dieselben von da weitergingen. Es war der Jude Jakob Abraham von Ulmbach, der mit einem Boten von Frankfurt zurückkam und 900 fl. für dort verkauftes Vieh bei sich hatte. In Romsthal, wo derselbe einkehrte, traf er noch zwei Juden von Ulmbach und Salmünster, und es wurde beschlossen, daß sie zusammen in Gesellschaft den Abend noch nach Ulmbach gehen wollten. Es war schon eine halbe Stunde Nacht, als sie von Romsthal abgingen. Die bald davon unterrichteten beiden Räuber machten sich auf einem anderen Weg fort und gewannen der bemerkten Gesellschaft den Vorsprung ab. Eine halbe Viertelstunde von dem Ort Kerbersdorf warteten dieselben auf solche in dem Wald, den sie auf ihrem Weg nach Ulmbach passieren mußten. Spielhannes und Heusner, jeder mit einer Pistole bewaffnet, standen bei der Ankunft der Reisenden unter einem Baum, von dem sie plötzlich gegen solche hervorsprangen; Heusner forderte sie mit gespannter Pistole auf, stehenzubleiben und das Geld herzugeben – mit dem tröstlichen Beisatz, daß ihnen dann nichts am Leben geschehen würde. Jakob Abraham antwortete aber dem Räuber herzhaft: »Wir haben kein Geld.« Auf diese Antwort erfolgten von den Räubern ein paar Pistolenschüsse; durch den einen Schuß wurde der Bote des

Juden Jakob Abraham mit fünf Schrot in den einen Arm und mit zwei in ein Bein verwundet, dieser aber durch einen Schrot an der Hand gestreift. Jakob Abraham ging hierauf rasch auf einen der Räuber los, es war Johann Adam Heusner, und gab ihm nach seiner Angabe einen Schlag auf den Kopf, worauf solcher mit seinem Spießgesellen in die Hecken sprang, jener aber mit seinem Boten zurück nach einer benachbarten Ziegelhütte eilte. Die Räuber verfolgten sie und holten sie unfern der Ziegelhütte ein und griffen sie mit ihren Pistolen und Prügeln wieder an. Abraham Jakob erhielt hierbei einen Schlag auf den Kopf – aber auch Heusner ein Loch in den Kopf geschlagen, worauf die Räuber die Flucht ergriffen. Das Geld des Abraham Jakob hatte einer der beiden anderen Juden schon in Romsthal bis nach Ulmbach zu tragen übernommen und sich gleich anfänglich mit demselben geflüchtet. Diese Verbrechen fiel im Jahr 1806 nach Allerheiligen vor.

Dies sind einige der Verbrechen, welche Heusner in seinem Untersuchungsprotokoll eingestanden hat. Man wird über ihre große Anzahl erstaunen, wenn man bedenkt, daß derselbe erst 36 Jahre alt ist und sie, nach seiner eigenen Angabe, die ganze Menge seiner Verbrechen noch nicht umfaßt. Heusner stand auch mit dem berüchtigten Schinderhannes in Verbindung, und es hätte vielleicht keines großen Zeitraums mehr bedurft, daß dessen Name als Räuberanführer berüchtigter geworden wäre als der des Schinderhannes. Viele der erzählten Verbrechen hat Heusner mit bekannten Mitgliedern der Bande vom Schinderhannes verübt; von diesem, meint er, sei mehr Getöse und Lärm gemacht worden, als er als Räuber verdient hätte; er wirft ihm in dieser Hinsicht besonders Feigheit vor. Einmal war Heusner mit dem Schinderhannes und anderen Mitgliedern seiner Bande über den Rhein von Semd aus auf Verbrechen gezogen und etwa sechzehn Tage drüben geblieben; es geschah indessen kein Verbrechen, weil, wie Heusner sagt, damals die neue Garde (Gendarmerie) errichtet worden sei und sie deshalb nichts hätten unternehmen können. Sie lagen während ihres Aufenthalts jenseits des Rheins meistenteils in Waldungen. Der bekanntlich von dem vormaligen Peinlichen Gerichtshof zu Mainz zu 22jähriger Zuchthausstrafe verurteilte Vater des Schinderhannes kam hierher einst zu ihnen und forderte seinen Sohn, nach Heusners Erzählung, bei allem, was ihm heilig sein könne, auf, von seinem Räuberleben abzulassen, allein vergeblich. Schinderhannes lachte der Tränen und Ermahnungen seines Vaters. Heusner sagt, wenn er noch daran denke, wie der alte Mann seinen Sohn mit entblößtem Haupt gebeten habe, so möchte er weinen.

In der Folge veruneinigte sich Heusner mit Schinderhannes zu Semd, wo er mit dem Grasmann zu demselben und anderen seiner Bande gekommen war. In einer dabei entstandenen heftigen Schlägerei wurde Heusner so zerschlagen, daß er durch das Blut, das ihm über das Gesicht strömte, nichts mehr sehen konnte. Er würde, wie er sagt, den Schinderhannes damals ermordet haben, wenn ihn das herabströmende Blut zu sehen erlaubt hätte.

An den erzählten gewaltsamen Einbrüchen sieht man, daß Heusner auch mit den Mitgliedern der Neuwieder Bande in Verbindung stand. Mit dem berüchtigten, in Keils Aktenmäßiger Geschichte etc. als Hauptglied dieser Bande vorkommenden Johann Müller kam Heusner einst bei Lohr im Fürstentum Aschaffenburg zusammen. Müller hatte mehrere von der Niederländer Bande, besonders Juden, bei sich und war eben auf dem Weg in die Gegend von Schwäbisch Hall, um dort einen Raub auszuführen. Auch Heusner wurde für dieses Unternehmen angeworben und in das Wirtshaus Zum Riesen nach Walldürn, als dem bestimmten Sammelplatz, bestellt. Er kam indes nicht dahin, weil, wie er angibt, Schinderhannes ihm abgeraten hatte.

Am 27. Mai 1807, abends elf Uhr, zogen ungefähr 30 bis 40 Mann unter Lärmen und Singen in den sehr volkreichen Ort Lengfeld in dem Großherzogl. Hessischen Amt Otzberg. Der Nachtwächter wurde aufgegriffen und gebunden. Den Kirchhof besetzten die Räuber, um das Stürmen zu verhindern, mit Wachen. Unter fortwährendem Lärmen und Singen ging der Zug nun an die Behausung des 80jährigen Amtsunkostenerhebers Walter. Dieser war mit seiner Familie noch nicht zu Bett, hörte gleich diesen Lärm. Niemand ahnte aber darin eine Vorbedeutung von dem, was kommen sollte. Plötzlich wurde das Hoftor mit dem Rennbaum eingestoßen, die Räuber drangen mit brennenden Lichtern in den Hof, sprengten die in denselben führende Haustür ein und stürmten nun in das Haus. Die Familie Walter wurde gebunden, mit Schlägen mißhandelt und mit Bettzeug zugedeckt. Nur der alte Walter blieb von Mißhandlungen verschont, da er gleich anfänglich durch das Fenster, stockwerkshoch, herabgesprungen war und sich auf einem Backofen verborgen hatte. Kisten und Schränke wurden zerschlagen und 2300 fl. geraubt. Nicht unbedeutende Vorräte von Leinwand und anderen Gegenständen blieben unberührt. Während dieses geschah, wurde der Nachtwächter gebunden in die Stube gebracht und in eine Ecke geworfen. Nach vollbrachtem Raub zogen die Räuber unter Lärmen und Schreien wieder ab. Die Einwohner von Lengfeld hielten die Räuber für einen Trupp französischer Soldaten und blieben deshalb ruhig in ihren Wohnungen.

Nach Heusners Angabe haben an diesem Verbrechen der Überrheiner Wilhelm, Itzig Muck, der in Wiesbaden hingerichtete Polak und Salmge Haag namentlich teilgenommen. Die übrigen waren meist Juden von der ehemaligen Neuwieder Bande.

Von den acht Räubern, deren Verbrechen bisher vorgekommen sind, wurden J. A. Heusner, Johann Adam Grasmann, Martin Rupprecht, Jakob Erbeldinger und Georg Tascher durch Urteil Großherzogl. Hofgerichts vom 20. Juni vorigen Jahres zum Tode, und zwar Heusner zum Strang, die vier anderen zum Schwert mit der Schärfung verurteilt, daß deren Köpfe danach auf den Pfahl zu stecken seien, und zugleich angeordnet, daß die Hinrichtung in der umgewandten Reihe, wie sie aufgeführt sind, geschehen solle.

Am 25. Juni wurde diese Straferkenntnis den Inquisiten bekanntgemacht, nachdem ihnen vorher ihre Verbrechen vorgehalten und ihnen gezeigt worden war, daß jeder von ihnen mehrere Verbrechen begangen habe, auf deren einzelne die Gesetze die Todesstrafe verordneten.

Nach den in dem hiesigen Staat bestehenden Gesetzen hat jeder Verbrecher, der zu einer Zuchthausstrafe von zwei Jahren und darüber verurteilt wird, das Rechtsmittel der Revision an Großherzogl. Oberappellationsgericht. Als man den Inquisiten nach geschehener Publikation dieses bekannt machte, erklärten Grasmann, Rupprecht, Erbeldinger und Tascher, daß sie glaubten, die ihnen zuerkannte Todesstrafe nicht verdient zu haben, und an den höheren Richter sich wenden wollten. Nur Heusner deklarierte, daß er einsehe, daß er nach seinen Verbrechen den Tod leiden müsse, und nur bitte, daß ihm die Gnade zuteil werde, daß er nicht mit dem Strang, sondern mit dem Schwert hingerichtet werde. Es war ihm, so wie den anderen, vorher bekannt gemacht, daß nach dem Gesetz zehn Tage gestattet seien, um sich an den höheren Richter wenden zu können; den anderen, insbesondere dem Grasmann und Rupprecht, stellte er vor, daß sie nach den Verbrechen, welche sie verübt hätten, weder hoffen könnten, daß sie bei dem höheren Richter eine gelindere Strafe erwirken würden, noch hoffen dürften, daß ihnen Gnade zuteil werde; es ist zuviel, sagte er, was wir getan haben. Heusner rief bewegt aus:»Zehn Tage! Das ist eine halbe Ewigkeit.« Sein Mädchen und dessen zukünftige Erziehung war ihm jederzeit ein besonderes Anliegen, und er bat den Verfasser mehrmals, daß das Kind seiner Mutter nicht wieder zurückgegeben werden möge, indem er bemerkte, daß es sonst verloren sei und seinem Verderben sicher entgegengehe. Diese Bitte wiederholte er auch jetzt, und da ihm der Verfasser das Versprechen gab, daß er für die Erziehung des Kindes sorgen werde, so erklärte er, dann sei er ruhig und wolle gern den Tod leiden. Durch die Zusprache des ihm beigegebenen

Defensors (Verteidigers, d. Hg.) wurde er indes doch nachher bestimmt, das Rechtsmittel der Revision zu ergreifen, besonders in bezug auf eine Abänderung in der Todesstrafe.

Am 26. Oktober wurde vom Großherzogl. Oberappellationsgericht die von Großherzogl. Hofgericht erteilte Straferkenntnis gegen die fünf Inquisiten bestätigt und von Ihro Königl. Hoheit, dem Großherzog, die höchstlandesherrliche Konfirmation (Bestätigung, d. Hg.) jedoch dahin erteilt, daß die Strafe des Stranges in die des Schwertes umgeändert und zugleich verordnet wurde, daß die Köpfe nach der Hinrichtung nicht auf die Pfähle gesteckt, sondern mit den Körpern begraben werden sollen.

Am Mittwoch, dem 2. November, wurde den Deliquenten nach Vorschrift der in dem hiesigen Staat bestehenden Peinl. Gerichtsordnung ihre definitive Verurteilung zum Tode im allgemeinen bekannt gemacht, ihnen angekündigt, daß ihre letzte Stunde samstags, den 5. November, schlage, sie ermahnt, diese kurze Zeit dazu zu verwenden, die allenfalls von ihnen noch nicht bekannten Verbrechen noch anzugeben und sich als reuige Sünder zu Gott zu wenden und ihn um Vergebung ihrer vielfältigen Übeltaten anzuflehen; zugleich wurden sie aufgefordert, wenn einer in Beziehung auf seine Familie etwas zu bitten habe, es vorzubringen.

Heusner blieb, seinem bisher gezeigten Betragen getreu, ruhig und fragte nur, ob es denn also doch bei dem Strang bliebe? Man gab ihm die Aussicht, daß er darin eine Abänderung erwarten dürfe. Erbeldinger erklärte mit Trotz: Für seine Kinder würden höhere Personen schon sorgen. Tascher blieb stumm und sprach in seinem heimtückischen Ton nur die Worte: »Ich hab' die Strafe nicht verdient.« Rupprecht erklärte: »Ich bin mein Lebtag ein Spitzbube gewesen; ich muß doch einmal sterben, und es ist einerlei, ob etwas später oder früher; je länger ich noch gelebt hätte, ein desto größerer Sünder würde ich geworden sein, denn gebessert würde ich mich doch nicht haben, wenn ich auch Gnade erhalten hätte.«

Grasmann weinte; Rupprecht verwies ihm dies mit den Worten: »Wir sind Spitzbuben, und Spitzbuben dürfen nicht weinen, denn wir haben die Strafe verdient.« Er bat gleich darauf mit dem Heusner um ein Glas Wein, damit sie noch einmal miteinander trinken könnten; man ließ Wein und Brot kommen; die Burschen tranken einander zu und wurden froher Dinge. Sie wurden dann zusammen auf das Rathaus in die für die vorbereiteten Zimmer gebracht.

Noch während die Entscheidung der Strafe in revisorio anhängig war, hatte sich Herr Kirchenrat Haßlacher erboten, sie zuweilen zu besuchen, teils um sich für den Fall der Bestätigung der Todesstrafe mit ihnen näher bekanntzumachen und sich ihr Zutrauen zu erwerben, war um mit Erfolg auf einen Verbrecher in den letzten Tagen einzuwirken, durchaus notwendig ist, teils um ihnen in ihrer Lage möglichen Trost durch Gründe der Religion zu geben. Man gestand hiernach dem Herrn Kirchenrat den freien Zutritt zu den vier Inquisiten, die katholischer Religion waren, zu, und mit sichtbarem Erfolg wußte derselbe durch sein echt christliches Benehmen und durch kleine Wohltaten sich das volle Zutrauen derselben zu erwerben und sie in den Stunden, in welchen sie der Gedanke an ihren Übeltaten und die sie erwartende Strafe ängstigte, was besonders bei Heusner häufig der Fall war, aufzurichten.

Auch Tascher bat, als er die Besuche des Herrn Kirchenrats Haßlacher bei seinen Kameraden wahrnahm, daß auch ihn ein Geistlicher besuchen dürfe. Man bewilligte ihm dies, und mit großer Bereitwilligkeit übernahmen die hiesigen drei lutherischen Stadtgeistlichen, Herr Inspektor Lichthammer und die Herrn Pfarrer Reuling und Ludwig das Geschäft. Jeder dieser würdigen Geistlichen suchte dem Tascher begreiflich zu machen, daß er ein Übeltäter sei, und ihm nach seiner Lage Ermahnung und Trost zu geben; allein damit war ihm nicht gedient. »Hilfe will ich haben, was in der Bibel steht, weiß ich auch«, war stets seine Antwort. Vorstellungen, die ihn zur Erkenntnis seiner Übeltaten und daß er durch sie auch gegen Gott sich versündigt habe, hätten bringen sollen und können, so liebevoll und zweckmäßig sie auch gemacht wurden, waren bei ihm tauben Ohren gepredigt; sein erstes und letztes Wort war und blieb: »Hilfe will ich haben.«

Zur Vorbereitung in den letzten drei Tagen waren dem J. A. Heusner Herr Kirchenrat Haßlacher, dem J. A. Grasmann Herr Benefiziat Forcher von Heppenheim, dem M. Rupprecht Herr Stadtpfarrer Keller von Heppenheim, dem Erbeldinger Herr Feldprediger von Jaster beigegeben, die Vorbereitung des Tascher hatten die drei eben genannten lutherischen Stadtgeistlichen wechselweise übernommen. Am sichtbarsten, und ich darf sagen, mit wahrer Aufrichtigkeit, zeigten Heusner und Grasmann Reue über ihre Verbrechen. Rupprecht hielt sich mehr ans Trinken und Tabakrauchen, das ihm gegen alle Befehle in zu großem Überfluß aus der unrichtigen Meinung gereicht wurde, dem Deliquenten müsse in den letzten drei Tagen seines Lebens gegeben werden, was er verlange; Erbeldinger blieb still und mit sich selbst beschäftigt; er hatte den Glauben gehabt, daß er als Untertan, da er nicht gemordet habe, nicht zum Tode verurteilt werden könne. Tascher blieb auf seinem alten harten Sinn und wollte von den geistlichen Ermahnungen nichts wissen, nur am vorletzten Tag gelang es den Herrn Geistlichen, noch einigen Eindruck bei ihm hervorzubringen.

Ein weiteres Verbrechen gab keiner der Deliquenten mehr zu. Erbeldinger und Tascher, die sicherlich noch einige auf sich hatten, glaubten sichtbar immer noch an Begnadigung und fürchten, durch ein weiteres Bekenntnis sich den Weg dazu abzuschneiden.

Heusner und Grasmann, sodann Rupprecht und Erbeldinger, saßen zusammen, Tascher allein. Es geschah, daß erstere beide, die so wie die übrigen an lange, an dem Fußboden befestigte Ketten gefesselt waren, sich zufällig in ihre Ketten verwickelt hatten. Heusner machte seinem Paten hierbei die Bemerkung: »Petter, mit Ketten haben wir angefangen, mit Ketten enden wir.« Am 4. November empfingen die der katholischen Religion Zugetanen das hl. Abendmahl. Tascher wurde, da er in seinem Starrsinn durchaus nicht zu bestimmen war, sich als einen Sünder zu bekennen, viel weniger aber Reue über seine Verbrechen bezeugte , noch nicht würdig für den Genuß erkannt. Er wurde erst am Tag der Hinrichtung dazu gelassen, nachdem er am Tag vorher, als er die Aussicht auf Begnadigung immer mehr verschwinden sah, einige gute, reuevolle Empfindungen hatte blicken lassen.

Erbeldinger wurde während der letzten drei Tage von seinen Kindern besucht, und die Szenen, die zwischen ihnen und ihrem Vater vorfielen, lassen sich eher empfinden als beschreiben. Am Abend vor der Hinrichtung wurde auch der Frau und den Kindern des Tascher auf ihre Bitte zu diesem der Zutritt gestattet; er hatte aber kaum seine Frau erblickt, als er sie in seinem mürrischen Ton anfuhr: »Du hast bisher nicht nach mir gefragt, was willst du jetzt? Du hättest nun auch wegbleiben können.« Nur die ihm gemachte Vorstellung, daß seine Frau nicht vermögend gewesen sei, ihm während seines Arrestes etwas an Speise und Trank zuweilen zu bringen (das hatte Tascher im Sinn), und der Anblick seiner Kinder änderten ihn etwas um. Für letztere, besonders die beiden jüngeren, zeigte er viel Zuneigung. Man ließ ihm und seiner Familie Wein und Essen reichen, was sie miteinander mit einem Appetit verzehrten, als ob sie ein Fest feierten. Taschers Frau war gegen sein Schicksal so unempfindlich, daß sie die Unverschämtheit hatte, am anderen Tag mit ihren Kindern auf den Richtplatz zu ziehen und der Hinrichtung zuzusehen.

Auch Heusners Frau, Grasmanns Mädchen und Rupprechts Beischläferin wurden noch zu solchen gebracht. Erstere nahm mit Rührung von ihrem Mann Abschied und rief ihm insbesondere ins Gedächtnis, wie oft sie ihn am Anfang seines Räuberlebens gebeten habe, davon abzulassen und mit ihr in andere Gegenden zu ziehen, damit er aus seinen Gesellschaften komme. Grasmann gab seiner Tochter, welche der Verfasser schon seit einigen Jahren zu sich genommen hat, die dringendsten Ermahnungen, sich gut aufzuführen und vor bösen Gesellschaften und ihren Anreizungen zu hüten, indem er sich selbst ihr als Beispiel vorstellte, wie weit Laster und Verbrechen führe; er bat sie, wenn sie an ihn denke, ein Vaterunser zu beten. Rupprechts Beischläferin suchte ihre Zusammenkunft dazu zu nutzen, ihn zu bestimmen, seine gegen sie gemachten Angaben zurückzunehmen, was ihr jedoch nicht glückte.

Am 5. November wurde den Deliquenten die Straferkenntnis und erfolgte Allerhöchst Landesherrliche Bestätigung vor feierlich gehegtem Peinlichen Gericht auf öffentlichem Marktplatz publiziert. Sie erschienen, von ihren Geistlichen, wie sie oben genannt sind, geführt, in den Schranken. Taschers Starrsinn hatte sich, nachdem ihm das Sterbekleid angezogen worden war, in völligen Kleinmut umgewandelt. Die Geistlichen redeten ihm vor der feierlichen Urteilsverkündung zu, zu seiner Stärkung ein Glas Wein zu trinken, allein mit bebender Stimme wies er unter den Worten »Ich kann nicht essen und kann nicht trinken« alles von sich. Rupprecht, der die Nacht durch und den Tag vorher zu viel geistige Getränke genossen hatte, war etwas berauscht, affectirte (spiegelte vor, d. Hg.) in diesem Zustand Mut, der aber eher Frechheit war. Nur Heusner erschien, ohne frech oder kleinmütig zu sein, mit gesetzter Standhaftigkeit, die er auch beibehielt, bis der tödliche Streich fiel. Er und Grasmann dankten nach der Urteilsverkündung für die gnädige Strafe.

Die Hinrichtung geschah an den fünf Verbrechern in nicht vollen siebzehn Minuten. Heusner war noch nicht von dem Wagen abgestiegen, als der Kopf des zuerst hingerichteten Tascher, der halb leblos das Schafott bestieg, fiel. Heusner sah dies in einem Blick und wandte das Gesicht weg. Als Ruprecht auf das Schafott geholt wurde, bemerkte Heusner dem Grasmann: »Petter, jetzt kommt ihr«, und als dieser unmittelbar nachher abgeholt wurde, gab er ihm noch die Hand zur Versöhnung und küßte ihn mit der Äußerung: »Ich komme Euch gleich nach.« Seinem Seelsorger, Herrn Kirchenrat Haßlacher, dankte er noch für seine Mühe und alles, was er an ihm getan habe, mit dem Zusatz: »Komme ich zu Gott, so werde ich an dessen Thron für Sie beten«, und indem er das Schafott bestieg, überreichte er demselben sein Sacktuch mit der Bitte, es seiner Frau nebst seinem Kruzifix nach seinem Tod auszuhändigen und ihr zu sagen, daß jenes seine letzten Tränen enthalte, daß sie das Kruzifix, so lange sie lebe, aufbewahren und vor demselben für ihn beten solle.

So fielen die Köpfe dieser fünf Hauptverbrecher.

Räuberbanden zwischen Rhein und Elbe

(Carl Philipp Theodor Schwencken)

Die Mittelgebirgsregionen waren neben dem Rheinland und Schwaben die »Hauptarbeitsgebiete« der großen deutschen Räuberbanden. So litten nicht nur der Spessart, der Odenwald, der Vogelsberg und die Wetterau unter ständigen Überfällen, Einbrüchen und Diebstählen, auch das hessische Bergland und das südliche Niedersachsen waren davon betroffen. Die bittere Armut der Landbevölkerung dürfte auch hier der wichtigste Grund gewesen sein.

Während der französischen Besatzung wurde gegen diese Banden mit äußerster Härte vorgegangen. Dabei zeichneten sich die Kriminalbeamten des Werra-Departements besonders aus. Mit welch skurrilen Mitteln damals versucht wurde, eingefangene Räuber an der Flucht zu hindern, verdeutlicht ein Erlaß des Marburger Präfekten von Trott, der im November 1812 verfügte:

»Daß den Criminalgefangenen beiderlei Geschlechts bei ihrem Eintritt in das Gefängniß das Hinterhaupt in der Art, daß nur auf der Stirn ein Büschel Haare stehen bleibe, glatt abgeschoren und dieses Abscheren alle 14 Tage wiederholt werden solle. Die Gefangenen männlichen Geschlechts sollen außerdem noch den Bart, wenn sie einen haben, stehen lassen, welcher ihnen bei dem Abgang aus dem Gefängnisse abzunehmen ist. Alle auf diese Weise gekennzeichneten Individuen sind als entflohene Gefangene aufzugreifen, falls sie nicht einen, ihre Person auf's genaueste bezeichnenden, mit Siegel versehenen Entlassungsschein des Criminalhofs zu ihrem Ausweis als entlassene Gefangene bei sich haben« (zit. n. Ludwig Müller: Aus sturmvoller Zeit. Marburg 1891, S.194).

Von zwei großen Marburger Prozessen haben sich die amtlichen »Anklage-Urkunden« erhalten, in denen die Straftaten der einzelnen Räuber sehr detailliert aufgeführt sind (»Anklage=Urkunde gegen einen Theil der großen Räuberbande, welche bei dem K. Crim. Gerichtshof des Werradepartements in Untersuchung gewesen und in der öffentlichen Sitzung im Monat October verurtheilt werden wird«. Marburg 1812; »Anklage=Urkunde gegen eine Räuber= und Diebsbande, die Lumpensammler=Bande genannt, welche sich vorzüglich im Distrikt Marburg und den zunächst angrenzenden Gegenden aufgehalten hat und bei dem K. C. Ger. = Hof des Werra = Departements in Untersuchung gewesen ist«. Marburg 1813). Die Vorgehens-

weise dieser Räuber, die auch ehemalige Mitglieder der rheinischen und der Schinderhannes-Bande in ihre Reihen aufgenommen haben, unterscheidet sich nicht von der ihrer südlicher operierenden »Kollegen«. Allerdings (das scheint auf den Einfluß der rheinischen Banden zurückzuführen zu sein) dominieren Straßenräubereien und brutale Überfälle. Einfache Diebstähle oder Hauseinbrüche sind seltener. Entsprechend hart waren die Strafen, mit denen die rechnen mußten, die sich einfangen ließen. Von 41 Angeklagten, die im Herbst 1812 vor den Marburger Gerichtsschranken standen, wurden zehn zum Tode verurteilt und nur acht freigesprochen. Am 5. Dezember kam es zu weiteren Todesurteilen wegen Raub und Bandendiebstahl.

Insgesamt, schreibt Carl Philipp Theodor Schwencken in seiner zusammenfassenden Bewertung, wurden von dem Kriminalgerichtshof in Marburg »in einem Zeitraum von fünf bis sechs Jahren gegen die Hauptmitglieder von fünf großen Räuber- und Diebsbanden das Straf- und Vergeltungsrecht geübt«. Schwencken, am 4. Februar 1785 in Arolsen geboren, hatte sich schon als Kriminalgerichtsassessor in Kassel intensiv mit den kurhessischen und darüber hinaus mit allen deutschen Räuberbanden beschäftigt. 1820 erschienen in Marburg und Kassel seine »Notizen über die berüchtigsten jüdischen Gauner und Spitzbuben, welche sich gegenwärtig in Deutschland und an dessen Gränzen umhertreiben, nebst genauer Beschreibung ihrer Person«. Der schon öfter bemühte Avé-Lallemant bezeichnete diese Zusammenstellung von 650 Kurzbiographien als das »in der Polizeiliteratur einen klassischen Rang einnehmende Werk«, das »mehr als irgendein anderes praktischen Nutzen gestiftet« habe. Das Lob fiel vor allem deshalb so euphorisch aus, weil es zu dieser Zeit noch kein so umfangreiches Fahndungsbuch gab. Die Polizeibeamten konnten dank Schwenckens Akribie zum ersten Mal auf genaue Personenbeschreibungen zurückgreifen, die die Identifizierung von Gefangenen, die in der Regel keine oder gefälschte Pässe bei sich trugen, erheblich erleichterten. 1822 ließ der unterdessen zum Obergerichtsrat beim Fuldaer Kriminalsenat ernannte Schwencken das Pendant für die »christlichen Gauner« erscheinen, dem er den Titel gab »Aktenmäßige Nachrichten von dem Gauner= und Vagabundengesindel sowie von einzelnen professionirten Dieben, in den Ländern zwischen dem Rhein und der Elbe nebst genauer Beschreibung ihrer Person«. Auf 656 Seiten verzeichnete er die Signalements von insgesamt 1189 gesuchten oder verurteilten Personen. In seiner Einleitung, aus der wir zitieren, versuchte Schwencken, erstmals in der Kriminalliteratur, einen Gesamtüberblick über die Entwicklung der Räuberbanden zwischen Rhein und Elbe zu geben. Wir haben vor allem die Teile ausgewählt, die sich mit dem nördlichen Hessen, dem südlichen Niedersachsen und den westlichen Teilen von Thüringen beschäftigen. Dabei stehen zwei Banden im Mittelpunkt, deren Verbrechen nur aufgezählt werden. Diese beiden knappen Zusammenstellungen machen deutlich, daß die Opfer in der Regel nicht sehr vermögend waren; die Beutezüge dürften entsprechend mager ausgefallen sein. In dieser Phase, in der die polizeilichen Maßnahmen zu greifen begannen und die Begüterten ihr Eigentum wirksamer schützten, mußten die Räuberbanden auch damit vorliebnehmen, Schafe, Ziegen und Gänse von der Weide zu holen oder einer Bäuerin die Wäsche von der Bleiche zu stehlen.

Hier kündigt sich schon der Übergang von der Räuber- zur Diebsbande an, die nicht viel später ohne Gewalt und Aufsehen zu Werke gehen sollten (vgl. die Schilderungen von G.W. Pfeiffer in diesem Band).

Zwischen dem Rhein und der Elbe gab es nicht ein einziges Land, welches im Laufe des ersten Jahrzehnts des gegenwärtigen Jahrhunderts von Räuberbanden verschont geblieben wäre.

Man erstaunt, wenn man die Verzeichnisse der Räubereien und Diebstähle aller Art durchläuft, welche in dem Zeitraum von 1800 bis 1810 in den genannten Gegenden verübt worden sind. Es möchte in dieser Periode, vorzüglich zur Frühjahrs- und Herbstzeit, wohl weniger Nächte gegeben haben, die nicht durch ein bald hier, bald dort ausgeführtes Diebsunternehmen zu bezeichnen wären. – Es hausten um jene Zeit mehrere abgesonderte Räuber- und Diebeshorden in den Maingegenden und im Odenwald, in der Wetterau und auf dem Vogelsberg. Andere Räubervereine, von denen sich jener der Gebrüder Harting durch Anzahl und Unternehmungsgeist auszeichnete, trieben in Ober- und Niederhessen sowie in den benachbarten Ländern ihr Wesen, während fast zu gleicher Zeit die Bande des Theodor Unger in Niedersachsen und jene des Erdmann im Braunschweigischen etc. Verderben verbreiteten. Noch andere Räuberrotten, größtenteils aus Juden bestehend und von Leiser Polack, von Süsmilch und Isaac Muck angeführt, traten bald in dieser, bald in jener Gegend raubend und stehlend auf.[1] Dieses Unwesen dauerte von Anfang bis Ende des erwähnten Dezenniums ununterbrochen fort; erst dem darauf folgenden Jahrzehnt war es vorbehalten, demselben zu steuern und der zügellosen Frechheit des Räuber-und Gaunergesindels ein Ziel zu setzen.

[1] Auch an der westlichen Grenze von Deutschland trieb damals noch die schon seit vielen Jahren bestehende Bande des berüchtigten großen Jainkof, meist Juden, ihr Wesen, und später, im Jahr 1810, setzte die Horstsche Räuber- und Mordbrennerbande die Kurmark in Angst und Schrecken.

Ehe wir jedoch zu dieser Periode übergehen, sei es uns vergönnt, noch einen besonderen Blick auf den früheren Zustand der öffentlichen Sicherheit in den Ländern an der Lahn, Fulda, Werra, Weser und Leine zu werfen. So wie in allen anderen Gegenden Deutschlands, so hatte es auch in jenen Ländern nie an landfahrendem Gesindel und an solchen Menschen gefehlt, welche den bequemen Erwerb durch Diebstahl der mühsamen Arbeit vorzogen. Auch mangelt es keineswegs an Beispielen, daß dergleichen Gesindel schon in früheren Zeiten, vorzüglich nach beendeten Kriegen, in förmliche Banden zusammengetreten war und durch Raub und Diebstahl großes Unheil angerichtet hatte. Ausgezeichnet waren in dieser Beziehung in der ersten Hälfte des vergangenen Jahrhunderts besonders das erste und fünfte Dezennium, in der zweiten Hälfte aber die 1780er Jahre, in welchen namentlich unter Anführung eines gewissen Philipp Schlemming eine große Diebesbande durch mehrere kühne Unternehmungen die Sicherheit des Eigentums in Hessen bedeutend gefährdete. In eben diesen Zeitraum fällt die Existenz zweier Banden, die sich das Hannoversche vorzugsweise zum Schauplatz ihrer mitternächtlichen Taten ausersehen hatten und von denen die eine einen gewissen Braden, die andere größtenteils aus Juden bestehend, einen gewissen Masemann zu Anführern hatte.

Gegen das Ende der 80er Jahre war es jedoch den Justiz- und Polizeibehörden der besagten Gegenden gelungen, die einzelnen dort streifenden Gaunerrotten zu zersprengen, so daß sich die Bewohner jener Länder in den letzten Jahren des vergangenen Jahrhunderts einer Sicherheit zu erfreuen hatten, welche, wenigstens im Vergleich mit den Ereignissen der neueren Zeit, vorzüglich genannt werden kann. Dieser friedliche Zustand war aber – leider! – nur von kurzer Dauer. Die Elemente, aus denen sich das Übel entwickelt, das heimat- und erwerbslos umherziehende Gesindel, war noch in großer Menge vorhanden; es bedurfte daher nur eines kleinen Windstoßes, um das unter der Asche glimmende Feuer von neuem zur verzehrenden Flamme anzufachen.

Der glückliche Fortgang, welchen zu Ende des vorigen Jahrhunderts die Unternehmungen der zahlreichen Räuberrotten in den jenseitigen Rheinlanden hatten, die traurige Zelebrität (Berühmtheit, d. Hg.), welche sich einzelne Mitglieder jener Banden, ein Picard, Schinderhannes und andere, erwarben, verbunden mit den anziehenden Schilderungen, welche das Gerücht von der reichen Beute dieser Bösewichter weit umher verbreitete, scheint auch die Auswürflinge anderer Länder zur Nachahmung gereizt zu haben. Wenigstens fingen sich schon mit dem Anfang des gegenwärtigen Jahrhunderts, also zu der Zeit, wo das Unwesen am Rhein beinahe seinen höchsten Gipfel erreicht hatte, auch in Hessen und den benachbarten Ländern die Einbrüche und Diebstähle auffallend zu verfielfältigen an.

Das Übel würde indessen nicht den hohen Grad erreicht haben, wenn der Grund desselben bloß in dem einheimischen Gaunergesindel gelegen hätte; die an sich schon sehr bedeutende Anzahl desselben wurde aber nicht allein durch eine Menge von auswärts hinzuströmenden Taugenichtsen, zum Teil Militär-Ausreißer etc., sehr beträchtlich vermehrt, sondern es vereinigten sich mit derselben auch mehrere der verruchtesten Mitglieder der am Rhein versprengten Räuberbanden. Von diesen Flüchtlingen, welche wir seit dem Jahr 1802 mit dem Gaunergesindel unserer Gegenden vereinigt sehen, verdienen vorzugsweise Nicolaus und Georg Harting genannt zu werden. Dem verderblichen Einfluß, welche diese vollendeten Spitzbuben auf das Gaunergesindel in Hessen ausgeübt haben, ist ganz vorzüglich die beispiellose Unsicherheit, welche dort fast ein ganzes Jahrzehnt hindurch geherrscht hat, zuzuschreiben. Denn sie waren es, welche ihren Neuverbündeten den Unternehmungsgeist mitteilten, der die Rheinländischen Banden so verderblich gemacht hat; sie waren es, welche ihnen die Verfahrensweise jener Banden und die Schleichwege lehrten, auf welchen sie sich den Verfolgungen der Obrigkeit so lange zu entziehen gewußt haben; sie waren es endlich, welche fast alle ihre kühneren Unternehmungen als Anführer leiteten. Die Rollen, welche unter dem Gaunergesindel in Hessen mehrere Mitglieder der ehemaligen Neuwieder Banden spielten, hatten im Odenwald, am Main etc. verschiedene ehemalige Raubgenossen des Schinderhannes übernommen.

Den Ursachen, welche in unseren Gegenden das Gedeihen und Fortbestehen der Räuber- und Gaunerbanden haben befördern helfen, kann sodann auch die im Jahr 1806 erfolgte Staatsumwälzung und die dadurch veranlaßte Einführung einer ganz fremden, von der bisher bestandenen so durchaus verschiedenen Verfassung insofern beigezählt werden, als dadurch auf einige Zeit die Polizei- und Strafrechtspflege in ihrem regelmäßigen Gang gestört wurde.

Es liegt nicht in dem Plan dieser Blätter, sich über die einzelnen Taten der Räuberbanden, welche seit dem Anfang des gegenwärtigen Jahrhunderts in Hessen und den benachbarten Ländern gehaust haben, mit derjenigen Ausführlichkeit, welche ähnliche Werke in dieser Rücksicht darbieten, zu verbreiten. Man beschränkt sich daher bloß darauf, eine kurze Übersicht von den vorzüglichen Verbrechen, welche bei den vor den Kriminalhöfen in Kassel und Marburg etc. gegen jene Banden stattgefundenen Prozeduren vorgekommen sind, zu geben. Dies wird hinreichen, den Leser in den Stand zu setzen, sich einen Begriff von der verderblichen Betriebsamkeit des Gaunergesindels in den genannten Gegenden zu machen, während es auch in anderen Beziehungen nicht undienlich sein möchte, die Verbrechen jener Banden sowie die Urheber derselben näher kennenzulernen. (...)

Es ist schon oben der Maßregeln gedacht worden, welche in den ersten Jahren des gegenwärtigen Jahrhunderts von den meisten Regierungen der norddeutschen Staaten angeordnet wurden, um der immer mehr überhand nehmenden Frechheit des Gaunergesindels Schranken zu setzen. Wenn nun auch diese Maßregeln, wie die Erfahrung gelehrt hat, mit dem Umfang und der Beschaffenheit des Übels in keinem Verhältnis standen, so blieben sie doch, da, wo sie mit Umsicht gehandhabt und von dem Eifer der Beamten unterstützt wurden, keineswegs ohne wohltätige Folgen. Insbesondere bewirkte die allenthalben geschärfte Aufmerksamkeit, womit man das heimatlos umherziehende Gesindel ins Auge faßte, daß mancher Erzspitzbube angehalten und dem Gericht überliefert wurde. Zwar war es bei dem Mangel an Nachrichten über die meisten von ihnen in der Regel der Fall, daß der Verhaftete, ohne daß man ihm etwas anhaben konnte, nach einer längeren oder kürzeren Haft wieder in Freiheit gesetzt werden mußte, wie denn auch, eben jenes Mangels wegen, manche umfassendere Untersuchung, ungeachtet des Eifers, womit sie geführt wurde, ohne bedeutenden Erfolg geblieben ist. Indessen glückte es doch auch hin und wieder, den Verbrechen einzelner eingefangener Spitzbuben auf die Spur zu kommen und ihnen, wenn sie sich nicht, wie dies der schlechten Gefängnisse halber – leider! – häufig geschah, durch die Flucht der Strafe zu entziehen Gelegenheit hatten, ihrer verderblichen Tätigkeit auf die eine oder andere Art ein Ziel zu setzen. Dieses Los traf namentlich auch den hochberüchtigten Picard, welcher sich so lange den Verfolgungen der Obrigkeit zu entziehen gewußt hatte. Er wurde im Jahr 1805 vom Kurhessischen Amt Bergen handfest gemacht und nach Marburg ausgeliefert, wo im Jahr 1807 ein natürlicher Tod seinem fluchbeladenen Leben im Kerker ein Ende machte. Kurz vorher war eben dort Hampelholmich gehängt worden. Andere gleich berüchtigte Räuber büßten um dieselbe Zeit in Marburg, Wiesbaden und Offenbach ihre Frevel mit dem Tode. Feist Hünerhund, im Jahr 1805 zu Kassel eingebracht, gab sich in den dortigen Gefängnissen freiwillig den Tod. Theodor Unger fiel mit einem Teil seiner Raubgenossen in Magdeburg der Gerechtigkeit in die Hände und starb dort auf dem Rabenstein. Auf ähnliche Art traten nach und nach mehrere andere berüchtigte Gauner von dem Schauplatz ab. Freilich war dadurch, daß einzelne Bösewichter dem Tod geopfert oder sonst unschädlich gemacht wurden, zur Wiederherstellung der allgemeinen Sicherheit noch sehr wenig geschehen, solange sich noch die große Masse der Gauner und unter diesen eine Menge der verfluchtesten Bösewichter in Freiheit befand.

Aber die Zeit war nicht mehr fern, wo das Racheschwert der Vergeltung auch auf die Häupter der meisten übrigen Gauner fallen sollte. Schon zu Ende des ersten Dezenniums dieses Jahrhunderts begann sich von allen Seiten ein furchtbares Ungewitter zusammenzuziehen, dessen zerschmetternde Blitze die Luft nach und nach von ihren verpesteten Dünsten reinigen sollten.

In den Ländern, aus denen das vormalige Königreich Westfalen zusammengesetzt war, brach der Sturm gegen das dort hausende Gaunergesindel zuerst los. Denn kaum war die dort eingeführte neue Ordnung der Dinge in regelmäßige Wirksamkeit getreten, als sich auch die Gefängnisse mit verdächtigem Gesindel zu füllen anfingen; die neu errichtete Gendarmerie, deren wohltätige Tätigkeit sich in dieser Beziehung gleich anfangs bewährte, brachte ganze Scharen von Landstreichern ein, und die Kriminalhöfe, denen allenthalben ausgezeichnet tätige und erfahrene Generalprokuratoren zur Seite standen, wetteiferten miteinander, die ihnen als der Gaunerei verdächtig überlieferten Individuen zu entlarven und der verdienten Strafe teilhaftig zu machen. Ganz besonders segensreich waren in dieser Hinsicht für unsere Gegenden die Bemühungen der Kriminalhöfe in Marburg und Kassel, von denen allein der erste, in einem Zeitraum von fünf bis sechs Jahren, gegen die Hauptmitglieder von fünf großen Räuber- und Diebsbanden das Straf- und Vergeltungsrecht geübt hat. Sodann trugen auch die Kriminalhöfe in Heiligenstadt, Hannover und an anderen Departementshauptorten durch mehrere erfolgreiche Prozeduren gegen das Gaunergesindel sehr dazu bei, den so lange verhöhnten Gesetzen neues Ansehen zu verschaffen.

Mit gleichem Eifer und gleichem Erfolg wurde auch in mehreren Nachbarländern das Raub- und Gaunergesindel zu Paaren getrieben. Vorzügliche Anerkennung verdient dasjenige, was in dieser Beziehung von den Kriminalgerichten in Darmstadt und Gießen sowie von dem Stadtgericht in Heidelberg geschehen ist und worüber die von den um die Bekämpfung des Heeres innerer Feinde so sehr verdienten Herrn Stadtdirektor (jetzt Geheimrat) Pfister in Heidelberg, Hofgerichtsrat und Kriminalrichter von Grolman in Gießen und Kriminalrichter Brill in Darmstadt herausgegebenen Nachrichten umständlich Auskunft geben.

Auch in den ehemaligen französischen Rhein-Departements fuhren die Justiz- und Polizeibehörden fort, das Gaunergesindel mit regem Eifer zu verfolgen. Unter den stattgehabten gerichtlichen Prozeduren, welche in das verflossene Jahrzehnt fallen, zeichnen sich diejenigen aus, welche in Mainz gegen Damian Hessel und dessen Raubgenossen und gegen die Bande des Anton Keil geführt und durch welche fünf berüchtigte Räuber unter das Beil der Guillotine und 96 Individuen in Straf- und Besserungshäuser geliefert worden sind.

Der rastlose Eifer, womit das Gaunergesindel seit dem Anfang des gegenwärtigen Jahrhunderts fast in allen Ländern Norddeutschlands bekämpft wurde, konnte keinen anderen als sehr wohltätigen Einfluß auf die Wiederherstellung der so lange und so frech gestörten öffentlichen Sicherheit haben. Die meisten Mitglieder der in jenen Gegenden hausenden Räuberbanden wurden nach und nach eingefangen und, insoweit sie nicht zur Todesstrafe reif befunden wurden, auf längere oder kürzere Zeit in Strafanstalten untergebracht. Die übrigen flüchteten entweder in entferntere Gegenden oder entsagten ihrer bisherigen Lebensart und versuchten, sich auf eine erlaubte Art durchzubringen. Allen drang sich die Überzeugung auf, daß die Zeit ihres Gedeihens vorüber sei.

Kaum hatten sich aber die Bewohner der in Rede stehenden Länder der wiederhergestellten Sicherheit zu freuen angefangen, als dieselbe schon wieder von neuem untergraben wurde. Das Jahr 1813, so glorreich und heilbringend durch die Besiegung des äußeren Feindes, führte nämlich Ereignisse herbei, welche den inneren Frieden von neuem gefährdeten. Hierher gehört zunächst die Befreiung einer großen Anzahl von Missetätern, wozu die damaligen Kriegsereignisse hin und wieder Veranlassung gaben. In Kassel allein entwichen aus den dortigen Strafanstalten bei Gelegenheit, als jene Stadt im September 1813 von russischen Truppen besetzt wurde, 171 Sträflinge, unter denen sich viele Räuber und Gauner befanden. In Heiligenstadt setzten sich ihrer um dieselbe Zeit 88 in Freiheit, etc. – Hierzu kamen die übrigen Folgen des Kriegs, welche, wie immer, so auch damals, durch die Vermehrung und Ermutigung des Gaunergesindels bald genug fühlbar wurden, so wie dann auch nicht geleugnet werden kann, daß die Reorganisation der ihren rechtmäßigen Fürsten zurückgegebenen Staaten auf die Justiz- und Sicherheitspflege gegen das Gauner- und Vagabundengesindel insofern nachteilig wirkte, als die bis dahin bestandenen Justiz- und Polizeibehörden, welche sich eine genaue Kenntnis von jener verworfenen Menschenklasse verschafft hatte, aufgelöst wurden und an deren Stelle zum Teil Männer traten, die einer solchen Kenntnis ermangelten, mithin auch beim besten Willen, wenigstens in den ersten Jahren, mit dem nötigen Erfolg gegen das Gaunergesindel nicht wirksam sein konnten. Endlich verdient auch noch die hin und wieder stattgehabte Aufhebung der Gendarmerie, welche sich bei der Einfangung von Landstreichern und sonstigen verdächtigen Menschen so tätig bewiesen hatte, als ein Umstand angeführt zu werden, welcher für die Erneuerung des Gaunerwesens sehr günstig war.

Es wäre unter diesen Umständen ein Wunder gewesen, wenn nicht das Gaunergesindel sein Haupt wieder erhoben hätte. Wirklich blieben auch die Folgen all jener seinem Aufleben so günstigen Zeitumstände nicht aus. Die aus den Gefängnissen und Strafanstalten Entwichenen kehrten zu ihrem alten Gewerbe zurück; mit ihnen vereinigten sich von neuem diejenigen, welche früher aus den hiesigen Gegenden verscheucht, durch die stattgehabten Veränderungen wieder herbeigelockt waren sowie auch die Diebswirte und sonstigen Vertrauten wieder Mut bekamen, ihre schändliche Verbindung mit dem Gaunergesindel zu erneuern. Zwar waren die abschreckenden Beispiele, welche die neueste Zeit geliefert hatte, noch in zu lebhaftem Andenken, als daß die von neuem zusammengetretenen Gaunergesellschaften dadurch nicht einigermaßen hätten in Schranken gehalten werden sollen. Indessen waren die Beweise, welche sie von ihrer erneuten Tätigkeit gaben, immer zahlreich genug, um für die Zukunft gerechte Besorgnisse zu erregen. Es wurde zwar hin und wieder der eine oder der andere von ihnen von neuem in Haft gebracht, aber, da man gewöhnlich weiter nichts als die Angabe seines falschen Namens und Geburtsortes von ihm herauszubringen wußte, er auch meist mit legalen Pässen versehen war, in der Regel bald wieder in Freiheit gesetzt. Erst später, als das Institut der Gendarmerie unter dem Namen Landdragoner-Korps wieder ins Leben gerufen war, gelang es in Kurhessen und den angrenzenden Ländern mehreren Behörden, die sich die Mühe nicht hatten verdrießen lassen, sich in den Besitz der erforderlichen Nachrichten zu setzen, eines Teils der im Herbst 1813 entwichenen Flüchtlinge wieder habhaft zu werden, sowie auch mehrere andere Verbrecher, welche sich den Verfolgungen der westfälischen Behörden zu entziehen gewußt oder sich auch erst neuerlich dem Gaunerleben gewidmet hatten, zu entlarven und auf längere oder kürzere Zeit unschädlich zu machen. Von den Untersuchungen, welche in der neuesten Zeit gegen christliche Gaunergesellschaften stattgefunden haben, zeichnen sich vornehmlich zwei aus, von denen die eine in den Jahren 1815 bis 1817 von einer besonders dazu ernannten Kommission in Hannover gegen Johannes Sippel und mehrere seiner Diebsgenossen[1], die andere aber in den Jahren 1818 bis 1820 von dem Kurhessischen Kriminalgericht in Kassel gegen eine Gesellschaft von Gaunern, die unter Führung des Joh. Stelzner und des Joh. Müller, vulgo kleiner Husar, eine Zeitlang ihr Wesen an der Hessisch-Sächsischen Grenze getrieben hatte, geführt worden ist.

[1] siehe rechte Seite

Folgendes sind die bemerkenswertesten Verbrechen, welche I. bei der erstgedachten Untersuchung vorgekommen sind:

1. um d. Jahr 1795. Diebstahl in einem Dorfe im Schwarzenfelsischen.
2. im Jahr 1800. Desgleichen beim Kaufmann Becker in Herzberg (Hannover).
3. – Diebstahl bei einem Juden in Pfarrweisach (Bayern).
4. zw. 1801 u. 1805. Desgleichen bei einem Einwohner zu Ascherhausen (Eisenach).
5. März 1802. Desgl. beim Kaufmann Wiebrecht zu Stadt Worbis (Eichsfeld).
6. im Jahr 1803. Desgleichen beim Ackermann Göpfert zu Gerthausen (Eisenach).
7. um d. Jahr 1805. Versuchter Diebstahl bei einem Juden in Bremke (Hannover).
8. – Diebstahl bei der Witwe Böhmeken zu Brachhausen bei Duderstadt.
9. im Jahr 1805. Bleichdiebstahl zu Elbingerode (Hannover).
10. Herbst – Diebstahl bei Heinrich Schricke zu Holungen.
11. Januar 1806. Desgleichen beim Amtmann Just in Trefurt.
12. um d. Jahr 1807. Diebstahl beim Kaufmann Wedekind in Selkerode.
13. um d. Jahr 1808. Beraubung eines Bandhändlers zwischen Creuzburg und Eisenach.
14. – Versuchter Diebstahl in Breitenbach auf dem Eichsfelde.
15. – Desgleichen auf einem Edelhofe im Eisenachschen, vier Stunden von Weißenborn.
16. Frühjahr 1809. Diebstahl bei der Witwe Leibeling in Benterode (Eichsfeld).
17. Juli – Desgleichen beim Kaufmann Kunkel in Dingelstädt (Eichsfeld).
18. September – Desgleichen beim Pächter Küster in Schwarzfels (Hannover).
19. im Jahr – Desgleichen beim Schulzen Gasmann in Trebra (Eichsfeld).
20. – Dergleichen beim Ackermann Kurt in Limlingerode (Eichsfeld).
21. um das Jahr – Dergleichen beim Pächter Kirchhof in Stöckey (Schwarzburg).
22. im Jahr 1810. Dergleichen beim Ackermann Müller in Limlingerode.
23. September – Gewaltsamer Diebstahl beim Förster Otto in Pöhlde (Hannover).
24. Herbst – Diebstahl beim Ackermann Böttcher in Barbis (daselbst).
25. Herbst 1811. Bienendiebstahl beim Schneider Schweishelm in Stöckey.
26. im Jahr 1811. Versuchter Diebstahl bei einem Kaufmann in Duderstadt.
27. – Diebstahl beim Ackermann Holzapfel in Limlingerode.
28. Dergleichen beim Ackermann Engelhard zu Zwinge (Schwarzburg).
29. – Versuchter Diebstahl beim Einwohner Völmer daselbst.
30. – Diebstahl beim Hrn. v. Schmidt in Schildungen (Eichsfeld).
31. Januar 1812. Diebstahl beim Einwohner Fuhrmann in Bockelnhagen (Schwarzburg).
32. Frühjahr 1812. Diebstahl bei Frau von Minnigerode daselbst.
33. Juli – Dergleichen bei Kaufmann Sieges daselbst.
34. Juli 1813. Dergleichen beim Müller H. Koch in Weißenborn.
35. im Jahr 1813. Dergleichen beim Pfarrer Scholmeyer in Fuhrbach bei Duderstadt.
36. Mai 1814. Dergleichen beim Schulzen Rathmann in Bartelfelde.
37. Juli – Dergleichen beim Ackermann Höche in Stöckey.
38. Herbst – Dergleichen beim Ackermann Mund in Trebra.

(...)

---

[1] Diese Untersuchung, welche mit großer Geschicklichkeit und musterhaftem Fleiß von dem Herrn Amtsschreiber Schröder geführt worden ist, ist vorzüglich durch die Art und Weise merkwürdig, wie Joh. Sippel oder Siebel die Geduld des Inquirenten zu ermüden und dessen Bemühungen zu vereiteln versucht hat. Nachdem er nämlich zuerst den Stummen, dann den Verrückten mit Täuschung und selten großer Beharrlichkeit gespielt hatte, kam er endlich auf den Einfall, sich tot zu hungern, widerstand auch mehrere Tage lang allen Versuchen, ihm Speise beizubringen, bis es dem Inquirenten endlich gelang, den Inquisiten dadurch auf andere Gedanken zu bringen, daß er dessen Eßlust durch delikate, angenehm duftende Speisen, die er ihm in den Kerker setzen ließ, so sehr reizte, daß er zuletzt seinen selbstmörderischen Vorsatz aufgeben mußte.

Die Verbrechen, welche

II. den Gegenstand der in Kassel geführten Untersuchung gegen Joh. Stelzner und dessen Genossen ausgemacht haben, fallen sämtlich in die neuere Zeit, die meisten in das Jahr 1817. Sie liefern den Beweis, daß die erwähnte Bande, wenngleich sie sich bis dahin größtenteils nur auf wenige kühne und gefährliche Unternehmungen beschränkt hat, doch auf gutem Wege war, der öffentlichen Sicherheit von neuem im hohen Grade gefährlich zu werden.

Folgendes sind die gegen sie zur Untersuchung gekommenen Verbrechen:

1. Herbst 1813. Kattundiebstahl auf dem Markt zu Creuzburg (Eisenach).
2. März 1816. Diebstahl beim Pfarrer Nolte zu Breitau.
3. September – Tuchdiebstahl aus einer Walkmühle zu Hersfeld.
4. Oktober – Diebstahl beim Schneider Heinrich Ortlepp zu Schemmeren.
5. – Kattundiebstahl auf dem Markt zu Eschwege.
6. – Betrügliche Aneignung mehrerer der Elisabeth Weismann gehörenden Kleidungsstücke.
7. April 1817. Diebstahl bei der Witwe Sommer zu Frankenhain.
8. Sommer – Kochtopfdiebstahl bei Joh. Luckhard zu Sorge.
9. – Diebstahl bei dem Wirt zu Solz.
10. – Kesseldiebstahl.
11. – Bettdiebstahl.
12. Michaelis – Ziegendiebstähle zu Guxhagen und Empfershausen.
13. Oktober – Diebstahl beim Pfarrer Hempfing zu Röhrda.
14. November – Dergleichen beim Konduktor (Pächter, d. Hg.) Rohmund zu Niederhöne.
15. Dezember – Ziegendiebstahl zu Kleinensee.
16. – Desgleichen zu Sallmannshausen (Eisenach).
17. – Desgleichen zu Dammertshausen (Eisenach).
18. Dezember 1817. Einbruch bei der Witwe Eichholz zu Scherbda (Eisenach).
19. – Schafdiebstahl bei Reichensachsen.
20. – Ziegendiebstahl zu Bernsdorf.
21. – Desgleichen zu Wölterode.
22. – Gänsediebstahl zu Nesselroden.
23. Jahr – Ziegendiebstahl zu Römersberg.
24. – Gelddiebstahl in einem Dorf bei Hersfeld.
25. – Versuchter Ziegendiebstahl bei dem Feldhüter Schmit zu Neustädt (Eisenach).
26. – Versuchter Bettdiebstahl zu Wölfterode.
27. – Diebstahl auf der Rosmühle bei Nentershausen.
28. – Bleichdiebstahl zu Unhausen.
29. – Leinendiebstahl in einem Dorfe zwischen Marburg und Hersfeld (vielleicht bei Aug. Beisheim zu Kalkobes).
30. Januar 1818. Diebstahl beim Schuhmacher Helwig zu Derenbach.
31. – Dergleichen beim Konduktor Barckhausen zu Reichensachsen.
32. – Schaf- und Gänsediebstahl zu Grebendorf.
33. – Ziegendiebstahl zu Unterrieden.
34. – Versuchter Diebstahl in einem hannoverischen Dorf.
35. Oktober – Marktdiebstahl zu Fritzlar.

Obgleich nun durch die vorerwähnten Untersuchungen sowie durch einige andere mehreren gefährlichen Individuen der Gaunergenossenschaft das Handwerk, wenigstens einstweilen, gelegt worden ist, so ist dadurch doch in Beziehung auf das Ganze noch so gut wie gar nichts geschehen. Es befindet sich noch immer ein großer Teil der früher verurteilten Verbrecher in Freiheit, viele andere haben mittlerweile die ihnen zuerkannten Strafen verbüßt oder mittels landesherrlicher Begnadigung ihre Entlassung erhalten; diesen durch langjährige Erfahrung gereiften Spitzbuben treten diejenigen hinzu, welche sich aus benachbarten Ländern in unsere Gegenden gezogen haben, so wie auch die zahlreiche Nachkommenschaft früher verstorbener oder in Strafanstalten befindlicher Gauner und die große Menge von heimatlos umherfahrenden Leuten jeden Augenblick bereit sind, sich den unternehmenden Gaunern anzuschließen.[1] Wenn sich daher das vielköpfige Ungeheuer, der nie ganz zu bändigende Proteus (griechischer Meeresgott, der in Homers ›Odyssee‹ mehrfach seine Gestalt wechselt, d. Hg.), bei der ersten Gelegenheit nicht wieder mit der gewohnten Verwegenheit erheben soll, so wird es dringend notwendig sein, daß alle Mittel, welche zur Aufrechterhaltung und Befestigung der öffentlichen Sicherheit geeignet sind, gegen das Gauner- und Vagabundengesindel mit Nachdruck und Umsicht zur Anwendung gebracht und daß insbesondere darauf Bedacht genommen werde, die Unzahl von landfahrenden Leuten zu vermindern und sie, wo möglich, nach und nach gänzlich auszurotten.

---

[1] Es verdient hier angeführt zu werden, was die Christiane Weismann vor dem Königlich Großbritannisch-Hannoverischen Kriminalamt in Duderstadt über das in Hessen existierende Gauner- und Vagabundengesindel gesagt hat. In ihrem Verhör vom 27. September 1818 gibt sie an: Alle diejenigen Personen, welche als Porzellan-, Glas- oder Marburger Geschirrhändler umherzogen, bedienten sich so wie die Zinngießer, Scherenschleifer etc. sämtlich dieser Gewerbe nur als Vorwand, um ihr landstreicherisches Spitzbubenleben zu bemänteln. Sie seien alle kochem und sprächen untereinander nur in dieser Sprache; sie hingen fast sämtlich miteinander zusammen und seien stets bereit, einander bei Verübung von Spitzbubenstreichen beizustehen. Sowie sie etwas verübt hätten, träten sie sogleich in benachbarte Länder über, um erst abzulauern, ob auch der Diebstahl entdeckt und ihnen nachgespürt werde. Das beste Ländchen sei in dieser Rücksicht für sie das Fuldische, wo niemand so genau nach seinen Pässen gefragt werde. Sie bildeten unter sich eine ordentliche Bande und nennen sich, nach ihrem gewöhnlichen Aufenthalt, die Hessenländer. Ihr jetziger Hauptchef sei Joh. Müller. Der Hauptort, wo sie einander träfen, wäre Melgershausen, dann auch Gensungen, Mühlenberg etc.

Der Postraub in der Subach

(Carl Franz)

Von Mai bis August 1816 regnete es in Strömen. Auf den Feldern verfaulten Getreide und Gemüse. Was noch übriggeblieben war, zerschlug der Hagel. Für die Bauern bedeutete die vernichtete Ernte eine Katastrophe. Nur mit äußerster Anstrengung hatten sie gerade die napoleonischen Kriege mit ihren verschiedenen Kontributionen und die Verheerungen der durchziehenden Soldaten überstanden. Jetzt fehlte ihnen jeder Vorrat für den zu erwartenden strengen Winter und – was fast noch wichtiger war – das Saatgut für das nächste Jahr. Der Wucher blühte.

Viele Deutsche entschlossen sich damals, ihr Land zu verlassen; auf 20.000 schätzt man die Zahl. Wer als Bauer oder Handwerker blieb, hatte nur Not und Elend zu erwarten. Den nach amtlichen Quellen zusammengestellten »Statistischen Mitteilungen über die volkswirtschaftlichen Zustände in Kurhessen« war 1853 zu entnehmen, wie dramatisch sich die Verarmung der Landbevölkerung in diesem Teil Deutschlands seit dem Beginn des Jahrhunderts entwickelt hatte. Einem oberhessischen Schneider- oder Schuhmachermeister blieben danach täglich noch 5½ Silbergroschen zum Leben; das entsprach dem Gegenwert von 3,4 kg Roggenbrot und war weniger als die Tagesration eines einfachen Soldaten. Wer seine oft vielköpfige Familie damit durchbringen wollte, der mußte auf jede unnötige Ausgabe verzichten. Auf den Tisch kamen Brot, Fett, Kaffee und Kartoffeln. Oft reduzierten Mißernten und die damit verbundene Teuerung auch diese bescheidene Auswahl noch. Brot, Fett und dünne Gemüsesuppen mußten dann genügen.

Für die Bauern, die gerade erst aus der Leibeigenschaft befreit waren, bedeutete die übliche Realteilung eine weitere Härte. Dadurch, daß die Söhne im Erbfall die an sich schon kleinen Parzellen noch unter sich aufteilen mußten, schrumpften die Lebensgrundlagen weiter. Man kann davon ausgehen, daß um 1830 in den hessischen Mittelgebirgsregionen nur zehn Prozent der Höfe ein ausreichendes Einkommen erwirtschafteten. Auch die Erlöse aus dem Nebenerwerb – z. B. Spinnerei, Weberei oder Strumpfwirkerei – sanken durch die Einführung von Schutzzöllen und durch die billigeren Importe aus England kontinuierlich. Eine Verbesserung der Situation war noch zur Mitte des 19. Jahrhunderts nicht in Sicht.

Das ist der wirtschaftliche Hintergrund, vor dem sich am 19. Mai 1822 der

Überfall auf den Geldtransport von Gladenbach nach Gießen ereignete. Die Täter waren keine gestandenen Räuber; sie stammten zum überwiegenden Teil aus dem kleinen Ort Kombach. Im nahen Biedenkopf hatten die preußischen Zollverordnungen den Handel mit wollenen Tüchern fast zum Erliegen gebracht. Das betraf den Nebenerwerb in der ganzen Gegend. Die Kombacher, die im Ruf standen, gelegentlich das großherzogliche Wild zu dezimieren, sahen zweimal im Monat das Ende ihres Elends fast in greifbarer Nähe vorbeirumpeln: das Geldkärrnchen, das Geld, Briefe und Pakete unter mäßiger Bewachung transportierte.

Nach sorgfältiger Vorbereitung gelang der Coup, bei dem die acht Einmal-Räuber 10.500 Gulden erbeuteten. Der Fall erregte großes Aufsehen und veranlaßte die Gießener Polizeibehörde zu hektischer Aktivität. Ein halbes Jahr später waren die Täter ermittelt. Fünf von ihnen wurden am 7. Oktober 1824 in Gießen mit dem Schwert hingerichtet. Zwei endeten durch Selbstmord; nur einem gelang die Flucht ins Ausland.

Carl Christian Franz, um 1780 in Lich geboren und seit 1811 Kriminalgerichtssekretär (ein Titel, den er bis zu seiner Pensionierung 1833 behalten sollte) in Gießen, hat 1825 die Vorgänge in einem kleinen Buch beschrieben, das den Titel trägt »Der Post-Raub in der Subach begangen von acht Straßenräubern von denen fünf am siebten October 1824 in Giessen durch das Schwerdt vom Leben zum Tode gebracht worden sind«. Gedacht war es zum Lobe des Kriminalrichters Danz, der die Untersuchung geführt hatte. Franz zitierte deshalb ausführlich aus den Verhören. Er wollte dokumentieren, wie es Danz gelang, die Täter in Widersprüche zu verwickeln und dadurch geständig zu machen. Herausgekommen ist dabei ein erschütterndes Dokument, wie Menschen, die aus der Not heraus Räuber geworden waren, mit immer neuen Lügen und letztlich erfolglos um ihr Leben kämpften – oder, um mit dem Filmemacher Volker Schlöndorff zu reden, »wie eine gewisse Struktur der Gesellschaft es den Benachteiligten unmöglich macht, ihre Lage zu durchschauen und diese zu verändern«. Schlöndorff hat den Bericht von Franz 1971 als Vorlage für seinen Film »Der plötzliche Reichtum der armen Leute von Kombach« genommen. Dabei hielt er sich sehr genau an den Originaltext (aus dem immer wieder zitiert wird). Für ihn war es »wichtiger und aufschlußreicher, eine solche Episode aus unserer Vergangenheit in ihrer Zeit zu belassen, sie streng historisch darzustellen, als sie zu aktualisieren, ein Gleichnis, eine Parabel oder ähnliches daraus zu machen«.

Der Film mit Georg Lehn und Reinhard Hauff in den Hauptrollen fand bei der Kritik fast ungeteilten Beifall. »Wo sonst in einem literarischen oder filmischen Werk dieser Zeit«, schrieb Karl Korn zur Premiere in der Frankfur-

ter Allgemeinen Zeitung, »wäre Volk, dem wir angehören, in der Mittellage zwischen Märchen und Aufbruch in die politische Selbstbestimmung mit solcher Kennerschaft und solcher Liebe gesehen?

Das Tableau der mentalen und sozialen Hoffnungslosigkeit, das Schlöndorff vorführt, weist über sich hinaus, läßt deutlich werden, daß hier Jahrhunderte zu Ende gehen, daß der Prozeß der Entstehung eines neuen Bewußtseins in uralten dumpfen Hoffnungen und gelegentlichem Aufbegehren seine Wurzeln hat, aber auch in Irrtum und Irrweg wie dieser glücklosen Glücksuche der armen Leute von Kombach.«

Wir bringen den Text ungekürzt.

Einleitung

Es gibt wenige Verbrechen, die den Keim so vieler anderer in sich tragen und in ihren Folgen schrecklicher und gefährlicher für die menschliche Gesellschaft werden können, als das Verbrechen der Wilddieberei. Nimmt man Trägheit und Müßiggang, diese beiden Laster, als die Quellen der meisten Verbrechen an, so wird man bei der Wilddieberei, der nächsten Gefährtin des Müßiggangs, zu einer gleichen Annahme sich berechtigt halten. Der Wilddieb, statt in einem ehrlichen, bürgerlichen Gewerbe den Unterhalt zu suchen, der ihn und die Seinigen gegen Mangel und Not sichern soll, bringt, nachdem Lust und Liebe zu seinen häuslichen Arbeiten in ihm nach und nach erloschen, seiner unerlaubten Neigung die völlige Zerrüttung seines Vermögenszustandes zum Opfer dar. Sodann mit der drückendsten Armut und Dürftigkeit kämpfend, nimmt er, schon gewöhnt an Verbrechen und vertraut mit den Gefahren, die sie begleiten, zu den verzweifelten Mitteln, zu Diebstahl und Raub, seine Zuflucht, die ihn immer tiefer in den Pfuhl alles Verderbens ziehen und endlich an einen entsetzlichen Abgrund führen. Auf diese Art wird der Wilddieb ein Räuber, und er wird es um so leichter, da Wilddieberei und Raub – die in ihren Straffolgen so verschiedenen Verbrechen – in sich selbst aber miteinander so verschwistert, ihre Grenzlinien so fein gezogen sind, daß er die Überschreitung kaum wahrnimmt. Denn schon vertraut mit dem Gedanken, sich mit Gewalt zuzueignen, was er nicht sein eigen nennen darf, übt der Wilddieb, gleich dem Räuber, sein Handwerk mit der größten Dreistigkeit und Verwegenheit aus. Allen Gefahren, die seinem eigenen Leben drohen, Trotz bietend, sieht er das Leben seiner Mitmenschen ebenso nichtsachtend an und setzt an die Rettung seines Lebens den Verlust anderer Menschenleben aufs Spiel. So wird der Wilddieb Räuber und Mörder.

Vor mehreren Jahren hielten sich im Hinterland in der Provinz Oberhessen mehrere bedeutende Banden von Wilddieben auf. Die großen gebirgigen Waldungen dieser Gegend gaben ihnen die beste Gelegenheit, ihr Handwerk eine lange Reihe von Jahren fortsetzen zu können. Allen Nachforschungen und Nachstellungen immer glücklich entronnen, wurden diese Rotten so frech und verwegen, daß die herrschaftlichen Forstbeamten selbst in ihren Wohnungen um ihr Leben zittern mußten und waren in den letztverflossenen Jahren, in welche nachstehende Erzählung fällt, so die Geißel und Schrecken der ganzen Umgegend geworden.

Von Gießen aus fährt monatlich zweimal ein Wagen, das sogenannte Geldkärrnchen, nach dem fünf Stunden davon entfernten Landstädtchen Gladenbach, um von dort die herrschaftlichen und Privatgelder, Briefe und Pakete abzuholen. Auf dem Wege dahin führt eine schöne Au zuerst nach dem Dorf Krofdorf, welches eine Stunde von Gießen entfernt ist; von da gelangt man in den Krofdorfer Wald, durch welchen eine schöne und breite Straße führt, und der sich in der Nähe von Kirchvers mit einem anderen Wald vereinigt. Von hier aus fängt der Weg an, sehr beschwerlich zu werden und kann, zumal bei ungünstiger Witterung, oft nur mit Gefahr geritten oder gefahren werden; über hohe, mit Bäumen und Gesträuch bewachsene Berge, durch schauerliche Hohlwege, deren Seitenwände bedeutende Felsenmassen bilden, auf Wegen, die kaum eines Wagens Breite fassen und an tiefen Abgründen hinführen, gelangt man, meistens im Wald, über Rollshausen nach dem Dorf Mornshausen, das eine halbe Stunde von Gladenbach liegt. Diesen Weg, der, seiner Lage nach, einer der unsichersten sein könnte, geht übrigens der Wanderer ganz ungefährdet – und den bekannten trefflichen Polizeianstalten des Großherzogtums Hessen und der benachbarten Staaten hat man diese Wohltat allein zu danken.

Es war ein Sonntag, der 19. Mai 1822, als der Postillon Müller, ein Bursche von zwanzig Jahren, zu obengenanntem Behufe das Geldkärrnchen in Gießen anspannte, um sechs Uhr früh von da wegfuhr und um elf Uhr desselben Morgens im Posthaus zu Gladenbach anlangte. Nachdem er seine Pferde versorgt hatte, begab er sich in sein gewöhnliches Wirtshaus und speiste fröhlich zu Mittag. Hierauf ging er, um die nötigen Anstalten für seine Rückreise zu treffen, in das Posthaus zurück und half daselbst in Gegenwart des Herrn Postverwalters Grünewald, das Kärrnchen mit Geld, Paketen und Briefen bepacken, und um ein Uhr nachmittags stand der Wagen zur Abfahrt bereit. Da sich auf diesem Wagen immer eine bedeutende Summe Geldes befindet, so wird demselben von dort aus jedesmal ein Landschütze, mit einer Flinte und einem Säbel bewaffnet, zur Eskorte beigegeben, und gerade an diesem Tag traf dieses Los den Landschützen Hamann. Guten Mutes fuhren sie nun, der Landschütze auf dem Hinterteil des Wagens, Müller vornauf sitzend, von Gladenbach ab, passierten Mornshausen und mochten überhaupt eine Stunde Wegs zurückgelegt haben, ohne daß ihnen etwas Auffallendes begegnet wäre, als sie auf kurhessischem Gebiete ein Wald, die Subach, so genannt nach einem kleinen da fließenden Bach, aufnahm und sie bald an einen der gefürchtetsten Hohlwege auf dem ganzen Weg gelangten, vor diesem Halt machten und abstiegen, um dadurch den Pferden einige Erleichterung zu verschaffen. Hier fährt man zwischen ungeheuren Seitenwänden, die mit hohen Bäumen und dichtem Gestrüpp bewachsen sind, einen sehr steilen Weg hinauf, auf den sich mühsam ein Fuhrwerk hinaufschleppt und der nur eine Spur hat. Ehe ein Fuhrmann in diese Schlucht einfährt, gibt er durch Peitschenklatschen ein Zeichen, auf ein Gegenzeichen wartend, um nicht einem anderen Fuhrwerk zu begegnen, wo wegen Enge des Wegs ein Ausweichen unmöglich wäre. Dieses Zeichen gab denn auch Müller, und da solches unbeantwortete geblieben, fuhr er getrost, nicht ahnend, was ihm bevorstand, in die Schlucht ein.

Vor seinen Pferden her ging Müller, einige Schritte hinter dem Wagen der Landschütze, um an den beschwerlichsten Stellen den Pferden mit Hilfe beispringen zu können oder doch durch Anstemmen zu verhindern, daß der Wagen wenigstens nicht zurücklaufen könne. So hatten sie mit großer Anstrengung beinahe den Gipfel des Berges erreicht, als es der Fuhrmann für ratsam hielt, hier abermals haltzumachen und den keuchenden Pferden zum Ausschnaufen einige Rast zu gönnen. Kaum aber wieder angefahren, da fallen zwei Schüsse, und in demselben Augenblick stürzen von beiden Seiten aus dem Gebüsch sieben bis acht verlarvte Kerle mit Pistolen in den Händen, zwei auf den Postillon, vier auf den Landschützen, mit dem Zuruf: »Haben wir dich, Spitzbuben, Halunken, jetzt muß das Geld heraus!«, banden ihnen die Augen zu und schleppten so die Unglücklichen in den Wald. Zuerst wollten sie den Postillon Müller rechts waldeinwärts führen, worauf er auf den Zuruf eines Kerls, der auf der Höhe des Hohlwegs stand und die Hüte und Mützen der Räuber trug: »Führt ihn da hinaus, links nach Lohra zu!« auf die linke Seite in den Wald gebracht wurde. Auf dem Weg dahin stolperte der Beklagenswerte einmal, worauf ihn diese Unmenschen mit Stößen in den Rücken mißhandelten. So führten sie ihn einige hundert Schritte in den Wald, warfen ihn dann auf das Gesicht zu Boden, knebelten ihn an Händen und Füßen und bedeuteten ihm, da er sie um Schonung seines Lebens anflehte, es solle ihm nichts zuleide geschehen, nur dürfe er, bei Gefahr seines Lebens, kein Maul auftun! Nicht menschlicher verfuhren sie mit dem Landschützen. Unter den fürchterlichsten Drohungen wanden sie ihm seinen Säbel, nach dem er zur Wehr griff, aus den Händen, zerrissen ihm das Degengehänge, schnürten ihm mit einem Lumpen von einem alten Weiberrock die Augen zu und schleiften ihn in die Nähe des Müllers. Hier warfen sie ihn auf die Erde, knebelten ihn grausam fest an Händen und Füßen, die Arme kreuzweise auf den Rücken, und donnerten ihm zu: »Halunke, wenn du schreist, so wird dir eine Kugel vor den Kopf geschossen, es bleiben hier zwei Wachen stehen, die auf dich achtgeben!« So mit einer Höllenangst und unter den fürchterlichsten Schmerzen ihr Schicksal sprachlos erwartend, hörten sie den Wagen links in das Gebüsch fahren, worauf bald ein starker Schlag folgte, der den Deckel des Geldkastens sprengte, und eine Flasche in Stücke zerschlagen. Müller mochte ungefähr eine Viertelstunde so gelegen haben, als zwei Räuber zu ihm kamen und ihm nochmals wiederholten, daß er augenblicklich sterben müsse, wenn er sich nicht ganz ruhig verhalten würde.

Kurz darauf hörte er nicht weit von ihm zur Seite jemanden jammern und erkannte an den Tönen die Stimme seines unglücklichen Gefährten. Nachdem er nun keine Tritte der Räuber mehr hörte, rief er dem Landschützen zu, worauf ihn dieser in den unsäglichsten Schmerzen bat, er möge doch versuchen, sich zu ihm zu wälzen und ihn seiner Fesseln zu entledigen. Müller bemühte sich deshalb, um nur den Landschützen sehen zu können, durch Reiben an der Erde seine Augenbinde abzustreifen, und nachdem ihm dieses nach sehr vieler Anstrengung geglückt war und er ihn etwa zwanzig Schritte weit von sich liegen sah, wälzte er sich, da er nicht so fest wie jener geknebelt war, zu ihm hin. Darauf versuchte er nun, Rücken an Rücken liegend, die Bande desselben, die aus Grastuchseilen und seiner eigenen Peitsche bestanden, aufzulösen; das fast Unmögliche brachten hier Not und Angst zustande, denn nachdem sie sich so zwei volle schreckliche Stunden abgearbeitet hatten, wurde der Landschütze frei und durch ihn wurde es Müller. Ganz betäubt und wie gelähmt an Händen und Füßen, sahen sie nun den Wagen nicht weit von ihnen stehen; die Pferde waren auf einer Seite ausgehängt und hatten Heu zum Fressen vorgeworfen. In ihrer Angst wagten sie indessen nicht hinzugehen, sondern eilten in ihrer ersten Bestürzung nach Rollshausen, einem nahe dabei liegenden kurhessischen Dorf, und zeigten in diesem Ort den Vorfall an. Auf dieses Gerücht eilte Amenhäuser, der Schultheiß des Ortes, herbei und traf die beiden Geängstigten vor seinem Haus auf einem Stein sitzend an. Nachdem sie ihn in wenigen Worten mit der Geschichte ihres Unglücks bekannt gemacht hatten, machte der Schultheiß die nötigen Anstalten, die so schnell wie möglich zur Entdeckung der Räuber auf frischer Spur führen konnten. Stürmend ließ er sogleich an alle benachbarten Ortschaften ein Aufgebot ergehen und begab sich selbst, sobald er den beiden Unglücklichen, die das Fürchterliche einer ausgestandenen Todesangst fast ganz sinn- und bewußtlos gemacht hatte, einige Erfrischungen gereicht hatte, unverzüglich in Begleitung derselben und einer bewaffneten Mannschaft seines Ortes, die sogleich in Streifzügen die ganze Umgegend durchsuchte, an den Platz, wo die Tat verübt worden sein soll. Hier fanden sie indessen nicht die geringste Spur, wie man sie von einer solchen gewaltsamen Tat anzutreffen erwartet hatte. Auf die Bemerkung des Postillons Müller, daß der Wagen links waldeinwärts gefahren worden sei, schlugen sie den vorgezeichneten Weg ein und fanden nach wenigen Schritten, nicht weit von dem Platz, wo beide geknebelt gelegen hatten, den Wagen in einem ganz zerstörten Zustand. Die Pferde, die noch ruhige standen, weil die Räuber ihnen Heu zum Fressen vorgeworfen hatten, waren mit dem Leitriemen an die Runge (Stange zwischen Wagenseite und Radachse, d. Hg.) gebunden, und der auswendige Zugstrick war ausgehängt; hinter dem Wagen fanden sie einen tannenen Kasten, dessen Deckel aufgeschlagen war, auf demselben eine halbe Flasche und deren Scherben umherliegend, nicht weit von dem Kasten einen blutbefleckten Sack, die Säbelklinge des Landschützen, sodann die Batte (Ranzenklappe, d. Hg.) von einem Büchsenranzen, eine abgebrochene Messerklinge, alle Briefschaften, worin sich in einem derselben noch Geld befand, zerstreut umherliegend, und zuletzt an dem Rain der Hohle die Säbelscheide. Nachdem sie alle diese Effekten sorgfältig in den Wagen gelegt hatten, fuhr Müller unter einiger Begleitung denselben nach Rollshausen. Der Schultheiß hielt es für gut, mit Hamann den Wald nochmals zu durchstreifen, und sie fanden auf einem Wiesengründchen nach Mornshausen zu, hart an der kurhessischen Grenze, mehrere Halme Heu, die sie von demselben hielten, welches der Fuhrmann auf seinem Wagen gehabt hatte, und einige Spuren von Menschentritten, die sie bis auf die Chaussee verfolgten. Da sie sonst nichts Verdächtiges angetroffen hatten, wurde Hamann nach Gladenbach gesandt, um bei dem Postamt daselbst die nötige Anzeige zu machen.

Abends um sieben Uhr traf er da ein, und das Landgericht ließ auf die ihm von diesem Raub gemachte Anzeige im Namen des Herrn Regierungsrats Krebs, welcher gerade abwesend war, sogleich die ganze Umgebung durchstreifen und in Gladenbach selbst bei einigen verdächtigen Personen Haussuchung vornehmen. Um neun Uhr abends desselben Tages traf auch der Herr Postverwalter Grünewald schon auf die ihm von Hamann gemachte Anzeige mit dem Landschützen Volk und einer bewaffneten

Mannschaft in Rollshausen ein und nahm sogleich über das Vorhandene ein Protokoll auf.

Damit indessen der geneigte Leser selbst die Größe des Schadens beurteilen könne, glauben wir, ehe wir weiter schreiten, schuldig zu sein, ihn von den Angaben zur Post in Gladenbach in Kenntnis setzen zu müssen:

I) hatte der Postbote Heinrich Wiesenmann zu Vöhl nach seiner beschworenen Aussage auf die Post zu Battenberg gegeben

A) am 6ten Mai 1822:

1) ein Päckchen an Großhl. Zeitungs-Expedition in Darmstadt mit 7 fl. 34 kr.

2) ein dergleichen an Susanne Zinser in Gießen mit 13 fl. 30 kr.

3) ein dergl. an Hrn. Buchhändler Magnus in Bonn mit 38 fl. 1 kr.

B) am 9ten Mai 1822 einen Brief an Hrn. Schuhmachermeister Vogel in Darmstadt mit 2 fl. 12 kr.

C) am 16ten Mai 1822:

1) ein Päckchen an Hrn. Hofgerichts-Advokaten Welker mit 19 fl. 15 kr.

2) ein dergl. an den Hrn. Bäckermeister G.H. Ebel in Gießen mit 15 fl. 43 kr.

Diese Angabe wird von der Großhz. Postverwaltung in Battenberg bestätigt, welche

II) außer diesen angegebenen Geldern noch folgende am 18. Mai 1822 hierher spedirt (geschickt, d. Hg.) hatte:

1) vom Herrn Regierungsamts-Aktuar von der Tann zu Battenberg an die Heyersche Buchhandl. dahier 9 fl. 36 kr.

2) vom Hrn. Blumenthal aus Battenfeld an Hrn. Moses Wallenstein in Frankfurt 50 fl.

3) vom Hrn. Großherzogl. Rentamtmann Bang in Battenberg

a) an H. Hfgr. Adv. Welker in Gießen 265 fl. 30 kr.

b) an die Haupt-Restkasse Darmst. 518 fl. 31 kr.

III) zu Biedenkopf waren am 18ten Mai 1822 auf die Post gegeben:

1) vom Hrn. Forstkassierer Lang auf der Ludwigshütte an die Großhrzl. Haupt-Rest-Kasse in Darmstadt:

a) ein Pack mit 200 fl.

b) ein Beutel mit 700 fl.

2) von Hrn. Kammerrat Groos in Laasphe an Ludwig Braus in Wetzlar ein Paket mit 17 fl. 30 kr.

3) vom Herrn Großh. Obereinnehmer Stammler zu Biedenkopf:

a) ein Beutel mit 2000 fl.

b) ein desgl. mit 2000 fl.

c) ein desgl. mit 1718 fl. 24 kr.
d) ein desgl. mit 2000 fl.
e) ein Brief an den Hrn. Großhzl. Obereinnehmer Hoffmann in Gießen 14 fl. 25 kr.
4) vom Hrn. Posthalter Stapp in Biedenkopf an Hrn. Feuerstein in Fulda 50 fl.
5) von Hrn. G. Jung in Biedenkopf an Hrn. H. Homberger jun. in Gießen 9 fl. 18 kr.
6) von Ludw. Weiß Witwe auf der Ludwigshütte an ihren Sohn, den Leibgardisten Weiß in Darmstadt 3 fl.
IV) Zu Gladenbach haben am 19. Mai 1822 auf die Post gegeben:
1) der Hr. Regierungsrat Krebs an die Heyersche Buchhandl. in Gießen 113 fl. 23 kr.
2) der Hr. Rentamtmann Buff an die Großherzogl. Forstkasse in Darmstadt 700 fl. 59 kr.
Summe 10466 fl. 51 kr.

Von diesem allen fand der Herr Postverwalter Grünewald neben dem zerschlagenen Geldkasten ein schön geordnetes Paket Briefe, einen noch unversehrten Briefbeutel von Battenberg, einen dergleichen von Gladenbach, aufgerissen und die darin befindlich gewesenen Gelder bis auf zwölf Gulden geraubt. Er fand ferner sämtliche Gladenbacher Briefe in noch unversehrtem Zustand, ein unbeschädigtes Paket von Biedenkopf, fünf Pakete blos Pos. 4 des Passes, die zum Teil beschädigt waren; ein leinenes Säckchen, noch unversehrt; ein ausgeleertes Geldsäckchen, bezeichnet: Obereinnehmerei Biedenkopf; einen zerrissenen Bogen Packpapier, worin die Gladenbacher Gelder besonders eingebunden, in die dasigen versiegelt abgegangenen Briefbeutel verwahrt waren; den Postpaß – endlich Lumpen, womit dem Postillon die Augen zugebunden, und Stricke, womit sie beide an Händen und Füßen geknebelt waren.

Die Nacht über blieb Müller mit Wagen und Pferden in Rollshausen, fuhr anderntags um sieben Uhr morgens von da weg und traf um elf Uhr ohne weitere Anfechtung in Gießen ein. Nachdem er dem Postamt und dieses wieder dem Stadtgericht die nötige Anzeige von dem Vorfall in der Subach gemacht hatte, wurde Müller noch am selben Tag vor Gericht gezogen und von demselben aufgefordert, den Hergang der Sache getreulich zu erzählen. Er deponierte nur dasjenige, was den Lesern schon bekannt ist, und fügte noch auf Befragen, wie die Räuber gekleidet gewesen und ob er keinen derselben gekannt hätte, hinzu, sie hätten, wie er wenigstens in seiner Angst bemerkt zu haben glaube, kurze Wämschen angehabt, und einen derselben, welcher oben auf der Hohle gestanden, einen Büchsenranzen und Schnappsack getragen und nicht maskiert gewesen sei, glaube er, schon einmal gesehen zu haben, könne sich indessen nicht besinnen wo, noch weniger denselben namhaft machen: Übrigens, fuhr er fort, glaube er fest, daß die Räuber Bauern der dortigen Gegend gewesen sein müßte, da sie die gleiche Sprache gesprochen und, so wie es ihm geschienen, sie verstellt hätten. Ferner gab er an, daß die Pistolen, welche die Räuber gehabt, mit gelben Ringen über den Läufen versehen gewesen wären.

Vor das Landgericht zu Gladenbach wurde auch gleichzeitig der dort stationierte Landschütze Hamann gefordert und machte vor demselben eine getreue Erzählung seines gestrigen höchst traurigen Ungemachs und fügte dem uns schon Bekannten noch hinzu: Zweimal hätten die Räuber bei ihrem Angriff nach ihm geschossen, eine Kugel habe er dich an seinen Ohren vorbeisausen hören, eine andere seine Nasenspitze, wie zu sehen, gestreift. Auch sei ihm sein Tabaksbeutel und Schnupftuch geraubt worden. Im übrigen stimmte seine Aussage teils mit der des Müllers überein, anderteils stand sie mit ihr im Widerspruch. So z. B. behauptete Hamann, daß der Wagen beim Angriff schon auf dem Gleichen, Müller hingegen, daß derselbe noch in der Hohle gewesen sei. Ersterer will auf dem Fußpfad der Hohle auf fünfzehn bis sechzehn Schritte hinter dem Wagen hergegangen sein. Letzterer aber will ihn in der Hohle und nur auf fünf bis sechs Schritte dem Wagen haben folgen sehen. Der eine gab an, daß die zwei Pistolenschüsse schnell, der andere, nicht gleich aufeinander gefallen seien. Dies, in Verbindung mit anderen gegen sie angegebenen Indizien, veranlaßte das Gericht, diese beiden bis zur Aufklärung und Beseitigung dieser Widersprüche verhaften zu lassen; allein die Folge rechtfertigte diese Unglücklichen als an diesem Verbrechen gänzlich schuldlos.

So traurig wahr sich auch hier die Erfahrung wiederholt, daß nicht nur der Schuldige die verdienten Strafen seiner Übeltat büßt, daß auch ihre Folgen der Unschuld Wunden schlagen – so herrlich wahr ist es auch, daß sie nicht immer verkannt bleibt, daß sich endlich der Zeitpunkt naht, wo ihre Ketten fallen, wo sie glorreich gerechtfertigt ausgeht.

Wenn man in Betracht zieht, daß diese armen Menschen nicht mit dem Blicke eines kalten Beobachters, sie vielmehr in der größten Bestürzung gleichsam mit dem Tode ringend, diesen Vorfall auf sich niederstürzen sahen, so wird man sich gewiß diese Widersprüche erklären können. Betrachten wir indessen wieder den Standpunkt eines untersuchenden Richters, dem es aufgegeben ist, alles auf seine Untersuchung sich Beziehende und Auffallende, eine jede Indizie, die, so geringhaltig sie auch scheinen mag, ihm Aufschluß geben könnte, zu benutzen und zu beachten, so wird man auch hier sein Verfahren dieser Aufgabe entsprechend finden. Nächst dem Verbrechen ist ihm von Wichtigkeit der Täter, ihn aufzufinden und zu entlarven – sein Endziel. Allein nach diesem Ziele führt kein ebener, heller Weg; Indizien, durch die sein Geschäft beginnt, werfen sich auf, die verdächtigsten klären sich auf und, rastlos nach anderen forschend, kommt er in ein Dunkel, woraus er sich nicht zu finden weiß, und fordert in dieser Ungewißheit Schuld wie Unschuld vor sein Tribunal.

Um uns indessen nicht zu weit von unserem Zweck zu entfernen, nehmen wir den Faden der Erzählung wieder auf. Da man auf den vorgenommenen Streifzügen der Täter auf frischer Spur nicht habhaft werden konnte, so traf man nunmehr alle polizeilichen Maßregeln, die zur Entdeckung führen konnten. Dem Entdecker setzte man, unter Verschweigung seines Namens, 500 Gulden zur Belohnung aus, und es wurden auch alle Polizeibehörden des Auslandes ersucht, dieser Sache eine gleiche Aufmerksamkeit zu schenken.

Während man so bemüht war, den Tätern auf die Spur zu kommen, tat sich schon kurz nach dem Raub die Sage von einer verdächtigen Erscheinung nach der anderen kund; Indizien, wahre wie falsche, häuften sich in Menge aufeinander, die wir hier dem geneigten Leser, der Folge nach, mitzuteilen unverfehlen.

Um die Zeit des Raubs hielt sich in dem Krofdorfer Wald eine bedeutende Zigeuner- und Gaunerbande auf, deren Frechheit nachstehender Tatumstand schon hinlänglich dartun wird. Der Waldwärter aus Krofdorf stieß nämlich bei seinem Nachhausegehen auf dieses Gesindel, welches, um ein Feuer gelagert, sich Eier absott. Sie zwangen ihn, bis um zwei Uhr nachts bei ihnen zu bleiben, darauf begleiteten ihn drei aus ihrer Gesellschaft bis vor den Wald, wo sie ihn nötigten, seine Flinte abzufeuern, und bei seinem Weggehen zu ihm sagten, er solle niemandem sagen, daß er sie hier angetroffen hätte. Sie waren alle mit blauen Kitteln bekleidet und trugen kurze, runde Hüte. – Eine zweite verdächtige Erscheinung war die, daß sich mehrere Kerle, ungefähr fünf an der Zahl, an demselben Tage, ganz kurz nach der Beraubung in der Gegend, wo dieselbe geschehen, blicken ließen, die, nach den Aussagen aller der Personen, welche sie sahen, schon durch ihren Gang Verdacht erregten, indem sie, statt einen bestimmten Weg zu halten, immer querfeldein gehend, das Zusammentreffen mit anderen Menschen zu vermeiden schienen. Aus dem Wald, der Lache, zwischen der Mappes- und Kitzelmühle und dem Wald Isterbach kommend, nahmen sie ihren Weg, immer die kurhessische Grenze haltend, über Riegenbach, Fronhausen nach

Damshausen, Landgericht Biedenkopf, hin. Mit Ausnahme eines einzigen, welcher einen blauen leinenen Wams getragen und eine Kappe aufgehabt hatte, trugen sämtliche Kerle blaue Kittel und kurze, runde Filzhüte. – Ein Mann aus Riegenbach, der an diesem Sonntag in den Wald gegangen war, um Vogelnester aufzusuchen, sah, selbst unbemerkt, zwischen drei und vier Uhr eben diese Kerle sich ihm bis auf einige Schritte nähern und bemerkte in dieser Nähe, daß einer von ihnen einen Sack um den Hals und über beide Schultern hängen gehabt, ein anderer einen ledernen Beutel, dessen beide Enden von der Dicke eines Kindskopfs gewesen, in der Hand, ein Dritter einen linnenen Beutel unter dem Arm und die zwei andern voll bepackte Büchsenranzen getragen hätten. In der Meinung, daß dieselben sich verirrt haben mochten, sei er, sie anrufend, auf sie zugegangen, um ihnen den rechten Weg zu zeigen. Diese wären aber, ihm den Rücken zukehrend, beständig schnell fortgegangen und hätten sich auch nicht durch seinen Ruf, daß mehrere Leute von unten zu ihm heraufkommen sollten, um sie zu schrecken, nicht stören lassen. – Um fünf Uhr erschienen diese Kerle hinter Fronhausen, und ein Mann aus Sickertshausen, der sie zu dieser Zeit sah, nahm deutlich wahr, daß einer derselben seinen Kittel so in die Höhe gehalten, als wenn er etwas darin trüge; die anderen hatten Päcke auf den Schultern getragen. – Ein Mann aus Fronhausen, welcher diese Kerle noch um sieben Uhr aus dem Auerbacher Wald kommen sah, bemerkte, daß einige bepackte Schnupftücher in den Händen hatten, und schloß aus ihrem schwerfälligen Gang auf eine schwere Last, die sie zu tragen hätten. Auch sie gingen immer auf der kurhessischen Grenze nach der Gegend von Dittershausen nach Damshausen zu. – An demselben Tag begab sich in der Gegend von Biedenkopf ein ähnliches Ereignis, das, in Beziehung auf den Raub, allerdings großen Verdacht erregen mußte. Zwei Weiber von Buchenau, welche von Amenau kamen, stießen auf ihrem Weg auf zwei Manns- und drei Weibspersonen, die aus einem Gebüsch des Waldes kamen und worunter sich auch ein gewisser Mann befand, den sie für den Jost Klees von Engelbach erkannten. Eine kleine Strecke mit ihnen gehend, ließen sie sich in ein Gespräch ein, und als sie bei ihrem Weggehen bemerkten, daß die fünf Personen nicht auf dem Weg, sondern wieder in den Wald zurückwollten, so äußerten sie fragend: Warum sie, da sie doch weder geraubt noch gestohlen hätten, nicht Weg hielten? Auf diese Bemerkung erhielten sie zur Antwort: Rauben und Stehlen ist heutigen Tags erlaubt, und wenn der Dieb immer gekriegt würde, müßten sie gefangen sein! Kaum waren diese beiden Weiber einige Schritte weiter gegangen, als sie einen zweiten Trupp erblickten, unter denen sich wieder einige Männer nebst mehreren Weibern befanden, und da dieselben ihnen verdächtig schienen, so versteckten sie sich hinter einem Busch, um ihr Gespräch abzulauern. So unbemerkt hörten sie dann eine Weibsperson zu einem Mann sagen: »Wie wird dir's gehen, wenn's herauskommt, du bist Soldat, deine Strafe ist doppelt hart!« Nur diese Worte, die etwas laut gesprochen, verstanden sie aus ihrer ganzen Unterredung. Zugleich aber wurden sie von einer Weibsperson hinter ihrem Busch bemerkt, worauf dieselbe dem übrigen Gesindel winkte, das sich auf dieses Zeichen eiligst in den Wald zurückzog. – Als dieser Vorfall dem Herrn Landrichter Klingelhöffer zu Biedenkopf, der auch schon Kunde von dem Raub in der Subach hatte, zu Ohren kam, verhängte er über diese Personen eine Untersuchung, deren Resultat jedoch dahin ausfiel, daß Klees und sein Konsortium an dem Postraub nicht teilgenommen, aber an diesem Tag zur Begehung eines Forstfrevels, auf das sogenannte Erlenschälen, ausgegangen und an ihrem Vorhaben durch obige zwei Weiber von Buchenau gestört worden waren.

Da von Seiten der Landgerichte Biedenkopf und Gladenbach alle Versuche zur Entdeckung der Verbrecher fruchtlos blieben und die Untersuchung gegen Müller und Hamann zu Gießen ebenso wenig versprach, so fand es das Großherzoglich Hessische Hofgericht der Provinz Oberhessen zu Gießen für zweckmäßig, den Untersuchungsrichter, Herrn Kriminalrichter Danz, zu beauftragen, sich einmal selbst nach Gladenbach zu verfügen, um die oben erwähnten Spuren, die sich dort und in der Gegend gezeigt hatten, sorgfältig und genauer zu verfolgen. Hier angelangt, war sein erstes, sich den Weg, den die fünf Kerle am Sonntag vor Pfingsten nach dem Amt Biedenkopf genommen hatten, genau zeigen zu lassen, sodann mehreren vertrauten Leuten den Auftrag zu erteilen, ganz insgeheim auf alle Büchsenranzen ein wachsames Augenmerk zu haben, und zwar aus dem Grunde, weil bekanntlich am Ort des Raubs man die Batte von einem Büchsenranzen gefunden hatte, das einzige Stück, das man, nebst der Messerklinge, als den Räubern zugehörend und von denselben verloren, in Händen hatte; endlich auf den Umlauf von Konventionstalern, wovon sich viele bei dem geraubten Geld befunden hatten, sorgfältig zu achten. – Während er auf diese Art die vorhandenen Spuren verfolgte, war er zugleich bemüht, anderen, die sich zu diesen gesellten, mit demselben Eifer und gleicher Sorgfalt nachzugehen. Auf die ihm hier von dem Herrn Regierungsrat Krebs zu Ohren gebrachte Kunde, daß ihm ein Mann, welcher seinen Namen verschwiegen zu haben wünsche, gesagt habe, einigen Fischern aus Friedensdorf, welche beim Fischen an der Lahn gewesen wären, wären an dem besagten Sonntag fünf Kerle in der Nacht um zwölf Uhr aufgestoßen, begab sich Herr Kriminalrichter Danz, um alles Aufsehen zu vermeiden, in eigener Person gleich anderen Tages darauf nach Friedensdorf und gab dort einigen Leuten den Auftrag, sich ganz im Stillen zu erkundigen, wer den Sonntag vor Pfingsten, den 19. Mai, beim Fischen an der Lahn gewesen sei. Als die Fischer ausfindig gemacht waren, erfuhr man von ihnen, daß nachts um zwölf Uhr fünf ihnen unbekannte Kerle an der Lahn auf vier bis fünf Schritte auf sie gestoßen seien. Einer der Kerle habe gerufen: »Wer da?«, und als sie mit: »Gut Freund!« geantwortet, derselbe versetzt, sie sollten sich nicht unterstehen, näher heranzutreten, sich sogleich nach Hause begeben und keinem Menschen sagen, daß ihnen hier jemand begegnet wäre. Die Entzifferung dieses gewiß sehr auffallenden Umstandes brachte indessen den Herrn Kriminalrichter Danz doch seinem Ziele nicht näher, da dieses Ereignis, nach der eidlichen Aussage der Fischer, am 8. Mai, also vor der Begehung des Raubes, sich zugetragen hatte.

Während man dort den Spuren der Räuber, die sie unmittelbar nach ihrer Tat zurückgelassen hatten, mühsam, aber vergeblich nachgegangen war, fanden hier auch Untersuchungen gegen einige verdächtige Personen statt. Eine begann gegen die Gebrüder Müller von Gladenbach, von denen der eine bei der Nachricht von dem Raube geäußert haben soll, er könne diese nicht begreifen, da er nichts gesehen hätte und doch um drei Uhr durch die Subach gekommen sei, der andere Bruder um dieselbe Zeit aus dem Wald gekommen sein soll. Die Verhöre dieser beiden Personen endeten indessen mit deren völliger Unschuld. – Eine andere Untersuchung leitete man gegen zwei Männer aus Kombach ein, einen gewissen Hans Jacob Geiz und dessen Sohn. Es wurde nämlich dem Gerichte angezeigt, ein gewisser Schmidt von Allendorf sei an mehrgedachtem Sonntag in die Wohnung des Hans Jacob Geiz gekommen, um Geld bei ihm zu holen, habe denselben aber nicht zu Hause angetroffen, und dessen Frau ihm gesagt, ihr Mann sei nach Wallau gegangen, um dort eine Kuh zu bannen (eine Kuh vor dem Kauf begutachten, d. Hg.) – ferner soll sein Sohn Jacob Geiz seit dem letzten Biedenköpfer Markt einen neuen Büchsenranzen tragen; auch hätten in der Nacht von Samstag auf Sonntag zwei Burschen, als sie von Dautphe nach Kombach gegangen waren, vor diesem letzteren Ort, zwischen elf und zwölf Uhr des nachts sechs verdächtige Kerle gesehen, der Dunkelheit wegen jedoch nicht erkennen können. Da diese Indizien indessen nicht vollwichtig genug waren, um eine förmliche Untersuchung über diese beiden Männer von Kombach zu verhängen, so wurden sie nach ihrem ersten Verhör wieder entlassen.

Herr Kriminalrichter Danz, seinem Ziel immer noch nicht näher gebracht, begab sich wieder nach Gießen zurück und hier, nach anderen Spuren forschend und die vorhandenen immer weiter verfolgend, widmete dieser verdienstvolle und rastlos tätige Mann dieser Angelegenheit seine ganze Aufmerksamkeit.

Wir müssen indessen, des Zusammenhangs wegen, in unserer Erzählung auf eine frühere Tatsache zurückgehen. Es wird dem Leser noch die Anzeige des Herrn Regierungsrat Krebs in Beziehung auf die Fischer aus Friedensdorf bekannt sein sowie der Erfolg der darauf geschehenen Nachforschung. Das Gericht hielt es für ratsam, diese alte Spur nicht ganz aufzugeben, sondern ihr weiter nachzugehen. In dieser Absicht ließ es den Mann, von dem die Anzeige ausgegangen war, dessen Namen Herr Regierungsrat Krebs anfänglich verschwiegen, jetzt aber auf Ersuchen genannt hatte, vorladen, um von ihm selbst das wahre Verhältnis in dieser Sache zu erfahren. Er erschien und gab außer dem oben von Herrn Regierungsrat Krebs Bemerkten noch Folgendes an: bei einem Besuch, den ihm Herr Regierungsrat Krebs einst gemacht hatte, sei zufällig auch die Rede auf den Straßenraub in der Subach gekommen, wobei er geäußert habe, daß er so wie jedermann glaube, dieser Raub sei von Wilddieben der dortigen Gegend verübt worden, und habe zugleich als den Grund dieser seiner Vermutung angeführt, es wäre schon einmal im vorigen Jahr von Wilddieben ein Straßenraub begangen worden. Auf Befragen, wie denn die Wilddiebe der dortigen Gegend hießen, machte er unter anderem die beiden Geize von Kombach als sehr berüchtigte Wilddiebe namhaft. – Diese unbestimmte Indizie, die sich bloß auf eine Sage gründete, verließ man einstweilen, um anderen bestimmteren nachzugehen, die eher zum Ziel zu führen versprachen.

Eine der vielen Maßregeln, die man zur Entdeckung der Täter ergriffen hatte, war auch die, daß man sich in einigen Städten der Umgegend erkundigen ließ, ob vor Begehung des Postraubs Larven dort verkauft worden seien. Aus Marburg erhielt man nun von dem dortigen Kriminalsenat die Nachricht, daß wirklich bei zwei Kaufleuten, bei dem einen zwei Monate, bei dem anderen kurz vor der Zeit des Raubes, Masken von Bauern gekauft worden seien, die jedoch nicht erkannt und nur an einem der Käufer eine für einen Mann ungewöhnlich feine Stimme wahrgenommen worden sei. – Auch ein Schreiben von Herrn Regierungsrat Krebs höchst wichtigen Inhalts langte kurz auf diese Nachricht ein: Eine Frau habe ihm unter Verschweigung ihres Namens eröffnet, ein Mann aus Kombach mit dem Vornamen Johann Jost habe bei dem Müller N.N. in der Altmühle 20 fl. 24 kr. Konventionsgeld gewechselt und einige Personen zu Kombach, die der Sage nach zu einer Wilddiebsbande gehörten, nach geschehener Beraubung sich in ihren Vermögensverhältnissen bedeutend verbessert, Bauereien unternommen, Geld ausgeliehen etc.

Das Gericht erwog die Gefährlichkeit der Wilddieberei, ihre bekannte Frechheit, ihre Fähigkeit zu einem solchen Verbrechen; es erwog ferner einen ungewöhnlichen Geldaufwand mehrerer Leute von Kombach, vor allem aber die wichtige Aussage des einen der soeben erwähnten Kaufleute zu Marburg und das daraus hervorgehende Zusammentreffen mit den früheren gegen den schon in Untersuchung gewesenen Hans Jacob Geiz vorliegenden Verdachtsgründen, der wirklich eine sehr feine Stimme gehabt – und beschloß, den Herrn Kriminalrichter Danz zu beauftragen, diese Indizien an Ort und Stelle zu untersuchen. Er begab sich zuerst nach Gladenbach, und hier entdeckte er die Namen der ihm noch unbekannt gewesenen verdächtigen Personen von Kombach und erhielt auch zugleich noch Kunde von einigen verdächtigen Personen aus anderen Ortschaften. So z. B. soll M*** von Eckelshausen, ein unbegüteter Mann, ein Haus habe aufschlagen lassen, B*** von Wolfsgruben 60 Brabanter Taler, ein gewisser Acker aus Kombach 50 Gulden verliehen haben und mehrerwähnter Geiz aus Kombach einen Wagen, worauf er 10 fl bezahlt, gekauft haben. Da diese Ortschaften alle in der Nähe von Biedenkopf liegen, so beschloß der Herr Kriminalrichter Danz, seine Untersuchungen dort fortzusetzen. Gleich bei seiner Ankunft erkundigte er sich bei dem Herrn Landrichter Klingelhöffer nach den Vermögensverhältnissen dieser Personen und erfuhr von ihm, daß bei einigen ein solcher Geldaufwand allerdings Bedenklichkeiten erregen müßte; man könne z. B. nicht begreifen, wie B*** 60 Brabanter Taler, noch weniger Acker, ein ganz armer Mensch, 50 Gulden zu verleihen imstande seien; M*** sei zwar kein vermögender, jedoch ein braver Mann. Hierauf erkundigte er sich nach dem Namen der dortigen Wilddiebe, unter denen ihm folgende genannt wurden:

1) Geiz und dessen Sohn,

2) Johannes Hartmann und viele andere.

Hieraus möge der geneigte Leser selbst entnehmen, mit welchen Schwierigkeiten ein untersuchender Richter zu kämpfen habe, welche Geduld und Ausdauer, welcher Scharfsinn dazu gehöre, bei so vielen Verdachtsgründen und sich durchkreuzenden Umständen die wichtigsten und entscheidendsten herauszuheben und zu beachten. Mühsam eine Spur gefunden, worauf er die Wahrheit zu finden denkt, verläßt sie ihn, um wieder eine andere mit Mühe aufzusuchen und vielleicht ebenso fruchtlos zu verfolgen – und findet sie dann oft da, wo er sie nicht vermutet.

Eines Tages machte der Gendarm Best zu Biedenkopf dem Herrn Kriminalrichter Danz die Anzeige, er glaube, daß ein Mann aus Kombach über den Postraub näheren Aufschluß geben könne, und bemerkte dabei, daß dieser Mann aus Furcht sich nicht getraue, denselben zu erteilen. Sogleich wurde Best beauftragt, sich zu verkleiden und diesen Mann auf der Stelle hierher zu bringen. Er erschien. Furchtsam und bang trat er in die Stube und eröffnete den Herren des Gerichts: Nur unter Verschweigung seines Namens, da er sich vor den Menschen, die er jetzt nennen werde, sehr fürchte, sei er bereit, wichtige Dinge an den Tag zu bringen. Nachdem ihm nicht allein dies, sondern, im Fall seine Anzeige von Erfolg sein würde, auch eine Belohnung versprochen worden war, trug er nun keine Bedenken mehr, Folgendes zu offenbaren:

1) Ihm und allen Einwohnern des Dorfes sei es auffallend, daß Hans Jacob Geiz und seine Söhne seit der Beraubung des Geldkarrens größeren Aufwand machten als zuvor. Der älteste Sohn sei lange Willens gewesen zu heiraten, habe aber in Ermangelung der dazu nötigen Rezeptionsgelder von 200 Gulden nicht dazu gelangen können; kurz nach der Beraubung des Geldkarrens habe derselbe die 200 Gulden bezahlt und das Mädchen geheiratet. Die Ehefrau des Jost Wege habe ihm solches erzählt. 2) Der alte H.J. Geiz habe einen Wagen nach dem mehrerwähnten Vorfall für 28 Gulden, desgleichen mehrere Mötten (Trockenmaß von örtlich verschiedener Größe) Frucht gekauft und bar bezahlt. 3) Der jüngere Sohn von Geiz trage seitdem eine Sackuhr, und niemand könne sich erklären, wie derselbe dazu gekommen sei. 4) Seine Frau habe ihm erzählt, dieser sei im Ort auf der Straße gegangen und habe einen dicken Beutel voll Geld gehabt. 5) Soll der alte Geiz, als Catharina Febbels Witwe geklagt habe, die Steuern nicht bezahlen können, zugleich zu deren Berichtigung sich erboten haben. 6) In ganz Kombach sei es kein Geheimnis, auch er selbst habe es oft gesehen, wie der alte Geiz und seine beiden Söhne sonntags wie werktags auf die Jagd auszögen. 7) Auch Johann Jost Wege von Kombach habe sich nach dem Vorfall in der Subach Frucht gekauft, und er habe diesen oft in der Gesellschaft der Geize gesehen. 8) Dessen ältester Sohn trage eine Sackuhr, die er vor jenem Vorfall nicht gehabt, auch jedermann sei es unbegreiflich, wie er bei seinen bekanntlich schlechten Vermögensumständen dazu gekommen sei. 9) Ein Mann aus Engelbach, der sich als Tagelöhner ernähre, sei dieses Frühjahr im Walde bei Engelbach angefallen und ihm ein Gulden geraubt worden.

Diese Anzeige, die den Verdacht, der gegen diese Personen schon früher vorlag, noch immer mehr und mehr verstärkte, schien dem Kriminalrichter Danz von solcher Wichtigkeit, daß er auf sie in den Wohnungen der Verdächtigen Haussuchungen vorzunehmen beschloß. Er begab sich deshalb gleich am anderen Tag in aller Frühe von Biedenkopf nach Kombach. Zuerst begann die Haussuchung in den Haupt- und Nebengebäuden des Hans Jacob Geiz, und um während dieser Zeit des Jost Wege versichert zu sein, beorderte man zwei Landschützen in dessen Wohnung, mit dem Befehl, alle Zugänge seines Hauses einstweilen zu besetzen, niemanden aus- und einzulassen und ihn selbst unter scharfer Aufsicht zu halten.

Bei H.J. Geiz fand man denn mehrere Flinten, Schrotbeutel, Pulverhörner, wovon das eine noch mit Pulver gefüllt war, und eine Kugelform, eine Pistole, welche mit Messing beschlagen und mit einem gelben Ring über den Lauf versehen war, und endlich eine silberne Uhr. An barem Geld fand sich nichts vor, was Verdacht hätte erregen können. – Hierauf begann die Haussuchung auch bei Joh. Jost Wege, wo man, nebst wenigem Gelde, eine silberne Uhr vorfand. Alle diese Sachen wurden unter obrigkeitliche Verwahrung genommen.

Nicht die Menge der Gewehre, von welchen sich bloß auf die den Geiz bezichtigte Wilddieberei schließen ließ, als vielmehr die unter denselben sich befindliche mit Messing beschlagene und mit einem messingenen Ring über den Lauf versehene Pistole, die ganz mit der von Müller und Hamann beschriebenen übereinstimmte, veranlaßte, in Verbindung mit den übrigen Indizien, das Gericht, die beiden Geize und den Jost Wege in bürgerlicher Haft nach Biedenkopf bringen zu lassen.

Herr Kriminalrichter Danz, der allen Indizien seine Aufmerksamkeit schenkte, keine unbenutzt ließ, richtete ein besonderes Augenmerk auf die Anzeige, die ihm von dem Kriminalsenat zu Marburg in Beziehung auf die Käufer von Masken zugekommen war. Er ließ deshalb von Biedenkopf durch ein Ersuchungsschreiben die beiden Larvenhändler dahin bescheiden, um durch ein Gegenüberstellen aller bis jetzt verdächtigen Personen und der berüchtigtsten Wilddiebe mit diesen beiden Kaufleuten die Käufer der Masken vielleicht ausmitteln zu können. In dieser Absicht ließ er die Verdächtigen alle unter irgendeinem Vorwand, der sich auf diese Sache nicht zu beziehen schien, durch das Landgericht vorladen und Geiz und Wege aus ihrer Haft vorführen. Als einer der Kaufleute des Hartmanns ansichtig wurde, so erklärte er sogleich, daß er diesen für einen der Maskenkäufer halte und verlangte, um sich noch besser davon überzeugen zu können, eine fingierte Zitation vor Gericht. Aus der Gerichtsstube wieder zurückgekehrt, erklärte er, daß er diesen Menschen nunmehr genau betrachtet und seine Vermutung sich fast bis zur Überzeugung verstärkt hätte. Dieser Tatumstand hatte die augenblickliche Verhaftung des Hartmann zu Biedenkopf und die noch später sich dazu gesellten Verdachtsgründe bald darauf seine Einbringung in das Kriminalgefängnis zu Gießen zur Folge.

Die beiden Geize und Jost Wege, die gleich nach ihrer Verhaftung ins Verhör genommen worden waren, konnten den Verdacht, der gegen sie vorlag, nur zum Teil beseitigen. H.J. Geiz suchte denselben hinsichtlich der angeblichen Aussteuer seines Sohnes von 200 fl. dadurch niederzuschlagen, daß er eine zu diesem Zweck gemachte Anleihe von 40 fl. auswies, welcher er seinem Sohn bar mitgegeben, und vorgab, das Fehlende durch eine ihm zugestellte Taxation seines dereinstigen Vermögensanteils ergänzt zu haben. Einen zweiten minder starken Verdacht, den der Ankauf eines Wagens in einer Barzahlung von 28 fl. erzeugt hatte, beseitigte er insoweit, daß er vorschützte, denselben nicht bar mit 28 fl. sondern nur eine Stückzahlung von 11 fl. darauf bezahlt zu haben. – Unbeseitigt dagegen ließ er alle übrigen Verdachtsgründe, indem er und sein Sohn weder den Erwerb der Uhr vor dem Zeitpunkt des Raubes noch den früheren Besitz der Pistole beweisen konnten – und er den Ankauf der Frucht für 26 fl. von selbst zugab.

Jost Wege vermochte ebensowenig die Stärke des gegen ihn zeugenden Verdachtes zu entkräften; denn seine Erklärung vor Gericht, die bei ihm gefundene Uhr schon lange zu besitzen, konnte umso weniger Berücksichtigung verdienen, indem dieselbe nur nach der Zeit des Raubes gesehen worden war. Ebenso unwiderlegt ließ er den Umstand, auf dem Biedenkopfer Markt Hände voll Geld gezeigt, so wie sein Vater den, sich bedeutend viel Frucht angeschafft zu haben.

Obgleich diese Personen alle allein schon durch ihren großen Geldaufwand verdächtig erschienen, so trug das Gericht dennoch Bedenken, sie darauf schon in Kriminaluntersuchung zu ziehen; es hielt vielmehr für nötig, sich ganz genau bei dem Ortsvorstand zu erkundigen, ob ein solcher Aufwand ihren bekannten Vermögensverhältnissen entspräche, nebenbei auch, ob diese Personen am Sonntag vor Pfingsten zu Hause gesehen worden, ob sie mit Hartmann Umgang gepflegt oder nicht. Hier erfuhr man, daß sie alle mit Hartmann einen vertrauten Umgang gehabt – daß das Gesamtvermögen des H.J. Geiz nur 270 fl. betrage – das Vermögen des J. Wege gleichfalls sehr unbedeutend sei – daß H.J. Geiz an dem Sonntag vor Pfingsten mit einem blauen Kittel und runden Hut bekleidet, einen Büchsenranzen tragend, aus seinem Hause gehend erblickt worden sei – und daß er und seine Söhne vor diesem Tag einheimisch gewesen, an diesem aber weder von den nächsten Nachbarn noch von irgend jemanden gesehen – vielmehr H.J. Geiz in den breiten Erlen von einem Mann erblickt worden sein soll. Dieser Mann nämlich, der an besagtem Sonntag von Gladenbach nach Gießen gefahren war, habe einen Menschen, der mit einem blauen Kittel bekleidet und den er für den alten Geiz gehalten, hinter seinem Wagen hergehen sehen. In der Meinung, derselbe wolle auch nach Gießen gehen, habe er still gehalten und ihm zugerufen, worauf derselbe, ohne ihm zu antworten, hinter einen Busch gegangen sei.

Nebst diesen Benachrichtigungen drängte sich eine ganz neue Indizie gegen den Jost von Kombach auf. Man brachte nämlich von ihm noch Folgendes in Erfahrung: Ein Bursche habe ihn einstmals beim Branntwein angetroffen, wo er zu ihm gesagt: »Du kannst Branntwein trinken; ich bin so arm, daß ich nicht einmal in die Wetterau ins Dreschen gehen kann!« Sogleich habe sich Wege erboten, ihm Geld zu leihen, einen Beutel aus der Tasche gezogen, ihm jedoch aus diesem nichts gegeben, sondern einen zweiten hervorgezogen und ihm daraus 2 fl. geschenkt.

Die Benachrichtigungen von dem geringen Vermögensstande der verhafteten Personen, der auf einen rechtlichen Erwerb des bei ihnen wahrgenommenen Geldes nicht schließen ließ; ihren verdächtigen Umgang mit Hartmann; Geiz' frühes Weggehen vom Hause, das Tragen eines Büchsenranzen, sein Erscheinen in der Nähe des Raubplatzes – dies alles zusammengenommen konnte nun den Eintritt einer Kriminaluntersuchung nicht mehr hindern. Sie wurden daher unter Begleitung von acht Gendarmen, je hundert Schritte voneinander getrennt, um alle Unterredung zu verhüten, ins Kriminalgefängnis nach Gießen gebracht. Den 6. September 1822.

Wiewohl Johann Jost Wege, der Vater, hinlänglich bewiesen hatte, daß er sich zur Stunde des Raubes zu Hause befunden hatte, mithin nicht als physischer Teilnehmer an dem Verbrechen erscheint, so glaubte man doch, ihm eine intellektuelle Teilnahme daran beimessen zu müssen, da er sich kurz nach der Zeit des Raubes in Besitz einer nicht unbedeutenden Summe von Konventionsgeld befand und nicht leicht anzunehmen war, wie ihm die Handlungen seines verdächtigen Sohnes hätten fremd bleiben können – aus diesem Grund wurde er in eine gelindere Haft, in das Spinnhaus zu Gießen, gebracht.

Heinrich Geiz, der älteste Sohn des Hans Jacob Geiz, von dem bisher noch wenig die Rede war, erfuhr einige Wochen später dasselbe traurige Schicksal seines Vaters und Bruders. Derselbe stand früher als Soldat im Militärdienst zu Offenbach, wo er eine Bekanntschaft mit einem Dienstmädchen gemacht hatte. Nach Ablauf seiner aktiven Dienstzeit kam er als Reservist nach Mühlheim, dem Wohnort seiner Geliebten, mit der er hier seinen Umgang fortsetzte und ein Kind außer Ehe mit ihr zeugte. Eines solchen Verhältnisses längst überdrüssig, war derselbe schon mehrmals um die

Erlaubnis zu seiner Verehelichung eingekommen, ohne sie erlangen zu können, weil er als Soldat der Bedingung zu dieser, Beibringung einer Summe von 200 fl., nicht nachkommen konnte. In dem Sommer 1822 – bald nach dem Straßenraub in der Subach – beseitigte er dies Hindernis und heiratete das Mädchen. Diese Heirat mußte umso auffallender erscheinen, da der Grund, der ihr seit Jahren entgegengestanden hatte, jetzt auf einmal verschwand.

Da sein Vater und Bruder einen so großen Verdacht dieses Raubes gegen sich hatten, so konnte dieser Umstand, so auffallend er auch scheinen mochte, allein genommen doch nur auf eine Mitwisserschaft an diesem Verbrechen hinweisen, wenn sich nicht noch ein anderer dazu gesellt hätte, der seine persönliche Teilnahme an demselben sogar vermuten ließ. Heinrich Geiz war nämlich einige Wochen vor Pfingsten bei seinem Vater in Kombach auf Besuch und während dieser Zeit von den Leuten in dem Ort täglich und auch noch am Sonntag vor dem Ereignis in der Subach gesehen worden; am Tage des Ereignisses selbst aber blieb er, gleich seinem Vater und Bruder, unbemerkt.

Das Kriminalgericht zu Gießen, welches, wie wir wissen, von alldem schon Kunde hatte, ließ ihn gleich nach der Verhaftung seines Vaters und Bruders durch seinen kompetenten Richter, Landgericht Steinheim, zur Verantwortung ziehen. Vor Gericht erschienen, gelang es ihm nicht, diese Verdachtsgründe niederzuschlagen, sondern verstärkte sie nur durch die auffallendsten Widersprüche. In Betreff seiner bewirkten Verehelichung gab er dieses an.

Das Kriegskommando in Offenbach habe zu dieser, statt der Beibringung von 200 fl. an barem Gelde, eine Kaution von 600 fl., die er geleistet, für hinlänglich gehalten. Diese enthalte:

1) Eine Schätzung seines dereinstigen Vermögensanteils von 350 fl., ausgestellt von dem Ortsvorstand zu Kombach;

2) eine Zusage seines Vaters, die Aussteuer von 100 fl., worauf er 40 fl. bar erhalten;

3) eine Bescheinigung des Vermögensanteils seiner Frau von 80 fl.;

4) eine Schuldverschreibung seines Schwagers Soldan über 200 fl., deren eine Hälfte er sich als Bediensteter in seinem Militärdienst erspart, die andere ihm eine verstorbene Base, ohne Vorwissen seines Vaters, vermacht habe.

So suchte er allen Schein des Verdachts gegen seine Verehelichung zu entfernen und zu erweisen, daß sie nicht mehr als Grund eines solchen erscheinen konnte.

Als er befragt wurde, ob er im Mai in Kombach gewesen sei, leugnete er zuerst, in diesem Monat eine Reise dahin gemacht zu haben, gab jedoch endlich zu, in der Mitte dieses Monats in der Gegend von Kombach, in Eckelshausen, gewesen zu sein, um sich seinen Taufschein zu holen, der zu seiner Trauung verlangt worden war. – Da man hierauf einwendete, warum er bei der kleinen Entfernung dieses Ortes von Kombach seinen Vater nicht besucht habe, so suchte er diesen Einwand dadurch zu widerlegen, daß er vorgab, er habe sich mit seinem Vater wegen eines »schändlichen Briefs«, den ihm derselbe kurz vorher geschrieben habe, überworfen.

Wer wird nicht über dieses Gewebe von Lügen und Widersprüchen erstaunen, wenn man bemerkt, daß dieser erst vom 30. Mai datierte Brief, der nichts »Schändliches« enthielt, auch selbst unter der Voraussetzung eines solchen Inhalts damals noch kein Grund der Entzweiung sein konnte und noch ferner anführt, daß das Gesamtvermögen seines Vaters nach gerichtlicher Taxation nur 270 fl. beträgt – er indessen in seiner obigen Sicherheitsleistung eine Schätzung von 350 fl. seines Vermögenanteils allein angibt. – Die nichts weniger als beseitigten Verdachtsgründe machten ihn zu einer Kriminaluntersuchung reif, und er wurde deshalb am 13. September 1822 in das Kriminalgefängnis zu Gießen gebracht.

Ludwig Acker von Kombach, der, wie schon bekannt, eine Anleihe von 50 fl. gemacht haben sollte und dadurch, mit Rücksicht auf seine Dürftigkeit, die Aufmerksamkeit des Gerichts erregt hatte, zog dieselbe nun völlig auf sich, nachdem Hartmann in seinem zweiten Spezialverhör das wichtige Bekenntnis abgelegt hatte, daß Acker ihm vor ungefähr sechs Wochen die Summe von 152 fl. geliehen habe. – Auf dieses Bekenntnis suchte man, seiner habhaft zu werden; sogleich sandte man zwei Gendarme nach seinem Wohnort ab, mit dem Befehl, ihn unverzüglich nach Gießen vor Gericht zu bringen. Allein man traf ihn nicht. Er war seit einiger Zeit ins Dreschen gegangen, ohne zu sagen wohin. Alle Nachrichten von ihm blieben aus, alle Nachforschungen fruchtlos. – Auf einmal erschien er und stellte sich freiwillig vor die Schranken des Gerichts – den 4. Oktober 1822.

Auf diese Art entwirrt sich das Knäuel des Komplotts, so zerreißt Faden für Faden das Gewebe, in das sich dunkel verschwiegen der Übeltäter hüllt. Zerfallen mit dem Gesetz, das sich ihm als heilig anzuerkennen aufzwingt, sucht er dessen spähendes Auge zu umgehen – und rettet, ihm entronnen, einen mit sich selbst zerfallenen Menschen. Das ewige Mahnen seines Gewissens, die Strafen seines inneren Richters, sind ihm qualvoller als Kerker und Fesseln, als – Tod. Die Menschheit, die er geschändet, die Gesetze, die er beleidigt, zu versöhnen, wirft er sich, Vergeltung als Wohltat fordernd, in die Arme der Gerechtigkeit.

Während man in den Spezialverhören gegen die Inquisiten schon bereits mehrere Monate fortgerückt war, zeigte sich ganz unerwartet eine neue Spur. Ein Mensch, der uns selbst dem Namen nach noch unbekannt ist, wälzte auf sich einen Verdacht, der den der schon Verhafteten an Stärke und Größe noch bei weitem übertraf.

Jost Wege von Wolfsgruben, der Sohn des dortigen Schultheißen Jacob Wege, diente dort schon mehrere Jahre als Knecht zur völligen Zufriedenheit seines Brotherren und stand auch sonst im Ruf der Redlichkeit. Zu diesem Wege kam eines Tages ein Bekannter, um eine Pfeife, die er ihm geliehen hatte, wieder zu holen. Da er ihn nicht zu Hause traf, so sah er sich selbst in dessen Stube nach der Pfeife um, konnte sie indessen nirgends finden. Endlich suchte er auch einmal in dem Bette nach und fand, zu seinem größten Erstaunen, statt der Pfeife – eine Geldkatze, die bis an die Schnalle vollgefüllt, einige 100 fl. einschloß. – Kurz nach diesem Vorfall äußerte sich einmal Wege bei demselben Mann, der dies Geld gefunden: »Wenn es in Gießen schief geht, so wollen wir zusammen weggehen«, worauf ihm jener erwidert: »Wie kann ich das, da ich kein Geld habe?« Dagegen ihm Wege versetzt: »Dafür laß du mich nur sorgen, ich habe dessen genug!« – Auf Weihnachten sahen ihn ferner auch mehrere Leute in einem Wirtshaus zu Eckelshausen Hände voll Preußischer Taler zeigen und damit groß tun.

All diese Vorfälle gelangten zu den Ohren des Gerichts, und es glaubte, da es auch noch erfuhr, daß Wege auch einen Wanderschein von seinem Brotherrn zu erhalten gesucht habe, sich dieser verdächtigen Person so schnell wie möglich versichern zu müssen. Am 6. Februar wurde er nach Gießen gebracht. Allein er blieb nicht lange in seiner Haft. In der Nacht vom 11. auf den 12. April 1823 entfloh er, ohne daß man seiner wieder habhaft werden konnte.

Wir verlassen jetzt für einige Zeit diese Inquisiten, um die wichtigsten Indizien nach ihrer Verhaftung dem Leser mitzuteilen, und kehren in ihren Verhören wieder auf sie zurück.

Während man in der Spezialuntersuchung rastlos auf ein endliches Resultat hinarbeitete, drängten sich dieser Indizien immer mehr und mehr aufeinander, die die Vermutung ihrer Teilnahme am Raub bis fast zur Gewißheit erhoben und auch die Verhaftung noch einiger anderer Personen zur Folge hatten.

Man ließ den Personen, welche am Tag der Beraubung jene fünf verdächtigen Kerle vom Ort des Raubplatzes auf kurhessischer Grenze nach dem

Amte Biedenkopf hinziehend gesehen hatten, die Inquisiten der Reihe nach gegenüberstellen, um zu erforschen, ob sie an ihnen den einen oder den anderen der fünf Kerle am Gang, Figur oder an irgendeinem Merkmal wiedererkennen würden. Hier erklärte eine der Personen auf seinen geleisteten Eid, daß sie den Jost Wege für einen derselben halte. – Auch dem Landschützen Hamann und dem Postillon Müller stellte man die Inquisiten vor, wo ersterer erklärte, daß er den dritten der ihm Vorgeführten, Johannes Hartmann, der Gestalt nach für denjenigen von den Räubern halte, der auf den Müller eingesprungen sei. – Eine andere Indizie warf sich auf gegen Jacob Geiz und Jost Wege von Kombach. Man erfuhr, daß beide kurz nach Pfingsten in Mühlheim gewesen seien und auf ihrer Rückreise in Butzbach, wo sie übernachtet, einen großen Aufwand gemacht, die ganze Nacht hindurch vom besten Wein gezecht und dabei Hände voll Geld hätten blicken lassen. Ihren erstaunten Mitzechern schlugen sie die Kosten ihrer Reise selbst auf 50 fl. an. – Auch soll Heinrich Geiz an einem Sonntagabend vierzehn Tage vor Pfingsten zu Wolfsgruben mit einem schwarzgemachten Gesicht im Ort herumgegangen sein und, nachdem er sich wieder abgewaschen, seine Kameraden gefragt haben: »Kennt ihr mich nun jetzt? Ihr müßt wissen, daß ich dem Geiz sein Ältester bin.«

Am auffallendsten von allen bisher angeführten Verdachtsgründen erschien folgende Anzeige – eine Anzeige, die an Gewicht alle anderen überwog und alle früheren fast überflüssig machte. Ein gewisses Mädchen sah, als es sich eines abends in der Küche des Johann Jost Wege von Kombach befand, zufällig in einem Aschenhaufen einen irdenen Topf stehen. Neugierig, was er enthalten möge, ging sie hin und fand in demselben – einen großen linnenen Beutel voll Geld. Sie war versucht, einige Stücke herauszunehmen, die sie ihrer Mutter brachte. Da ihre Mutter diesen Vorfall weitererzählte und das Gerücht davon auch zu den Ohren der Wegeschen und Soldanschen Ehefrau drang, so riefen beide Weiber das Mädchen zu sich und baten es, es solle, wenn es vor Gericht darüber zur Rede gestellt würde, sagen, ihre Mutter habe sich bei einer Beerdigung, wo sie diesen Vorfall erzählte, so betrunken, daß sie nicht gewußt, was sie gesprochen.

Betrachtet man das auffallende Betragen dieser Weiber, ihr Stillschweigen über das von den Männern entwendete Geld, dessen rechtlicher Erwerb sich eben darum nicht annehmen ließ, und bemerkt man noch hier, daß die Wege den Aufenthalt ihres ältesten Sohnes am Sonntag vor Pfingsten bei verschiedenen Leuten ebenso verschieden angegeben, so wird die Verhaftung der Letzteren als Mitwisserin des ihren Sohn beschuldigten Verbrechens als ganz natürliche Folge erscheinen. Auch eine Haussuchung in den

Wohnungen dieser beiden Weiber, die wir als erfolglos ganz im Stillschweigen übergehen könnten, wurde vorgenommen, hätte sie nicht beiläufig zu einem Verdacht gegen einen Menschen Anlaß gegeben, der bisher noch unberührt geblieben und mit der ganzen Sache in gar keiner Verbindung zu stehen schien.

Johannes Soldan von Kombach, Schwiegersohn des verhafteten Hans Jacob Geiz, in dessen Haus er auch wohnte, war am Tage der Haussuchung in aller Frühe in den Wald gefahren, um Holz zu holen. Als er bei seiner Rückkehr von der Haussuchung hörte, so fuhr er mit den Wagen vor das Haus und schlich sich heimlich davon, ohne an diesem Tage wieder zurückzukehren.

Die Ehefrau des Jost Wege wurde gleich nach ihrer Verhaftung ins Kriminalgefängnis nach Gießen gebracht. In ihren Verhören bestand sie fest darauf, daß das in der Asche gefundene Geld ihrem jüngsten Sohn gehöre, der es auf dem Tagelohn zu Biedenkopf verdient und es deshalb, wie er ihr nachher selbst gesagt, dahin versteckt habe, weil er befürchtet, sie würde ihm davon etwas fordern. Hartnäckig leugnete sie übrigens die mit der Finderin des Geldes stattgehabte Unterredung. – Zwei Monate nach diesem Bekenntnis begehrte dieselbe freiwillig ein Verhör mit der Bemerkung, sie wolle, wenn ihr heilig versprochen werde, daß ihrem Sohne nichts am Leben geschehe, ihn, wenn er dabei gewesen, zu einem Geständnis zu bringen suchen. In diesem Verhör gab sie nun Folgendes an: Sie sei einmal vor Weihnachten in dem Geizschen Haus gewesen und habe daselbst, vor der Stubentür stehend, folgende Unterredung zwischen dem Soldan und der alten Geizin gehört: »Wenn nichts über unsere Leute herauskommt, so haben wir Geld genug; wir haben auf einem Kornacker auf der Dötterstahl vier Töpfe mit Geld stehen, wobei nicht einmal dem Heinrich sein's ist und haben auch schon einen Topf voll vertan. Unsere Leute müssen sitzen, und der garstige David von Dexbach, er doch an allem schuld ist, geht frei herum.« Das war ihre Aussage in diesem Verhör. – Zwei Tage darauf verlangte sie wieder aus freien Stücken ein Verhör, worin sie folgendes eröffnete: Diese Unterredung zwischen dem Soldan und der alten Geizin habe sie einstens dem Wege von Wolfsgruben wieder erzählt und ihn gefragt, ob ihr Sohn auch bei dem Raub gewesen sei, worauf ihr derselbe erwidert: »Sie soll still schweigen, da ihres Sohnes Geld auf der Dötterstahl bei dem übrigen liege, wovon sie auch einen Teil bekommen würde.« Auf ihr Verlangen habe er sie nun an ihren Buchwegsacker auf der Dötterstahl geführt und ihr nicht weit von zwei Eichen den Fleck an einer Furche gezeigt, wo das Geld vergraben liege.

Fast um dieselbe Zeit, als die Wegesche Ehefrau dieses höchst wichtige

Bekenntnis vor dem Kriminalgericht zu Gießen ablegte, erschienen vor dem Landgericht zu Biedenkopf zwei Männer von Buchenau und überbrachten dem Herrn Landrichter Klingelhöffer einen irdenen mit 169 fl. beschwerten Topf mit der Angabe: Der aus seiner Haft zu Gießen entflohene Jost Wege von Wolfsgruben sei auf seiner Flucht einige Tage in Treisbach bei seinen Verwandten gewesen und habe sich verlauten lassen, daß das Geld, welches auf dem Buchwegsacker und um Kombach herumliege, mehr wert sei als ganz Kombach. Dieser Umstand, der auch ihnen bekannt geworden, habe sie verleitet, bei Nachtzeit auf dem Buchwegsacker nachzusuchen, wo sie denn den soeben überbrachten Topf voll Geld gefunden hätten.

Dieser Vorfall sowie die erheblichen Aussagen der Wegeschen Ehefrau bestimmten das Gericht, den Soldan und den jüngeren Wege sogleich verhaften zu lassen. Herr Kriminalrichter Danz, der dazu beauftragt war, begab sich unverzüglich nach Kombach und von da auf zu genannten Stellen. Hier ließ er den in der Dötterstahl liegenden Geiz'schen Acker, der mit Kartoffeln bepflanzt war, durch zwei ganz tiefgestellte Pflüge umackern und noch jede Furche durchhacken und durchstoßen und traf in der Mitte des Ackers auf ein zwei Fuß tiefes Loch, in welchem, so wie auf dem ganzen Acker, sich aber nichts vorfand. – Sodann wurde ein anderer Acker des Geiz, welcher mit Korn bestellt war, auf dieselbe Art und mit demselben Erfolg durchsucht. – Die Reise des Herrn Kriminalrichters Danz nach Kombach würde also ganz fruchtlos gewesen sein, hätte sich hier nicht eine neue Indizie aufgeworfen und wäre ihm nicht eine Nachricht zugekommen, die ihn Geld finden ließ an einem Orte, wo er es nicht gesucht hätte.

Ein gewisser Manan zeigte ihm nämlich zu Kombach an: Der aus seiner Haft entflohene Wege von Wolfsgruben habe sich bei einem Burschen, dem er auf seiner Flucht begegnet, verlauten lassen, daß er in einem Garten, welcher in der Lustwiese liege, Geld vergraben, das er von seinem Vetter, dem ältesten Sohn des Johann Jost Wege von Kombach, habe. – Herr Kriminalrichter Danz begab sich auf diese Anzeige sogleich nach Wolfsgruben, ließ da die bezeichnete Stelle sorgfältig durchsuchen und fand wirklich in einem tiefen Loch einen blauen linnenen Beutel mit 33 Kronentalern.

Die Indizie, die ihm hier noch zugekommen, war folgende. Man zeigte ihm an: Der inhaftierte Acker habe, bevor er ins Dreschen gegangen, dem jüngeren Wege von Kombach Geld ausgehändigt und ihn gebeten, dasselbe von seinem Mädchen K*** zu Eckelshausen zur Bestreitung von Baukosten zuzustellen. – Um sich von der Wahrheit dieser Anzeige zu überzeugen, wurde dieses Mädchen vorgeladen, welches zuerst diesen ganzen Umstand leugnete, ihn jedoch nachher mit dem Beifügen zugab, daß sie dieses Geld, das ungefähr 50 fl. betragen, auf einem Acker vergraben, es nachher aber dort nicht wieder gefunden habe.

So entsteht, so baut sich allmählich das Gebäude einer peinlichen Untersuchung auf, in solchen Labyrinthen sucht der Richter den Grundstein, auf den er es baut. Auf ihm schreitet langsam, doch sicher das Werk unter des Meisters Händen seiner Vollendung entgegen, woran kein Stein fehlen, keine Lücke offen bleiben darf – und nackte Wahrheit krönt seine letzte Hand; sie ist der Schlußstein seines Werkes.

Die Inquisiten in ihren Verhören

HANS JACOB GEIZ

FRAGE: Ob sein Sohn Jacob eine Uhr besitze?

ANTWORT: Derselbe trage eine Uhr, welche jedoch sein Eigentum sei.

FRAGE: Wie lange sein Sohn diese Uhr trage?

ANTWORT: Schon seit mehreren Jahren.

FRAGE: Wo er diese Uhr herhabe?

ANTWORT: Er habe dieselbe zu Engelbach bei einem Schießen gewonnen.

JACOB GEIZ

FRAGE: Wo er am Sonntag vor Pfingsten gewesen sei?

ANTWORT: Darauf könne er sich wegen Länge der Zeit nicht mehr besinnen.

FRAGE: Ob er eine Uhr besitze?

ANTWORT: Ja.

FRAGE: Wo er diese Uhr herhabe?

ANTWORT: Er habe solche bei einem Schießen zu Kombach gewonnen.

FRAGE: Ob er dies beweisen könne?

ANTWORT: Ja, mit Ludwig Acker von Kombach, welcher diese Uhr habe ausschießen lassen.

FRAGE: Wie lange dieses her sei?

ANTWORT: Er glaube, drei Jahre.

FRAGE: Ob sein Vater auch eine Uhr besitze?

ANTWORT: Vor langer Zeit habe er in Friedberg von einem Juden eine tombackene Uhr gekauft und seinem Vater geschenkt. Ob derselbe solche noch besitze, wisse er nicht.

LUDWIG ACKER

FRAGE: Ob er eine Uhr habe ausschießen lassen?

ANTWORT: Ja, im Jahr 1816 oder 1817.

FRAGE: Wie diese Uhr beschaffen gewesen sei?

ANTWORT: Es sei eine silberne englische Uhr gewesen, welche nicht auf dem Zifferblatt, sondern hinten aufgezogen worden und zwei Gehäuse gehabt habe.

FRAGE: Wer diese Uhr beim Schießen gewonnen habe?

ANTWORT: Hans Jacob Geiz oder dessen Sohn Jacob; beide hätten gemeinschaftlich geschossen.

JACOB GEIZ

FRAGE: Wie die Uhr, die er auf dem Schießen zu Kombach gewonnen, ausgesehen habe?

ANTWORT: Darauf könne er sich nicht mehr besinnen.

FRAGE: Ob dieselbe auf dem Zifferblatt oder hinten aufgezogen worden sei?

ANTWORT: Er glaube auf dem Zifferblatt, doch könne er es nicht mit Gewißheit sagen.

FRAGE: Ob die Uhr, welche ihm abgenommen worden, diejenige sei, welche er in Kombach gewonnen?

ANTWORT: Er habe eine Uhr in Kombach, sein Vater eine in Engelbach gewonnen; eine von diesen beiden Uhren sei verkauft worden, welche davon, wisse er nicht mehr.

FRAGE: Die Uhr, welche in Engelbach ausgespielt worden, habe von dem Herrn Stadtschreiber Burk hergerührt. Diesem habe man nun die ihm abgenommene Uhr vorgezeigt, er habe sie aber nicht für diejenige erkannt, welche in Engelbach ausgeschossen worden. Acker von Kombach behauptete, daß die Uhr, die er habe ausschießen lassen, hinten aufgezogen werde. Da nun die bei ihm vorgefundene Uhr auf dem Zifferblatt aufgezogen werde, so könne dieselbe keine von beiden sein. Was er hierzu sage?

ANTWORT: Er wisse ganz gewiß, daß die ihm abgenommene Uhr eine von diesen beiden sei.

JOST WEGE VON KOMBACH

FRAGE: Wo er den Sonntag vor Pfingsten gewesen sei?

ANTWORT: Zu Hause. Den Morgen wäre er auf der Weide und den Nachmittag im Wald bei der Katzbach gewesen, um Lohe (Zum Gerben gebrauchte Rinde, d. Hg.) zu besehen, welche sein Vater nach Biedenkopf zu fahren akkordirt (ausgemacht, d. Hg.) gehabt.

FRAGE: Ob er um Pfingsten verreist gewesen sei?

ANTWORT: Darauf könne er sich nicht besinnen.

FRAGE: Ob er denn nicht zu der angegebenen Zeit mit dem Jakob Geiz verreist gewesen sei?

ANTWORT: Ja, wie ihm soeben einfalle.

FRAGE: Wann das gewesen sei?

ANTWORT: Er könne sich nicht darauf besinnen, ob es vor oder nach Pfingsten gewesen sei.

FRAGE: Wo er gewesen sei?

ANTWORT: Bei dem Jacob seinem Bruder Heinrich in Mühlheim.

FRAGE: Wie lange er sich dort aufgehalten?

ANTWORT: Den einen Tag gegen Mittag seien sie hingekommen und den anderen Tag gegen Mittag wieder weggegangen.

FRAGE: Wo er auf seiner Reise über Nacht geblieben?

ANTWORT: Das könne er, indem er keinen Bescheid wisse, nicht sagen.

FRAGE: Wieviel Geld er auf die Reise nach Mühlheim mitgenommen?

ANTWORT: Zehn bis zwölf Gulden; gewiß wisse er es nicht.

FRAGE: Wo er dieses hergehabt habe?

ANTWORT: Sebastian Damm von Elmshausen habe ihn geschlagen gehabt und sei schuldig gewesen, ihm alle Kosten zu ersetzen, wo er ihm denn fünfzehn Gulden ausbezahlt habe.

FRAGE: Ob er denn nicht auch an anderen Orten als in Mühlheim gewesen sei?

ANTWORT: Ja, auch in Frankfurt und Bornheim, wie ihm dünke.

FRAGE: Ob er auf seiner Reise nicht auch in Butzbach eingekehrt sei?

ANTWORT: Wenn die Dragoner da lägen, so sei er auf seinem Hinweg da eingekehrt und habe da übernachtet.

FRAGE: Warum er dies nicht gleich gesagt habe?

ANTWORT: Es sei ihm nicht eingefallen.

FRAGE: Sie hätten damals für ihren Stand einen bedeutenden Aufwand gemacht. Er solle daher sagen, woher er das Geld gehabt habe?

ANTWORT: Da er eine Uhr zu Mühlheim gekauft, so habe er in Butzbach keinen Kreuzer mehr gehabt.

FRAGE: Ob er einem Mann in Wolfsgruben Geld geliehen habe?

ANTWORT: Ja, zwei Gulden.

FRAGE: Auf welche Veranlassung?

ANTWORT: Derselbe habe ins Dreschen gehen wollen, kein Geld dazu gehabt und ihn darum gebeten.

FRAGE: Ob er damals zwei Geldbeutel bei sich gehabt?

ANTWORT: Er glaube dies nicht, indem er keine zwei Geldbeutel besitze.

FRAGE: Es sei doch angezeigt worden, daß er damals zwei Beutel aus der Tasche gezogen?

ANTWORT: Er führe gewöhnlich einen Tabaksbeutel bei sich, und dies könne wohl der zweite gewesen sein.

HEINRICH GEIZ

FRAGE: Ob ihn sein Bruder Jacob in Mühlheim besucht habe?

ANTWORT: Ja, mit dem Jost Wege von Kombach.

FRAGE: Wann das gewesen?

ANTWORT: Nach seiner am 30. Juli stattgehabten Kopulation.

FRAGE: Wie lange dieselben bei ihm geblieben?

ANTWORT: Den einen Abend seien sie gekommen, den ganzen anderen Tag dageblieben und den dritten morgens wieder weggegangen.

FRAGE: Ob sein Bruder nicht mehrmals in diesem Sommer bei ihm gewesen sei?

ANTWORT: Nein, nur einmal.

FRAGE: Seine eigene Frau sage, ihr Schwager Jacob sei zweimal in Mühlheim gewesen?

ANTWORT: Seine Frau möge sagen, was sie wolle, sein Bruder sei nur einmal bei ihm gewesen.

FRAGE: Ob er mit seinem Bruder und Jost Wege, als sie ihn besucht, in Frankfurt und Bornheim gewesen sei?

ANTWORT: Ja.

JACOB GEIZ

FRAGE: Ob er voriges Jahr um Pfingsten verreist gewesen sei?

ANTWORT: Nein.

FRAGE: Wie er diesen Umstand in Abrede stellen wolle, da er ihm durch unverwerfliche Zeugen erwiesen werden könnte?

ANTWORT: Das sei die Unwahrheit.

FRAGE: Ob er denn nicht zu der angegebenen Zeit durch Butzbach gekommen sei?

ANTWORT: Nein.

FRAGE: Ob er denn nicht mit dem Jost Wege durch Butzbach gekommen sei?

ANTWORT: Ja, das sei wahr. Doch sei dies wenigstens zwei oder drei Monate nach Pfingsten gewesen.

FRAGE: Wo er damals gewesen sei?

ANTWORT: Bei seinem Bruder in Mühlheim.

FRAGE: Er sei verflossenes Jahr von einem glaubwürdigen Mann drei Tage nach Pfingsten in Butzbach gesehen worden?

ANTWORT: Das sei die Unwahrheit.

FRAGE: Wo er auf seiner Reise nach Mühlheim übernachtet habe?

ANTWORT: Das wisse er nicht mehr.

FRAGE: Ob er einmal oder zweimal in Mühlheim gewesen sei?

ANTWORT: Früher sei er wohl mehrmals dort gewesen, im verflossenen Jahr aber nur einmal.

FRAGE: Ob er verflossenes Jahr auf seiner Reise in Butzbach die Dragoner F . . . und W . . . gesprochen habe?

ANTWORT: Ja.

FRAGE: Wenn er diese zwei Männer auf seiner Reise nach Mühlheim gesprochen habe, so könne es nicht möglich sein, daß er im Juli nach Mühlheim gereist sei?

ANTWORT: Ja, es sei im Monat Juli gewesen.

FRAGE: Die Dragoner hätten mit einem körperlichen Eid beschworen, daß sie ihn und den Wege acht, höchstens vierzehn Tage nach Pfingsten gesehen und gesprochen hätten?

ANTWORT: Wenn dieselben dies beschworen, so hätten sie falsch geschworen.

FRAGE: Ob er auf seiner Reise nach Mühlheim nicht auch in Frankfurt und Bornheim gewesen sei?

ANTWORT: Er könne sich nicht mehr darauf besinnen.

FRAGE: Wie er dies in Abrede stellen wolle, da es doch sein Bruder und der Wege angegeben hätten?

ANTWORT: Er wolle es nicht geradezu in Abrede stellen, nur könne er sich nicht mehr darauf besinnen.

FRAGE: Wer in Butzbach die Zeche bezahlt habe?

ANTWORT: (mit lachender Miene) Ei, wie weiß ich das noch?

FRAGE: Es sei erwiesen, daß sie in Butzbach so gelebt hätten, daß es mit ihren Vermögensverhältnissen in gar keinem Verhältnis stehe?

ANTWORT: Sie hätten nicht gut gelebt.

JOST WEGE VON KOMBACH

FRAGE: Warum er in Mühlheim eine Uhr gekauft habe?

ANTWORT: Er habe die Uhr seines Vaters auf dem Johannimarkt zu Biedenkopf im Trunk verloren und deshalb in Mühlheim bei einem Juden eine andere gekauft.

FRAGE: Was er für die Uhr, die er in Mühlheim gekauft, gegeben habe?

ANTWORT: Soviel er sich noch entsinne: 7 fl. 30 kr. oder 8 fl.

FRAGE: Ob die Uhr, die er in Mühlheim gekauft, dieselbe sei, welche bei der ersten Visitation in seinem Haus gefunden worden?

ANTWORT: Ja, es sei die nämliche.

FRAGE: Warum er denn früher einmal behauptet, daß diese Uhr sein Vater vor langen Jahren einmal mitgebracht hätte.

ANTWORT: Da sein Vater nicht gewußt, daß er dessen Uhr verloren gehabt, so habe er sich aus Furcht es nicht zu sagen getraut.

FRAGE: Seine Antwort verdiene gar keine Berücksichtigung, da es höchst selten sei, daß eine Uhr gerade so aussehe wie die andere und sein Vater auf jeden Fall es hätte merken müssen?

ANTWORT: Die gekaufte Uhr habe geradeso ausgesehen wie die, welche er verloren gehabt.

FRAGE: In welchen Münzsorten er die Uhr bezahlt habe?

ANTWORT: Darauf könne er sich nicht mehr besinnen.

FRAGE: Ob es denn nicht zwei Brabanter Taler gewesen seien?

ANTWORT: Er habe zwei Brabanter Taler gehabt, ob er sie aber für die Uhr oder sonst ausgegeben, darauf könne er sich nicht besinnen.

FRAGE: Wo er diese zwei Brabanter hergehabt habe?

ANTWORT: Sein Vater habe von dem Sebastian Damm das in seinem vorigen Verhör angegebene Geld in Empfang genommen, und hierbei seien einige Brabanter Taler gewesen.

FRAGE: Er sei ein unverschämter Lügner, wenn er behaupte, von dem Geld, welches der Sebastian Damm an ihn zu bezahlen gehabt, mit auf seine Reise nach Mühlheim genommen zu haben. Es sei nämlich erwiesen, daß er höchstens acht bis vierzehn Tage nach Pfingsten durch Butzbach gegangen, und der Sebastian Damm habe das erwähnte Geld erst im Juli an seinen Vater bezahlt?

ANTWORT: Er sei nicht kurz nach Pfingsten, sondern nach Johanni nach Butzbach gegangen.

FRAGE: Nach seiner eigenen Behauptung könne er ebenwohl das mitgenommene Geld nicht von Damm gehabt haben, weil dieser erst auf Jakobi an seinen Vater das Geld bezahlt habe?

ANTWORT: Er habe dieses Geld von seinem Vater zur Reise erhalten, ob dieses aber von dem Damm gewesen, könne er nicht behaupten.

FRAGE: Warum er denn früher behauptet, daß das Geld von Damm gewesen?

ANTWORT: Er habe geglaubt, daß sein Vater das Geld von Damm in Empfang genommen habe.

HEINRICH GEIZ

Verhör vom 16. September 1822

FRAGE: Wann er das letzte Mal bei seinem Vater in Kombach gewesen sei?

ANTWORT: Im Monat Juni dieses Jahres.

FRAGE: Ob er auch im Monat Mai dort gewesen sei?

ANTWORT: Er sei in Kombach gewesen 1) als er das Attest abgeholt; 2) als er die Schuldverschreibung seines Schwagers Soldan abgeholt und als er sich seinen Taufschein habe ausfertigen lassen. Das erste Mal sei er bei seinem Vater gewesen, das zweite Mal bei seinem Schwager, und das dritte Mal sei er, ohne einzukehren, bloß durch Kombach durchgegangen.

FRAGE: Wann er, um seinen Taufschein abzuholen, von Mühlheim weggegangen sei?

ANTWORT: Darauf könne er sich durchaus nicht besinnen; jedoch wisse er, daß er diesen Taufschein an einem Montag geholt habe.

FRAGE: Wo er den Sonntag vor diesem Monat gewesen?

ANTWORT: Den Morgen sei er in Eckelshausen in der Kirche gewesen, und des Nachmittags sei er spazierengegangen.

FRAGE: Bei wem er in Kombach gewesen sei?

ANTWORT: Bei Johann Jost Linne, Johannes Bamberger und Johann Weigand.

FRAGE: Bei wem er in Eckelshausen gewesen sei?

ANTWORT: Bei dem Johannes Hampel habe er zu Mittag gegessen, und Johannes Werner habe ihn von zu Hause weggehen sehen.

FRAGE: Wo er die Nacht von Samstag auf den Sonntag zugebracht habe?

ANTWORT: Im Stall des Jost Brühl zu Kombach.

FRAGE: Ob er denn an diesem Sonntag gar nicht in das Haus seines Vaters gekommen sei?

ANTWORT: Er habe sich zwar zu jener Zeit einige Tage in dortiger Gegend aufgehalten, könne sich jedoch nicht besinnen, bei seinem Vater gewesen zu sein.

FRAGE: Ob er sich denn nun am Montag mit seinem Taufschein nach Mühlheim begeben habe?

ANTWORT: Er sei am Donnerstag erst weg und geradezu nach Mühlheim gegangen.

FRAGE: Ein Zeuge habe mit einem feierlichen Eid geschworen, daß er vor und nach diesem Sonntag bei seinem Vater gewesen sei?

ANTWORT: Das sei die Unwahrheit

In seinem Verhör vom 21. Oktober 1822

Man habe alle die von ihm selbst angegebenen Zeugen eidlich abhören lassen, und es befinde sich nicht ein einziger unter denselben, welcher ihn an diesem Sonntag in Eckelshausen oder Kombach gesehen habe?

ANTWORT: Die Zeugen möchten sagen, was sie wollen; er sei an befragtem Sonntag in Eckelshausen oder Kombach gewesen.

FRAGE: Da er die angehörten Zeugen selbst angegeben habe, so müsse er als vernünftiger Mensch einsehen, daß seine Behauptung durchaus keinen Glauben verdiene?

ANTWORT: Er müsse lediglich bei seinem Vorigen beharren.

In seinem Verhör am 18. April 1823

FRAGE: Er solle ganz genau angeben, wann er vor Pfingsten nach Kombach gekommen sei?

ANTWORT: Ganz genau könne er dies nicht; er glaube, acht bis zehn Tage vor Pfingsten.

FRAGE: Wo er den zweitletzten Sonntag vor Pfingsten gewesen sei?

ANTWORT: In Mühlheim.

FRAGE: Dies sei offenbar die Unwahrheit, da durch unverwerfliche Zeugen der Ort dargetan sei, an welchem er sich an jenem Sonntag befunden habe?

ANTWORT: Er wisse nichts anders, als daß er in Mühlheim gewesen sei.

FRAGE: Ob er denn nicht an erwähnten Sonntag in Wolfsgruben gewesen sei?

ANTWORT: Dies könne der Fall sein.

FRAGE: Ob er nicht an diesem Abend bei dem Wirt Dönges gewesen sei?

ANTWORT: Er sei damals, wie er sich zu Hause befunden, bei dem Wirt Dönges gewesen; ob aber dies gerade an befragtem Sonntag gewesen sei, darauf könne er sich nicht besinnen.

FRAGE: Ob gerade damals nicht etwas Besonderes vorgefallen sei?

ANTWORT: Er könne sich auf nichts besinnen.

FRAGE: Ob er denn damals nicht mit einem schwarz gemachten Gesicht aus dem Haus des Dönges gekommen und über die Straße gegangen sei?

ANTWORT: Nein.

FRAGE: Ob er nicht nachher zu mehreren Leuten hingetreten und gesagt habe: »Ob sie ihn nun kennten? Es habe kein Bauer danach zu fragen?«

ANTWORT: Hierauf könne er sich durchaus nicht besinnen.

In seinem Verhör vom 25. April 1823 wurde dem Inquisiten ein Zeuge zur Konfrontation gegenübergestellt.

ZEUGE

Er könne dem ihm hier gegenüberstehenden Heinrich Geiz auf seinen geleisteten Eid ins Gesicht sagen, daß derselbe vor Pfingsten vorigen Jahres sich in Kombach aufgehalten habe und in seinem elterlichen Haus aus- und eingegangen sei und daß er ihn am Sonntag vor Pfingsten nicht zu sehen bekommen habe.

INQUISIT

Er könne nicht in Abrede stellen, daß er, wie er sich vor Pfingsten vorigen Jahres in dortiger Gegend aufgehalten, in seinem väterlichen Haus aus- und eingegangen sei; übrigens wiederhole er nochmals, daß er am Sonntag teils in Eckelshausen und in Kombach gewesen sei.

(Der Zeuge wurde entlassen und der Inquisit weiter befragt)

FRAGE: Der soeben ihm gegenübergestellte Zeuge habe ihn vor dem Sonntag vor Pfingsten beständig in seinem elterlichen Haus ab- und zugehen sehen; am Sonntag selbst habe er ihn nicht gesehen. Da er nun durch die von ihm selbst angegebenen Zeugen seinen angeblichen Aufenthalt in Kombach und Eckelshausen nicht erwiesen habe, so solle er jetzt bestimmt sich ausweisen, wo er am Sonntag vor Pfingsten gewesen sei?

ANTWORT: Er wiederhole nochmals, daß er damals in Kombach und Eckelshausen gewesen sei.

Man hielt dem Inquisiten vor, daß, wenn er wirklich sich in Eckelshausen und Kombach befunden, so würde ihn doch wohl ein Mensch, da sich die Leute in der dortigen Gegend an diesen Sonntag noch sehr wohl erinnerten, gesehen haben. Man könne sich daher bei der von ihm erteilten Antwort nicht beruhigen und fordere ihn im Ernst auf, sich über seinen damaligen Aufenthalt auszuweisen?

ANTWORT: Er müsse lediglich bei seiner Aussage beharren.

Im Verhör vom 6. Mai 1823 wurden zwei andere Zeugen dem Inquisiten zur Konfrontation gegenübergestellt.

ZEUGE

Einen Sonntag vor Pfingsten sei der hier ihm gegenüberstehende Heinrich Geiz eines Abends, als es dämmrig gewesen, mit einem schwarzen Gesicht aus dem Haus des Dönges gekommen und an ihm vorübergegangen. Nach Verlauf einer kurzen Zeit sei derselbe zurückgekommen und wieder weiß gewesen und habe ihn und seine Kameraden gefragt: »Kennt ihr mich jetzt?« und noch viele andere Ausdrücke gebraucht.

INQUISIT

Er entsinne sich noch sehr wohl, daß er den dritten Sonntag vor Pfingsten in des Dönges Haus gewesen und nachher bei mehreren Leuten von Wolfsgruben, welche auf der Straße gestanden, vorbeigegangen sei. Wenn der Zeuge jedoch beschworen habe, daß er damals ein schwarzes Gesicht gehabt, so habe er falsch geschworen.

ZEUGE

Er wiederhole lediglich sein Voriges.

INQUISIT

Und wenn der Zeuge zehnmal schwöre, so schwöre derselbe zehnmal falsch.

ANDERER ZEUGE

Er könne dem Inquisiten auf seinen geleisteten Eid in die Augen sagen, daß er an einem Sonntagabend vor Pfingsten an ihm vorübergegangen, bald wieder zurückgekommen sei, ihm auf die Brust gestoßen und gesagt habe: »Kennt ihr mich nun? Ihr sollt mich gar nicht nennen. Ihr müßt wissen, daß ich dem Geiz sein Ältester bin.«

INQUISIT

Gegen die Aussage dieses Zeugen wisse er nichts zu erinnern, da er an jenem Sonntag viel Branntwein getrunken hätte, berauscht gewesen sei und sich nicht mehr darauf besinne.

HANS JACOB GEIZ

In seinem Verhör vom 13. September 1822

FRAGE: Wo er den Sonntag vor Pfingsten gewesen sei?

ANTWORT: Soviel er wisse, zu Hause.

FRAGE: Es sei an diesem Tag ein Mann zu ihm gekommen, und dieser habe ihn nicht zu Hause angetroffen?

ANTWORT: Ein Bursche von Allendorf, welchem er für Tuchmachen Geld schuldig gewesen, sei auf diesen Sonntag in sein Haus gekommen und habe nach ihm gefragt. Da er jedoch, um denselben zu bezahlen, kein Geld gehabt, so habe er sich verleugnen lassen.

FRAGE: Wo an diesem Sonntag sein Sohn Jacob gewesen sei?

ANTWORT: Vormittags sei derselbe mit dem Vieh auf der Weide gewesen, wo nachmittags, wisse er nicht.

FRAGE: Ob er beweisen könne, daß er an diesem Sonntag zu Hause gewesen sei?

ANTWORT: Nein, das könne er nicht.

Verhör vom 9. Oktober 1822

FRAGE: Man frage ihn wiederholt, ob er am Sonntag vor Pfingsten in Kombach gewesen sei?

ANTWORT: Ja, wie er bestimmt wisse.

FRAGE: Ein Mann habe mit einem körperlichen Eid beschworen, daß er an diesem Sonntagmorgen von Kombach weggegangen sei?

ANTWORT: Dies sei nicht wahr, er sei zu Hause gewesen.

FRAGE: Man sage ihm noch mehr und zwar, daß er an diesem Sonntag, wenigstens zwei bis dreieinhalb Stunden vom Haus entfernt, in den breiten Erlen gesehen worden sei?

ANTWORT: Dies sei die Unwahrheit und verlangte, daß ihm diese Zeugen vorgestellt würden, und es wurde ihm ein Zeuge im

Verhör vom 25. April 1823
zur Konfrontation vorgestellt.

ZEUGE

Er könne dem Inquisiten ins Angesicht sagen, daß er am Sonntag vor Pfingsten zwischen drei und vier Uhr mit einem blauen Kittel bekleidet und mit einem runden Hut und einem Büchsenranzen versehen aus seinem Haus gegangen sei und er ihn den ganzen Sonntag nicht mehr zu Hause gesehen habe.

INQUISIT

Er wolle nicht in Abrede stellen, daß er zu jener Zeit aus seinem Haus gegangen, doch wisse er gewiß, daß er an diesem Sonntag nicht aus der Kombacher Gemarkung gekommen sei.

(Der Zeuge wurde entlassen und der Inquisit weiter verhört.)

FRAGE: In dieser Konfrontation habe er zugestanden, daß er am Sonntag vor Pfingsten aus seinem Haus gegangen sei. Er solle nunmehr bestimmt angeben, wo er hingegangen sei?

ANTWORT: Er könne dies unmöglich sagen.

Der Inquisit beharrte trotz aller Vorstellungen auf dieser Aussage.

JOHANNES SOLDAN

In seinem Verhör vom 18. Mai 1823

FRAGE: Ob er mit seiner Schwiegermutter, der Geizischen Ehefrau, von Geld gesprochen?

ANTWORT: Nein.

FRAGE: Ob nicht er oder seine Schwiegermutter gesagt: »Wenn nur über unsere Leute, welche in Gießen sitzen, nichts herauskommt, so haben wir Geld genug?«

ANTWORT: Nein.

FRAGE: Ob nicht namentlich er oder seine Schwiegermutter gesagt: »Auf dem Acker in der Dötterstahl haben wir vier Töpfe mit Geld stehen, und einer ist bereits ausgegeben«?

ANTWORT: Nein.

FRAGE: Ob nicht namentlich gesagt worden: »Unsere Leute müssen sitzen, und der garstige David von Dexbach, der doch an allem schuld ist, geht frei herum?«

ANTWORT: Nein.

FRAGE: Wie er dies alles in Abrede stellen wolle, da doch eine Person diese Unterredung mit angehört habe?

ANTWORT: Er verlange, daß ihm diese Person vor die Augen gestellt werde.

FRAGE: Was er denn dazu sage, wenn man ihm bekannt mache, daß die zu Gießen sitzende Wegesche Ehefrau dieser Unterredung mit angehört und angegeben habe?

ANTWORT: Er verlange wiederholt, daß er der Wegeschen Ehefrau vor die Augen gestellt werde.

(Trotz der wirklich erfolgten Konfrontation mit der Wegeschen Ehefrau blieb der Inquisit bei seiner Aussage.)

LUDWIG ACKER

In seinem Verhör vom 7. Oktober 1822

FRAGE: Ob er Vermögen besitze und von was er sich ernähre?

ANTWORT: Bis jetzt habe er, da er sein väterliches Vermögen nicht erhalten, kein Vermögen und ernähre sich von seiner Hände Arbeit.

FRAGE: Ob er bares Geld besitze?

ANTWORT: Er sei willens, sich ein Haus zu bauen, und habe die Zimmerarbeit bereits schon akkordiert und 50 fl. darauf bezahlt, zu welchen 50 fl. sein Mädchen zu Eckelshausen beigetragen.

FRAGE: Ob er Geld ausgeliehen habe?

ANTWORT: Ja, an den Soldaten W . . . bei dem Leibregiment habe er 5 fl. ausgeliehen, das er während des Dreschens in Trebur verdient.

FRAGE: Ob er dem Johannes Hartmann Geld geliehen?

ANTWORT: Nein.

FRAGE: Dieser Johannes Hartmann habe ausdrücklich erklärt, daß er ihm Geld geliehen habe?

ANTWORT: Das könne er nicht begreifen.

FRAGE: Wo er am Sonntag vor Pfingsten gewesen?

ANTWORT: Den Morgen in Kombach und den Mittag in Eckelshausen.

FRAGE: Ob er dies beweisen könne?

ANTWORT: Ja, mit Johannes Fett, mit Johannes Werner, beide aus Kombach, und mit dem Wirt Heinrich aus Eckelshausen.

In seinem Verhör vom 8. Oktober 1822

FRAGE: Man habe den Johannes Hartmann nochmals vernommen, und dieser bestehe darauf, daß er ihm Geld geliehen?

ANTWORT: Dies sei die Unwahrheit.

FRAGE: Hartmann erzähle diese Sache mit solchen Umständen, daß an der Wahrheit seiner Aussage kaum zu zweifeln sei. Übrigens lasse es sich nicht vernünftig denken, daß sich ein Mensch als den Schuldner eines andern fälschlich darstellen solle?

ANTWORT: Er habe dem Hartmann kein Geld geliehen.

FRAGE: Wann er nun wieder aus der Wetterau zurück nach Kombach gegangen sei?

ANTWORT: Er sei aus der Wetterau nicht mehr nach Kombach, sondern gerade nach Gießen gegangen.

FRAGE: Ob er denn nicht am Tag vorher, ehe er nach Gießen gekommen, den zweiten Wegeschen Sohn in Kombach gesprochen habe?

ANTWORT: Ja, er müsse eingestehen, daß er damals in Kombach gewesen und den zweiten Wegeschen Sohn gesprochen habe.

FRAGE: Ob er, wie er zu Hause gewesen, sein Mädchen zu Eckelshausen gesprochen?

ANTWORT: Ja.

FRAGE: Ob er, wie er damals von zu Hause weggegangen sei, dem zweiten Wegeschen Sohn einen Auftrag erteilt habe?

ANTWORT: Nein.

FRAGE: Ob er dem zweiten Wegeschen Sohn kein Geld ausgehändigt habe, um es seinem Mädchen in Eckelshausen zu geben?

ANTWORT: Nein.

In seinem Verhör vom 2. Juni 1823

In diesem Verhör wurden dem Inquisiten Hartmann und Wege zur Konfrontation gegenübergestellt, und er gab in derselben zu, dem Hartmann 152 fl. für sein Mädchen ausgehändigt zu haben.

FRAGE: Er solle sagen, wo er diese große Summe Geldes herhabe?

ANTWORT: Er habe dieselbe auf dem Tagelohn verdient.

Als der Inquisit abgeführt werden sollte, stieß er die Worte aus: »Ich will mich noch einmal beschlafen.« Man gab sich Mühe, eine Aufklärung über diese Äußerung zu erhalten, jedoch vergeblich.

Man ließ am 6. Juni den Inquisiten befragen, ob er ein Verhör verlange, worauf er erwiderte: »Ich will noch warten bis morgen, wenn ich aber hinein muß, so muß ich hinein.«

In seinem Verhör vom 7. Juni 1823

FRAGE: In diesem Verhör hielt man dem Inquisiten vor: Aus seinem ganzen Benehmen und seinen Äußerungen gehe hervor, daß ihm etwas auf dem Herzen drücken müsse. Er solle nunmehr durch ein offenes und freies Geständnis seinem Herzen Luft machen.

ANTWORT: Zu viele Hunde seien des Hasen Tod.

FRAGE: Was er unter dieser Äußerung verstehe?

ANTWORT: Er fürchte sich vor Menschen.

FRAGE: Warum er sich vor Menschen fürchte?

ANTWORT: (nach langem Besinnen) Er habe im Krautgarten, welcher seinem Bruder gehöre, Geld vergraben.

FRAGE: Was das für Geld sei?

ANTWORT: Er wolle nunmehr seinem Herzen Luft machen und die Wahrheit sagen.

Acker gestand nun die Tat unumwunden, und nach ihm gestanden alle Inquisiten. Aus ihren Bekenntnissen ging hervor, daß Johann Jost Wege von

Kombach, der Vater, sowie seine Ehefrau und Hartmann – der so sehr gravirte (belastete, d. Hg.) Hartmann – unschuldig an diesem Verbrechen waren.

Wir gehen nun zu der Erzählung über, auf welche Art, nach den eigenen Aussagen der Inquisiten, das Komplott sich entsponnen und die Tat zur Ausführung gekommen ist.

Geschichtserzählung

Im Herbst 1821 mähte Jacob Geiz in der Nähe von Biedenkopf die Wiese des Herrn Posthalters Stapp. Bei dieser Arbeit kam der Strumpfhändler David Briel von Dexbach (gewöhnlich nur unter dem Namen David von Dexbach bekannt), dessen Freundschaft er nicht lange vorher auf der Jagd geschlossen hatte, zu ihm und redete ihn folgendermaßen an: »Höre, Jacob, kann ich mich wohl auf dich verlassen? Ich wüßte etwas, und wenn noch mehrere vertraute Leute mitgingen, so könnten wir's ausführen.« Hierauf ging er schnell wieder weg und überließ es seinem Freund, diese Worte sich selbst zu enträtseln. Allein er blieb nicht lange in dieser Ungewißheit. David Briel kam kurz darauf wieder zurück und erklärte ihm den Sinn seiner vorhin gesprochenen Worte: »Sieh einmal, Jacob, ich wüßte ein Mittel, wodurch uns beiden geholfen wäre, wenn du und noch einige vertraute Leute mit mir einverstanden wären. Du weißt, es fährt alle Monate ein paarmal das Geldkärrnchen von Biedenkopf nach Gießen – das wollen wir zusammen angreifen, das Geld herausnehmen, und wenn es uns gelingt, dann sind wir doch auf unser Lebtag geborgene Leute.« – Mehr bedurfte es schon für einen Jacob Geiz nicht, um ihn zu gewinnen. Er war ein gefährlicher Mensch, der das Gesetz weder achtete noch fürchtete, gefühllos für anderer Wohl, dem auch ein Menschenleben nicht zu heilig war, um es im Notfall aufs Spiel zu setzen. Als Wilddieb von Handwerk wagte er die verzweifeltsten Schritte und schoß einstmals, als er verfolgt wurde, unter anderem einen armen Bauern lahm.

Um ihn indessen noch mehr an sich zu kirren (an sich zu locken, fügsam zu machen, d. Hg.), fuhr David von Dexbach weiter fort: »Wir greifen es auf kurhessischem Boden an, und da muß auch der Kurfürst von Hessen unserem Großherzog das Geld wieder ersetzen. Gesetzt, es würde nun deshalb auch eine Steuer ausgeschrieben, so kann es einem Manne höchstens zwei bis drei Kreuzer tragen und uns wäre doch auf immer geholfen.« Durch diese Worte legte David von Dexbach den Keim der Übeltat in die Brust seines Freundes nieder; und als sie diese Sache noch weiter besprochen hatte, schieden sie ganz einverstanden voneinander.

Jacob Geiz ging nun, nach vollendeter Arbeit, nach Hause zurück, machte zuerst seinen Vater mit dem Vorhaben bekannt, dann seinen Bruder Heinrich und fand sogleich in ihnen bereitwillige Teilnehmer. Lange Zeit trugen sie sich mit diesem Gedanken herum, ohne die Ausführung zu wagen, denn was ihnen besonders im Wege stehen mochte, war der Umstand, daß ein Landschütze mit einer scharf geladenen Flinte diesen Wagen begleitete.

Da ging einmal Heinrich Geiz, aus welchem Beweggrund ist nicht bekannt, nach dem Landstädtchen Königsberg und traf in einem Wirtshaus dort einen früheren Kriegskameraden, den Landschützen Volk, an. Sie bewillkommten sich als alte Freunde und erzählten sich bei einem Glas Branntwein, was ihnen, seitdem sie sich nicht gesehen, widerfahren war. Bei dieser Gelegenheit klagte nun auch Heinrich Geiz seine Not, daß er sich so gerne in Mühlheim ehelich niederlassen möchte, aber aus Mangel der nötigen Rezeptionsgelder von 200 fl. bis jetzt diesem sehnlichen Wunsch hätte nachstehen müssen. »Da können wir miteinander gehen«, versetzte Volk, »so geht es mir gerade auch; ich habe einem Mädchen aus Offenbach die Ehe versprochen und bin auch nur um ein paar hundert Gulden zu arm, um mein Versprechen erfüllen zu können und ein ganz glücklicher Mensch zu sein.« – »Dafür wüßte ich vielleicht Rat«, erwiderte ihm darauf Heinrich Geiz, »uns beiden wäre durch ein leichtes Mittel geholfen, und es kommt bloß auf dich an, ob du es ergreifen willst.« Er offenbarte sich ihm nun ganz und sagte ihm zugleich, daß schon mehrere Leute um dieses Geheimnis wüßten, die alle bereit wären, das Geldkärrnchen bei einer schicklichen Gelegenheit anzugreifen, und erbot sich, wenn ihr Vorhaben gelungen, so solle er auch seinen Teil davon haben. »Wenn ihr es nur schon hättet, was läge mir daran«, entgegnete Volk, »jedoch«, fuhr er fort, »ich will dem jedesmaligen Landschützen, der den Wagen begleitet, das Blei aus der Flinte ziehen, damit von euch keiner geschossen werden kann, und sollte ich es eskortieren, so will ich mich ohne alle Gegenwehr gefangen geben.«

So war auch dieses Hindernis aus dem Weg geräumt und nichts mehr übrig, als noch mehrere Teilnehmer in das Geheimnis zu ziehen und zur Ausführung der Tat zu gewinnen. Sie fanden ihre Leute. Das ganze Komplott bestand schon nach einem Vierteljahr aus neun Helfershelfern. Diese waren:

1) David Briel von Dexbach;

2) der Landschütze Volk;

3) Hans Jacob Geiz von Kombach;
seine Söhne
4) Heinrich Geiz und
5) Jacob Geiz;
6) Wege von Kombach;
7) Wege von Wolfsgruben;
8) Johannes Soldan von Kombach;
9) Ludwig Acker von Kombach.

Welche gefährlichen, ja unverbesserlichen und für alles Gute erstorbenen Menschen dieses Komplott in sich faßte, mag schon daraus hinlänglich hervorgehen, wenn man bedenkt, daß diese Menschen schon sechsmal zur Begehung dieses Verbrechens ausgegangen waren, ohne sich abschrecken zu lassen und auf den Weg des Rechts wieder zurückzukehren.

Am ersten Weihnachtstag 1821 wollten sie den Postwagen zum ersten Mal in der Gegend von Eifa angreifen. Als sie auf dem Weg dahin nach Eckelshausen kamen, langte ein Brief an Jacob Geiz an, worin ihm David Briel schrieb, daß jetzt aus der Sache nichts werden könne, da das Geldkärrnchen diesmal von zwei Gendarmen begleitet werde. Nun blieb die Sache ruhig bis gegen Frühjahr, wo sie wieder in der Gegend von Eifa die Tat auszuführen beschlossen. Da jedoch auf dem Hinweg Schnee gefallen war und sie deshalb befürchteten, durch die Spur verraten zu werden, so kehrten sie auch hier wieder unverrichteter Sache zurück. Nach Verlauf von einiger Zeit gingen sie nochmals in dieselbe Gegend, wo aber die Tat auch nicht zustande kam, weil sie sich im Wald verfehlt hatten. Kurz vor Ostern gingen sie dann in die Subach, wo sie wieder unverrichteter Sache abziehen mußten, weil das Geldkärrnchen an diesem Tag die Nacht über in Gladenbach blieb. Nach Ostern begaben sie sich in den Krofdorfer Wald und lauerten da der Ankunft des Wagens auf, konnten aber wegen vieler Rekruten, die gerade damals sich bei dem Postwagen befanden, wieder nicht ankommen. Drei Wochen vor Pfingsten wollten sie es nun abermals in der Subach versuchen, wurden aber dadurch abgehalten, daß Jost Wege von Kombach, der später auf den Platz traf, seine Raubgenossen benachrichtigte, daß sich jetzt kein Geld auf dem Wagen befinde.

Nun beschlossen sie zum siebten Mal die Ausführung dieser Tat. Alle Teilnehmer versammelten sich an dem Samstag vor Pfingsten, dem 18. Mai, in dem Haus des Hans Jacob Geiz. Hier wurden die Verabredungen zur Ausführung des Plans, wobei Heinrich Geiz das Wort führte, besprochen, die Rolle eines jeden verteilt, sodann fünf Pistolen mit Kugeln und dickem Schrot geladen und in einen Büchsenranzen gesteckt. Larven, die sie schon lange vorher gekauft hatten, sowie Stricke und Lappen und eine Axt taten sie in einen anderen Büchsenranzen. So gingen nun alle, mit Ausnahme des Hans Jacob Geiz und Wege von Wolfsgruben, welche erst anderntags nachkamen, am 18. Mai in der Nacht um zehn Uhr von Kombach weg, drehten sich rechts um das Dorf und wendeten bei Dautphe auf die Chaussee ein. Gladenbach rechts, Mornshausen links lassend, begaben sie sich dann in den Wald, die Subach, und trafen morgens um zwei Uhr auf dem Platz, wo der Angriff beschlossen war, ein. Rechts im Gebüsch, wenn man von Gladenbach kommt, lagerten sie sich und erwarteten so den Morgen. Bei Anbruch des Tages kamen auch Wege von Wolfsgruben und etwas später Hans Jacob Geiz an, und da letzterer die Rolle eines Wächters übernommen hatte, so nahm er gleich den Platz auf der Höhe des Hohlwegs ein, von wo aus man die Gegend übersehen und wahrnehmen konnte, wann das Geldkärrnchen komme. Johannes Soldan war bestimmt, die Büchsenranzen und Hüte seiner Kameraden zu tragen, und stellte sich in die Nähe des Hans Jacob Geiz. Nun banden sie ihre Larven vor, wechselten ihre blauen Kittel mit anderen alten Kleidern, ihre Hüte mit Kappen verschiedener Farbe, legten sich darauf in das Gebüsch nieder und tranken sich tapfer mit Branntwein zu.

Es war ein herrlicher Tag, die Sonne stand schon hoch und verkündete den Mittag – da meldete Hans Jacob Geiz die Ankunft des Wagens, und sogleich nahmen sie ihre Posten ein. Heinrich Geiz und sein Bruder Jacob sprangen auf die linke Seite der Hohle in das Gebüsch. Die anderen blieben auf der rechten Seite versteckt. So mit Herzklopfen ihre Beute erwartend, standen sie zum Angriff bereit, und als sie sich auf eine Sprungweite näherte, da fielen Heinrich Geiz, sein Bruder Jacob, der auch gleichzeitig seine Pistole abfeuerte, über den Landschützen her. David von Dexbach und Wege von Wolfsgruben bemächtigten sich des Postillons Müller und verfuhren nun so unmenschlich mit ihnen, wie wir bereits beschrieben. Acker fiel sogleich den Pferden in die Zügel und fuhr den Wagen auf die linke Seite in das Gebüsch. Nachdem er den Kasten heruntergeworfen hatte, kam schon wieder David von Dexbach zurück und holte die mitgenommene Axt, um den Deckel des Kastens einzuschlagen. Da nun nach einigen Schlägen der Stiel derselben brach, so sprang Heinrich Geiz zu dem Wagen hin und schnitt die an demselben sich befindliche Axt los, bei welchem Geschäft er seine Messerklinge zerbrach. Nach einigen Hieben stürzte der Deckel des Geldkastens ein, darauf nahmen sie das in Tüchern und Beuteln verpackte Geld heraus und teilten es in die Büchsenranzen ein; Acker, der allein keinen Büchsenranzen hatte, nahm seinen Anteil wie einen Quersack auf beide

Schultern. Nur einen großen Sack voll Geld, der selbst dem starken Wege von Kombach zu schwer war, um ihn fortschleppen zu können, ließen sie zurück und versteckten ihn in eine hohle Eiche. Hans Jacob Geiz verbarg die Flinte des Landschützen, die auf dem Wagen gelegen, in einen Busch, und er war es auch, der des Landschützen Tabaksbeutel sowie sein Schnupftuch mitnahm, in der Meinung, daß diese Stücke einem seiner Kameraden gehörten. Hierauf entkleideten sie sich, zogen wieder ihre blauen Kittel an und versteckten ihre alten Kleider in dieselbe Eiche bei dem Sack voll Geld.

Jacob Geiz, Wege von Wolfsgruben und Soldan schlugen den Weg nach Erdhausen ein. Hans Jacob Geiz und sein Sohn Heinrich, Acker, David Briel und Wege von Kombach gingen über ein Wiesengründchen durch den Wald, die Subach, und als sie ihn durchschritten hatten, nahmen sie ihren Weg wieder über eine kleine Wiese, dann über einige Äcker durch einen Wald, den sie gerade durchgingen, drehten sich an dessen Ende links herum, und, Riegenbach rechts, Mornshausen links lassend, gelangten sie noch durch zwei Wälder und kamen nachts zwischen zehn und elf Uhr in Kombach wieder an. – Das Geizsche Haus war auch jetzt wieder der Ort, wo sie alle zusammenkamen. Hier wurde nun das Geld in ein Fäßchen geschüttet, und die ganze Summe, so wie von Heinrich Geiz berechnet, teils in Rollen, teils Stück für Stück geteilt. Ein jeder erhielt für sein Teil die Summe von 800 fl., die sie dann nach Hause trugen; Acker allein nahm nicht soviel mit. Ihn, der nach der Teilung einmal vor die Stubentür ging, hatten die übrigen während dieser Zeit um 100 fl. bestohlen. Das Geld verschwendeten sie nun zum Teil oder vergruben es in der Nähe von Kombach auf verschiedene Äcker. Heinrich Geiz trug seinen Anteil zu verschiedenen Zeiten in seine Heimat nach Mühlheim und versteckte es in dem Garten seines Schwiegervaters zwischen einer Bretterwand. Wege von Wolfsgruben verbarg sein Geld auf der Lustwiese bei Wolfsgruben. In ihren Geständnissen bezeichneten sie die verborgenen Stellen, an welchen man noch ungefähr die Summe von 1500 fl. vorfand.

David Briel von Dexbach, der Stifter dieses Komplotts, entfloh dem Arme der Gerechtigkeit dadurch, daß er sich noch zur rechten Zeit einen Hausierschein ins Ausland geben ließ, den man ihm ohne Anstand erteilte, da derselbe einen ausgebreiteten Strumpfhandel trieb und damals noch ganz verdachtlos war. – Der Landschütze Volk wurde gleich nach dem Ackerschen Geständnis festgehalten und aus Mangel an Platz im Kriminalgefängnis in die Kaserne bei Gießen gebracht. An einer dunklen Stelle auf dem Gang benutzte er den Augenblick, als man die Tür seines Gefängnisses aufschließen wollte, und schoß sich, der Hand des Henkers vorgreifend, eine Kugel durch das Herz. – Auch Soldan endete als Selbstmörder. Kurz vorher, als auf ihn bekannt worden war, erdrosselte er sich in seinem Gefängnis.

Nach beendeter Untersuchung wurden die Akten an die höhere Behörde, das Großherzoglich Hessische Hofgericht zu Gießen, zur weiteren Beschließung übergeben. Herr Hofgerichtsrat Dr. Pilger, dieser als Gelehrter wie als Mensch gleich achtbare, würdige und verdienstvolle Mann, war Referent in dieser wichtigen Sache und trug, nachdem die Verteidigungen der Verbrecher gehörig geführt waren, in zwei aufeinanderfolgenden solennen (feierlichen, d. Hg.) Sitzungen, am 24. und 25. März 1824, diesen Kriminalfall dem Gerichtshof zur Entscheidung vor. Das Gesetz erkannte auf Tod, und das Hofgericht fällte demnach folgendes Urteil:

Urteil

In den Untersuchungssachen gegen Hans Jacob Geiz, Heinrich Geiz, Jacob Geiz, Jost Wege und Ludwig Acker, sämtlich von Kombach – wird auf amtspflichtiges Verhör, geführte Verteidigung und aus den Akten erstattete Vorträge hierdurch zu Recht erkannt:

»daß dieselben wegen des an dem Gladenbacher Geldkarren begangenen Straßenraubs durch das Schwert vom Leben zum Tod zu bringen, sodann in den Ersatz der Untersuchungskosten und der an dem geraubten Geld fehlenden Summe unter solidarischer Verbindlichkeit zu verurteilen seien.«

Dessen zur Urkunde etc. So geschehen Gießen, den 25. März 1824.

(L.S.)

Gegen das Urteil ergriffen die Defensoren der Verurteilten die Appelation an das höchste Landestribunal, Oberappelationsgericht zu Darmstadt. Allein dieser Gerichtshof bestätigte das Urteil in allen seinen Teilen und sandte es zur Allerhöchsten landesherrlichen Genehmigung ein.

Seine Königliche Hoheit der Großherzog von Hessen und bei Rhein, unser gerechtigkeitsliebender Landesvater und Fürst, ließen dem Gang des Gesetzes freien Lauf und genehmigten das Urteil.

Exekution

Der 7. Oktober 1824 war zum Tag bestimmt, an dem die Vollstreckung des Todesurteils stattfinden sollte. Herr Kriminalrichter Danz, beauftragt, die Exekution zu leiten, begab sich drei Tage vor diesem Tag in das Gefängnis der Verurteilten, ließ sie alle in eine besondere Stube bringen, hier von einem Kommando Soldaten einen Kreis um sie schließen und ihre Fesseln lösen. Jetzt war ihnen endlich der Zeitpunkt erschienen, wo sie Gewißheit ihres Loses erhalten, wo die Würfel zwischen Leben und Tod fallen sollten. In banger Erwartung sahen die Sünder ihren ernsten Richter das Blatt entfalten, stumm und erwartungsvoll auf seine Lippen, die auf sie herab das Schicksal ihrer Zukunft sprechen sollten. »In dreimal 24 Stunden«, sprach sein Mund, »werdet ihr durchs Schwert vom Leben zum Tode gebracht; bereitet euch darauf vor und söhnet euch mit Gott und der Menschheit aus!« Zermalmt von dem Wort, das dem Menschen raubt, was ihm auf Erden am liebsten gewesen, und überdenkend den Jammer, den er über Weib und Kinder ausgeschüttet, stürzte einer der Verurteilten, Heinrich Geiz, im ersten Anfall von Verzweiflung auf den Herrn Kriminalrichter Danz wie ein Rasender los – und konnte nur durch das Dazwischentreten der Wache wieder zur Ruhe gebracht werden.

Die wenigen Tage, die den dem Tode Geweihten noch zugemessen waren, verlebten sie unter trostgebendem Zuspruch von drei Geistlichen. Der allgemein verehrte Herr Stadtpfarrer Dr. Engel zu Gießen sowie der würdige Herr Inspektor Brummhardt von Langgöns und Herr Pfarrer Starck von Ostheim übernahmen den hohen Beruf, sie auf diese nahe und letzte Reise vorzubereiten. Die Religion, die auch dem Gefallenen ihren Stab noch reicht, um sich an ihm wieder glaubensvoll emporzurichten, stärkte sie durch den Trost, durch wahre innige Reue ihrem Gott wieder geschenkt zu werden.

So ging zum letzten Mal die Sonne für sie auf, der Morgen brach an, der zugleich den Abend ihres Lebens begrenzen sollte. Auf dem Marktplatz vor dem Rathaus standen schwarz aufgeschlagen die Schranken, von Soldaten umringt, und um sie herum drängte sich mit dumpfem Getöse die Menge. Die Glocke rief acht, da wurde ein Tisch, schwarz behängt, in die Schranken gestellt, und ihn umstanden schwarz beflorte Stühle. Auf ihnen nahmen Platz der Herr Kriminalrichter Danz, neben ihm zwei Kriminalgerichtssekretäre und die Verteidiger der Verbrecher. Darauf erhob sich der Richter, gebot, sich zu dem Volk wendend, Ruhe, und eine feierliche Stille herrschte im ganzen Umkreis. Hierauf erzählte er kurz die Verbrechen der Verurteilten, die jetzt zum Tod geführt werden sollten.

Während dieser Zeit umgaben die Geistlichen die Sünder in ihrem Gefängnis und ermahnten sie, mit Reue und Ergeben in ihr Schicksal diesen letzten Gang zu gehen. Nachdem die Verurteilten darauf das heilige Abendmahl, das sie sehnlichst gefordert hatten, mit christlicher Rührung unter einem Strom von Tränen genossen, verließen die Herren Geistlichen sie, damit sie diese wenigen Augenblicke ihres Lebens ihrem Gott widmen möchten, vor dessen Richterstuhl sie in wenigen Stunden Rechenschaft ablegen sollten. – Da schlug es neun.

Unter dem traurigen Geläute der Sterbeglocke näherten sich, begleitet von den Geistlichen, unter militärischer Bedeckung die Sünder den Schranken und dem Tisch, worauf ihr Todesurteil lag, dessen Lade ihre Todesstäbe einschloß. Hier angekommen, stellten sie sich Hand in Hand an die eine Seite des Tisches und unter ihnen ein Vater neben seine zwei Söhne. Der Richter erhob sich sodann, rief ihnen nochmals ihre früheren Vergehen ins Gedächtnis und sagte ihnen, daß jetzt die Stunde ihrer Strafe mit dem Schwert zum Tod gekommen sei. Dann nahm er die schwarzen Stäbe aus dem Tisch, brach einem jeden den seinen und warf ihnen mit den Stücken nun alle Hoffnung des Lebens zu Füßen.

Nun brach man zum Richtplatz auf, und strömend begleitete eine große Menschenmasse den Zug. Mit langsamen Schritten schwankten, geführt von ihren Seelsorgern, die Verbrecher der Richtstätte immer näher und näher. Angelangt am Blutgerüst, ließen sie sich auf eine Bank nieder, demütigten sich vor dem Allmächtigen in reuigem Gebet und flehten zu ihm um Gnade.

Hierauf bestieg Acker zuerst die Stufen des Schafotts, entkleidete sich selbst und ließ sich standhaft auf den Stuhl nieder, den Todesstreich zu empfangen. Sein Haupt fiel auf den ersten Hieb. – Ihm nach folgte Wege und starb mit gleicher Fassung. – Nun traf Jacob Geiz die Reihe. Fest umschlungen lag er in den Armen seines Vaters und Bruders und nahm einen herzzerreißenden Abschied von ihnen. Gestärkt durch den Trost der Religion, ging auch er den Weg mit Ruhe – und ein Hieb beendete sein Leben. – Seinem Bruder sollte Heinrich Geiz folgen. Er riß sich laut weinend von dem Hals eines verzweifelnden Vaters los, der dumpf vor sich hinstarrend keine Worte des Schmerzes hatte. Auf dem Schafott hob Heinrich Geiz sein Sacktuch in die Höhe und zerriß es mit den Worten: »Zerreißt mein Leben, so sollst auch du zerreißen!« Dann setzte er sich gelassen nieder und starb einen standhaften Tod. – Jetzt bestieg Hans Jacob Geiz das Blutgerüst. Mit schrecklichem Schaudern sah er auf den Stuhl, wo seine Kinder sich verblutet, und ließ sich dann halb ohnmächtig auf ihn nieder. Ein Schwertstreich trennte sein Haupt vom Rumpfe.

Dieser Hans Jacob Geiz soll es auch gewesen sein, der ein Räuberlied verbreitet hatte, das um 1830 in Oberhessen sehr populär wurde. Von dem Gießener Studenten August Becker lernte es Georg Büchner, der die letzten vier Zeilen in »Dantons Tod« übernahm. Dort wird es von revolutionär gestimmten

Bürgern gesungen, die einen angeblichen Adligen an eine Laterne knüpfen wollen. Den Text und den Hinweis auf Geiz/Büchner entnahmen wir dem von Hans-Jürgen Fuchs 1985 herausgegebenen »Hessischen Liederbuch«.

Es gibt doch kein schöner Leben
In der ganzen weiten Welt,
Als das Straßenräuberleben,
Morden um das liebe Geld!
In den Wäldern umzustreichen,
Große Leute zu erreichen,
Fehlt es uns an Geld oder Kleid,
Bringen's uns die Wandersleut.

Kommt ein Herr dahergegangen,
Greifen wir ihn herzhaft an.
Mit sei'm Geld darf er nicht prangen,
Denn wir sind ein' Räuberband'.
Kommt eine Kutsche oder Wagen,
Tun wir sie nicht lange fragen,
Hauen, stechen, schießen tot:
Ist das nicht ein schön Stück Brot?

Sehn wir Galg' und Räder stehen,
Bilden wir uns herzhaft ein:
Einmal muß es doch geschehen,
Einmal muß gehangen sein.
So steigen wir aus dem Weltgetümmel
auf eine Leiter gegen Himmel.
Lassen uns vom Wind schwenken aus und ein,
Bis wir abgefaulet sein.

Wenn wir an den Galgen gehen,
Kommt uns gleich das Lachen an:
Wenn wir die dort oben sehen,
Einmal müssen wir auch dran.
Die da liegen in der Erden,
Von de' Würm' gefresse' werden.
Besser hangen in der Luft
Als verfaulen in der Gruft!

Die Tricks der Gauner in Frankfurt und Umgebung

(Georg Wilhelm Pfeiffer)

»Da es eben Zeit der Messe war«, notierte der Wiener Literat Johann Ludwig Deinhardstein 1830 in sein Tagebuch, »wimmelte alles von Wagen und Pferden. In der Stadt war eine noch größere Lebendigkeit als sonst wahrzunehmen, besonders auf dem großen Platze. Allenthalben waren Zelte und Buden errichtet, Schaugegenstände jeder Art enthaltend, die Käufer anzulocken. Sogar auf die liebe Jugend war es abgesehen. Affen und Hunde zogen durch die Stadt; unter erleuchteten Zelten waren Ringelrennen zu sehen. Überall hörte man Drehorgeln, zuweilen vom Gesange begleitet; ein munteres regsames Leben wogte durch die Straßen.« Dieses »muntere regsame Leben« in Frankfurt zog aber nicht nur neugierige Besucher und auf Gewinn hoffende Kaufleute oder Schausteller an, auch Betrüger, Diebe, vor allem die gefürchteten Beutelschneider, Bettler und Prostituierte strömten in Scharen auf die Messe. Nur die wenigsten von ihnen wurden schon an den Stadttoren erkannt und abgewiesen.

Für den um den Ruf Frankfurts besorgten Magistrat war es eine vordringliche Aufgabe, für den ungestörten Ablauf der Messe zu sorgen. Entsprechend drakonisch gingen die städtischen Ordnungskräfte gegen kleine und große Gauner vor. Bereits 1752 und 1619 waren zu den Ostermessen mehrere Diebe hingerichtet worden, was, wie ein Chronist damals stolz bemerkte, ruhige Herbstmessen sicherte. In der Regel erhielten Messediebe aber nur Rutenstrafen. Allerdings mußten sie auch die Urfehde schwören, das heißt, sie durften Frankfurt nie mehr betreten.

Soldatenpatrouillen, Polizeidiener, Nachtwächter und ein umfangreiches Vorschriftenwerk sollten die Messegäste und vor allem die Stände vor Beraubung schützen. Das scheint aber so wenig wirksam gewesen zu sein, daß der Rat zwischen 1761 und 1788 gleich drei Verordnungen »zur Verhuetung der zu Meßzeiten oftmals, besonders des Abends vorgehenden Verschleppungen und Entwendungen der Meß-Gueter« erließ. Wer jetzt noch nach Einbruch der Dunkelheit Waren über die Straßen trug, der machte sich zumindest verdächtig und mußte mit einer Strafe rechnen.

Mit welchen Tricks die kleinen und großen Gauner auf diese Maßnahmen reagierten, dokumentierte der Frankfurter Polizeibeamte Georg Wilhelm Pfeiffer 1828 in seinen »Actenmäßigen Nachrichten über das Gaunergesindel am Rhein und Main und in den an diese Gegenden grenzenden Ländern«. Der am 21.12.1795 in Frankfurt geborene Pfeiffer, der in Heidelberg Jura studiert und 1819 promoviert hatte, war als Assessor des Polizeiamtes 1826 mit den Untersuchungen gegen eine recht große, aber nur sehr locker zusammenarbeitende Diebsbande beauftragt worden. Das Buch ist das Ergebnis seiner Nachforschungen. Es markiert den Übergang vom gewaltsamen Raub, der durch die verfeinerten Präventiv- und Fahndungsmaßnahmen risikoreicher geworden war, zu sublimeren Techniken, die aber trotzdem lukrativer sein konnten. Pfeiffer sparte nicht mit Kritik an der damals üblichen Praxis, Arrestanten einfach über eine der zahlreichen Grenzen abzuschieben, und offenbarte dabei, welch Geistes Kind er war, wenn er zwar gegen Folter argumentierte, aber gleichzeitig die Prügelstrafe verteidigte und unbestimmte Haft in Korrektionshäusern auch für Landstreicher forderte. Überraschen kann es da nicht, daß Pfeiffer später an den Untersuchungen gegen die Studenten beteiligt war, die am 3. April 1833 die Frankfurter Hauptwache gestürmt hatten, und daß er gerade 1848 in den Ruhestand versetzt wurde.

Als Schöngeist verfaßte er u.a. zahlreiche Frankfurter Novellen, seine »Erinnerungen an die Freiheitskriege 1813« und die Lokalposse »Bürgerschlacht«, die 1828 erschien. Pfeiffer starb am 22. August 1871 in Frankfurt. Als Mundartdichter ist er in seiner Heimatstadt noch bekannt.

Aus seinen »Actenmäßigen Nachrichten« bringen wir einen längeren Auszug. Verzichtet haben wir auf das alphabetisch geordnete Verzeichnis von 308 Gaunern und auf die Aufzählung von 80 kochemer Bennen.

Die in den Jahren 1811, 1812 und 1813 zu Heidelberg, Darmstadt und Gießen mit Fleiß und Umsicht geführten Untersuchungen gegen die Räuberbanden am Main, im Odenwald, Spessart, Vogelsberg und angrenzenden Ländern und die in Anwendung gebrachten zweckmäßigen und gerechten Strafen, hatten vorgenannten Gegenden endlich von der sie seit mehreren Jahren heimgesuchten Plage befreit und den Ländern ihre Sicherheit wiedergegeben. Fielen gleich noch hier und da einzelne Untaten frecher Bösewichter vor, so konnte doch mit Gewißheit angenommen werden, daß von einem weit verzweigten gemeinschaftlichen Getriebe hier keine Rede sein konnte. Der einmal gezeigte Ernst der verschiedenen Regierungen, vorzüglich die verhängten Todesstrafen, schienen derjenigen Klasse von Menschen, welche das süße Nichtstun über alles liebt, die Liebhaberei an Räubereien verleidet zu haben, sie wollte sich einem Geschäft nicht mehr hingeben, das keine Hoffnung für die Zukunft übrig ließ und sicher dem Untergang zuführte. Der Hang zum Wohlleben auf Kosten anderer raffinirte (spitzte,

d. Hg.) jedoch auf Mittel, die minder gefährlich als die seither angewendeten waren. Was früher offene Gewalt bewerkstelligte, wurde jetzt mit List und Schlauheit vollbracht, statt der früheren Räuberbanden bildeten sich Diebsbanden, die im Verein mit allerhand anderem Gesindel ebenso bedeutenden Schaden an dem Eigentum anderer anrichteten wie die früheren Räuberbanden, im übrigen aber mit letzteren in ganz gleichen Verhältnissen standen. Wie diese machten sie aus ihrem Getreibe vollkommene Profession, redeten ihre eigene, die sogenannte jenische Sprache, hatten ihre »vertrauten« Häuser, kochemer Bennen oder Bayes, führten ihre Gaunernamen, und beinahe jeder derselben hatte irgendein Gaunerweib, eine kochemer Schiks, als Beischläferin bei sich.

Dieser neue Unfug, welcher sich bald mehr und mehr verbreitete, mußte endlich die Aufmerksamkeit der verschiedenen Polizeibehörden auf sich ziehen. Schon im Jahr 1822 machte die königlich bayerische Polizeidirektion zu München darauf aufmerksam, daß sich unter den zahlreich herumreisenden Handwerksburschen eine Gesellschaft Nichtswürdiger gebildet habe, die sich in stetem Müßiggang auf Betrügereien und Diebstählen herumtrieben, durch die jenische Sprache unter sich bekannt seien und sich selbst Stradafissel nannten.

Bald zeigten sich auch in hiesiger Umgegend Spuren einer existierenden Gaunerbande, welche sich lediglich auf Kosten des arbeitsamen und fleißigen Einwohners nährte. Die häufig vorkommenden Betrügereien einer und derselben Gattung sowie die sich stets wiederholenden Diebstähle von Kleidern, Uhren und dergleichen, welche immer auf eine Weise ausgeführt wurden, bestärkten die Vermutung des hiesigen Polizeiamts und verdoppelten dessen Aufmerksamkeit, der es endlich im Jahr 1823 gelang, eine Anzahl dieser gefährlichen Menschen in Haft zu bringen. Doch kannte man das Übel in seiner ganzen Ausdehnung noch nicht, auch leugneten die Verhafteten auf das Hartnäckigste gegen jede auch noch so begründete Inzicht (Beschuldigung, d. Hg.); nur der eine oder der andere räumte einen Diebstahl ein, der gerade nicht mehr zu verabreden (leugnen, d. Hg.) stand. Wer je Untersuchungen der Art führte, wird sich überzeugt haben, wie schwer es ist, einen Gauner zum Geständnis seiner Untaten zu bewegen. Der gewöhnliche Dieb, den einmal eine Gelegenheit verführt hat, der unbekannt mit dem Gang einer Untersuchung ist und den es häufig schon erschüttert, nur vor den Schranken des Verhörrichters zu stehen, unterliegt wohl bald dem umsichtigen Gang einer Untersuchung; anders ist es jedoch bei dem Gauner, der Profession von seiner schädlichen Kunst macht. Gleich einem erfahrenen Schachspieler setzt er vorsichtig seine Antworten der Frage des

Inquirenten entgegen, und hat er sich je einmal festgefahren, so müssen Frechheit und Unverschämtheit aushelfen. Werden auch die gestohlenen Gegenstände bei ihm vorgefunden, dies macht den Gauner nicht im mindesten verlegen; er hat sie von einem ihm ganz fremden Trödeljuden auf der Straße gekauft oder von einem Unbekannten, der mit ihm reiste, zum Aufbewahren erhalten.

Man mußte sich daher bei der damals angestellten Untersuchung damit begnügen, die Gauner eine Weile im Arrest zu behalten und sie dann auf dem Schub in ihre Heimat transportieren zu lassen. Es dauerte jedoch nicht lange, so hatten sich die Versprengten wieder gesammelt, und wie sie früher hauptsächlich Frankfurt zu ihrem Tummelplatz sich erlesen, so wurde jetzt Darmstadt von ihnen empfindlich heimgesucht, aus welchem Grunde jene Bande diebischer Handwerksburschen sich die Darmstädter Gesellschaft nannte. Allein auch hier hatte sie die Polizei bald aufgespürt und eine Anzahl von ihnen verhaftet, welche hierauf in Untersuchung genommen und zur Strafe gezogen wurden.

Auch im Herzogtum Nassau war mittlerweile jener Gaunerunfug sehr fühlbar geworden. Die Untersuchung, welche hierdurch 1824 zu Wiesbaden vor dortigem herzoglichem Kriminalgericht veranlaßt worden war, hat ersprießliche Resultate geliefert und eine ziemliche Anzahl gefährlicher Gauner ihrer wohlverdienten Strafe überliefert.

Ungeachtet all dieser Maßregeln genoß jedoch die Umgegend von Frankfurt noch keine Sicherheit. Es häuften sich vielmehr Diebstähle auf Diebstähle und drängte sich so die traurige Überzeugung auf, daß das Übel schon sehr weit gewurzelt und einen beispiellosen Grad von Umfang erreicht haben mußte. Eine Folge hiervon war, daß die größte Wachsamkeit aufgeboten wurde, der es dann endlich gelang, dem Unwesen auf die Spur zu kommen.

Das hiesige, in einer engen Straße gelegene kleine Gasthaus Zur . . . war es, welches die Gauner, jedoch soviel bekannt, ohne daß die Wirtsleute über deren Treiben Wissen hatten, und auch nur bei Tageszeit, zu ihrem Sammelplatz sich auserlesen hatten. Am 19. Juli 1826, als man in Erfahrung brachte, daß wieder eine Anzahl dieses Gesindels da versammelt sei, wurden mehrere Polizeidiener unter Anführung eines Wachtmeisters zu deren Arrestation beordert. Als diese Mannschaft jedoch ins Wirtszimmer eintrat, widersetzte sich Hensler, vulgo der Student, welcher bei den Gaunern war, so heftig seiner Verhaftung, daß es etlichen anderen möglich wurde, zu entspringen, die übrigen, Herrmann, vulgo der lange Preuße, Braun, vulgo der Schrumpel, Gertraude Herb, vulgo das Oberauer Mariechen, und die Margaretha Pfeiffer, vulgo die rotnäsige Nanne, wurden indessen sämtlich in Arrest gebracht.

Noch mehrere zu diesen Landstreichern gehörende Personen, unter anderem die Margaretha Kesselring von Orb, vulgo die Orber Gritt, wurden an diesem Tag verhaftet, und die Beischläferin des Hensler, Rosine Frankenberger, hatte sogar die Frechheit, ihrem Zuhälter verschiedenerlei Eßwaren in den Arrest bringen zu wollen, wo sie dann natürlich ebenfalls angehalten und zur Untersuchung verwiesen wurde.

Von der Kesselring erfuhr man nun zuerst Näheres über die ganze weitläufige Gaunerverzweigung, namentlich eröffnete dieselbe, daß die Gehspitze (ein Gehöft im Isenburger Wald an der alten Oppenheimer Straße, anderthalb Stunden von Frankfurt und hart an der Grenze dessen Gebiets) der Sammelplatz dieses gefährlichen Gesindels sei, daß von dort aus Gaunerstreifzüge in die Umgegend vorgenommen würden, daß jedoch die großherzoglich hessischen Gendarmen in neuerer Zeit öfter dort visitiert hätten und die Gauner sich daher nicht mehr ganz sicher glaubten, weshalb solche häufig im Wald übernachteten. Da mehrere Umstände diese Angabe glaubhaft machten, wurde in Verbindung mit der großherzoglich hessischen Behörde zu Offenbach, in deren Amtsbezirk die Gehspitze gehört, eine große Streifung verabredet und eine bedeutende Anzahl gut bewaffneter Polizeioffizianten und Jägerburschen in aller Stille am Abend des 20. Juli 1826 auf dem Frankfurter Oberforsthaus, welches eine halbe Stunde von der Gehspitze entfernt ist, zusammengezogen.

Da es vorzüglich auf letzteres Gehöft abgesehen war und zu befürchten stand, daß die Gauner in der Dunkelheit der Nacht in den Wald entspringen möchten, so wurde die ganze Streifung in zwei Teile geteilt; beide sollten zu gleicher Zeit von verschiedenen Seiten auf die Gehspitze losrücken und so jedes Entkommen unmöglich machen, die Zeit des Angriffs war auf halb zwölf Uhr festgesetzt.

Nach zehn Uhr setzten sich beide Abteilungen, jede unter Führung eines Polizeibeamten, in Bewegung und postierten sich in dem Wald. Die von dem Forsthaus anrückende Abteilung, welche, weil die andere einen großen Umweg machte, im Wald warten mußte, hatte jedoch nicht lange verweilt, als sie seitwärts von der Chaussee ein fernes Geplauder vernahm. Mit der größten Behutsamkeit rückten sie näher und erblickten nun bei dem Licht des inzwischen hinter den Wolken hervorgetretenen Mondes ein Anzahl Vagabunden fröhlich auf Laubsäcken am Fuße hoher Buchen gelagert. Nicht ahnend die drohende Gefahr und im Gefühl der Sicherheit, schnatterten die Weibsleute jenische Gespräche und ergötzten ihre Geliebten mit allerhand zotigen Witzeleien.

Die Streifpartei hatte dieselben während der Zeit in Form eines Halbmondes umgeben und ernst wurde ihnen jetzt der Zuruf, sich ruhig zu ergeben, weil jeder, welcher nur im mindesten Miene mache, sich zu widersetzen oder zu entspringen, ohne weiteres ein Kind des Todes sein würde. Rasch war die ganze Gaunergesellschaft auf den Beinen; allein ein Blick auf die im Mondlicht blinkenden, von allen Seiten auf sie gerichteten Feuerrohre erlähmte jede Kraft, und ohne Hindernis wurden alle gefangengenommen und aneinandergebunden. Unter den hier Verhafteten befand sich die berüchtigte Margaretha Hock aus Haibach, vulgo das Haibacher Gretchen.

Mittlerweile war halb zwölf ziemlich nahe herangerückt, die Verhafteten wurden daher von einigen Polizeijägern bewacht, die übrigen rückten gegen die Gehspitze vor, welche zu festgesetzter Zeit erreicht wurde. Auf den Punkt halb zwölf ertönten von der anderen Streifabteilung die Zeichen durch Pfeifen, und rasch wurde nun von allen Seiten auf das einsame Gehöft losgegangen. Allein, wie nach dem vorausgegangenen zu erwarten stand, war die Gehspitze bis auf eine einzige Bettelfrau leer. Letztere wurde nach Offenbach gebracht, erstere Gauner aber, welche im Frankfurtischen Gebiet sich gelagert hatten, wurden nach Frankfurt transportiert.

Sowohl durch diese Vorgänge als auch, daß stets immer mehr Gauner eingefangen wurden, deren Zahl sich anfangs bald über sechzig, später noch höher belief, füllten sich die hiesigen Arreste bald auf einen bedeutenden Grad, und da man sich hierdurch von der Größe des Übels als auch weiter überzeugt hatte, daß nur dann mit Nachdruck verfahren werden könnte, wenn sich jemand einzig und allein dieser Untersuchung widmete, ohne durch die tausendfältigen Ereignisse in einer großen Stadt stets aufs neue aus dem Faden gerissen zu werden, wurde von hiesigem Polizeiamt eine eigene, das Gaunerwesen betreffende Untersuchungskommission eingesetzt und der Verfasser mit deren Leitung beauftragt.

Anfangs leugneten sämtliche Verhafteten steif und fest, einander zu kennen, bald aber wurden einige, unter diesen das Haibacher Gretchen, zum Geständnis gebracht. Mit zweckmäßiger Benutzung der gemachten Angaben gelangte man hierauf von einer Entdeckung zur anderen, bis endlich das ganze Gewebe offen dalag.

Was mir übrigens in dieser Sache gelungen, Ersprießliches zu Tage zu fördern, z. B. die bedeutenden Geständnisse des Tobias Lautenbach, vulgo Dobel, und des Jacob Stein, vulgo Mutsch, beide von Mannheim, der Sophie Kronig von Aschaffenburg, vulgo dicke Sophie, und vorzüglich die sehr wichtigen Geständnisse des Koch, Heister und Konsorten von hier, welche eine große Anzahl hier und in der Umgegend begangenen Einbrüche und qualifizierten Diebstähle enthüllten, verdankte ich lediglich einer milden, der Individualität des Arrestanten angemessenen Behandlung. Bekenntnisse durch harte Behandlung, z. B. durch Schläge zu erpressen, wäre solches auch nicht in den Gesetzen verboten, muß schon dem besseren Gefühl des Untersuchungsrichters widersprechen; allein abgesehen auch davon, glaube ich, daß diese Methode weit weniger zum Ziel führt. Vom Schmerz gefoltert wird der weniger Standhafte das, weshalb man ihn in Betracht zieht, vielleicht gestehen; die erste beste Gelegenheit wird er jedoch benutzen, ein solches Geständnis ungültig zu machen, da heutigen Tages wohl jeder Gauner weiß, daß solche Mittel illegal sind. Verbrechen, von denen niemand etwas weiß, wird er sich wohl hüten zu gestehen, und gegen den festsinnigen Inquisiten sind Zwangsmittel ohnehin vergeblich. Anders ist es jedoch mit einer milden Behandlungsweise. Jeder Mensch, sei es auch der verwildertste (Ausnahmen muß man freilich zugestehen, gegen diese ist aber auch, wie man in gemeinen Leben sagt, Hopfen und Malz verloren), wird doch eine Saite in seinem Innern haben, die bei Erregung des verwandten Akkordes widertönt. Diese suche der Untersuchungsrichter aufzufinden, und durch ihre Schwingung wird es ihm möglich werden, sich das Vertrauen des Inquisiten zu erwerben. Dann wird es ihm auch gelingen, denselben zu überzeugen, daß er gegen Gott und seinen Nebenmenschen sich gröblich vergangen habe, daß seine Verhaftung gerecht und eine Strafe notwendig sei. Und ist der Richter einmal so weit, so glaube ich, daß der Inquisit aus eigener Überzeugung auch dasjenige eingestehen wird, was, außer ihm selbst, aller Welt verborgen ist. So sehr wie ich jedoch, von dieser Seite betrachtet, für eine gelinde Behandlung bin, ebensosehr halte ich es auch für nicht geeignet, aus übertriebenem Humanitätssystem dem Inquisiten alles durchgehen zu lassen. Strenge muß sich mit Milde paaren, der Inquisit muß für jede seiner Aussagen verantwortlich sein, ihm dieses bei dem Anfang des Verhörs bemerkt und, wenn er auf Lügen ertappt, ernste Strafe über ihn verhängt werden. Bei Gaunern ist eine gehörige Portion Prügel immer mit ersprießlichem Nutzen gegen alle Rückfälle angewendet worden. Alle anderen Kuren, wie Einsperren in Strafgewölbe, halbe Kost, auch etwas Krummschließen, halten den boshaften auch oft mutwilligen Gauner nicht ab, den Herrn Untersuchungsrichter einmal zum Zeitvertreib ein wenig an der Nase herumzuführen, da er wohl weiß, daß man vorgebrachte Mittel nicht bis zum Schaden an seiner Gesundheit, welches neue Kosten veranlaßt, also nur bis zu gewissem, nicht zu sehr empfindlichem Grade ausdehnen wird.

Gleiche Meinung ist mir schon von erfahrenen Untersuchungsrichtern geäußert worden, und ich glaube daher, meine, der praktischen Seite abgefaßte Überzeugung öffentlich aussprechen zu dürfen.

Aus der Untersuchung hat sich nun folgendes ergeben. Die hier verhafteten oder verhaftet gewesenen Gauner nennen sich selbst: Reisende, Kunden oder Strohmer und sprechen alle, mehr oder weniger, die sogenannte jenische Sprache. Die meisten davon führen Beinamen, unter denen sie einander kennen, die wahren Namens- und Heimatsverhältnisse ihrer Genossen sind ihnen in der Regel fremd. Größtenteils sind sie untereinander bekannt, sei es auch nur dem Namen nach, doch wird außerdem ein Gauner den anderen an Wort und Manieren nicht verkennen, und zweifelt er je, so bietet er dem Rätselhaften eine Prise Tabak, indem er leise und fragweise: »Kunde?« hinzufügt. Ist der also Angegangene das, wofür man ihn hält, so antwortete er: »känn Matthes« (ungefähr so viel wie: »ja, Bruder«), und der Bund ist geschlossen, und beide operieren, wo es sich tun läßt, gemeinschaftlich. Außerdem habe ich keine Spur finden können, daß ein engerer Verband unter ihnen existiert. Wie sie der Zufall zusammenführt, zwei, drei, vier an der Zahl, ziehen sie miteinander im Land umher und verlassen sich auch wieder auf die Weise, wie sie einander getroffen haben. Der Kühnere, Gewandtere, Listigere ist bei auszuführenden Streichen der Anführer, minder Befähigte werden auf geringere Posten, z. B. zum Schildwachestehen, verwendet, und ist der Streich gelungen, wird geteilt und die Sozietät hat ein Ende. Oft auch führen gewandtere Gauner die beschränkteren als ihre Bedienten mit sich umher, wie dies mit der Margaretha Risch, vulgo Pinche Müller, und dem Peter Freund, vulgo Knöppches Peter, sowie mit der Margaretha Pfeiffer, vulgo rotnäsige Nanne, und der Catharina Prosch der Fall war. Die Gegenden, welche die Gauner seither durchzogen, sind Holland, die Rheingegenden bis nach Straßburg und die Schweiz, die Umgegend von Frankfurt, Wiesbaden, Hanau, Darmstadt, Heidelberg, Karlsruhe, Baden, ganz Rheinpreußen und Rheinbayern.

An vielen Orten dieser Gegenden haben sie ihre vertrauten Wirtshäuser (kochemer Bennen). Hier finden sie Schutz gegen polizeiliche Verfolgungen. Hier werden Bekanntschaften gemacht, Pläne geschmiedet, falsche Papiere (Kohl- und Linkfleppen) fabriziert, und hier wird das erbettelte, erschwindelte und gestohlene Geld vertrunken und verspielt. Hier lebt die Gaunerrepublik, die keine Obrigkeit anerkennt, in wilder Freiheit, ganz der Vorschrift: »Sorget nicht für den andern Morgen.«

(. . .)

Die Erwerbszweige der Gauner sind verschieden, je nachdem einer Anlagen in sich verspürt. Doch beschäftigen sie sich nicht, wie z. B. die jüdischen Gauner, ausschließlich mit einer Branche, sondern greifen auch, wenn Not an den Mann geht, zu anderen sonstigen Gaunerhantierungen.

Die geringste Sorte unter den Gaunern sind die Straten- oder Straledalfer, welche auf der Straße unter irgendeinem Vorwand von den Vorübergehenden Almosen einsammeln. Häufig dichten sie sich zu diesem Zweck körperliche Gebrechen, vorzüglich die fallende Sucht, an, oder sie nehmen eine rote Brühe in den Mund und speien solche aus, als ob sie ein Blutsturz betroffen hätte. Wie einträglich dies Geschäft sei, geht aus den Aussagen mehrerer Gauner hervor, daß die Elisabetha Merz aus Diensberg, vulgo Liesikuß, an drei Kirchweihtagen dreißig Gulden erbettelt habe. Schmaldalfen nennen sie um eine Stadt herum betteln, wozu sich auch die ausgezeichnetsten Diebe in Zeiten der Not verstehen.

Höher als diese Gattung stehen die Großdalfer oder Hochstapler. Als Freimaurer, verunglückte Gelehrte, verarmte Kaufleute, entlassene Offiziere, Schauspieler und dergleichen, die Weibsleute als Witwen solcher Personen, durchziehen sie mit falschen Skripturen, Patenten, Abschieden (Kohlfleppen von Flepp, Paß oder Papier, und Kohl, das, was in solchen Schreiben vorgespiegelt wird; Kohl schlagen, jemandem etwas vorspiegeln) das Land und wissen sich reichlich Almosen zu verschaffen. Die Maria Weinberger, vulgo des Metzgers Mariechen, erzählte selbst, daß sie auf diese Art einmal zu einer gräflichen Tafel gezogen und dann reichlich mit Kleidern und Geld beschenkt worden sei. Überhaupt geht die Frechheit dieser Klasse so weit, daß sie sogar Allerhöchste Herrschaften nicht allein zur Sommerszeit in Bädern, sondern sogar in ihren eigenen Residenzen in Anspruch nehmen. Auf den höchsten Punkt in dieser Gattung sollen es der Christoph Friedrich Wilhelm Kirsten, vulgo der Stuttgarter Feldwebel, und der Louis Boyer gebracht haben. Ersterer soll einmal in Paris dreißigtausend Franken erbettelt haben, und letzterer soll sogar (was indessen doch wohl zu bezweifeln steht) sein eigenes Silberservice besitzen.

Eine weitere Abteilung bilden die Haderreisser, betrügerische Kartenspieler (von Hader, die Karte, und Reissen, einen über das Ohr hauen, betrügen). Das Verfahren ist hierbei folgendes. Ein Gauner, welcher dieses Kartenspiel gut versteht, stellt sich betrunken und produziert dabei seine Kartenkünste, wobei er Wetten eingeht, daß dieses und jenes in seiner Karte der Fall sei, gewöhnlich, daß zwei angegebene Karten beieinander liegen müßten. Ein anderer Gauner, anscheinend mit dem ersten nicht verbunden, welcher in der jenischen Sprache der Fallenmacher genannt wird, redet einem Dritten, welcher betrogen werden soll, zu, die aufgestellte Wette anzunehmen. Um den zu Betrügenden hitzig zu machen, gewinnt solcher am Anfang, später aber wird demselben nicht allein alles Geld, sondern auch Kleidungsstücke und, wenn es ein Handwerksbursche (Hannwasser) ist, oft auch noch das Felleisen (Ranzen, d. Hg.) abgenommen. Gewöhnlich treiben die Haderreisser auf Herbergen der Handwerksgesellen und im Sommer an den Chausseen ihr Unwesen; letzteres nennen sie sich auf den Derrach lagern. Dieser Nahrungszweig ist einer der beliebtesten, und es fanden sich viele Strohmer, die sich hierzu bekannten, hier in Untersuchung, namentlich soll der Johann Kübler, vulgo der Lustig, hierin exzellieren. Doch soll das Haderreissen mit Bauern (Kaffern) bisweilen sehr gefährlich ausfallen, weil diese schon mehrere Male die wahre Kunst entdeckt und die Virtuosen tüchtig durchgeprügelt haben sollen.

Eine der vorhergehenden Art sehr ähnliche sind die Blütenschmeisser (Blüte: ein Geldstück; Fuchsblüte: ein Goldstück; Schmeissen: Werfen). Der Betrug wird auf nachfolgende Art verübt. Einer dieser Gauner macht sich an einen, der betrogen werden soll und welches gewöhnlich ein unerfahrener, aber mit Geld versehener Handwerksbursche oder Bauer ist, und geht mit solchem über die Straße. Vor denselben geht ein anderer Gauner und läßt unbemerkt durch die Beinkleider einen Rechenpfennig (kupferne oder messingne Marke in Gestalt einer Münze, die zum Rechnen auf dem Rechenbrett benötigt wurde, d. Hg.) oder einen tombackenen Ring (Ring aus einer Kupferlegierung mit goldähnlicher Farbe, d. Hg.) fallen. Der nachfolgender Strohmer findet nun diesen hingeworfenen Gegenstand, gibt es für Gold aus und macht seinen Gesellschafter hitzig, an dem Fund Halbpart haben zu wollen. Sobald dieser hierauf eingeht, erklärt der Strohmer, daß er ihm, da er kein Geld habe, um die Hälfte auszuzahlen, die Hälfte des Ringes oder des für ein Goldstück ausgegebenen Rechenpfennigs geben wolle, und macht sogleich Anstalten, jene Stücke zu zerschlagen. Dadurch wird der zu Betrügende noch hitziger, nimmt die gefundene Sache ganz für sich und zahlt dem Strohmer seinen Anteil in Silbergeld aus. Um der Betrügerei leichteren Eingang zu verschaffen, wird der Rechenpfennig auch bisweilen in einen Brief eingeschlagen, welch letzterer so abgefaßt ist, als wenn ein Vater seinem Sohn einen Not- und Zehrpfennig übersendet hätte. Auf diese Art wurden an leichtgläubigen Handwerksburschen und Bauern schon bedeutende Betrügereien verübt, und wird der schon oben erwähnte Kübler auch derlei Betrügereien beschuldigt.

Die gefährlichste Klasse der Gauner sind die Diebe (Zopper oder Zoppkunden). Unter dem Vorwand, als arme reisende Handwerksburschen zu betteln, schleichen sie sich gewöhnlich zu zweit in die Häuser. Der eine klopft an die Tür, und wird »Herein!« gerufen, so geht er in das Zimmer und bettelt. Erfolgt jedoch keine Antwort auf sein Anklopfen, so tritt er ebenso kühn in das Zimmer und packt dann auf, was er nur habhaft werden kann. Sein Kamerad steht während dieser Zeit Schildwache, und naht sich Gefahr, so gibt er durch Husten ein Zeichen. Als Hauptregel bei diesem einträglichen Geschäft beobachten die Strohmer, daß die Zoppkunden schlechte Schuhe ohne Absätze und Nägel anhaben müssen, damit man sie in den Häusern nicht auftappen hört. Die meisten der hier in Untersuchung gestandenen Gauner gehören zu dieser Sorte, und es ist unglaublich, mit welcher Kühnheit sie bisweilen ihre Diebereien betrieben haben. So hat z. B. der Jacob Stein von Mannheim, vulgo der Mutsch, gestanden, daß er sich an mehreren Orten bei hellem Tage in lebhaften Häusern drei Steigen hoch in die Gerätekammer geschlichen, sich ganz entkleidet, eine Anzahl Hemden entwendet, solche alle übereinander und zuletzt das seine darüber angezogen und sich damit aus dem Hause entfernt habe, damit, wenn man ihn auch aus dem Hause gehen sehe, man doch keinen Pack bei ihm wahrnehme.

Eine eigene Art dieser Diebe sind die auf jenisch sogenannten Jackelpritscher, nämlich solche, welche sich mit dem Bestehlen der Opferstöcke abgeben. Sie besitzen dafür ein dünnes Fischbein, welches an dem einen Ende mit Vogelharz bestrichen wird. Mit diesem langen sie in den Opferstock, wo sich dann das Geld an das Harz anhängt und so von ihnen herausgezogen wird. Das Fischbein wird gewöhnlich im Hut verborgen. Der Jacob Müller aus Münchingen, vulgo das kleine Stuttgartterle, und der Johann Meyer von Duttlingen, vulgo das badische Kieferle, sollen durchtriebene Jackelpritscher sein.

Da übrigens jeder Gauner weiß, daß ohne Legitimationspapiere bei den Polizeibehörden nicht gut durchzukommen ist, bei ihrer Lebensweise aber es nicht fehlen kann, daß einige von ihnen häufig in Verlegenheit kommen müssen, so existieren bei ihnen verschiedene, welche sich lediglich mit der Fabrikation von Pässen, Ausfertigung von Wanderbüchern, Attesten und dergleichen beschäftigen, welche von ihnen Fleppenfackler (Flepp: der Paß; Fackeln: Schreiben) genannt werden. Diese benutzen bei Ausübung ihrer Kunst häufig Siegelabdrücke, welche wirklichen amtlichen Zeugnissen abgeschnitten sind, zum Teil aber besitzen sie falsche Siegel verschiedener obrigkeitlicher Behörden, welche sie mit großer Geschicklichkeit selbst zu gravieren verstehen. Der berüchtigte Christian Paul Keller, vulgo Schweinfurter Christian, welcher sich hier im Arrest mit einer Glasscheibe den Hals abschnitt, hat hier im Verhör Proben seiner Geschicklichkeit abgelegt, und der noch auf freiem Fuß lebende angebliche Orgelspieler Johann Röder aus Wahlen hat eine Partie in Stein gravierter Siegel mehrerer Behörden der Umgegend hier zurückgelassen, welche dem geschicktesten Siegelstecher Ehre machen würden. Außerdem verstehen es diese Leute recht gut, durch chemische Mittel ungünstige Einträge in Legitimationspapieren herauszubringen, an welche Stelle sie dann über die echte amtliche Hand und über das Siegel ein ganz vorzügliches Attestat einschreiben.

Was die Weibsleute (kochemer Schicksen) betrifft, welche die Gauner mit sich führen, so ernähren sich diese auf ähnliche Art wie die Männer. Wie diese sprechen sie auch die jenische Sprache, haben ihre Gaunernamen, gehen aber hauptsächlich der Hurerei nach und stehlen dabei den Mannsleuten, die sich mit ihnen einlassen, Uhren, Pfeifen und alles, wessen sie habhaft werden können. Auf Kirchweihen zur Abendzeit werden hauptsächlich solche Geschäfte gemacht, und fällt bei solchen Gelegenheiten ein Betrunkener in ihre Hände, so wird er gewiß rein ausgeschält. Die Sophie Kronig, vulgo die dicke Sophie, ist geständig, einem Manne auf diese Art außer Pfeifen, Uhr und dergleichen auch den Rock und den Hut gestohlen zu haben. Charakteristisch ist hierbei, daß die Gauner ihre eigenen Beischläferinnen zu solcher Straßenhurerei anführen und, während sich die Geliebte mit einem Manne einläßt, in der Nähe, von letzterem jedoch unbemerkt, Wache halten, einesteils, damit der Zuhälterin nichts Übles widerfahre, anderenteils aber, damit solche ihren Sündenlohn gehörig und unverkürzt abliefere. Außerdem werden die Weibsleute nicht zum besten behandelt, häufig müssen sie ihre Zuhälter sogar ernähren, und mucksen sie sich ein wenig, so setzt es Prügel nach Herzenslust.

Daß übrigens die Anzahl dieser Gauner sehr bedeutend und die Angabe Henslers (vulgo Student), daß sich in den Rhein- und Maingegenden über fünfhundert dieses Gelichters umhertrieben, begründet sein mag, hat die hiesige Untersuchung gezeigt. Da die meisten von ihnen häufig schon in Untersuchung gestanden, oft sogar nur einige Tage in Freiheit, sozusagen aus einem Arrest in den anderen gewandert sind, so würde es unbegreiflich sein, wie diese Menschenklasse bei dieser mit so arger Gefahr belasteten Lebensweise verharrt und nicht vielmehr alsbald ein ehrliches Gewerbe ergreifen sollte, wenn nicht von der anderen Seite ihr grenzenloser Leichtsinn und ihr Hang zu zügelloser Freiheit eine Erklärung zuließen. Ich habe einigen Gaunern über diesen Betreff Vorstellungen gemacht und unverhohlen die Antwort erhalten, daß sie ihre Freiheit über alles liebten und es nicht ertragen könnten, sich befehlen zu lassen, mit dem naiven Zusatz jedoch, daß sie dieses hinfort nicht mehr so halten wollten. Vollkommen stimme ich daher der Ansicht des Herrn von Grolman bei, wenn dieser in seiner aktenmäßigen Geschichte der Vogelsberger und Wetterauer Räuberbanden auf Seite 4 sagt:

»Der Gauner erkennt in der Regel weder einen Gott noch einen weltlichen Oberherrn. Keinem Fürsten ist er zinsbar; gegen keinen erfüllt er die Pflicht des Untertanen. Bürgerliches Gesetz und kirchliche Ordnung sind ihm Greuel; jeden, der sie beobachtet, hält er für dumm oder wittisch.«

Diesen in dem Gauner selbst liegenden Gründen für den um sich gegriffenen Unfug, z. B. durch eine bessere Erziehung deren Nachkommenschaft zu begegnen, muß nun vorerst noch unter die frommen Wünsche gerechnet werden, um so mehr aber verdienen die außer dem Gauner liegenden Unregelmäßigkeiten, die dessen Lebensweise begünstigen und welche zu vernichten wohl möglich sein wird, eine genaue Aufmerksamkeit. Im Laufe der von mir geführten Untersuchung habe ich manche Bemerkung zu machen Gelegenheit gehabt, die ich mir erlaube, hier mitzuteilen.

Schon längst ist es ein von erfahrenen Polizeibeamten anerkannter Satz, daß der Gauner sich nur dann in einem Land umhertreibt, wenn er darin vor polizeilichen Nachforschungen irgendeine Zufluchtstätte und weitere Leute findet, die ihm seine gestohlenen Sachen abkaufen; mit einem Wort, wenn er darin eine kochemer Benne antrifft. Diese zu entdecken sei daher vorzügliche Absicht der polizeilichen Behörden. Soll jedoch diese Entdeckung von Nutzen sein, so muß eine solche Benne unter strenge Aufsicht genommen und namentlich oft, unvorhergesehen und streng darin visitiert und damit so lange fortgefahren werden, bis man sich gänzlich überzeugt hat, daß das Raubnest zerstört sei.

So, wie diese seither vielfach bestandenen kochemer Bennen dem Gaunerunfug allen möglichen Vorschub leisteten, so mußte es denselben höchst ersprießlich sein, wenn an irgendeinem bedeutenden Ort die Tätigkeit der Behörde durch die pflichtvergessene Handlungsweise der unteren Polizeiofficianten vollkommen gelähmt wurde. Die vielfach berüchtigten Bennen zu ... mögen ein Exempel hierfür dartun, wie die Oberbehörde zwar häufig Visitationen anordnete, wie jedoch der Gaunerwirt (Bennebos) von den Polizeidienern immer vorher benachrichtigt wurde, daß eine Visitation vor sich gehen solle. Hensler hat hierüber folgendes zu Protokoll gegeben:

Er habe gesehen, daß der Viertelsmeister, als er in der Benne visitieren wollte, zuvor Wein erhalten habe, unterdessen sich die legitimationslosen Strohmer und die sonst die Polizei zu fürchten Habenden entfernt hätten. Gleiche Wirtschaft sei im ...hof daselbst, wo gleicher Unfug stattfinde. Daß hier alle polizeilichen Vorsichtsmaßregeln scheiterten, daran sei lediglich der Polizeidiener S. schuld. Dieser sei, wie er selbst gesehen habe und auf das bestimmteste versichern könne, in den ... hof gekommen und habe dem Wirt verraten, daß er soeben den Herrn Adjunkt rufe und daß sie sogleich visitiert würden. Später seien auch wirklich der Herr Bürgermeister und der Herr Adjunkt gekommen, hätten aber natürlicherweise keinen Strohmer angetroffen.

Da ich diese Angabe anfangs als eine Verleumdung ansah, da schon manchmal Gauner an einem ordentlichen Polizeidiener, weil dieser seine Pflicht streng erfüllt, sich durch solche Anschuldigungen zu rächen suchten, so sondierte ich vorsichtig über diesen Punkt bei anderen hier verhafteten Strohmern. Allein kaum hatten sie gemerkt, wovon die Rede sein sollte, als sie mir mit lachendem Mund die gleiche Erklärung, und zwar so übereinstimmend, machten, daß die Richtigkeit jener Angabe kaum bezweifelt werden dürfte.

Überdies müssen Visitationen, wenn sie ihrem Zweck vollkommen entsprechen sollen, dem unteren Polizeipersonal erst dann bekanntgemacht werden, wenn Hand ans Werk gelegt werden soll. Frühere Bestellungen veranlassen oft Äußerungen, und Gauner haben Wolfsohren und Luchsaugen. Ein Ortspolizeidiener äußerte nur einmal, daß er abends verhindert sei, einen Bekannten zu besuchen, und schon nachmittags freute sich das ganze Dorf, daß in der Nacht die Streifpartei kommen und bei diesem und jenem tüchtig das Haus visitieren würde.

Ein weiterer Umstand, welcher das Gaunerwesen sehr begünstigt, ist die Art und Weise, wie an einigen Orten das Paßwesen betrieben wird und wodurch sich wohl der Satz rechtfertigen mag, daß ein Paß für den rechtlichen Mann eine Plage, für den Spitzbuben aber ein Sicherheitsmittel ist. Wie ich schon oben erwähnte, weiß der Gauner recht gut, daß er heutigen Tages nicht lange ohne Legitimationspapiere durchkommt; er muß daher trachten, ein solches zu erhalten. Ein echtes weist aber bald seine wahren Heimatverhältnisse nach und zeigt den Burschen zu bald in seinem wahren Licht, auch kann man durch die eingetragenen Visa zu bald seine Schliche verfolgen, namentlich bei solchen, welche als Handwerksburschen reisen, ermitteln, ob sie gearbeitet haben; er muß daher suchen, ein Legitimationspapier zu erhalten, welches einen falschen Namen und unrichtige Heimatverhältnisse angibt, auch sich eines solchen, wenn es eine Weile in Gebrauch gewesen, zu entledigen und ein neues dafür zu akquirieren, und für dieses findet sich nach jetziger Sachlage wohl bald Rat. Stellen ja doch die Ortsbürgermeistereien (besonders des Überrheins) Wanderbücher aus, Leute, die bei allem guten Willen nicht die Fähigkeit besitzen, diese Sache zu beurteilen, und daher leicht hintergangen werden können. Gewöhnlich gibt der Strohmer an, sein Wanderbuch verloren zu haben, worüber ihm der vertraute Wirt ein Zeugnis erteilt; mit diesem wendet er sich an den Bürgermeister, heult und lamentiert, und dieser, mitleidig, gibt dem Betrüger, oft neben einem Almosen, ein neues Reisepapier. Fälle dieser Art liegen in den hiesigen Akten vor, und noch einen eklatanteren habe ich in den von dem herzoglichen Kriminalgericht zu Wiesbaden mir mitgeteilten Akten gefunden, wo der Vorsteher der Ruralgemeinde (Landgemeinde, d. Hg.) W . . . , königl. b . . . Landgerichts D . . . , dem berüchtigten Friedrich Henninger, vulgo der Zimmermann, und dessen Zuhälterin, Maria Günther, vulgo die taube Marie, ein Legitimationspapier als Eheleute gegeben hat.

Außerdem ist es höchst unrecht, daß an einigen Orten Formulare für Wanderbücher käuflich zu haben sind. Die Fleppenfackler benutzen diese und stellen dann recht schöne Legitimationen aus. Der Johann Jacob Herrmann, vulgo der lange Preuße, besaß ein solches Wanderbuch, dessen Ausfertigung gar nicht übel war; weil er ihm aber am Anfang nicht traute, so ließ er solches zuerst von etlichen Ortsbürgermeistereien visieren; und erst, nachdem etliche Blätter vollgeschrieben waren, erhielt er ein Visum einer amtlichen Behörde.

So ist ferner das Unwesen, welches auf den rheinabwärts fahrenden Flößen stattfindet, ein ganz vorzügliches Beförderungsmittel des allgemeinen Gaunerunfugs. Die meisten der hier inhaftiert gewesenen Gauner hatten wenigstens einmal diese Fahrt mitgemacht (gemajemt, von: ich majeme, die majemst usw.), und es ist ein sicheres Kennzeichen eines Gauners, wenn er auf solchen Flößen gefahren ist. Alle versicherten mir einmütig, daß der Herr des Floßes sich um Legitimationspapiere gar nicht kümmere und daß einigen die Strohmer die liebste Floßbemannung seien, weil sie sich recht verwegen anließen; darum würden sie aber auch Kosacken genannt. Gewöhnlich ergreifen sie dieses Mittel, um sich polizeilichen Verfolgungen zu entziehen oder, wenn alle Stränge zerrissen sind, sich ein neues Legitimationspapier zu verschaffen. Bei der Ankunft in Holland erhält ein jeder von ihnen von dem Herrn des Floßes ein Attestat und auf dieses einen Paß, welcher, wie alle angeben, gar nicht schwer zu bekommen ist. So besaß der Johann Georg Birkenmayer aus Oberurbach, vulgo der Schwab, einen Paß als königlich dänischer Untertan und der Johann Jacob Kübler aus Backnang, vulgo der Lustig, einen solchen als Peter Graber aus Huttwyl. Von dem . . . schen Konsul S. in A. erzählten übrigens alle Gauner, dieser sei ein so gutmütiger Mann, daß von ihm unentgeltlich Pässe, wie man sie nur wünsche, zu haben seien.

Eine weitere Bemerkung, die ich im Laufe der Untersuchung machte, ist, daß manche Behörden nicht suchen, die wahren Heimatverhältnisse des Gauners zu ermitteln. Wie ich schon erwähnte, sucht diese der Gauner ins Dunkel einzuhüllen, weil er befürchtet, in seiner wahren Blöße hingestellt und nicht, wie er es wünscht, am Ende der Untersuchung und Bestrafung über die Grenze, sondern in seine Heimat transportiert und dort eingesperrt zu werden. Gewöhnlich geben sie daher entferntere Orte als ihren Geburtsort an, und scheut nun die Behörde die viele Mühe, die ein solcher Spitzbube allerdings macht, so kommt derselbe am Ende über die Grenze, kehrt in der nächsten Stunde wieder zurück, und das lustige Leben beginnt aufs neue.

Sind die wahren Heimatverhältnisse eines Gauners aber ermittelt, so ist es unumgänglich notwendig, daß solcher sicher in seine Heimat transportiert und, glücklich angelangt, für seine Landstreicherei, sollten sich auch sonst keine speziellen Verbrechen gegen ihn herausstellen, nicht für etliche Monate, sondern wenigstens auf unbestimmt lange Zeit in Korrektionshäusern festgehalten werden. Daß beides nicht geschieht, glaube ich auch als indirektes Beförderungsmittel des Gaunerwesens ansehen zu dürfen.

Für den sicheren Transport in die Heimat ist in neueren Zeiten das Schubwesen in Aufnahme gekommen, wie unzuverlässig jedoch dasselbe noch hier und da eingerichtet ist, lehren die traurigen Erfahrungen beinahe jeder Woche. Bauern, Kinder, ja manchmal alte Weiber transportieren gefährliche Verbrecher. Ist ein solcher auch glücklich von einem Ort zum anderen gelangt, so wird er bei dem Ortsvorstand ohne weitere Aufsicht in eine Stube gesetzt, wo er nach Belieben fortlaufen kann, und kommt er höchst glücklich abends in ein wirkliches Gefängnis, so ist dasselbe in einer solch miserablen Beschaffenheit, daß man es dem Gauner gar nicht übelnehmen kann, wenn er von der dargebotenen Gelegenheit profitiert und sich aus dem Staub macht. Scheint es doch beinahe, als habe man es mit Fleiß so eingerichtet, daß man diese Gäste, welche nichts als Plage und Arbeit veranlassen, auf eine gute Manier loswerde. An eine Mitteilung, daß der Schübling entsprungen, an diejenige Behörde, welche den Schub verordnet hat, ist gar nicht zu denken, und so kommt es denn oft, daß der Entsprungene an dem Ort seiner früheren Arrestation wieder ergriffen wird und nun in eigener Person verkünden kann, daß er sich von seiner ihn transportierenden Begleitung entfernt habe. Beispiele könnte ich aufzählen, doch hierfür mag das alte Sprichwort gelten: Exempa sunt odiosa (Die Beispiele sind langweilig, d. Hg.). Anderenteils ist von einigen Staaten das Schubwesen so erschwert, daß man es einer Behörde nicht übelnehmen kann, wen sie von dem Schub abstrahirt (absieht, d. Hg.) und den Gauner laufen läßt. Erst vor einiger Zeit hatte das hiesige Polizeiamt die Heimatverhältnisse eines entfernt domizilierten Gauners mit vieler Mühe klargestellt und dessen Transport nach Hause angeordnet. Glücklich kam derselbe bis an die ...sche Grenze, wo er unter der Angabe zurückgewiesen wurde, daß dreißig Taler für dessen Transport beigelegt werden müßten. Da das hiesige Polizeiamt diesem Ansinnen unmöglich entsprechen konnte, wurde der Kerl über die Grenze gejagt; nicht lange nachher las ich jedoch in den Mitteilungen zur Beförderung öffentlicher Sicherheitspflege, daß derselbe Gauner in demselben Staat, welcher dessen weiteren Transport verweigert, einen nicht unbeträchtlichen Diebstahl verübt hatte.

Was die Detention (Verwahrung, d. Hg.) der Gauner in Arbeitshäusern anbetrifft, so läßt sich nicht leugnen, daß in mehreren Staaten ziemlich nachdrücklich (nachlässig, d. Hg.) verfahren wird. Allein was soll man dazu sagen, wenn an anderen Orten überwiesene Landstreicher bei ihrer mittels Transport bewirkten Nachhausekunft ohne weiteres in Freiheit gesetzt und, damit denn doch etwas geschehe, bisweilen angewiesen wurden, ihre Heimat nicht mehr zu verlassen? Hätte der Gauner Lust gehabt, obrigkeitliche Weisungen zu befolgen, so würde er nicht die Gaunerei als Nähr- und Lieblingsbeschäftigung ergriffen haben; die Gewalt hat ihn in seine Heimat getrieben, und nun soll er einer bloßen Weisung gehorchen? Die Folge zeigt gewöhnlich das Unzulängliche einer solchen Maßregel; ehe sich die Behörde, unter deren Aufsicht der Strohmer stehen soll, nur umsieht, hat sich derselbe davongemacht, und die frühere Arrestation desselben hat, statt Gutes zu bewirken, nun Schlimmeres gestiftet, d.h. den Gauner vorsichtiger und, da er dieses Mal mit heiler Haut durchgekommen, auch oft verwegener gemacht. Freilich fährt hierbei die Heimatbehörde am besten; denn der sich entfernte fällt ihr nicht mehr zur Last, und ob ein anderer Ort mit diesem schädlichen Gesindel geplagt werde, kümmert sie nicht, so wenig, daß eine solche Verfahrensweise über kurz oder lang ihr selbst zum Nachteil gereichen werde. In unseren Akten liegen Fälle vor, wo die gefährlichsten Gauner mehrere Male von hier nach Hause transportiert und jedesmal in Freiheit gesetzt wurden, unter dem Vorwand, daß ihnen in der Heimat nichts zu Last falle, ja eine Behörde hat sogar einer mehrfach bestraften Landstreicherin, welche wiederholt von hier ausgewiesen und nach Hause geschubt worden war, bei ihrer Ankunft wiederum einen Paß in hiesige Gegend erteilt und, um dem Ganzen die Krone aufzusetzen, den Beischläfer derselben in diesen Paß mit eingetragen. Würde jede Behörde die ihr angehörigen Gauner auf längere Zeit festhalten, so könnte es nicht fehlen, daß der Unfug in kurzer Zeit zerstört sein müßte.

Dies wäre es ungefähr, was ich oben mit dem Namen Unregelmäßigkeiten zu bezeichnen mir erlaubte. Soll Ersprießlichkeit erzielt werden, so müssen dieselben für die Zukunft vermieden und alles mögliche angewendet werden, um diesem Gaunerunfug Ziel und Schranken zu setzen. Daß derselbe einen gefährlichen Grad erreicht hat, geht aus der von mir geführten Untersuchung und aus der Menge der entlarvten Gauner, welche eine Unzahl von Diebstählen verübt haben, hervor. Für jetzt sind diese Gauner noch Diebe, die ihr Werk im Finstern treiben, für jetzt schreckt sie noch der früher gezeigte Ernst einzelner Regierungen; wer bürgt aber unter den jetzigen Umständen dafür, daß diese Diebe nicht ebenfalls vorwärts schreiten und in einigen Jahren stattliche Räuberbanden aus ihnen hervorgehen werden? Diese Besorgnis ist durchaus nicht unbegründet, wie die hiesige Untersuchung dargetan hat. Etliche Burschen, die wegen Einbruchs mit längeren Zuchthausstrafen hier schon belegt worden waren und welche, wie sich jetzt herausgestellt, die jenische Sprache reden, wie solche unter größeren Räuberbanden gesprochen wird, mischten sich unter unsere gegenwärtigen Gauner. Mit Freuden wurden sie aufgenommen, da aber ihr schon kühnerer Sinn die gewöhnlichen Diebereien verachtete, führten sie ihre neuen Genossen zu gewaltsamen nächtlichen Einbrüchen, wobei sie zuweilen mit Messern und Prügeln versehen waren, an, und in nicht gar zu langer Zeit hatten sie hier und in der Umgegend eine große Anzahl solcher Untaten verübt. Waren diese Gauner schon so weit vorgeschritten, wieviel bedurfte es noch zur wirklichen offenen Gewalt? Ein verwegener Kerl, der mit ein wenig Mundwerk den Galgen wegdemonstrierte, ein kleiner Rausch vielleicht, und die Grenze war überschritten, der Damm durchbrochen, und Unheil flutete über das ganze Land. Außerdem liegt ja schon beim kurfürstlichen Amt zu Bergen ein Fall vor, wobei die Margaretha Kesselring impliziert ist, wo Gauner sich untereinander mit offener Gewalt beraubt haben, und der Andreas Schneider aus Fulda, vulgo der Baron von Reizenstein, steht zu Wien wegen eines Raubes in Untersuchung. Ein Beweis, daß diese Menschen zum Äußersten schreiten und alles von ihnen zu besorgen steht.

Ein Bürger auf Abwegen oder Wer keinen Räuber hat, erfindet sich einen: Heinrich Anton Leichtweiß und sein Nachruhm

(W. A. Röder)

Daß wir heute so viel über das Leben des Heinrich Anton Leichtweiß wissen, verdanken wir Walter Czysz, einem Heimatforscher in des Wortes bester Bedeutung. 1990 legte er, herausgegeben vom Heimat- und Verschönerungsverein Dotzheim, die zweite, neubearbeitete und erweiterte Auflage seiner kleinen Monographie über den »Räuber« vor, die ein »Bürgerleben im 18. Jahrhundert« von jeder romantischen Verklärung befreite. Leichtweiß war kein strahlender Räuber, kein Anführer einer gewaltigen Bande, kein unverwundbarer Wilddieb, kein Rebell gegen die Fürstenmacht und kein treuer Helfer der Armen. Er war schlicht ein Bürger auf Abwegen, der es in schon fortgeschrittenem Alter nicht mehr wagte, in die dörfliche Gesellschaft zurückzukehren.

Leichtweiß, am 29. Dezember 1723 als Sohn eines herrschaftlichen Jägers in nassauischen Diensten in Jugenheim bei Ingelheim geboren, erlernte zunächst das Bäcker- und Bürstenmacherhandwerk. Später trat er als Diener und Kurier in die Dienste der Adelsfamilie von Hohenfeld. 1757 ließ er sich in Dotzheim nieder und heiratete die Tochter des zwei Jahre zuvor verstorbenen Schultheißen. Als Wirt des Gasthauses »Zum Engel«, als Gemeinderechner und als »Herrschaftlicher Gelderheber« genoß er in dem 300-Seelen-Dorf hohes Ansehen und erwarb sich ein kleines Vermögen. Dann, im April 1788, Leichtweiß war 64 Jahre alt, verübte er den, wie es in den amtlichen Akten heißt, in »diebischer Weise unternommenen Einbruch in des Conrad Höhnen Keller allda«. In der darauffolgenden Untersuchung des Fürstlichen Hofgerichts wurde ihm außerdem »Wildpretdiebstahl« vorgeworfen, ein damals in der Regel besonders scharf verfolgter Frevel an den Jagdrechten des Landesherrn.

Einen plausiblen Grund für den Einbruch kann auch Walter Czysz nicht angeben: »Neid, Mißgunst oder persönliche Aversionen, wie sie in kleinen Dorf- und Straßengemeinschaften auch heute noch vorkommen, bleiben die einzig denkbare Erklärung für einen Nachbarschaftsstreit, dessen Folgen jedoch weit über den gegebenen Anlaß hinausgegangen sind. Auffallend ist allerdings, daß der aus bürgerlicher Sicht viel schwerwiegendere Vorwurf eines Einbruchdiebstahls (im Vergleich zu der nach Feudalrecht so streng verfolgten Wilddieberei) auch in der Begründung des endgültigen Urteils eigentlich nur eine nebensächliche Rolle spielt. Was den Vorwurf der Wilddieberei anbetrifft, so muß festgestellt werden, daß Leichtweiß nicht ›in flagranti‹, das heißt beim Wildern auf frischer Tat ertappt worden ist. Man hat offenbar auch keinerlei Diebesgut (das heißt gewilderte Hasen oder anderes Wild) in seinem Besitz nachweisen können.«

Trotzdem sollte Leichtweiß dem Fürsten Carl Wilhelm zu Nassau und Saarbrücken als Exempel dienen. Die von dem Fürstlichen Hofgericht vorgeschlagene halbjährige Zuchthausstrafe verschärfte der Fürst eigenhändig, da ihm »die in diesem Gutachten enthaltenen Vorschläge viel zu gelind vorkamen«. Er entschied, »daß der Leichtweiß welcher gewiß ein Wilddieb ist oder ein Wildpretsverkäufer, zum Exempel für andere, in Wiesbaden wenigstens eine Stunde an den Pranger auf einen Wochen Marktstag gestellt, und von diesem Tag an, noch ein ganzes Jahr in dem Zuchthaus behalten und zur Arbeit condemniert werde«. Damit war die bürgerliche Existenz des Heinrich Anton Leichtweiß vernichtet. Am 30. Oktober 1788 wurde das Urteil rechtskräftig. Genau ein Jahr später durfte Leichtweiß das Zuchthaus am Michelsberg verlassen. Er kehrte nicht mehr zu seiner Familie zurück, sondern hauste teilweise in einer Höhle am hinteren Ende des verlängerten Nerotals und ernährte sich von Wilderei. Nach der Entdeckung der Höhle streifte er einige Monate umher und wurde schließlich im November 1791 im hessischen Amt Bergen festgenommen. Ohne Prozeß saß er, wiederum auf Intervention des Fürsten, bis zu seinem Tod am 12. März 1793 im Zuchthaus am Michelsberg. Ein ordnungsgemäßer Prozeß gegen Leichtweiß wäre auch gar nicht möglich gewesen, »weilen«, wie es in den Untersuchungsakten heißt, »doch zur Zeit kein Verbrechen bekannt ist, welches der Leichtweiß in den hiesig fürstlichen Landen begangen hat«.

Die Rache des absoluten Fürsten, der sich durch den Wilddieb in seinen eigenen herrschaftlichen Rechten verletzt sah, benötigte kein juristisches Feigenblatt. Carl Wilhelm von Nassau entschied, wie er wollte. Vielleicht hat diese Wut des Fürsten nicht unwesentlich dazu beigetragen, in Leichtweiß später einen Sozialrebellen zu sehen.

Auf die Idee, aus dem Unterschlupf des Hasen schießenden Einzelgängers eine richtige Räuberhöhle zu machen, kam der Wiesbadener Verschönerungsverein 1856. Um aus dem unwirtlichen Loch ein Ausflugsziel erster Sorte werden zu lassen, wurde, wie Walter Czysz schreibt, die Höhle »zu einem dreißig Meter langen, mindestens zwei Meter hohen unterirdischen

Gang ausgebaut und so auf das Dreifache ihrer ursprünglichen Ausdehnung gebracht. Nach Norden wurde ein zweiter Ein- und Ausgang geschaffen. Seitwärts befindet sich eine runde Grotte mit einem steinernen Tisch und Bänken an der Wand. In der Nische, zu der man mit einer Leiter hinaufsteigen muß, findet man das »Lager des Räubers Leichtweiß und seiner Geliebten«. Schließlich wurde die Höhle ausgestattet mit alten Steinschloßflinten, nassauischen Reitersäbeln, Bildern vom Räuber und seiner Geliebten, einem hohlen Tischfuß als Versteck für geraubte Wertsachen, Kochstelle, Vorratskeller und ›Sprechrohr‹ nach oben ins Freie«. Der Erfolg war durchschlagend. Bis heute pilgern Schulklassen und Sensationshungrige ins Nerotal, um sich vor oder in der »Leichtweißhöhle« zu gruseln. 1905 hatte sogar Kaiser Wilhelm II. dem angeblich authentischen Ort Wiesbadender Geschichte einen Besuch abgestattet.

Und da zu einem stattlichen Räuber auch eine stattliche Räubergeschichte gehört, machte sich ein gewisser W. A. Röder daran, sie zu schreiben. In der Hessischen Landesbibliothek Wiesbaden wird sein zweibändiger Roman »Heinrich Anton Leichtweiß – der verwegene Räuber und Wilddieb oder Dreizehn Jahre Liebe und Treue im Felsengrab« aufbewahrt, der um 1880 erschienen ist. In unserem Besitz befindet sich die bibliographisch bisher nicht nachgewiesene Heftchenversion dieses Romans, die von dem »Neuen Volksroman-Verlag« in Werdau vertrieben wurde und offensichtlich eine weite Verbreitung erreichte. Für die 100 Hefte mit jeweils 22 Seiten und einem dramatischen Bild warb der Verlag vollmundig:

»Heinrich Anton Leichtweiß ist keine Phantasiegestalt, welche von unserem Dichter ersonnen wurde. Dieser kühne, männlich schöne Räuber hat gelebt, und vor ihm, dessen Büchse stets schußbereit war, der vor keinem Verbrechen zurückscheute, haben die Bewohner der Rheinufer einst gezittert. Noch heute erzählt man am Rhein, ja in ganz Deutschland sogar von diesem deutschen Räuber, der an Tapferkeit, Verwegenheit und Grausamkeit doch auch an Edelmut gegen Bedürftige und an Galanterie gegen schöne Frauen und Mädchen einen Rinaldo Rinaldini, einen Schinderhannes, einen Fra Diavolo weit übertroffen hat. Noch heute strömen alljährlich Deutsche, Russen, Engländer, Amerikaner, kurz alle Fremden, welche den berühmten Kurort Wiesbaden besuchen, hinaus zur Leichtweißhöhle, zu der geheimnisvollsten Räuberhöhle der Welt, in welcher Leichtweiß und seine schöne Lore von Bergen dreizehn Jahre zusammen lebten.

Deutsche Leser! Wollt ihr ein echtes Räuberleben kennen lernen, ein Leben, erfüllt von Liebe und Haß, Edelmut und Verbrechen, wollt ihr erfahren, wie ein schöner, hochbegabter Mann um eines geliebten Mädchens wil-

len sich mit ihr in eine Felsenhöhle vergrub, weil er dieses Mädchen so wahnsinnig und eifersüchtig liebte, daß er das Antlitz seiner Lore der Männerwelt, die dieser Perle des Rheins nachstellte, nicht zeigen wollte, wollt ihr das Geheimnis ergründen, wie es kam, daß dieser Mann, ein Räuber, seine holde Lore, die Frau eines Banditen wurde, lest den Roman.«

Obwohl der Verlag versicherte, seine Fortsetzungsgeschichte sei »nach Chroniken, Kirchenbüchern, Kriminalakten und Erzählungen der ältesten Leute am Rhein geschrieben«, stimmt darin gar nichts. Selbst das einzig übriggebliebene biographische Detail aus dem wirklichen Leben des Heinrich Anton Leichtweiß, nämlich das Prangerstehen auf dem Wiesbadener Marktplatz, ist noch ins falsche Jahr verlegt. Diese öffentliche Demütigung fand, wie wir schon berichtet haben, nicht 1748, sondern 1788 statt; Leichtweiß war zu diesem Zeitpunkt schon knapp 65 Jahre alt.

Aus dem insgesamt 2398seitigen Kolportageroman haben wir den melodramatischen Anfang und das heutigen Horrorfilmen durchaus ebenbürtige Ende ausgewählt.

Um Liebe entehrt!

An einem schönen Septembertage des Jahres 1748 wogte und drängte eine ungeheure Menschenmenge über den Rathausplatz der alten berühmten Residenz- und Kurstadt Wiesbaden. Ein seltsames, damals freilich in seiner Art nicht ungewöhnliches Schauspiel bot sich den Blicken der Neugierigen. Am Pranger, der sich in einer breiten Nische der Rathausmauer befand, stand ein schöner, schlanker, junger Mann. Hände und Füße waren ihm mit Ketten belastet, sein Kopf steckte in einem, in die Mauer eingelassenen Halseisen und auf seiner Brust war eine breite Tafel befestigt, die in großen, roten Buchstaben die Worte zeigte:

»Als Wilddieb gebrandmarkt!«

Wie zum Hohn lagen auf einem Mauervorsprung, zu den Füßen des Unglücklichen, eine noch fast neue Doppelflinte und ein breites, blitzendes Jagdmesser.

Totenblaß war das Antlitz des Mannes, der die ungeheure Schmach der Schaustellung am Pranger erdulden mußte. Wirr fielen die glänzenden, dunklen Locken in die hohe, weiße Stirn, die Lippen waren trotzig fest zusammengepreßt und mit düsterer Starrheit suchten die feurigen, dunklen Augen den Boden.

Neben dem Verurteilten stand der Henker in seinem roten Wams, er hielt ein Reisigbündel in der einen, einen Strohkranz in der anderen Hand. Weiter nach links, auf den breiten Stufen, die zu dem Portal des Rathauses emporführten, hatte der Stadtschreiber von Wiesbaden Aufstellung genommen, und hinter ihm wurde ein Trompeter sichtbar.

Der Stadtschreiber winkte mit der Pergamentrolle, die er in der Hand hielt, und ein langgezogenes Hornsignal tönte über den weiten Platz. Sogleich trat tiefe Stille ein, man hätte eine Stecknadel niederfallen gehört, zwischen den Tausenden, die hier Kopf an Kopf gedrängt standen. Der Stadtschreiber entfaltete sein Pergament und las mit weithin schallender Stimme:

»Allda es erfunden und erwiesen ist, daß Heinrich Anton Leichtweiß, bisher Kurier und Depeschenträger im Dienste Seiner fürstlichen Hoheit des regierenden Herrn Karl von Nassau, heimlich und in gewinnsüchtiger Absicht zur Nachtzeit im Forste Seiner Hoheit des Fürsten auf Wilddieberei ausgegangen und allda einen stattlichen Sechszehnender erlegt hat, so ist von einem hohen Kriminalgericht zu Wiesbaden in hochnotpeinlichem Verfahren folgendes Urteil beschlossen und von Seiner Hoheit dem Fürsten bestätigt worden.

Besagter Heinrich Anton Leichtweiß ist am 13. September des Jahres 1748, von Mittag 12 Uhr bis zum andern Tag Mittag 12 Uhr an den Pranger der Stadt zu stellen, geschlossen in Eisen und mit einem Strohkranz auf dem verbrecherischen Kopf. Der Henker wird ihn durch öffentliche Stäubung entehren und Jedermänniglich hat das Recht, dem verruchten Wilddieb durch Beschimpfung jeder Art seine tiefe Verachtung zu bezeigen.

Nach Erledigung dieser Prozedur ist Heinrich Anton Leichtweiß in das fürstliche Zuchthaus zu Wiesbaden zu überführen, allwo er ein Jahr lang Flanellgarn zu spinnen hat. Henker von Wiesbaden, tue Deine Pflicht!«

Ein dreimaliger Trompetenstoß folgte dieser Verkündigung, die von der versammelten Menge mit düsterem Schweigen entgegengenommen wurde.

Viel zu hart und ungerecht dünkte selbst denen, die dem fürstlichen Kurier Heinrich Leichtweiß niemals nahe gestanden hatten, die über ihn verhängte Strafe, von Zorn und Entrüstung aber, von tiefer Trauer und innigem Mitleid waren diejenigen erfüllt, die den liebenswürdigen, lustigen und gutherzigen jungen Mann persönlich kannten, und die genau wußten, daß der fröhliche Heinz – so wurde Leichtweiß von seinen Freunden gern genannt – einer Unredlichkeit, oder gar eines Verbrechens nicht fähig sei. Und wie bang und ängstlich schlug gar manches Mädchen- und Frauenherz, als diese grausame Strafe an dem schönen, jungen Mann vollzogen wurde.

Hatte doch manche Schöne von Wiesbaden, manche ehrsame und wohlbegüterte Bürgerstochter eine heimliche Neigung für den schmucken, fürstlichen Kurier im Herzen getragen, und wenn es auch auffallenderweise keiner von ihnen gelungen war, die Liebe des schönen Leichtweiß zu erringen, so entströmten doch jetzt den Augen gar manchen sittsamen Mädchens heiße Tränen, da der angebetete Liebling der Frauen von einem so grausamen Schicksal heimgesucht wurde.

Selbst der blondbärtige Henker zuckte leicht zusammen, als nun an ihn der Befehl erging, den peinlichsten Teil der Strafe zu vollziehen, die Entehrung eines wackeren Mannes durch Rutenschläge. Doch er mußte gehorchen und blitzschnell erhob er die Birkenreiser.

Aber ehe er zuschlagen konnte, entrang sich ein furchtbarer Aufschrei der Brust des Gequälten. »Ich bin unschuldig!« schrie Leichtweiß mit markerschütternder Kraft der Verzweiflung, »unschuldig, so wahr ein Gott im hohen Himmel über uns lebt – mordet nicht meine Ehre, zertretet nicht meine Seele – ich bin unschuldig, unschuldig!«

»Verstockter Sünder, das hast Du oft genug in der Untersuchung behauptet«, rief der Stadtschreiber, »aber als Deine Richter Dich fragten, was Du in jener Nacht in der fürstlichen Waldung zu tun hattest und wie es kam, daß zwanzig Schritte von der Stelle, wo man Dich gefangennahm, ein frisch geschossener Rehbock lag, da wolltest Du nicht mit der Sprache heraus, so sage uns doch jetzt, was Dich in jener Nacht auf die verbotenen Wege führte, bekenne alles und Du magst durch ein reumütiges Geständnis Dich der Milde Deines Landesherrn empfehlen.«

In atemloser Spannung blickte die Menge zu dem Manne am Pranger empor. Aller Blicke hingen an seinen Lippen, die in er nächsten Minute vielleicht ein dunkles Geheimnis aufklären, ein Rätsel lösen würden, für welches der Verurteilte selbst offenbar nur den Schlüssel besaß.

Einen Moment schien Leichtweiß sprechen, alles erklären zu wollen. In seinen dunklen Augen leuchtete es unheimlich auf, seine Lippen zuckten, in seiner zitternden Brust arbeitete eine ungeheure Erregung.

Langsam und gebrochen entrangen sich dem Unglücklichen die Worte: »Ich war in jener Nacht – nicht – sie – war bei –«

Ein fürchterliches Ächzen, ein Wimmern, wie es ein zum Tode Verwundeter ausstößt, beendete das kaum begonnene, qualvolle Geständnis, und im nächsten Augenblick richtete Leichtweiß, so gut er es vermochte, stolz und entschlossen sein Haupt empor und rief mit herzzerreißendem Ton: »Tötet mich, macht mich ehrlos, laßt mich im Zuchthaus zu Grunde gehen, aber keine Folter soll mir mein Geheimnis entreißen. Schlag zu, Henker – schlag zu!«

Er hatte es selbst gesagt, der Unglückliche, er hatte selbst den Stab über sich gebrochen.

Die Rute des Henkers zuckte auf sein Angesicht hernieder und siebenmal traf der entehrende Schlag den Körper des Gebrandmarkten. Kein Schrei, keine Bewegung des Verurteilten begleitete diese schmachvolle Züchtigung, es war, als sei Heinrich Anton Leichtweiß zu Stein erstarrt, der nichts mehr fühlte, aus dem das warme Leben entflohen sei. Aber in der Volksmenge grollte es dumpf. Halblaute Verwünschungen ließen sich vernehmen und es fand sich niemand, der sich dazu hergegeben hätte, den bedauernswerten jungen Mann durch eine Kränkung, mochte sie nun in einem Schimpfwort oder in einer Tätlichkeit bestehen, zu beleidigen.

Überdies wurden die Bürger von Wiesbaden bald auch durch andere Interessen in Anspruch genommen, denn es war Wochenmarkt und die aus der Umgegend herbeigeströmten Landleute hielten ihre Waren feil.

Dicht neben dem am Pranger stehenden »Verbrecher« hatte sich der Henker auf einen Mauervorsprung niedergelassen, er durfte nicht von hinnen weichen, da bis zum Mittag des nächsten Tages der Verurteilte seiner Bewachung anvertraut war und dann erst durch Polizeisoldaten ins Zuchthaus überführt werden sollte.

Der Henker von Wiesbaden, Meister Martin nannte man ihn, aber Fuchs war sein Familienname, saß anscheinend teilnahmslos und stützte nachdenklich das blondbärtige Haupt in die Hand. Plötzlich aber erhob er sich, musterte mit einem prüfenden Blick die Ketten des Gebrandmarkten und machte sich dann mit dem Halseisen zu schaffen, indem er tat, als wolle er es fester ziehen. Dabei brachte er sein Gesicht dich an das Leichtweiß' und flüsterte ihm ins Ohr: »Armer Heinz, verzeihe mir, ich mußte es tun – ich bin nun einmal der Henker.«

Wie aus einem Traum fuhr Leichtweiß empor.

»Ich verzeihe Dir«, flüsterte er tonlos.

»Dank Dir, mein Junge, es soll Dich nicht gereuen, daß Du Mitleid mit deinem Henker gehabt hast. Gott allein weiß, was ich leide bei meinem blutigen und erbärmlichen Geschäft. – Aber sie will es nicht anders, sie zwingt mich, das verachtete Gewerbe zu betreiben – Du weißt am besten, wen ich meine, Heinz.«

»Dein Weib, die rote Adelheid«, antwortete Leichtweiß, »ja, sie hat aus einem braven Mann einen Geächteten gemacht, sie ist so schön wie sie gottlos ist und verderbt, aber Du solltest Dich von ihr losreißen, Martin Fuchs, denn dieser Dämon von Weib bringt Dich ins Verderben, in die Hölle hinein.«

Der Henker stieß einen tiefen Seufzer aus.

»Ich kann nicht«, rang es sich dumpf von seinen Lippen, »das Weib hat eine furchtbare Gewalt über mich – ich muß der Henker bleiben, so lange es ihr gefällt. – Doch still, dort nahen sich Reiter von der Mühlgasse her.«

Leichtweiß warf einen schnellen Blick nach der angegebenen Richtung und plötzlich zogen sich seine Brauen düster zusammen und ein Strahl tödlichen Hasses lohte blitzartig aus seinen Augen.

»Mein Todfeind kommt, um mich zu verhöhnen und zu demütigen«, stieß er mit zuckenden Lippen hervor, »ha, ich wußte, daß der stolze Graf Sandor Battiany sich die Gelegenheit nicht entgehen lassen würde, seine Wut an mir zu kühlen – und jetzt schweigen zu müssen, jetzt hilflos, willenlos zu sein, verurteilt, die Demütigungen des frechen Ungarn ungestraft und ungerächt entgegenzunehmen – o Meister Martin, ich werde wahnsinnig bei diesem Gedanken.«

»Sei stark, Heinz, ertrage Dein Schicksal wie ein Mann. Der Ungar ist ein vornehmer Herr, wir dürfen ihn nicht reizen. Ist er doch beim Fürsten besonders gut angeschrieben und seit ein paar Wochen ist er sogar Bräutigam des schönsten Hoffräuleins der Fürstin, der reizenden jungen Gräfin Lore von Bergen.«

Warum sank Leichtweiß' Haupt bei den letzten Worten des Henkers tiefer herab, warum begannen seine Hände leise zu zittern, daß die Ketten klirrten, warum entrangen sich seinen blassen Lippen wie ein leiser Hauch die Worte: »Der Bräutigam Lore von Bergens!«

Ein roher Faustschlag, der ihn mitten ins Gesicht traf, entriß Leichtweiß seinem traumverlorenen Hinbrüten. Als er mit einem leisen Schrei die Augen emporschlug, sah er einen vornehmen Reiter dicht vor sich, der höhnisch lachend die Hand zu einem zweiten Schlag erhob.

Es war ein Mann von etwa dreißig Jahren, das pechschwarze Haar war nach damaliger Mode sorgfältig frisiert und hing in kleinen negerartigen Löckchen in die niedrige Stirn hinein. Zwei stechende Augen, die unter dicken schwarzen Brauen lauerten, belebten das gelbe, bartlose Gesicht, dem nur die blutroten Lippen einigermaßen Farbe verliehen. Die kleine, aber geschmeidige und muskulöse Gestalt des Ungarn war in die reiche Kleidung eines vornehmen Edelmannes gehüllt.

Zugleich mit dem Grafen Sandor Battiany waren mehrere andere Herren des Hofes auf dem Rathausplatz erschienen, die wie der Graf selbst, auserwählt edle Pferde ritten. An sie wandte sich Battiany jetzt, indem er höhnend auf Leichtweiß zeigte.

»Das also ist der Schurke, meine Freunde, der es gewagt hat, in dem Forst unseres allergnädigsten Herrn und Fürsten zu wildern. Teremtete, wie hochmütig und trotzig der Bursche selbst am Pranger noch dasteht. Ich will ihn lehren, andern Leuten ins Gehege zu kommen – he Rigo, gib mir meine Reitpeitsche, dieser Dieb soll geprügelt werden wie der niedrigste Zigeuner bei uns zu Hause und an seinem Schmerzgeheul will ich mich weiden wie an der schönsten Musik.«

Rigo, der Diener des Grafen, der trotz seiner reichen, goldverschnürten Livree, den demütig kriechenden, verschmutzten Zigeuner verriet, reichte bereitwillig seinem Herrn eine Hundepeitsche aufs Pferd.

Da raunte Leichtweiß seinem Todfeind die Worte zu: »Schlag zu, Feigling, und triff einen wehrlosen Mann, aber wehe Dir Graf Battiany, wenn ich Dir einst mit ungefesselten Händen begegnen werde. Dann will ich Dein schwarzes, falsches Herz besser treffen als in jener Nacht.«

»Canaille«, stieß der Ungar tonlos hervor, »Du wagst es hier einzugestehen, daß Du in jener Nacht mit meiner Braut, mit Lore von Bergen, im fürstlichen Walde zusammen warst, daß Deine Kugel nicht jenem Rehbock, sondern mir galt!«

»Sprich den Namen eines Mädchens nicht aus, Graf Battiany«, versetzte der Mann am Pranger mit vor Erregung zitternder Stimme, »eines Mädchens, das freiwillig niemals Euer Weib werden wird. Doch freilich, wie Ihr einen Mann mißhandelt, der mit Ketten belastet, sich nicht verteidigen kann, so zwingt Ihr wohl auch ein unglückliches Mädchen dazu, Euch anzugehören.«

Ein boshaftes Lachen war die Antwort des Grafen.

»In acht Tagen wird Lore von Bergen mein Weib sein«, rief er triumphierend aus, »und zur selben Zeit wird der Wilddieb Heinrich Anton Leichtweiß im Zuchthaus Garn spinnen, bei Wasser und Brot.«

Ein dumpfer Schrei der Verzweiflung entrang sich Leichtweiß' Brust. Wie ein Tier, das seinem Käfig entfliehen und sich auf seinen Peiniger stürzen will, um ihn zu zerreißen, so zerrte Leichtweiß an seinen Ketten und versuchte sie zu zerbrechen.

Furchtbar war der Unglückliche anzuschauen in diesem Augenblick, der Schaum trat ihm auf die Lippen und alle Muskeln und Adern seines kraftvollen Körpers waren aufs Äußerste gespannt, doch hohnlachend holte Graf Sandor mit der Peitsche zum Schlag aus.

Da wurde sein Arm von hinten erfaßt und mit großer Kraft herabgezogen.

»Tue es nicht, Graf Sandor Battiany!« rief warnend eine volle, sonore

Frauenstimme, »denk an das graue Haus von Szegediu – schlage den Wehrlosen nicht!«

Wie vom Blitz getroffen wandte Sandor sich um. Neben ihm, so daß sie trotz des Pferdes, auf dem er saß, zu seiner Höhe emporreichte, stand ein schönes, rothaariges Weib. Sie war in tiefes Schwarz gekleidet, was die blendende Weiße ihrer Haut und die satte, rote Farbe ihres üppigen Haares noch schärfer hervorhob.

Jedermann in Wiesbaden kannte dieses hohe, seltsam schöne Weib, und jeder ging ihr trotz ihrer Reize gerne in weitem Bogen aus dem Wege. Denn sie war das Weib des Henkers und überdies in der ganzen Gegend als Hexe verschrien, welche die Mischung und den Gebrauch geheimer Gifte und gewisser Zaubertränke nur zu gut verstand.

Graf Sandor Battiany erbleichte beim Anblick dieses Weibes. Aber er wagte nicht den verzehrenden Blicken ihrer grauen Rätselaugen zu begegnen, nur ganz leise entfuhren ihm die Worte: »Warum schützt Du ihn, Weib? – Er ist mein Feind!«

»Du bist Dein eigner Feind, Graf Sandor«, flüsterte das Weib des Henkers, »folge meinem Rat – verweile nicht länger auf der Stätte der Schande – reite von hinnen und biete lieber alles auf, daß nicht später als in acht Tagen Deine Hochzeit mit dem Edelfräulein, der schönen Lore von Bergen, stattfindet.«

Es mußte eine sonderbare, rätselhafte Macht sein, die das rothaarige Weib über den vornehmen Grafen, den Günstling des Fürsten, besaß. Wie ein gehorsamer Knabe warf Sandor Battiany sein Pferd herum, und bald war er inmitten der glänzenden Cavalcade der anderen Höflinge in einer Nebenstraße verschwunden.

»Was bedeutet das?« fuhr der Henker sein Weib mit barscher Stimme an, »kennst Du den Grafen und woher?«

Die Rothaarige würdigte ihren Gatten keiner Antwort. Mit leuchtenden Blicken wandte sie sich an Leichtweiß, der sie düster und keineswegs für den erwiesenen Dienst dankbar anschaute.

»Ich habe Dich vor der Mißhandlung des Grafen bewahrt, Heinrich Leichtweiß«, raunte sie ihm ins Ohr, »ich werde Dich auch vor dem Zuchthaus erretten, wenn Du mir Dein Herz zuwenden willst.«

»Mein Herz empfindet keine Liebe für Dich«, entgegnete der Gebrandmarkte leise, aber mit fester Bestimmtheit. »Du bist eines anderen Weib – weiche von mir, Versucherin.«

Das schöne, dämonische Weib ließ ein leises, klingendes Lachen vernehmen.

»Ich weiß, weshalb Du mich verschmähst, Heinz«, sagte sie tonlos, »die blonde Lore von Bergen hat es Dir angetan, und das vornehme Edelfräulein, die Hofdame der Fürstin, hat es nicht verschmäht, den Liebesschwüren eines Dieners zu lauschen. Ich aber sage Dir, Du wirst mir gehören, mir, der roten Adelheid, dem Weibe des Henkers!« Und blitzschnell, wie sie gekommen war, verschwand sie um die Ecke des Rathauses.

Langsam und träge flossen dem Verurteilten die Stunden dahin. Wie ein Held ertrug Leichtweiß die entehrende Marter, die ihm auferlegt war. Fast immer stand er mit geschlossenen Augen da und niemand konnte ergründen, was in diesem Augenblick in der Seele des unglücklichen Mannes vorging. Nur ab und zu, und auch dann nur für flüchtige Sekunden schlug er die Augen auf, um mit langem, sehnsuchtsvollen Blick spähend in die Ferne zu schauen. Was erwartete er noch? Wen suchten seine Blicke?

Endlich brach die Nacht herein und bedeckte seine Schmach mit ihrem dunklen Schleier. Der Platz vor dem Rathaus lag still und verödet. Die Bürger von Wiesbaden hatten sich in ihre Häuser zurückgezogen, nach und nach erloschen auch die letzten Lichter hinter den Fenstern, tiefe Dunkelheit ringsum, alles schlief – nur der Henker und der Mann am Pranger wachten.

Die Öllampen, mit denen sonst der hochwohlweisliche Rat die Residenz Wiesbaden erleuchtete, waren heut nicht angezündet worden, denn es stand Mondschein im Kalender. Aber der Mond war treulos, er gönnte der grünumwaldeten Stadt heut keinen Strahl seines Lichtes, schwere finstere Wolken hingen über ihr und den Höhenzügen des Taunusgebirges, die gespenstisch in der Ferne aufstiegen.

»Noch eine Stunde bis Mitternacht«, sagte der Henker zu dem Unglücklichen, »Du wirst müde sein, armer Kerl, weit und breit ist niemand zu sehen, ich will Dir wenigstens das Halseisen abnehmen.«

Meister Martin erwies Leichtweiß diese Wohltat, dann meinte er, daß ihm selbst ein paar Augen voll Schlaf nicht schaden würden und streckte sich auf den Stufen des Rathauses zum Schlummer nieder.

»Er schläft – der Glückliche«, flüsterte Leichtweiß nach einigen Minuten, als die tiefen Atemzüge des Henkers an sein Ohr schlugen, »ach, wenn auch ich ruhen könnte – vergessen und träumen von süßen, glücklichen Zeiten!«

Er zuckte zusammen – lauschend beugte er das Haupt vor. Leise Schritte näherten sich um die Ecke des Hauses, eine dunkle, schwarze, graziöse Gestalt, die in einen langen Mantel gehüllt war, eilte in wilder, scheuer Hast auf den Pranger zu.

Der Gebrandmarkte hob dic mit Ketten belasteten Hände empor und jubelnd rang es sich im Flüsterton von seinen Lippen: »Sie kommt – sie kommt zu mir – sie hat mich nicht vergessen.«

Im nächsten Moment lag eine Frauengestalt auf den Stufen, die zu seinen Füßen emporführten, die Kapuze des Mantels sank herab und der holdeste, blonde Mädchenkopf, den jemals zwei jugendlich blühende Schultern getragen, kam zum Vorschein.

»Lore, süßes, geliebtes Mädchen, Du bist bei mir, bei mir, dem Geschändeten, bei mir am Pranger des Entehrten.«

Da streckten sich zwei volle weiche Mädchenarme aus, zwei weiße Hände umklammerten die seinigen und schluchzend rief eine tief bewegte Stimme: »Laß mich Deine geliebten Hände küssen, welche die eisernen Fesseln tragen – o Du mein Held, mein Märtyrer, wie hast Du gelitten, für mich – für deine Lore!«

Der Mond trat aus den Wolken hervor, und mit seinem sanften blauen Licht überstrahlte er zwei Menschenkinder, die Wange an Wange standen, und deren heiße Tränen zusammenflossen!

Die Entdeckung der wunderbaren Höhle.

Mit unbeschreiblicher Seligkeit schaute Leichtweiß auf die süße, entzückende Mädchengestalt nieder, die jetzt neben ihm am Pranger stand und mit beiden Armen ihn umschlungen hielt. Alle Schmerzen, alle Folterqualen, die er erlitten, die ganze Schmach des vergangenen Tages, schienen vergessen zu sein.

»Daß Du gekommen bist, Lore, daß Du mich nicht in meinem tiefen Leiden verlassen hast, das macht alles wieder gut, und das werde ich Dir danken, so lange meine Augen offenstehen, und so lange das Herz in dieser Brust schlägt.«

Leichtweiß sprach diese Worte mit tiefer Bewegung, während er mit den gefesselten Händen die Geliebte noch näher an sich heranzog.

Lore preßte ihre Lippen mit langem, heißem Kuß auf die seinen, an die sich sein feiner, weicher, brauner Schnurrbart schmiegte.

»Geliebter meiner Seele«, flüsterte sie, »o Du einziger Mann, Du mein tapferer, fröhlicher Heinz, nicht Du hast mir Dank zu sagen, sondern ich muß Dich demütig um Vergebung bitten, weil ich es geschehen ließ, daß man Dich unschuldig an den Pranger stellte. Um meiner jungfräulichen

Ehre willen hast Du geschwiegen, um meinen Ruf nicht preiszugeben, ließest Du Dich martern und entehren!

Denn in jener Nacht waren wir beide heimlich im fürstlichen Walde zusammengetroffen. Ich hatte Dich zu diesem Stelldichein bestellt, denn ich mußte Dir sagen, daß der Entschluß meines Vaters unweigerlich feststehe, mich dem Grafen Sandor Battiany zu vermählen, jenem Ungarn, der mir in tiefster Seele verhaßt ist. Aber auch der Fürst und seine Gemahlin, meine Gebieterin, die sonst so gütig und liebreich zu mir war, begünstigten die Werbung des Grafen, denn ich weiß nicht, durch welche höllischen Künste Sandor Battiany den ganzen Hof bezaubert hat, aber es ist leider nicht zu leugnen, er beherrscht den Fürsten, und durch ihn alle anderen.«

Zärtlicher und angstvoll, als fürchte sie eine nahe Gefahr, schmiegte sich Lore von Bergen an den mit Ketten belasteten Mann, und ihre Arme umschlangen ihn so fest, als wolle sie bei ihm Schutz und Rettung suchen vor einer entsetzlichen Gefahr, die sie bedrohte, vor einem unsichtbaren Verfolger. Dann, das Haupt auf Leichtweiß' Schulter gebettet, aus großen, dunklen Mädchenaugen zu ihm emporschauend, fuhr sie fort: »In jener Nacht saßen wir Hand in Hand unter der tausendjährigen Linde im fürstlichen Wildpark, ich klagte Dir mein Leid und flehte Dich an, mich vor dem drohenden Verderben zu erretten, denn ich schwor Dir, daß ich eher den Tod in den Fluten des Rheins suchen würde, als Sandor Battianys Küsse und Umarmungen zu ertragen.

Da sprangst Du plötzlich auf, die Büchse, die neben Dir lag, aus dem Moose reißen, anlegen, abfeuern, war das Werk von wenigen Sekunden. Ein Schuß krachte und ein langgezogener Todesschrei durchhallte den stillen Wald.

›Flieh‹, riefst Du mir zu, ›entflieh, Geliebte, so schnell Dich Deine Füße tragen.‹ In sinnloser Angst gehorchte ich Dir. Durch Dornen und Gestrüpp eilte ich vorwärts, erschöpft, mit zerrissenen Kleidern, fiebernd in der Erregung über die Ungewißheit dessen, was geschehen sei, warf ich mich auf mein Lager, meine Augen schlossen sich nicht in dieser Nacht, halb wahnsinnig flehte ich auf meinen nackten Knien liegend, Gott im Himmel an, er möge Dich nicht ins Unglück stürzen lassen.

Am nächsten Morgen erzählte man mir an der Frühstückstafel eine seltsame Geschichte. Der fürstliche Kurier Heinrich Anton Leichtweiß sei in der vergangenen Nacht von dem Förster und seinen Gehilfen als Wilddieb im fürstlichen Forst ergriffen worden; das noch rauchende Gewehr in seiner Hand, ein kapitaler, von seiner Kugel ereilter Rehbock, der zwanzig Schritte von ihm entfernt gelegen, sprächen allzu deutlich für seine Schuld. Der

Fürst sei wütend über diese Treulosigkeit eines Dieners, auf den er große Stücke gehalten, und habe die strengste Bestrafung des Wilddiebes befohlen.

Mir war, als müßte mir das Herz in der Brust brechen vor Weh und Qual, denn ich, ich allein wußte ja, daß Du unschuldig seist, und daß Du mit einem einzigen Wort die erbärmliche Anklage von Dir wälzen könntest, aber ich war auch überzeugt davon, daß Du Dich lieber töten lassen würdest, als Deinen Richtern den wahren Grund angeben, der Dich in jener Nacht in den Wildpark geführt.«

»Ja, meine Lore«, antwortete Leichtweiß, und in seinen Augen leuchtete der Strahl echter, wahrer Liebe auf, »sie hätten mich foltern können, dem Schwert des Henkers überliefern, meiner Brust hätten sie nicht unser süßes Geheimnis entrissen. Was hätte wohl diese erbärmliche, klatschsüchtige Welt dazu gesagt, wenn sie erfahren, daß die Gräfin Lore von Bergen, die stolzeste und tugendhafteste Hofdame der Fürstin, sie, die ihrer hohen Schönheit wegen die ›Perle am Rhein‹ genannt wird, in keuscher, reiner Liebe einem Mann zugetan ist, der zu den unteren Dienern des Hofes zählt, der nichts besitzt, als ein ehrliches Herz und eine Welt von Lebe und Treue für seine Lore.«

Das blonde Mädchen küßte den geliebten Mann auf Augen und Mund.

»Wem aber galt die Kugel?« fragte sie dann, »die Du in jener Nacht plötzlich ins Gebüsch sandtest? – Das ist auch mir noch ein Rätsel.«

»Ich will es Dir lösen«, stieß Leichtweiß mit rauher Stimme hervor. »Diese Kugel galt dem Grafen Sandor Battiany, Deinem Bräutigam, den ich lauernd und unser Gespräch belauschend im Gebüsch liegen sah. Deutlich vermochte ich seine höhnisch verzerrten Züge zu erkennen. Da schlug mein Haß in hellem Flammen empor, ich war nicht mehr Herr meiner selbst – ich schoß auf ihn, der mir mein Lebensglück stehlen wollte. Doch ein seltsamer Zufall – meine Kugel traf nicht den Grafen, dem sie zugedacht war, sondern einen Rehbock, der sich gleichfalls in jenem Gebüsch verbarg.

Das Tier fiel mit einem Todesschrei nieder, der Graf entfloh, und ich wurde von dem Förster und seinen Leuten, die jenem Rehbock auf der Spur gewesen waren, ergriffen, als Wilddieb fortgeschleppt.

Und morgen«, fügte Leichtweiß mit dumpfer, wehdurchzitterter Stimme hinzu, »morgen werden sich die Tore des Zuchthauses hinter mir schließen, und Lore von Bergen wird mir verloren sein – auf ewig!«

Da streckte das liebreizende Mädchen die Hand zum Schwure empor. »Das wird nicht geschehen«, rief sie, »ich schwöre es Dir, bei der Reinheit meiner Seele, bei dem keuschen Gestirn des Mondes, das auf uns herniederschaut, Du wirst frei sein, mein Heinz, und ich – ich Lore von Bergen – Dein Weib!«

»Mein Weib«, wiederholte Leichtweiß wonnetrunken, »mein geliebtes Weib!«

Tränen dankbarer Rührung flossen aus seinen Augen über die Wangen des Schwergeprüften nieder.

»Und jetzt hör mich an«, fuhr die junge Gräfin in atemloser Erregung fort, »die Minuten sind kostbar, wir müssen entschlossen handeln. Dort schläft der Henker, in seinen Taschen befinden sich die Schlüssel, die deine Ketten lösen. Still – ich stehle ihm die Schlüssel.« »Lore, Du stiehlst, Du raubst für mich?« »Du hast für mich geschwiegen und gelitten – Du hast tausendmal mehr getan!«

Geräuschlos wie ein Reh, das über den Moosteppich des Waldes dahineilt, schlich sich Lore an die Seite Meister Martins, der in tiefem Schlafe auf der Rathaustreppe lag. Ein forschender Blick über den Marktplatz, dann versenkte sich die weiße Hand des Mädchens in die gelbe Ledertasche, die der Henker an dem breiten Gürtel trug, der seine Hüften umspannte.

Ein Lächeln glitt über Meister Martins Gesicht. War es ein angenehmer Traum, der ihn beschäftigte, oder merkte der brave Mann, daß ein liebendes, blondes Mädchen im Begriff stehe, ihn zu berauben, um seinen Freund, den fröhlichen Heinz zu befreien?

Lore von Bergen zog triumphierend die Schlüssel aus der Tasche des Henkers und wenige Minuten später fielen mit leisem Klirren die Ketten von Leichtweiß' Händen und Füßen ab.

Er war frei – er war vom Pranger erlöst!

Mit stillem Jubel preßte er die Geliebte an sich, und minutenlang gaben sie sich dem Wonnerausch der Sehnsucht hin, die in glühenden Küssen, in unauflöslich scheinender Umarmung, Brust an Brust und Herz an Herz geschmiegt, die süße Lust der Zukunft ahnt. Endlich entriß sich Lore diesem Liebestraum.

»Wir müssen scheiden«, flüsterte sie mit zitternder Stimme, »doch nur acht Tage sollen uns trennen, bis wir auf ewig vereinigt sind. Flieh ins Gebirge, Heinz, und halte Dich bei Freunden, an denen es Dir ja nicht fehlen wird, verborgen. Hier ist ein Beutel mit Gold, Du wirst ihn brauchen. In acht Tagen wird meine Hochzeit mit dem Grafen Sandor gefeiert werden. Um meine Umgebung zu täuschen, werde ich klug sein und scheinbar in alles willigen. Aber wenn der Graf mich in das Brautgemach führen wird, dann halte Dich bereit, dann sollst Du mich ihm entführen, und ich will mit Dir gehen in die weite Welt, will Leid und Armut mit Dir tragen, mit meinen

Händen will ich arbeiten, wenn es sein muß – wir fliehen nach Amerika, mein Brautschmuck, den wir verkaufen wollen, wird uns das nötige Geld dazu verschaffen – Gräfin Lore von Bergen wird gestorben sein für die Welt und Frau Lore Leichtweiß wird das glücklichste Weib sein unter Gottes Sonne!«

»Und ich der beneidenswerteste Mann! – Leb wohl Geliebte, – in Deiner Hochzeitsnacht komme ich, Dich heimzuholen.«

»Mag mich die Welt verdammen«, rief Lore unter Tränen aus, »Gott sieht in mein Herz, er weiß, ich kann nicht anders – mit Dir will ich leben oder untergehen.« Noch einmal sank sie an die Brust des geliebten Mannes, noch ein Kuß, – noch ein letzter –

Da ertönte ein militärisches Kommando durch die Nacht, die dröhnenden Tritte heranziehender Soldaten näherten sich dem Pranger, der flackernde Schein von Fackeln fiel auf die Liebenden. Im grellen Lichte dieser Fackeln tauchte die Gestalt des Grafen Sandor Battiany auf, der an der Spitze einer Abteilung von Soldaten heranstürmte.

Blitzschnell verbarg sich Lore hinter einem Mauervorsprung des alten Rathauses. Leichtweiß aber besaß Geistesgegenwart genug, sich schnell die Ketten wieder um die Hände zu wickeln. Auch Meister Martin, der Henker, war im nächsten Moment wieder auf den Beinen.

Mit ängstlich klopfenden Herzen erwarteten diese drei Personen den Aufschluß, den Graf Sandor über sein plötzliches Erscheinen geben werde.

Der Ungar schritt die Stufen des Rathauses empor, warf einen mißtrauischen Blick auf den Gefangenen, dann übergab er dem Henker ein versiegeltes Schreiben, indem er sagte: »Eine Kabinettsorder Seiner Hoheit des Fürsten! Da der Verdacht naheliegt, daß der Wilddieb Leichtweiß von gewisser Seite befreit und ihm zur Flucht verholfen werden könnte, so soll seine Strafe am Pranger sogleich beendigt und der Verbrecher durch mich auf der Stelle ins Zuchthaus überführt werden. Henker von Wiesbaden, ich fordere Euch auf, mir den Gefangenen sofort auszuliefern.«

Ein leiser, aus verwundetem Herzen kommender Seufzer ertönte. Einer Ohnmacht nahe, lehnte Lore von Bergen in ihrem sicheren Versteck. »Verloren«, sagte sie erschauernd zu sich, »auf ewig ist der Geliebte mir verloren. Dem Zuchthaus kann er nicht entrinnen und mir bleibt nur noch die Wahl, dem ungeliebten Manne mich zu Eigen zu geben – oder ein Grab auf dem Grunde des Rheins zu suchen.«

Auch Meister Martin schüttelte traurig den Kopf, doch gegen den Befehl des Fürsten gab es keine Ausflucht.

»Löst ihm die Ketten von den Füßen«, befahl Graf Sandor, »an den Händen aber laßt sie ihm. Übrigens würde er« – die Stimme des Ungarn wurde lauter und höhnischer – »beim ersten Fluchtversuch unbarmherzig niedergeschossen, denn die Gewehre der Soldaten sind scharf geladen, und ich habe den Leuten bereits meine Befehle gegeben.«

Meister Martin tat, als wenn er den Anordnungen des Grafen pünktlich nachkäme; ihm entging es natürlich nicht, daß die Ketten Leichtweiß' bereits gelöst waren, aber kein Wort der Frage kam über seine Lippen, und nur dem Gefangenen selbst flüsterte er in einem unbewachten Augenblick schnell ins Ohr: »Verzweifle nicht, Heinz, Gott ist mit der Unschuld, er kann Dich auch aus dem Zuchthaus herausführen, wenn es sein Wille ist.«

Leichtweiß war bereit. Die Soldaten nahmen ihn in ihre Mitte, und dicht neben ihm schritt Graf Sandor, der seinen Degen in der Hand trug. So ging es über den Marktplatz dahin.

Noch einen Blick warf Leichtweiß zurück nach dem Pranger, an dem er gelitten und an dem er doch soeben noch glücklich und hoffnungsfroh gewesen. Da war es ihm, als sähe er im Mondschein die holde Gestalt der Geliebten. Sie breitete die Arme aus – ein letzter Gruß, ein letztes Lebewohl für ewig.

Die Soldaten bogen mit ihrem Gefangenen in eine Nebenstraße ein, schnell ging es vorwärts, und schon befand sich der traurige Zug auf der Taunusstraße, auf welcher das Kriminalgefängnis lag. Sehnsüchtig blickte der unglückliche Mann zum Neroberg hinüber, der jetzt, vom Mondlicht geisterhaft beleuchtet, hinter dem lieblichen, vom Dämmerlicht umwobenen Tal aufstieg. Da packte Leichtweiß die Verzweiflung. »Jetzt oder nie erringe ich meine Freiheit«, sagte er zu sich, »gelingt mir die Flucht ins Gebirge, so bin ich gerettet, wenn nicht, so mögen ihre Kugeln mich durchbohren, was liegt daran, ich könnte es doch nicht überleben, daß Lore von Bergen das Weib des Ungarn werden muß.«

Rechts vom Wege, am äußersten Ende der Stadt, tauchte in einiger Entfernung ein graues, einförmiges Gebäude auf. Das Schweigen des Todes lag über seinen zahllosen, vergitterten Fenstern. – Es war das Zuchthaus. Nur noch wenige Minuten und Leichtweiß würde in dieses Grab der Lebenden, aus dem es kein Entrinnen mehr gab, hinabgestoßen.

Graf Sandor Battiany neigte sich zum Ohr des Gefangenen: »Dort drüben wirst Du schmachten«, raunte er ihm mit teuflischer Lust zu, »während Lore von Bergen auf Schloß Waldeck, das mir der Fürst geschenkt, in meinen Armen liegen wird!«

Da holte Leichtweiß zu einem furchtbaren Schlage aus, und im nächsten

Augenblick führte er mit seinen Ketten einen gewaltigen Hieb in Battianys Gesicht. Der Ungar schrie auf und stürzte zusammen.

Im nächsten Moment, schneller als die Feder es niederzuschreiben vermag, hatte Leichtweiß die Reihen der Soldaten durchbrochen.

Mit Windeseile, wie ein gehetztes Tier, das die Jäger hinter sich weiß, flog er über die breite, von Wiesen eingeschlossene Talstraße dem Neroberg zu.

Graf Sandor war schnell wieder auf den Beinen.

»Schießt – feuert!« schrie er mit wutverzerrtem Gesicht, »was steht Ihr da, Ihr Schurken, und starrt einander an, drückte Eure Gewehre ab, – zwölf Kugeln mögen den fliehenden Verbrecher erreichen.«

Die Soldaten verteilten sich über die ganze Breite des Weges, so daß ihre Geschosse diesen bestreichen mußten. Und wenn Leichtweiß elf Kugeln entging, so mußte er der zwölften gewiß erliegen. »Fertig! – Feuer!«

Man hörte das Knacken von zwölf Hähnen, eine leichte Detonation ertönte, aber aus keinem der Gewehre flog eine Kugel heraus. Halb wahnsinnig vor Wut stampfte Sandor Battiany den Boden unter seinen Füßen. »Was bedeutet das?« schrie er mit heiserer Stimme, warum schießt Ihr blind, Ihr Hunde?«

In diesem Augenblick ertönte hinter einem Baum hervor ein spöttisches Lachen. Eine dunkle Gestalt wurde am Rande des Wiesengrabens sichtbar, der Mond warf ihren langen Schatten über die Straße. »Man hat ihnen die Kugeln aus den Gewehrläufen gezogen«, rief eine Stimme, in welcher Sandor Battiany die der roten Adelheid zu erkennen glaubte, »gib Dir keine Mühe, Sandor Battiany – Du wirst Leichtweiß nicht ins Zuchthaus bringen.«

»Verwünschtes Weib!« brüllte der Ungar, »mußt Du überall meine Wege kreuzen!«

Mit dem Degen in der Hand stürzte er auf die schattenhafte Gestalt zu. Ein gellendes, höhnisches Lachen ertönte, und der Ungar fuhr mit seinem Degen in die leere Luft hinein. Die Gestalt war verschwunden – noch einmal tönte aus der Ferne ihr Lachen herüber.

Die Soldaten bekreuzigten sich.

»Zehn Dukaten demjenigen, der den Flüchtling einholt«, rief der Graf seinen Leuten zu, »noch hat er nicht das Gebirge erreicht, seht ihn dort laufen – vorwärts Leute, wer verdient sich den Preis?«

Zehn Dukaten! Das wirkte. –

Sechs von den Soldaten, die größten und gewandtesten, warfen schnell alles von sich, was sie belastete, und wie der Sturmwind über die Erde dahinfegt, verfolgten sie den Flüchtigen. Ein entsetzliches Wettrennen begann, doppelt entsetzlich, weil eines Menschen Leben dabei auf dem Spicle stand.

Auch Battiany selbst nahm an demselben teil, sehnig und gewandt wie alle Ungarn, war er bald den anderen Verfolgern um ein Stück voraus, und von Minute zu Minute verringerte sich der Vorsprung, den Leichtweiß vorher durch das mißlungene Schießmanöver gewonnen hatte.

Dazu kam der Umstand, daß die Glieder des unglücklichen jungen Mannes durch das Stehen am Pranger viel von der ihnen sonst eigenen Geschmeidigkeit eingebüßt hatten. Die Füße schmerzten ihn, als wenn er beständig über ein Dornenfeld dahinliefe, ein dumpfer Druck im Genick, durch das Halseisen hervorgerufen, beraubten ihn fast seiner Besinnung. Und doch setzte er mit großen Sprüngen vorwärts.

Schon nahm das wild zerklüftete Gebirge ihn auf, knorrige Baumwurzeln, undurchdringliche Gebüsche, Stämme, die der Blitz gefällt und die nun quer über dem Weg lagen, bildeten zwar Schwierigkeiten für ihn, aber auch seinen Verfolgern bereiteten sie Hindernisse.

Keuchend, kaum noch imstande, die nötige Luft einzuatmen, mit Schweiß bedeckt und die Hände von Dornen und Strauchwerk blutig gerissen, eilte Leichtweiß jetzt einer felsigen Anhöhe zu, die mit riesigen uralten Bäumen bestanden war.

Hinter ihm – nur noch dreißig Schritte von ihm entfernt, stürmte Sandor Battiany einher, den Degen in der einen, eine Pistole in der anderen Hand.

»Ergib Dich, Schurke, oder ich schieße Dich über den Haufen!« schrie der Ungar.

Aber der Verfolgte setzte, ohne ein Wort zu erwidern, seine Flucht fort. Da sperrte ein rauschender Wildbach plötzlich seinen Weg. Furchtbare Regengüsse, die in den letzten Wochen niedergegangen waren, hatten den Bach zum reißenden Strom angeschwellt. Kein Steg und keine Furth zeigten sich Leichtweiß verzweifelnden Blicken. Und hinter sich, dicht hinter sich, hörte er das Triumphgeschrei des Teufels, der sich Graf Battiany nannte.

Noch einmal dachte Leichtweiß an Lore von Bergen, noch einmal vergegenwärtigte er sich die holde Gestalt, dann warf er sich in das schäumende Wasser, und die Wellen schlugen über ihm zusammen.

Doch im nächsten Moment tauchte er auch schon wieder aus der Tiefe auf. Mit gewaltigen Armen teilte er die Flut, ein paar kräftige Stöße, und er befand sich am jenseitigen Ufer. Unverweilt richtete er sich auf und begann die schroffen Felsen, die sich ihm nun hindernd entgegenstellten, emporzuklimmen.

Da krachte ein Schuß, die Kugel aus der Reiterpistole Battianys flog summend um Zollesbreite an Leichtweiß' Haupt vorüber, plattete sich am Gestein ab und fiel wirkungslos zu Boden.

»Gefehlt, Graf Battiany, gefehlt«, rief der Geliebte Lores, während er kraftvoll, vom unfreiwilligen Bade gestärkt, von Fels zu Felsen emporstieg, »noch lebt ein Gott, der die Unschuld schützt und die Liebe!«

Ein kurzer Wehschrei folgte diesen Worten. Leichtweiß selbst hatte ihn ausgestoßen. Der einzige Moment, in dem er seine Aufmerksamkeit zwischen seinem Wege und der Freude seines Herzens geteilt, hatte genügt, ihn über eine Wurzel einen Fehltritt tun zu lassen.

War der Fuß auch nicht gebrochen, so fühlte Leichtweiß doch sofort, daß er sich eine Sehne verrenkt habe. Schon nach wenigen Minuten hatte er die Empfindung, daß der Fuß anzuschwellen beginne, und unerträgliche Schmerzen machten dem unglücklichen, gehetzten Manne ein weiteres Vordringen unmöglich.

Zum Glück hatte er jetzt wenigstens die Höhe des Felsenplateaus erreicht, so daß ein jäher Absturz nicht zu befürchten war. Er stand still, er versammelte seine letzten Kräfte. Da vernahm er dicht hinter sich die Stimme Battianys, und in demselben Augenblick sah er von der anderen Seite des Berges drei Soldaten heraneilen, sie hatten offenbar den Höhenzug umgangen und einen bequemeren Aufstieg gefunden.

»Endlich haben wir ihn – er kann uns nicht mehr entwischen, jetzt, Wilddieb, ist Dir das Zuchthaus sicher!«

Verzweifelt warf sich Leichtweiß in dem hohen Buschwerk zu Boden.

»Keine Rettung, keine«, schrie er mit gebrochener Stimme, »so mag die Hölle mir beistehen, da Gott mir seine Hilfe versagt!«

Da war es, als ob das Erdreich sich unter der Last seines Körpers teile, der felsige Grund schien sich zu öffnen, und mit Entsetzen nahm Leichtweiß wahr, daß er tiefer und immer tiefer in einen dunklen Kessel hinabsank. Seine Hände versuchten noch einmal, sich in dem Buschwerk festzuklammern, doch die Zweige zerbrachen unter der Wucht, die sie halten sollten, und im nächsten Moment war Heinrich Anton Leichtweiß in die Tiefe versunken.

Zwei Minuten später gelangten Graf Sandor und seine Leute in die Nähe der Stelle, wo der Flüchtling verschwunden war. Da sie nicht gesehen, auf welche Weise ihnen ihr Opfer entrückt worden war, hielten sie sich nicht lange hier auf und setzten ihre Verfolgung auf der anderen Seite des Berges fort. Dieselbe verlief natürlich, trotzdem Graf Battiany sowohl sich wie die Soldaten bis zur äußersten Erschöpfung anstrengte, gänzlich fruchtlos.

Er ist mit dem Teufel im Bunde«, murmelten die abergläubischen Soldaten. »Leichtweiß hat seine Seele dem Teufel verschrieben, der hat ihn mit Kugeln versehen, die immer treffen, und rettet ihn vor jeder Gefahr.«

»Und wenn die ganze Hölle ihn beschützte«, knirschte Graf Sandor Battiany, »ich werde diesen Leichtweiß zu finden wissen, Lore von Bergen ist mein – in acht Tagen soll die Hochzeit gefeiert werden. Dann mag der Landstreicher Leichtweiß von Ferne zusehen, wenn die schöne Braut mir zum Altar folgt.«

Trotz all dieser triumphierenden Reden, mit denen er nur seinen Mißerfolg vor sich bemänteln wollte, schüttelte Graf Sandor doch verwundert den Kopf, als er auf dem ganzen Berg und dessen Umgebung nicht die geringste Spur seines Todfeindes fand.

Wie hätte er aber auch ahnen können, daß sich unter seinen Füßen, tief unter den gewaltig aufgeschichteten Felsenblöcken eine riesige Höhle befinde, eine Höhle, die von dieser Nacht ab, da Heinrich Anton Leichtweiß durch eine wunderbare Fügung der Vorsehung in ihrem Dunkel Schutz und sicheres Versteck fand, für ewige Zeiten, verbunden mit dem Namen Leichtweiß berühmt werden sollte?

Noch kannte und ahnte kein Sterblicher das Geheimnis dieser wunderbaren Höhle.

Der aber, dem es offenbart werden sollte – er lag in diesem Augenblick bewußtlos und blutüberströmt auf dem moosigen Grund der Höhle, und nur das leise Atmen, das seine Brust bewegte, verriet, daß Leichtweiß noch zu den Lebenden gehörte.

Die falsche Gräfin

Feierliche Orgeltöne durchhallten die Kapelle des fürstlichen Schlosses zu Biebrich.

Seit 1744 hatte Fürst Karl seine Residenz für die Sommerszeit in dieses wunderschöne Schloß verlegt, und hier fand auch auf besonderen Wunsch der Fürstin die Trauung ihres Lieblings, der Gräfin Lore von Bergen, statt.

Graf Sandor Battiany glaubte am Ziel seiner Wünsche angelangt zu sein. Da stand er Hand in Hand mit Lore am Altar, eine feenhafte Pracht umgab ihn, denn zahllose Kerzen beleuchteten die von acht ionischen Marmorsäulen getragene Kapelle, das fürstliche Paar, und der ganze Hof wohnten der Trauungszeremonie bei. Alles glänzte und blitzte von Gold und Brillanten, ein Meer von Seide und Spitzen durchwogte das Gotteshaus. Doch das herrlichste Juwel unter all diesen Reichtümern war die Braut selbst.

Wie schön, wie unbeschreiblich schön sah Lore von Bergen in ihrem weißseidenen Brautkleid aus, die Myrthenkrone auf dem goldschimmernden üppigen Haar, das Antlitz und die jungfräuliche Gestalt halb verhüllt von dem sie wie Schaum der Rheineswellen umgebenden Schleier. Und Lore von Bergen war nicht nur die schönste Braut, die Graf Battiany im Rheinland hätte finden können, sie war auch eine der reichsten. Als einziges Kind des früh verwitweten Grafen von Bergen, eines stattlichen, graubärtigen Mannes, der gewöhnlich auf weiten Reisen lebte, heut aber natürlich an Lores Seite stand, war ihr eine reiche Mitgift zugefallen. Vor der Trauungszeremonie war von dem fürstlichen Notar in aller Form ein Heiratskontrakt aufgesetzt worden, in welchem unter anderem dem Grafen Sandor Battiany zugesichert worden war, daß er im Falle des Ablebens seiner Gemahlin als deren Erbe betrachtet werden sollte.

Sicher und wohlverwahrt trug der Graf diesen Heiratskontrakt auf seiner Brust unter der Attila, die zu der prachtvollen Uniform der ungarischen Hoiveduniform gehörte, die der Graf zur heutigen Feier angelegt.

Ja, er hatte viel erreicht, dieser fremde Abenteurer, der es so vortrefflich verstanden hatte, sich am Hofe des Fürsten Karl einzudrängen – die Perle des Rheinlands, die holde Lore von Bergen, hatte er sich zu Eigen gemacht – ihm gehörte sie nun an, denn schon sprach der Priester seinen Segen über die Neuvermählten aus.

Was fragte er auch danach, der ehrgeizige, habsüchtige Mann, ob der Weg, der zu seinem Ziel führte, mit den blutigen Tränen eines unglücklichen Mädchens gefeuchtet war, was kümmerte es ihn, daß das Herz der bleichen Braut, deren Arm in dem seinen ruhte, fast brechen wollte vor Weh und Bangigkeit.

Noch eine halbe Stunde vor der Trauung hatte Lore ihren Vater auf den Knien beschworen, ihr diesen Grafen Battiany nicht zum Gatten zu geben. »Vater, geliebter Vater!« hatte sie unter heißen Tränen ausgerufen, »Du bist immer so gütig gegen Dein Kind gewesen und hast alles aus seinem Wege geräumt, was sein Glück trüben könnte. Warum bestehst Du denn jetzt darauf, daß Deine Lore das Weib eines Mannes wird, der ihr verhaßt ist bis in die innerste Seele hinein, dessen leiseste Berührung sie mit Schauder und Ekel erfüllt – Vater, teurer Vater, errette Dein Kind!«

Da hatte der alte Graf zitternd seine Hand auf Lores blonden Scheitel gelegt, und während zwei große Tränen langsam über seine Wangen herabrannen, hatte er mit dumpfer Stimme hervorgestoßen: »Es muß sein, mein

Kind, frage mich nicht – es muß sein. Und wüßt ich, daß ich Dich damit vom Tode erretten könnte – ich müßte Dich doch dem Grafen Battiany zur Frau geben.«

Bleicher im Gesicht als der Schleier, der sie schmückte, hatte sich Lore von Bergen erhoben. »Dein Wille geschehe, Vater«, stieß sie tonlos hervor. »Ich weiß jetzt, daß hier ein Geheimnis obwaltet, dem ich geopfert werden soll. – Wohlan, ich werde des Grafen Weib, und dann wird Gott mir helfen!«

Die Trauung war auf besonderen Wunsch der Braut am Abend vorgenommen worden, ein großartiges Festmahl schloß sich derselben an, aber das junge Paar verschwand schon nach den ersten Gängen von der Tafel.

Graf Sandor war entzückt davon, daß Lore seinem Wunsch, schon jetzt nach Schloß Waldeck hinüber zu fahren, kein Hindernis entgegengesetzt hatte. Das ließ sich ja prächtig an, wahrhaftig, er hätte nie gedacht, daß das Täubchen, welches früher mit einem anderen gegirrt, sich so gefügig zeigen würde.

Über das Brautgewand ließ sich Lore von ihrer Zofe einen seidenen Mantel breiten, und so stieg sie, nachdem sie von ihrem Vater noch einmal zärtlich Abschied genommen, mit Sandor in den Wagen, dessen Schlag Rigo, der Diener des Grafen, mit tiefer, demütiger Verbeugung öffnete.

In dem Moment aber, in welchem Lore den Fuß auf den Tritt der Karosse setzte, drängte sich ein kleines Bauernmädchen an sie heran. »Von den Schulkindern in Dotzheim«, sagte die Kleine, indem sie Lore einen prächtigen Feldblumenstrauß reichte, »und möge die gnädige Gräfin alles Glück finden, das sie erhofft.«

»Ich danke Dir, mein Kind«, erwiderte die junge Gräfin, »sage denen, die Dich geschickt haben, daß ich ihre guten Wünsche verstand.« Dabei beugte sie sich nieder und küßte das Kind auf die Stirn. Der Graf drückte dem Bauernmädchen ein großes Silberstück in die Hand, dann hob er seine Gemahlin in den Wagen, Rigo schwang sich hinten auf und fort ging es in gestrecktem Galopp. Ein zweiter Wagen folgte, in ihm saß niemand als Hilda, die Zofe Lores, die ihre Milchschwester und mit ihr aufgewachsen war.

Während der Fahr an dem blühenden Ufer des Rheins entlang, wurde zwischen dem jungen Paar kein Wort gewechselt. Lores Hand hielt fest den Blumenstrauß umklammert, den das Bauernkind ihr soeben überreicht, die schlichten Feldblumen erschienen ihr in dieser Minute das Wichtigste und Kostbarste, was sie besaß, sie wußte, er kam von – Leichtweiß. Ohne Zweifel war zwischen den Blumen eine Botschaft des Geliebten verborgen. Mit heißer Ungeduld erwartete sie den Augenblick, da sie allein sein werde und seine Nachricht lesen könne.

Endlich hatten sie Schloß Waldeck erreicht, einen altertümlichen, hoch auf einem Ufervorsprung des Rheines gelegenen Bau, der sich mit seinen Söllern, Zinnen und Türmchen in den Fluten des Stroms spiegelte.

Heute freilich, als Lore zum erstenmal dieses Schloß betrat, war das nicht der Fall, rabenschwarze Finsternis lag über dem Fluß und ein sturmartiger Wind ließ die Wellen desselben hochgehen.

Graf Battiany führte sein junges Weib über eine gewundene teppichbelegte Treppe in das Brautgemach. Seidene Tapeten und Vorhänge, ein breites, von einem Baldachin gekröntes, reichgeschnitztes Bett, dessen Decken und Kissen aus weißer Seide waren, hundert zierliche Kostbarkeiten aus Silber, feinem Porzellan und Elfenbein – alles bewies, daß die gesamte Einrichtung dieses Gemachs mit besonderer Sorgfalt und gutem Geschmack gewählt worden war. Die breiten Bogenfenster dieses saalartigen Zimmers gingen auf den Rhein hinaus.

Sandor erfaßte die Hand seines jungen Weibes, sobald er sie in das verschwiegene Brautgemach geführt, mit eisenfestem Griff. »Wir sind allein«, sagte er in keineswegs gewinnendem Ton, »allein, und Du gehörst von dieser Stunde an mir. Ich weiß, daß Lore von Bergen eine kindliche Schwärmerei in ihrem Herzen getragen, wie sie viele Mädchen im Geheimen hegen, aber ich weiß auch, daß sie einem Unwürdigen, einem tief unter ihr stehenden Manne ihre Neigung geschenkt hat – einem Verbrecher.«

Lore zuckte zusammen und stolz richtete sie das Haupt empor. »Da Sie also wissen, daß ich einen Anderen geliebt habe, Herr Graf«, antwortete sie mit fester Stimme, »so wundert es mich, daß Sie es mit Ihrer Mannesehre vereinbaren konnten, mich zu Ihrer Gemahlin zu machen.«

»Ah bah, über dergleichen törichte Mädchenträume sieht ein kluger Mann hinweg«, rief er, indem er sich mit seinem seidenen Taschentuch das vom reichlich genossenen Wein glühende Gesicht kühlte, »was Lore von Bergen getan hat, das soll mich wenig kümmern. Die Gefühle der Gräfin Lore Battiany werde ich besser zu bewachen wissen. Von ihr fordere ich eheliche Liebe und Treue. Die würde ich, wenn es Not täte, mir zu erzwingen wissen.

Und nun, meine teure Lore«, fuhr der Graf in einschmeichelndem Ton fort, »lassen Sie diesen Schleier fallen, der mir neidisch Ihr süßes Antlitz verbirgt. Wir sind in unserem Brautgemach und mich quält die Sehnsucht, mein schönes Weib bräutlich zu umfangen. Ach Lore, Du ahnst nicht, welches Feuer Deine Reize in mir entzündet haben – laß mich mit einem Kuß, mit einem heißen, glühenden Kuß von Deiner Seele Besitz nehmen und von Dir selbst, Du süßes Mädchen.«

In fiebernder Liebesleidenschaft wollte er sie an sich ziehen, ihre reinen Lippen durch unkeusche Berührung entweihen, aber Lore von Bergen riß sich von ihm los und streckte ihm abwehrend die Hand entgegen. »Noch wenige Minuten erbitte ich mir, Graf Battiany«, rief sie ihm mit fester Stimme zu. »Sie werden mir nicht ein Vorrecht rauben, das auch die ärmste Bürgerfrau in Anspruch nimmt, nachdem der junge Gatte sie ins Brautgemach geführt. Sie will allein sein, wenn sie sich das erstemal im Hause des Gatten zur Ruhe begibt.«

Sandor verbeugte sich galant.

»Ich verstehe«, sagte er mit eigentümlichem Lächeln, »und ich werde Ihnen Ihre Zofe schicken, nur möchte ich Ihnen, damit Sie sich nicht unnützen Hoffnungen hingeben, bemerken, daß dieses Gemach nur diesen einen Ausgang hat und unter jenen Fenstern fließt der Rhein.« Laut auflachend eilte er hinaus, er war sicher, daß sein Opfer ihm nicht entfliehen konnte.

Kaum war Lore allein, als sie die Blumen des von dem Kind überbrachten Straußes auseinanderbog und richtig – um den Stengel einer roten Heckenrose war ein kleiner Zettel gewunden.

»Von ihm!« flüsterte Lore und führte das Papier an ihre Lippen, dann las sie: »Ich erwarte Dich mit einem Nachen am Fluß, benutze einen günstigen Augenblick zu entfliehen und eile durch den Garten. Für die nächsten Tage finden wir sicher Zuflucht in einer Felsenhöhle im Gebirge. Gott ließ mich diese Höhle entdecken, damit ich Dir, mein heißgeliebtes Mädchen, ein Heim bieten kann. Auch unter der Erde werden wir glücklich sein, denn unsere Liebe begleitet uns hinab.

Ewig Dein – Heinz.«

»Ja, ewig Dein«, flüsterte Lore von Bergen, »mit Dir hinunter in die Erde, mit Dir ins Grab!« Dann küßte sie noch einmal die Botschaft und verbrannte den Zettel am Licht einer Kerze zu Asche.

Da trat Hilda, ihre Zofe, ein. Jetzt, beim Licht der Lampe gesehen, war die Ähnlichkeit zwischen Herrin und Dienerin auffallend. Derselbe Wuchs, dasselbe blonde Haar, nur daß es bei Lore einen goldigeren Schimmer hatte.

Die junge Gräfin eilte auf ihre Milchschwester zu und schloß sie in ihre Arme. »Bist Du bereit, das Opfer für mich zu bringen?« fragte Lore mit leiser Stimme. »Du weißt, daß vielleicht eine gewisse Gefahr dabei nicht ausgeschlossen ist.«

»Für Sie, Gräfin, will ich sterben, wenn es not tut!«

»Wohlan, so laß uns eilen – ah, hörst Du den Nachtigallenschlag unten vor dem Fenster – das ist sein Ruf – ich muß zu ihm – ich muß in seine Arme!«

»O, gnädigste Gräfin, ein furchtbares Gewitter steht am Himmel, ich zittere bei dem Gedanken, daß, wenn Sie sich den Fluten des Rheines anvertrauen – hören Sie doch das ferne Grollen des Donners – schon manches kleine Schiff ist in solcher Nacht zu Grunde gegangen.«

»Zittere nicht, Hilda, Gott steht den Liebenden bei – so, die Tür ist verriegelt, jetzt schnell ans Werk!«

Graf Sandor harrte indessen im Vorgemach des Augenblicks, da das Paradies seiner Sehnsucht sich ihm erschließen sollte. Jede Minute wurde ihm zur Ewigkeit. – Endlich öffnete sich die Tür. Die Zofe erschien, ein hübsches Mädchen trotz des einfachen, dunklen Kleides, das sie trug. Schnell, das Haupt schamhaft auf die Brust gesenkt, schritt sie der Tür zu.

»Ist die Gräfin bereit, mich zu empfangen?« fragte Sandor.

»Ja!« antwortete das Mädchen und eilte schnell hinaus.

Hochaufgerichtet, in den stechenden Augen lüsterne Leidenschaft und höhnischen Triumph, betrat Graf Battiany das Schlafgemach seines Weibes. Verwundert blieb er auf der Schwelle stehen. Lore saß, noch immer von dem neidischen Schleier verhüllt, auf dem Rande des seidenen Lagers.

»Deine Zofe scheint Dich schlecht bedient zu haben«, rief der Graf, »nun wohl, so will ich ihre Dienste übernehmen.« Er eilte auf sie zu und setzte sich neben sie.

Das junge Weib rührte sich nicht. Auch als er seinen Arm um sie schlang, duldete sie es.

Die unmittelbare Nähe des schönen Mädchens, des schönsten am Rhein, versetzte Sandor in einen Taumel von Entzücken und Wonne.

»Fort mit diesem Schleier«, rief er, »nichts soll mir Deinen süßen Reiz verhüllen.« Mit roher Hand erfaßte er das zarte Gewebe – ein Riß, und Schleier und Myrthenkrone lagen am Boden.

In demselben Augenblick durchzuckte ein greller Blitz das Gemach. Er beleuchtete Sandor Battiany ein fremdes Mädchenangesicht. Ein heiserer Schrei entrang sich der Kehle des wutzitternden Mannes, dann warf er sich mit einem Tigersprung auf das bräutlich geschmückte Mädchen, schleuderte sie quer über das Bett und umspannte ihre Kehle mit eisernem Griff. »Betrügerin«, knirschte er, »wo ist mein Weib?« Die Lippen des Mädchens blieben fest verschlossen.

Da packte der Ungar die schlanke Gestalt, hob sie empor und trug sie zum Fenster, das er klirrend aufstieß. Mit halbem Leibe hielt er die Unglückliche hinaus und beugte sie über die schauerliche Tiefe.

»Gestehe«, preßte er tonlos hervor, »Deine Herrin ist mit ihrem Buhlen entflohen, mit Leichtweiß, dem Wilddieb und Banditen – gestehe, oder ich schleudere Dich hinab in die dunkle Flut des wildbewegten Rheins.«

»Ich verrate meine Herrin nicht«, rief das Mädchen in angstvollem Ton, »und wenn Sie mich morden, Herr Graf, so würden Sie damit doch nicht erreichen, daß Lore von Bergen wieder zu Ihnen zurückkehrt. Denn sie liebt Sie nicht, Graf Battiany, sie hat Sie niemals geliebt, und sie ist mit dem entflohen, dem ihr ganzes Herz gehört.«

Sandor Battiany stieß einen Wutschrei aus, der nichts Menschliches mehr hatte.

»So sollst Du mir für Deine Herrin bezahlen«, preßte er mit wahnsinniger Leidenschaft hervor, »will Lore von Bergen mir nicht lebend zu Eigen sein, so soll sie die Welt für tot halten und ich – ich bin ihr Erbe!« Ein furchtbarer Donnerschlag folgte diesen Worten. Für einen Moment war die Oberfläche des Rheins in ein grüngelbes Licht getaucht und zugleich schäumten die Wogen auf und spritzten ihren weißen Gischt empor, als streckten sie verlangend ihre Arme aus nach einem Opfer, das ihnen nur zu schnell zu Teil werden sollte.

»Sprich ein schnelles Gebet«, raunte der Ungar der unglücklichen Hilda zu, »Deine letzte Stunde ist gekommen, Mädchen.«

»Allmächtiger Gott«, schrie das Mädchen verzweifelt auf, »Ihr werdet doch nicht wirklich einen Mord an mir begehen, Graf Battiany?«

»Bete«, herrschte der Wütende sie an, »ich will Dich nicht in Deinen Sünden zur Hölle fahren lassen – ha, Du zögerst – Du willst nicht beten – nun gut, so stürze unversöhnt mit Gott in Dein nasses Grab hinab!«

Ein gewaltiger Stoß – ein Schrei – das entsetzliche Verbrechen war geschehen! Mit dem Kopf nach unten schoß eine menschliche Gestalt in den Abgrund hinab. Das Wasser spritzte hoch empor. Gurgelnd verschlang es sein Opfer.

Der Ungar beugte sich mit halbem Leibe zum Fenster hinaus, seine glühenden Wolfsaugen versuchten das Dunkel der Nacht zu durchdringen. »Ha, sie taucht noch einmal auf«, stieß er heiser hervor, »dort schwimmt sie, dort ringt sie mit den Wellen – ihre langen, weißen Gewänder tragen sie – ha, wie sie kämpft, wie sie mit den Armen das Wasser peitscht – vergebens, schöne Hilda, Du bist dem Tode geweiht!«

Schaurig klang ein markerschütternder Todesschrei durch das Brausen des Sturmes über das weite Wasser dahin. »Sie ist versunken«, sagte Graf Battiany dumpf, »der Rhein hat sein Opfer verschlungen und mit ihm den Beweis meines Verbrechens.«

Er taumelte vom Fenster zurück und sank schweißbedeckt auf den Rand des Brautbettes nieder. Doch nur wenige Minuten hielt dieser Zustand der Erschöpfung bei ihm an. Dann glitt ein teuflisches Lächeln über sein verzerrtes Gesicht und er richtete sich entschlossen auf.

»Jetzt gilt es klug und furchtlos handeln«, flüsterte er vor sich hin. »Die Ähnlichkeit zwischen Lore von Bergen und ihrer Zofe Hilda ist groß, fast täuschend. Wenn die Leiche ein paar Tage im Wasser gelegen hat, werden sich ihre Züge verwischen und kein Mensch wird mehr mit Bestimmtheit feststellen können, ob die Ertrunkene meine junge Gemahlin oder ihre Dienerin ist. Zudem ist die Leiche mit dem Brautgewand Lore von Bergens bekleidet – das gibt den Ausschlag, diesem Beweis gegenüber muß selbst der eigene Vater in der Toten sein Kind vermuten.

Der Heiratskontrakt, den ich schlau genug abfassen ließ, sichert mir für den Fall des Ablebens Lores ihr ungeheures Vermögen. Ich bin mit einem Schlage gerettet, ich bin ein reicher Mann – der Abenteurer Battiany wird nun wie ein echter Graf leben können. – Ich habe meine Vergangenheit nicht mehr zu fürchten.

Aber wenn Lore von Bergen wieder auftauchen, wenn sie ihr Recht auf ihren Besitz geltend machen sollte?

Bah, dann gebe ich sie für eine Betrügerin aus – sie ist dann die Zofe Hilda, denn Lore von Bergen wird dann längst in der Gruft ihrer Familie ruhen, wenn überhaupt der Rhein die Leiche herausgibt. Vortrefflich erdacht – und jetzt die Komödie weiter gespielt, damit nicht der Schatten eines Verdachts mich treffen kann!«

Kaum hatte er die letzten Worte triumphierend hervorgestoßen, so riß er die Tür des Brautgemachs auf und schrie mit entsetzlicher Stimme durch das Schloß: »Zu Hilfe – barmherziger Gott – zu Hilfe – mein Weib, mein geliebtes junges Weib hat sich in den Rhein gestürzt!«

Von allen Seiten liefen die Diener herbei, unter ihnen auch Rigo, der Zigeuner. Sie fanden den Grafen im Treppenflur, er lag auf den Knien, raufte sich sein Haar und vermochte in krampfhaftem Schluchzen lange kein Wort hervorzustoßen.

»Jesus, Maria und Joseph, was ist geschehen, Herr Graf?« stieß Rigo hervor.

Battiany schlug verzweifelnd die Hände vor das Gesicht. »Die Sonne meines Lebens ist untergegangen«, weinte der unglückliche Mann, »ich werde niemals mehr eine frohe Stunde erleben, die Gräfin – mein Weib – die Geliebte meiner Seele, die ich soeben ins Brautgemach geführt, sie ist – tot – ertrunken im Rhein!«

»Entsetzlich«, murmelten die Diener, »Gott sei der armen Seele gnädig!«

»Mein armer, bejammernswerter Herr«, rief Rigo und schlang zärtlich seinen Arm um den Grafen, um ihn empor zu heben und zu stützen, »die schöne Gräfin ertrunken? – oder ertränkt?« raunte er ihm höhnisch ins Ohr.

Battiany riß sich von ihm los. Er warf dem Zigeuner einen schnellen, haßerfüllten Blick zu. Dann aber unterdrückte er seine aufsteigende Wut und rief mit gebrochener Stimme: »Sattle Dir das beste Pferd, Rigo, und reite über Hals und Kopf ins fürstliche Schloß hinüber, dort verkünde die Trauerbotschaft. Erzähle, daß Gräfin Lore in demselben Augenblick, in welchem ich sie liebend an mich ziehen wollte, mich zurückstieß und zum Fenster entfloh.

›Ich kann Dir nicht angehören‹, rief sie aus, ›denn ich bin Deiner nicht würdig. Die Myrthenkrone, die mein Haupt geschmückt, war eine Lüge – ich büße eine furchtbare Schuld.‹

Und mit diesen Worten, ehe ich die Unglückselige noch zurückhalten konnte, hatte sie das Fenster aufgerissen und sich hinabgestürzt. Ich sah sie in den Wellen versinken, und konnte ihr nicht helfen, sie nicht retten.«

Aufs neue flossen die Tränen des Grafen Battiany. Auch Rigo hielt sich die Hand vor die Augen, als müsse er sich das Wasser aus denselben wischen, aber zwischen den Fingern hindurch blinzelte er seinem Herrn mit teuflischem Verständnis zu.

»Ihr andern folgt mir«, wandte sich Sandor an die Dienerschaft, »wir wollen in Kähnen den Strom absuchen, können wir Sie auch nicht mehr dem nassen Tode entreißen, so hat der wildbewegte Strom die geliebte Leiche vielleicht schon ans Ufer getrieben. Kommt!«

Fünf Minuten später sprengte Rigo, der Zigeuner, wie ein wilder Reiter durch die Nacht, dem Schloß des Fürsten zu.

Über den Rhein tanzten kleine Flämmchen wie Irrlichter. Es war der gespenstische Schein der Fackeln, mit denen die Ufer nach Lores Leiche abgesucht wurden. Auf den Strom selbst hinaus wollte sich niemand wagen, denn der glich einem entfesselten Meer und der Sturm drohte jedes Boot umzuwerfen, das in diesem Unwetter die Wogen des Rheins hätte durchfurchen wollen.

»Laßt ab, Leute«, befahl Graf Battiany mit matter Stimme, »die Leiche meines Weibes ruht auf dem Grunde des Rheines. O, meine Lore war zu schön, zu liebreizend – selbst der neidische Fluß will sie mir nicht mehr zurückgeben.«

In diesem Moment tauchte eine hohe Gestalt vor Battiany auf. Es war

Graf Christian von Bergen, der Vater Lores. Ohne Hut war er herbeigeeilt – sein graues Haar flatterte im Wind. »Wo ist mein Kind?« schrie er, »mein Kind – meine Lore?«

»Dort unten«, stieß Battiany dumpf hervor und zeigte auf den wildbewegten Fluß. »Sie ist in den Tod gegangen«, rang es sich verzweiflungsvoll von den Lippen des alten Mannes, »und ich – ich bin ihr Mörder, denn ich habe sie gezwungen, Euch die Hand zu reichen, Graf Battiany, obwohl sie Euch haßte und verabscheute.«

»Es blieb Euch nichts anderes übrig, teurer Graf«, flüsterte der Ungar ihm höhnisch zu, »im übrigen war ich bei unserem Geschäft der Betrogene!«

Der Graf fuhr in bebendem Zorn auf. »Ihr – betrogen, Graf Battiany, Ihr, dem ich einen Engel an Schönheit und Unschuld zum Weibe gab?«

»Ihr täuscht Euch«, zischte der Ungar, »Eure Tochter war nicht die Unschuld, als die sie Euch und anderen erschien. Bevor sie in den Tod ging, hat sie mir gestanden, daß sie eine Gefallene sei – mit einem Diener hat sie sich vergangen – Leichtweiß –, vor kurzem noch der Kurier des Fürsten, jetzt ein entehrter Wilddieb und Landstreicher – er war Lores Geliebter – ihm hat sie ihre Tugend hingegeben!«

Graf Bergen taumelte zurück. Sein Gesicht verzerrte sich, und er hob die geballte Faust zum Schlage auf. »Lügner!« schrie er, »Lügner, Du hast mir mein Kind gestohlen, und jetzt mordest Du noch die Ehre der Toten – Lügner – nimm das!«

Aber ehe er noch zuschlagen konnte, schwankte der alte Mann und sank mit herzzerreißendem Stöhnen auf den vom Regen aufgeweichten Boden nieder.

Sandor Battiany beugte sich über ihn. »Der Schlag hat ihn getroffen«, preßte er mit heiserem Frohlocken hervor, »um so besser – das wird mein Erbe verdoppeln!«

Lores Vater wurde im sterbenden Zustande in das Schloß getragen. Die schnell herbeigerufenen Ärzte gaben wenig Hoffnung, ihn am Leben zu erhalten.

»Es wäre ihm zu wünschen«, meinte der Leibarzt des Fürsten, »er stürbe, der arme Graf, denn wenn er auch noch ein paar Jahre leben sollte, so ist er unrettbar einem furchtbaren Siechtum verfallen. An Händen und Füßen ist er gelähmt, und niemals wieder wird er verständliche Laute hervorstoßen können. – Er ist der Sprache beraubt!«

Weit hinter Biebrich trug auf seinen schäumenden Wellen der Rhein ein kleines Boot dahin. Wie ein Nußschale wurde das schwache Fahrzeug hin-

und hergeworfen und drohte in jeder Minute an den felsigen Ufervorsprüngen zu zerschellen. Dazu strömte der Regen wolkenbruchartig nieder und schwefelgelbe Blitze fuhren in rascher Aufeinanderfolge dicht neben dem gefährdeten Boot in das sturmgepeitschte Wasser. Weit und breit kein anderes Schiff, nur dieses eine, das längst nicht mehr seinem Steuer gehorchte, sondern ein Spiel des Windes und der Wellen war.

Aber die Insassen des Bootes schienen entweder die ganze Größe der Gefahr, in der sie schwebten, nicht zu kennen, oder dieselbe nicht zu fürchten.

Lore und Leichtweiß saßen auf der Ruderbank fest aneinandergeschmiegt und hielten sich umschlungen, als könne keine Macht der Erde und des Himmels sie mehr trennen. In wonnetrunkener Liebe, in dem entzückenden Gefühl, nun einander anzugehören mit Leib und Seele, für Zeit und alle Ewigkeit, preßten sie Lippe auf Lippe und Brust an Brust.

»Und wirst Du es auch nie bereuen, meine Lore?« fragte Leichtweiß die Geliebte, »daß Du Deinen Stand und Deinen Reichtum von Dir geworfen, daß Du mir, dem Wilddieb, dem Heimatlosen, gefolgt bist in ein abenteuerliches, ruheloses, gefahrvolles Leben?«

»Ich bin Dein Weib«, rief Lore mit edler Leidenschaft aus, »ich will es werden. Und ein Weib hat die Pflicht, Freud und Leid mit dem Manne ihrer Wahl zu teilen. Und wäre diese Nacht voll Unwetter und Graus ein Abbild unseres ganzen künftigen Lebens, Deine Lore würde nicht verzagen, sie würde doch glücklich sein, wenn sie nur Deine Liebe und Treue besitzt.«

»Liebe bis in den Tod, Treue bis über das Grab hinaus!« Leichtweiß erhob bei diesen Worten die Hand zum Schwur. »Und so gelobe auch ich Dir mit einem heiligen Eide«, sagte Lore von Bergen tief bewegt, »daß nur der Tod mich von Dir scheiden soll. Du und ich – wir stehen jetzt außerhalb der bürgerlichen Gesellschaft, Du bist ein Gebrandmarkter und ich bin Dein Weib – und könnten wir nicht anders unser Brot erringen, als daß Du ein Wilddieb, ein Räuber, ein Bandit würdest, so bin ich des Räubers Weib und will mit ihm verachtet sein.«

»Gott segne Dich für dieses Wort, Lore, wahrhaftig, ich fürchte es, es wird mir nichts anderes übrigbleiben, als den Kampf mit den Menschen aufzunehmen, die mich ungerecht und unschuldig verurteilt und von sich gestoßen haben.«

Er küßte ihr zärtlich die rosigen Fingerspitzen, sie aber hielt ihm zum Kuß die schwellenden Lippen hin.

»Noch brauchen wir uns nicht ganz verloren zu geben«, sagte Lore. »Ich habe, als ich entfloh meinen reichen Brautschmuck mitgenommen, noch heut oder morgen mußt Du nach Frankfurt wandern und ihn dort veräußern. Mit dem Erlös fliehen wir nach Amerika und suchen einen ehrlichen Erwerb.«

»Das ist tausendmal besser«, rief Leichtweiß, »o ich habe ein kluges Weibchen – ja, zucke nur Blitz, rolle nur Donner, schwanke mir Du kleines Boot unter meinen Füßen – jetzt stehe ich doch fest, so fest, daß mich kein Gott und kein Teufel mehr zu Boden werfen soll, denn Lore von Bergen ist mein!«

»Mein!« tönte es wie ein gespenstisches Echo von dem Felsen wider.

»Dort!« schrie sie am ganzen Leibe zitternd auf, »blick dorthin, Geliebter, Gott straft Deine übermütigen Worte und zeigt mir ein furchtbares Bild – dort treibt eine Leiche auf den Wellen, und mir ist's als sähe ich mich selbst im Brautgewande!«

Ihre weichen Arme umklammerten den schönen, stattlichen Mann, und angstvoll barg sie ihr Haupt an seiner Brust. Auch Leichtweiß war es, als sträubten sich ihm die Haare auf dem Haupt empor und ein kalter Schauer lief ihm über den Leib. Hart an dem Kahn trieben die sturmgepeitschten Wellen eine weiße Gestalt vorüber. Bald sank sie in die schauerliche Tiefe herab, bald erhob sie sich wieder auf die weißen, schaumigen Spitzen der Wellen, ein herniederzuckender Blitz ließ Leichtweiß ein grauenvoll verzerrtes Leichengesicht erkennen.

Mit einem dumpfen Laut verbarg er das Gesicht in seiner Hand, während er mit der anderen Lore fest an sich preßte. War er denn wahnsinnig geworden, daß er ein Bild zu sehen glaubte, das in Wahrheit unmöglich existieren konnte? Die Tote, die dort mit winkenden Armen und gläsernen Augen durch den Strom dahintrieb, sie trug ein reiches Brautgewand, über ihren Leib ergoß sich eine Flut blonder Haare und ihr Gesicht – trug Lores Züge. Erst nach einigen Minuten wagte das zitternde Mädchen wieder aufzuschauen.

»Gott sei Dank«, sagte sie, als sie von der furchtbaren Erscheinung nichts mehr gewahrte, »es war nur ein Phantom, ein Trugbild meiner erregten Sinne – nicht wahr, Heinz, Gott wird uns nicht strafen, weil wir ohne den Segen seiner Kirche in heißer Liebe und Treue uns zusammenfinden wollen?«

»Gott will, daß die Menschen, die einander lieben, einander auch gehören«, antwortete Leichtweiß, »die Felsenhöhle, in die ich Dich jetzt führen will, sie wird unsere Kirche sein und unser Brautbett dazu.«

Lore hatte indessen ein kleines, elegantes Lederetui aus ihrer Tasche gezogen. Sie öffnete es vorsichtig und ein strahlender Glanz kostbarer Edelsteine blendete Leichtweiß' Augen.

»Nimm das, Geliebter«, sagte Lore fast demütig, »es ist das einzige Heiratsgut, was ich Dir vorläufig mitbringe, bis wir später von Amerika aus uns mein Vermögen sichern werden. Behüte diesen Schatz wohl, an ihn knüpfen sich jetzt unsere Hoffnungen.«

Leichtweiß verbarg die Diamanten auf seiner Brust. Er wollte Lore sagen, daß er keinen anderen Schatz als ihre Liebe begehre, aber er kam nicht mehr dazu, diese Worte auszusprechen. Ein furchtbarer Windstoß schleuderte das Schifflein gegen einen schroff in den Fluß abfallenden Felsen. Ein dumpfer Krach ertönte, ein Splittern und Bersten, und im nächsten Augenblick war das Boot von der Oberfläche des Wassers verschwunden und seine Trümmer trieben den Fluß hinab.

Zwei Menschen rangen im Wasser. Verzweifelnd steckte Lore die Hände gegen Leichtweiß aus, noch hielt sie sich auf der Oberfläche, aber obwohl selbst eine gute Schwimmerin, vermochte sie dem gewaltigen Anprall der Wogen nicht zu widerstehen.

Doch schon war Leichtweiß neben ihr. Mit kräftigen Armen umfaßte er die Geliebte, hob sie mit halbem Leibe aus dem nassen Element heraus und schwamm mit ihr dem Ufer zu.

Wohl drohte ihn der Strudel zu erfassen und ihn mit seiner holden Last hinabzuziehen in die unendliche Tiefe, doch der gewandte, muskelstarke Mann, dessen herrliche, wohlgeformte Glieder wie aus Stahl und Eisen geschmiedet waren, überwand alle Fährnisse und Schwierigkeiten. Bald fühlte er Grund unter seinen Füßen.

Im nächsten Moment befand er sich mit seiner geliebten Lore am Ufer.

Leichtweiß und seine treue Lore müssen noch viele Abenteuer bestehen (u.a. kämpfen sie in Amerika gegen Apachen und verhindern, wieder in Deutschland, die Versklavung der Dotzheimer), bis es in den beiden letzten Kapiteln zum Showdown kommt. Hauptperson der blutrünstigen Schlußszene ist neben Leichtweiß und Lore der böse Graf Battiany, der Lore geschändet hat und den Sohn des Räuberpaares widerrechtlich gefangen hält.

Ein Ball im Folterkeller

Am nächsten Morgen hielten eine Anzahl Männer vor dem Tor der Blutburg, welche Maultiere mit sich führten, die mit Koffern und Kästen, Säcken und Körben beladen waren.

Diese Männer waren samt und sonders Diener des Grafen Battiany.

Der Graf hatte den vergangenen Abend in lustiger Gesellschaft verbracht, in welcher sich auch schöne Frauen befanden. Als die Stimmung ihren Höhepunkt erreicht und die Ausgelassenheit nichts mehr zu wünschen übrigließ, da hatte Graf Battiany vorgeschlagen, daß das Fest, welches allen Teilnehmern so viel Vergnügen bereitet, in der nächstfolgenden Nacht fortgesetzt werde.

»Meine Damen«, hatte Graf Battiany ausgerufen, »sie haben bisher nur immer Feste in den eleganten Sälen moderner Schlösser gefeiert, aber bedenken Sie, welchen romantischen Reiz unsere kleine intime Gesellschaft erst haben würde, wenn dies in einem alten Gemäuer stattfände, welches sonst kein Mensch zu betreten wagt.

Meine schönen Damen, wie wäre es, wenn wir morgen in dem großen Parkettsaal der Blutburg schmausten und tanzten?«

»In der Blutburg«, rief die üppige Clementine, eine Baronin, aus, eine Dame von hervorragender, blonder Schönheit, welche sich jedoch schon jahrelang nicht mehr am Hofe zeigen durfte, da ihr Lebenswandel in hohem Grade der tugendhaften Gemahlin des Fürsten Karl von Nassau mißfiel. »Nein, in die Blutburg ginge ich nicht, und wenn ich wüßte, daß ich dort einen bedeutenden Schatz finden könnte. Man erzählt ja Schreckliches von dieser Ruine, Dinge, bei denen einem die Haut auf dem Leibe schaudert.«

»Ach, wer das sehen könnte«, nämlich das Schaudern, rief Battiany galant und näherte sich der blonden Baronin Clementine, um seine Hand liebkosend um ihren entblößten Nacken zu führen.

»Ja, es ist allerdings wahr«, fügte die Gräfin Collanda hinzu, eine unverheiratete Dame, von der man jedoch behauptet, daß sie in alle Geheimnisse der Liebe und Ehe mehr eingeweiht sei, als eine Ehefrau, die schon vor zehn Jahren den Treueschwur am Altar gelobt.

»Die Blutburg steht in keinem sehr guten Rufe. Das Landvolk schwört darauf, daß dort allnächtlich die Geister umgehen, und die Seelen von Verstorbenen, welche in einem unterirdischen Keller der Burg gefoltert wurden, wimmern und stöhnen.«

»Und das könnte Sie wirklich abhalten, die Blutburg zu besuchen, gnädigste Gräfin«, lachte Graf Battiany. »Glauben Sie denn wirklich, daß Ihnen irgendein Geist etwas zuleide tun könnte, wenn Sie sich in meiner Gesellschaft befinden? Ah, ich habe eine vortreffliche Idee, welche wir unbedingt ausführen müssen. Wir nehmen zuerst in dem Parkettsaal der Blutburg, welche ja bekanntlich jetzt mein Eigentum ist, ein opulentes Mahl ein. Sobald die Mitternachtsstunde schlägt, marschieren wir alle in den unterirdischen Keller hinab, nehmen die Musik mit und tanzen dort nach Herzenslust. Dann mögen die Geister der Blutburg sich mit uns im Reigen schwingen. Uns soll es gleichgültig sein.

Vielleicht befinden sich unter den Geistern schöne Frauen, die, wie ja Gespenster manchmal tun, Schlag zwölf Uhr ihre frühere Gestalt wieder annehmen und um ein Uhr in Nichts verschwinden. Nun, diese eine Stunde würde uns gerade genügen, um uns mit diesen schönen Geistern zu befreunden.

Also, die Sache ist abgemacht. Morgen um zwölf Uhr nachts großer Geisterball in der Blutburg und alle Anwesenden sind feierlichst eingeladen.«

Diese Einladung bezog sich im ganzen auf sieben Herren, welche samt und sonders dem hohen Adel Nassaus und der Sippe Battianys angehörten. Ebenso auf fünf schöne wie galante Frauen, die samt und sonders an alle anderen Dinge mehr dachten, als an ihre weibliche Ehre. Der großen Öffentlichkeit gegenüber, da spielten sie die Tugendhaften, und wehe demjenigen Bürger, der es gewagt hätte, sie auch nur mit einem Blicke zu beleidigen.

In den geheimen Zimmern ihrer Schlösser hinter verriegelten Türen, da offenbarte sich die ganze Bestialität des Menschen, welche nirgends so vollendet als in einer verdorbenen Frauenseele zu finden ist, da berauschten sie sich an Champagner, bis sie sinnlos betrunken ihren Liebhabern in die Arme sanken.

Zwar erhoben sich Stimmen in der Gesellschaft, welche von der Einladung Battianys nichts wissen wollten, denen vor einem Fest in der Blutburg und gar einem Balle graute. Diese zaghaften und besonnenen Leute wurden überstimmt, und es ward beschlossen, daß um neun Uhr des nächsten Abends sich die ganze Gesellschaft in dem alten Gemäuer versammeln sollte.

»Seid überzeugt davon, meine Freunde«, rief Battiany noch, als er sich verabschiedete, »das wird ein Fest werden, wie wir es noch niemals gefeiert haben, denn die Blutburg besitzt einen hohen romantischen Reiz, und wir werden keine anderen Lichter anzünden, als diejenigen, welche uns der Himmel selbst zur Verfügung stellt, der Mondschein, der durch die Bogenfenster der Blutburg hineinfließen wird, soll unsere ganze Beleuchtung bilden.«

Dann ritt Battiany nach Hause und befahl noch in derselben Nacht seinem Kammerdiener und seinem Mundkoch, alle Vorbereitungen für den nächsten Abend zu treffen.

Deshalb also standen an diesem Morgen etwa zehn Diener, denn ihre Zahl war auf ausdrücklichen Befehl Battianys beschränkt worden, vor dem

Haupttor der Blutburg, und sie brachten bereits alles, was für das Fest nötig war, mit. In einem Raum, welcher als Küche dienen konnte, richtete sich der Koch, so gut es eben möglich war, ein. Der Kammerdiener und der Tafeldecker schlugen im Parkettsaal eine für dreizehn Personen berechnete Tafel auf, wobei der alte Tafeldecker nicht umhin konnte, bedenklich mit dem Kopf zu schütteln, denn dreizehn Gedecke stellte er niemals gern auf den Tisch, denn er fürchtete diese Zahl wie die Pest.

»Gib acht«, sagte er zu seinem Freund, dem Kammerdiener, »das geht heute nicht gut zu Ende, zuerst ist es überhaupt ein Frevel, die verrufene Blutburg durch ein solches Fest zu entweihen, und auf derselben Stätte, wo ein furchtbares Verbrechen – ein Mord geschehen ist, zu schmausen und zu tanzen und nun gar dreizehn Personen am Tisch – ich will nicht selig werden, wenn das heute einen glatten Verlauf nehmen wird.«

Der Kammerdiener zuckte die Achsel, er hielt sich für sehr gebildet und glaubte sich über derlei abergläubische Erregungen erhaben. »Das wird noch viel toller kommen«, sagte er, »denn der Herr Graf hat mir bereits verraten, daß um Mitternacht ein Ball in dem dunklen Keller der Blutburg stattfinden soll, und nicht einmal Lichter werden sie dabei anzünden.«

»Gott erbarme sich meiner armen Seele«, rief der weißhaarige Tafeldecker entsetzt aus. »Ein Ball in dem Foltergewölbe der Blutburg! Kammerdiener, ich wünschte, es wäre schon der nächste Morgen, und wir hätten dieses verwünschte Haus hinter uns.«

Während die beiden Diener so sprachen, sahen sie nicht, wie ein geheimer Wandschrank des Parkettsaals, der von einem Uneingeweihten absolut nicht bemerkt werden konnte, sich langsam öffnete, und wie für einen Moment das triumphierende Gesicht eines kraftvollen, stattlichen Mannes zum Vorschein kam, um blitzschnell wieder hinter der geräuschlos in seinen Angeln sich drehenden Tür zu verschwinden.

Battiany selbst traf schon um 8 Uhr abends in der Blutburg ein und sein erster Gang galt seinem kleinen Gefangenen im Turmgemach.

»Der ist auch bestimmt, eine Rolle bei meinem Fest zu spielen«, lächelte er, während er die Treppe zum Turm emporschritt. »Ich werde heute mit ihm ein Ende machen, das soll ein köstlicher Effekt werden, der die verwöhnten Nerven meiner Freunde befriedigen wird.«

Er fand den kleinen Anton ganz so wie er ihn verlassen, in seine Lumpen gehüllt im Turm. Battiany befand sich heute guter Laune und deshalb schlug er nicht gleich auf den Knaben ein, sondern versicherte sich nur, daß sein Gefangener zugegen sei, und daß die Eisenstäbe am Fenster und die Schlösser und Eisenstangen auf der Tür unversehrt waren.

»Nun hast Du Hunger, mein Junge?« fragte er leutselig.

»Ich habe immer Hunger«, antwortete der kleine Gefangene.

»Sollst heute zu essen bekommen«, lachte Battiany höhnisch, »warte nur ab, wenn Du artig bist, so sollst Du morgen schon jeder Qual erhoben sein.« Damit eilte er aus dem Gemach und verschloß sorgfältig hinter sich die Tür.

Kaum war er verschwunden, als aus dem Kamin, in welchem heute kein Feuer brannte, das wutverzerrte Gesicht Heinrich Anton Leichtweiß auftauchte, dem bald die ganze Gestalt des Räubers folgte.

Leichtweiß schloß seinen Sohn in die Arme und rief: »Ah, ich habe an mich halten müssen, um ihn nicht gleich zu erwürgen, aber das wäre eine zu kleine Strafe gewesen, er soll schwerer getroffen werden, schwerer.«

Unten am Portal fuhren die Gäste vor. Die Wagen wurden sofort fortgeschickt, nachdem den Kutschern strengstes Stillschweigen anbefohlen worden war, über den Ort, wohin sie ihre Herrschaften gebracht hatten, und im übrigen erhielten sie den Befehl, beim Morgengrauen wieder vor der Blutburg vorzufahren, um ihre Gebieter abzuholen. Die Kutscher bekreuzigten sich und wünschten sich Glück, als sie die Blutburg wieder im Rücken hatten.

Das Fest im Parkettsaal begann. Die Tafel strotzte von Gold und Silber und kostbarem Porzellan. Hinter jedem Stuhl stand ein Diener in glänzender Livree, welcher auf jeden Wink des Gastes achtgeben mußte.

In seiner Ecke hatte sich der Kellermeister mit Weinvorräten aufgestellt, damit die Becher schnell wieder gefüllt werden konnten, wenn sie geleert worden waren.

Und der Tafeldecker, der zugleich die Speisen vorschnitt, wußte gar nicht, wo er zuerst den Anfang machen sollte. Die seltensten Delikatessen wurden den Gästen serviert. Aber der Gaumen dieser vornehmen Leute war schon so abgestumpft, daß ihnen das Beste nicht mehr mundete.

Die herrlichsten Perlen des Rheins wurden getrunken, aber man eilte, zum Champagner zu kommen, denn dieser Feuerwein brachte das abgenützte Blut wenigstens wieder einigermaßen in wallende Bewegung. Als man bei den süßen Speisen und bei den italienischen Früchten angelangt war, winkte Battiany der Dienerschaft zu, sich zu entfernen. Denn er wußte, daß seine Gäste es liebten, völlig ungeniert zu sein, und sich von den Augen der Lakaien nicht beobachten zu lassen.

Sobald sich nun die kleine Gesellschaft allein befand, schlug der Ton, der bis jetzt in der Unterhaltung vorherrschend gewesen war, um, und die Späße, die hin- und herflogen, waren von einer Frivolität, vor welcher eine ehrbare Frau entsetzt zurückgefahren wäre und die selbst mancher Mann nicht zu ertragen vermocht hätte.

Die blonde Clementine hatte bereits des Guten zuviel getan und hatte sich auf Battianys Schoß gesetzt, da sie überhaupt eine ausgeprägte Vorliebe für den Abenteurer hatte. Sie ging in ihrer Trunkenheit soweit, sich über die Person des Fürsten lustig zu machen, aber die andern verwiesen sie nicht, sie gingen darauf ein, und der Landesherr diente ihnen eine Zeitlang als willkommener Gegenstand ihres Spottes.

»Übrigens ein ganz hübscher Saal«, rief die schwarzhaarige Collanda, indem sie sich forschend in dem Parkettsaal umblickte. »Die Wände sind mit Ölgemälden geschmückt, welche offenbar dic Ahnen derjenigen vorstellen, welche die Burg bewohnten. Sehen Sie dort, meine Herren, den Ritter mit dem wallenden Helmbusch auf dem Bilde. Wie stolz er seine Rüstung trägt, als ob er Stahlpanzer ihn unbedingt vor jeder Verletzung schützen könnte und heutzutage!! – welch leichtes Spiel hätten wir mit einem Feind, der sich hinter einem solchen Panzer verkriechen würde. Da machten wir es einfach so!« Und das schöne Weib riß ein kleines, zierlich mit Silber ausgelegtes Taschenpistol aus ihrem Busen. Sie zielte einen Augenblick und schoß dann über die ganze Tafel hinweg nach der Mitte des Ritterbildes.

Sie hatte das Herz des geharnischten Ritters treffen wollen, aber sie hatte gefehlt. Ihre Kugel hatte das Gesicht des Bildes zerstört.

Sogleich hatten auch mehrere der anwesenden Kavaliere ihre Pistolen aus der Tasche gezogen. Sie sollten beweisen, daß sie ihrer Kugeln sicherer seien als die Gräfin, und nun begann ein allgemeines Schießen nach dem Bilde.

»Aber das ist ja kein Vergnügen«, rief Battiany gelangweilt aus, »nach einem gemalten Bild zu schießen. Das hat ja weder Hand noch Fuß. Da schlage ich eine andere Zerstreuung vor, meine Freunde. Wie wäre es, wenn ich Ihnen einen lebenden Menschen zur Verfügung stellte, nicht wahr, nach einer solchen Scheibe haben Sie noch niemals gezielt.«

»Es wird sich doch keiner Ihrer Diener dazu hergeben«, rief die Gräfin Collanda, die bei dem Gedanken, auf etwas Lebendiges zu schießen, vor Vergnügen in die Hände klatschte.

»Es handelt sich auch um keinen Diener«, rief Battiany, »wollen Sie mich einige Minuten entschuldigen, meine Herrschaften, und Sie sollen sogleich sehen, daß ich niemals etwas verspreche, ohne dasselbe zu halten.«

Er schied aus der Mitte der Freunde, kehrte aber nach einigen Minuten in den Saal zurück. An der Hand führte er den kleinen Anton, welcher zwar bleich und niedergeschlagen war, aber ruhig und gefaßt schien.

»Ich erlaube mir, Ihnen diesen jungen Herrn vorzustellen«, rief Graf Battiany mit höhnischem Spott, »es ist der Sohn des Räubers Heinrich Anton

Leichtweiß. Sie wissen, daß der Fürst ihn mir zur Erziehung übergeben hat. Der Sohn des Banditen Leichtweiß soll in die Armee eintreten, denn der Fürst verspricht sich von ihm, daß das verwegene Blut des Vaters auch in den Adern des Sohnes fließen, und ein tüchtiger Soldat aus ihm werden müsse.

Nun, wir wollen einmal sehen, ob unser junger Freund nicht zittert, wenn die Kugeln auf ihn zulaufen werden. He, Junge, das Herz sinkt Dir wohl schon bei dem Gedanken, daß Du schießen hören wirst, in die Knie.«

»Ein famoser Junge«, lallte die blonde Clementine und stürzte einen Becher Champagner hinunter.

Battiany stellte jetzt den Knaben an die eine Wand des Parkettsaales. Die Schützen ordneten sich. Jeder von ihnen lud sein Pistol mit einer neuen Kugel.

»Wer soll der erste sein?«

»Den Vorrang überlasse ich meinen Gästen«, sagte Battiany verbindlich.

»Nun denn, so will ich den Anfang machen«, ließ sich ein steinreicher Gutsbesitzer vernehmen, der von seinem Vater nicht weniger als neun Rittergüter geerbt hatte, und sich jetzt auf dem besten Wege befand, durch Ausschweifungen und noch nie dagewesene Verschwendungen das Vermögen zu vergeuden.

»Der erste Schuß gehört mir und zehntausend Laubtaler für ein reizendes Fest gebe ich, das wir demnächst arrangieren wollen, wenn meine Kugel nicht diesem Jungen die Orange vom Kopf herunterschießt.«

Der Gutsbesitzer trat einen Schritt vor. Battiany legte indes eine Apfelsine auf den Kopf des kleinen, armen Anton. Dieser stand wie eine Bildsäule. Kein Muskel zuckte. Er schaute mit einem Blick voll Verachtung auf das vornehme Lumpenpack herunter, welches durchaus auf etwas »Lebendiges« schießen wollte.

Der Erbe der neun Güter hob die Hand, welche mit der Pistole versehen war. Er zielte. – Da krachte ein Schuß und zugleich ertönte ein Schmerzensschrei im Saal. Eine Wolke von Pulverdampf schwebte über der Tafel. Die Orange lag unberührt auf dem Haupt des unglücklichen Kindes, welches diesen Schurken als Zielscheibe diente, aber der Gutsbesitzer stand da – ohne rechte Hand.

Dieselbe war durch einen ungemein sicheren Schuß vom Handgelenk herabgerissen worden. Die erstarrten blutigen Finger umklammerten noch den Schaft der Pistole.

»Wer hat diesen Schuß abgefeuert«, rief Battiany, »war es doch gerade, als wenn es von Geisterhand geschehen sei.«

Der Verwundete stieß einen tiefen Seufzer aus. Dann sank er ohnmächtig in die Arme mehrere Kavaliere, die schnell zu ihm getreten waren.

Ja, wer hatte diesen rätselhaften Schuß abgefeuert, das war, soviel Battiany sich auch darum bemühte, nicht festzustellen. Denn der Graf mußte sich selbst davon überzeugen, daß alle Türen des Parkettsaales fest verriegelt waren. Durch eines der Fenster war der Schuß nicht gekommen, da die Scheiben der Fenster unversehrt waren.

Schließlich, nach einigem Hin- und Hersinnen, einigte man sich, daß die trunkene Clementine ihren Schuß abgedrückt habe, und wirklich fand man in deren Pistol keine Kugel.

Die Lust, nach etwas Lebendigem zu schießen, war den Herrschaften jedoch jetzt vergangen. Der seiner Hand beraubte Gutsbesitzer mußte, nachdem man ihn notdürftig verbunden, in Battianys Wagen getragen und nach Hause geschickt werden. An den unglücklichen Knaben dachte jetzt niemand.

»Lassen wir uns unsere Laune nicht verderben«, rief Graf Battiany aus. »Der Glanzpunkt unseres Festprogrammes steht noch aus. Sie wissen, meine Damen und Herren, was ich Ihnen versprochen habe! Wir veranstalten einen Ball in den unterirdischen Kellern dieser Burg, die bisher kein Sterblicher betreten hat. Zwischen den Mauern, in denen sonst nur Seufzer und Stöhnen der Gefolterten und Verhungerten laut wurden, sollen bald die lieblichen Klänge eines Menuetts ertönen. Da, wo die Gefangenen der Burgbewohner mit zerbrochenen Gliedern blutend, siech, krank, dem Wahnsinn nahe, umherkrochen, da wollen wir tanzen und fröhlich sein.«

»Ja, zum Ball«, riefen die Gäste des Grafen Battiany, welche vom Champagner schon trunken waren. »Hinab in die unterirdischen Gewölbe der Blutburg – wir wollen tanzen – tanzen!«

Graf Battiany bot der üppigen, schönen, blonden Clementine seinen Arm. Das trunkene Weib faßte ihn unter und schmiegte sich fest an den Ungarn an. Ihr wallender und von glühender Erwartung entfesselter Busen berührte seinen Körper.

Auch die anderen Paare fanden sich ein. Schon wollte die ausgelassene Gesellschaft den Parkettsaal verlassen, um tief unter der Erde in dem steinernen Verließ der Burg ihre Orgien zu beginnen, als Battianys Blicke auf den kleinen Anton fielen.

»Her zu mir, kleiner Hund«, rief er mit barscher Stimme dem Knaben zu. »Du kommst mit in den Keller hinab, Dich will ich ebenfalls tanzen lassen, aber einen Tanz, bei dem Dir angst und bange werden soll.«

Anton gehorchte. Er schlich ruhig und wortlos an die Seite des Mannes, der ihn monatelang wie einen Sklaven gehalten, gepeitscht, getreten, in Hunger und Schmutz fast hatte umkommen lassen. Aber wenn Battiany in diesem Augenblick dem bleichen Kind an seiner Seite mehr Aufmerksamkeit geschenkt hätte, so würde er vielleicht erschrocken sein über den trotzigen, triumphierenden Ausdruck, den die dunklen Augen des Knaben widerspiegelten.

Aber der Graf hatte in diesem Augenblick etwas Wichtigeres zu tun. Er klatschte in die Hände und zugleich erschien sein Kammerdiener mit einem Korb voll Blumen und Kränzen. Jeder der Teilnehmer wand sich einen Kranz blühender, duftender, roter Rosen um das Haupt. Eine aus anderen Blumen geflochtene Kette wurde um Schultern und Hüften gelegt.

Dann winkte Battiany abermals. Jetzt erschienen sechs Trompeter in mittelalterlicher Tracht aus dem Nebenraum und stellten sich an die Spitze des Zuges. »Vorwärts!« befahl der Ungar, »wir ziehen im Blumenregen hinab in die unheimlichen Verliese. Dort wollen wir die Geister der Verstorbenen herausfordern, sie mögen an unserem Feste teilnehmen, solange es ihnen erlaubt ist, auf der Oberwelt zu weilen.«

Die Trompeten schmetterten, die Musikanten bliesen einen fröhlichen Marsch. Unter den Klängen desselben stiegen die von Ausschweifungen und Vergnügungen erschöpften Aristokraten hinab in die Kellergewölbe der Burg, um ihre abgestumpften Nerven durch eine Mischung von Grauen und Wollust zu kitzeln und in Schwingung zu bringen.

Es war ein gewaltiger Raum, in welchen Battiany seine Gäste führte. Tiefe Finsternis herrschte in demselben. Eisige Moderluft wehte den Festteilnehmern entgegen. Unwillkürlich preßten sich die schönen Gräfinnen und Baroninnen fester an ihre Begleiter heran. Das tiefe Dunkel begünstigte manche verliebte Berührung, manchen hastig ausgetauschten Kuß, manch vielsagendes Wort, welches heiße Versprechungen für den Rest der Nacht enthielt.

Battiany klatschte wieder in die Hände. Zugleich öffneten sich drei Falltüren, welche oben an der Decke angebracht waren. Dieselben führten ins Freie hinaus. Das Mondlicht floß fahl, mit bläulichem Schimmer in die unter der Erde gelegenen Räume hinein, aber es genügte der Gesellschaft vollständig, um jedes andere Licht für die projektierte Festlichkeit zu entbehren. Man sah sich eben – und wo man sich nicht sah, da fühlte man sich.

»Aufgespielt, Musikanten«, rief Battiany, »laßt uns tanzen – tanzen!«

Und hier auf dieser unheimlichen Stätte, wo wirklich früher nur Flüche, Verwünschungen, bittere Klagen und Schmerzgeheul sich erhoben, hier flogen die Paare nun, fest aneinandergeschmiegt, in leidenschaftlichem Tanze dahin.

Der Tanz wurde immer wilder, immer unzüchtiger und unverhüllter die Gebärden und Körperbewegungen, die diesen Tanz jetzt begleiteten. Die schönen Frauen, welche Battiany seine Gäste nannte, sie ganz besonders schienen von einer wahren Raserei erfaßt worden zu sein.

Die Trompeter mußten ihre Instrumente an den Lippen halten, bis diese ihnen den Dienst versagten, und noch tanzten einige Paare ohne Musik fort, bis sie vor wollüstiger Ermattung in einen Winkel des Kellers taumelten.

Und nun trat Graf Sandor Battiany in die Mitte des Burgverlieses.

»Meine Freunde«, sagte er, indem er mit wollüstig funkelnden Augen um sich schaute, »ich habe nun mein Wort gelöst, und wie Sie sehen, meine Damen, haben die Geister, die der Sage nach zwischen zwölf und ein Uhr hier ihr Wesen treiben sollen, vor uns das Feld geräumt. Die Toten sind den Lebenden gewichen. Aber, meine Damen und Herren, ich habe Ihnen noch einen anderen Genuß vorbereitet. Ich glaube, wir benützen die Pause, welche unsere eigene Erschöpfung bedingt, um nun den entschieden interessantesten Teil des Festprogramms zu erledigen.«

Battiany machte eine kleine Pause. Dann streckte er plötzlich die Hand aus und erfaßte den Knaben, der nur in geringer Entfernung von ihm stand, und zog ihn zu sich heran.

»Wie Sie wissen, meine Freunde«, fuhr er dann zu seinen Gästen gewendet fort, »haben hier in den unterirdischen Gewölben der Burg die grausamsten Foltern stattgefunden. Ich war so glücklich, eine Anzahl dieser Folterwerkzeuge in einem verborgenen Zimmer des Schlosses zu entdecken.

Nun denn, so will ich Ihnen eine solche Folterszene, wie sie sich zwischen diesen Mauern oft abgespielt haben mochte, vorführen, nicht nur im Bilde, nicht nur durch schwache Andeutungen, wie sie diese wohl sonst hie und da gesehen haben mögen, sondern leibhaftig, körperlich, das heißt am Körper eines Menschen, der diesem Zwecke dienen wird.«

»Bravo, Battiany! Bravo!« riefen einige der Kavaliere, die Damen aber klatschten in die Hände, und die halb betrunkene Clementine, welche sich ihrer Schuhe entledigt hatte, warf das rechte Bein so hoch empor, daß sie damit dem neben ihr stehenden Kavalier den Hut graziös aus der Hand schlug.

Battiany klatschte wieder in die Hände.

Da wurde von einem Teil des Kellers, den die Gäste bisher nicht beachtet hatte, ein schwarzer Vorhang zu beiden Seiten fortgezogen. Man erblickte eine Folterwerkstätte, so greifbar, so anschaulich, daß man, besonders da man sich hier zwischen von Feuchtigkeit triefenden Wänden eines Verlieses befand, sofort an den Ernst der Situation glauben mußte.

Ein Feuer speiender rotglühender Ofen nahm die Mitte des durch die Gardinen begrenzten Raumes ein. Auf diesem Ofen lagen Folterwerkzeuge aller Art, die in dem Ofen glühend gemacht wurden. Wenige Schritte von dem Ofen entfernt stand ein Bock, auf dem der Verurteilte gespannt zu werden pflegte und neben diesem Bock – oh welch ein unheimlicher Anblick – hatten zwei riesige, völlig rot gekleidete Männer von abschreckender Häßlichkeit Posto gefaßt. Sie hatten ihre Arme bis an die Schultern entblößt.

»Die Vorstellung beginnt«, rief Battiany, »gebet diesem Knaben vorläufig die Daumenschrauben, zugleich aber behandelt ihn an den Füßen mit den glühenden Eisen.«

Der Graf hatte wohl darauf gerechnet, daß der unglückliche kleine Gefangenen nun in Schreien und Weinen ausbrechen und sich, um Gnade flehend, zu seinen Füßen winden werde. Aber er hatte sich geirrt. Der kleine Anton blieb völlig ruhig, und als nun der Henker auf ihn zuschritt und ihn zu dem Bock hinzog, stieß er auch nicht einen einzigen Laut der Furcht und der Bestürzung aus.

Die ganze Gesellschaft schien enthusiasmiert zu sein und schwelgte im Vorgefühl der Nerven kitzelnden Komödie, welche sich nun abspielen würde. Die Augen nahmen jetzt einen fast tierischen Ausdruck an und besonders die blonde Clementine vermochte sich nicht zu halten.

»Battiany«, rief sie, indem sie an den Folterbock heranstürzte, »wenn Sie wollen, daß ich recht gefällig und liebenswürdig gegen Sie in Zukunft bin, so erlauben Sie, daß ich selbst die Fußsohlen dieses reizenden Knaben berühre.«

»Mit Vergnügen, meine schöne Freundin, ich bin überzeugt, es wird meinem kleinen Zögling ein wohltuendes Gefühl bereiten, wenn er sich von so schöner Hand gefoltert weiß.«

Das üppige blonde Weib riß eines der Eisen aus den Flammen, während der Henker den Knaben auf den Bock warf, ihm Hände und Füße mit Riemen fesselte und seinen linken Fuß dann des Schuhes und Strumpfes entledigte.

»Laßt mich zuerst«, schrie das Weib in einer Extase, die dem Wahnsinn glich, »ich will ihm das Eisen an den Fuß heranführen – ich will ihn dabei beobachten – laßt mich – laßt mich!«

Auf einen Wink Battianys trat der Henker zurück. Clementine warf sich auf die Knie nieder, um bequem von unten herauf das Eisen führen zu können, sie hob die Hände, die mit dem Marterwerkzeug bewaffnet waren, empor –

Ehe sie jedoch ihr verabscheuungswürdiges und schnödes Vorhaben ausführen konnte, nahm die Komödie, welche Battiany inszenierte, eine Wendung, die der vortreffliche Regisseur gewiß nicht vorgesehen hatte. Die Henker schrien plötzlich entsetzt auf und entflohen, die Augen mit den Händen bedeckend, mitten in die Gesellschaft hinein.

Dicht vor dem Schmelzofen waren drei weiße Gestalten aufgetaucht. Sie standen einen Moment lang unbeweglich, und der Schein der düsterroten Flammenglut fiel auf ihre verzerrten, bleichen Gesichter.

Im Hafen des Glückes

»Die Geister der Blutburg«, schrie Battiany selbst entsetzt auf – »sie sind aus ihren Gräbern emporgestiegen, wehe uns – fliehet –«

Und gepackt, geschüttelt von furchtbarem Entsetzen, jagt diese ganze Gesellschaft der Tür zu, durch welche der Zug eingetreten war. – Kavaliere, Damen, Musikanten, Henker, einer stieß und trat den anderen, um nur ¼ Minute früher den Ausgang zu erreichen. Die schöne Gräfin Collanda stolperte über eine Unebenheit des Fußbodens, sie kam zu Fall, aber die anderen liefen über sie hinweg und traten sie mit Füßen.

Jetzt hatte Battiany, der an der Spitze der Fliehenden sich befand, die Tür erreicht – da entrang sich seinen Lippen ein markerschütternder Schrei – die Türe war verschlossen, sie war von außen verriegelt.

Noch ehe sich Battiany über dieses neue Vorkommnis Rechenschaft ablegen konnte, gellte ein Todesschrei durch das dunkle Verlies. – Die blonde Clementine hatte ihn ausgestoßen.

Einer der Geister, die riesigste Gestalt von den dreien, hatte sie am Genick gepackt. Mit einem schnellen Griff hatte er ihr das glühende Eisen entrissen und dasselbe in den vom Kleide nur spärlich bedeckten Busen hineingestoßen. Die Unglückliche fiel zu Boden, ein paar kurze Zuckungen, dann war alles vorüber.

Und jetzt stürzten die Geister auf die vor Schrecken und Entsetzen gelähmte Gesellschaft zu. Schüsse krachten. Dann schwangen die Geister riesige mit eisernen Ringen beschlagene Holzkeulen über ihrem Haupt, dieselben fielen zerschmetternd auf die Häupter der Unglücklichen, die sich neben der Tür zusammendrückten. In wenigen Minuten bedeckten sieben Leichname die Stelle, wo das Blutbad stattfand.

Einem der Musiker war es jedoch gelungen, das Schloß der Tür zu sprengen. Nun stürzte alles, was sich noch am Leben befand, heulend, schreiend, wehklagend, nach den oberen Räumen der Blutburg, um von da aus so schnell wie nur möglich aus dem unheimlichen Hause zu entfliehen.

Auch Battiany wollte, der merkwürdigerweise von den Geistern verschont worden war, auf demselben Wege ins Freie gelangen – es war gerade, als er sich über die Schwelle des Verlieses hinwegstehlen wollte, da erfaßte ihn die kalte Hand des riesigsten der Geister und warf ihn zu Boden.

Gegen einen Sterblichen hätte der Ungar gekämpft, mit ihm hätte er um sein Leben bis zum äußersten gerungen, gegen einen Geist glaubte er jedoch machtlos zu sein. Der Anblick des Gespenstes flößte ihm Furcht und Entsetzen ein und lähmte ihm die Glieder.

Eine Minute später war er an Händen und Füßen gefesselt und nun hob ihn der Geist empor und trug ihn nach der Folterwerkstatt.

Hier war indessen der kleine Anton von einem der hilfreichen Geister aus seiner unglücklichen Lage befreit worden, seine Stelle, die er kurz zuvor noch auf dem Folterbock eingenommen hatte, wurde nun Battiany zuteil.

Der unglückliche vermochte keinen Laut auszustoßen, die Zunge versagte ihm den Dienst, die Augen starrten mit gläsernem Ausdruck zur Decke empor. Sein ganzes Gesicht war bläulich angelaufen. Da vernahm er plötzlich eine Stimme, die ihn seiner Erstarrung entriß, um ihm jedoch noch tödlichere Angst einzujagen.

»Herunter mit der Verkleidung«, rief diese Stimme laut, »laßt uns dem Schurken unser wahres Gesicht zeigen – Blick her, Graf Sandor Battiany, nicht Gespenster der Hölle haben Dich überwunden, sondern diejenigen, denen Du im Leben am wehesten getan.«

Das weiße Gewand fiel von der Riesengestalt ab, die Maske sank von dem Gesicht, und Battiany starrte in das Antlitz Heinrich Anton Leichtweiß, seines Todfeindes.

Einige Minuten lang weidete sich Leichtweiß an der unbeschreiblichen Angst des Schurken, der sein Kind mißhandelt, dem Tode nahegebracht und der Folter überliefert hatte. Dann sagte er mit ruhiger, aber doch Battiany furchtbar klingender Stimme: »Graf Sandor Battiany, das Ende Deiner Schandtaten ist gekommen. Du hast die Strafe, die Dich jetzt ereilen wird, tausendmal verdient.

Du hast meinem Weibe nachgestellt und meine Gattenehre beleidigt!

Du hast mich zum Räuber und Banditen gemacht!

Du hast mein Kind unmenschlich behandelt!

Mit Flüchen beladen fährst Du jetzt in die Hölle hinab, von derem Fegefeuer Du schon im Leben einen Vorgeschmack bekommen sollst. Nimm diesen Faustschlag, Graf Battiany, mit dem ich Dich entehre.«

Und Leichtweiß ließ seine Faust auf das Gesicht des Grafen niederfallen, so daß Battiany das Blut aus Mund und Nase hervorschoß.

»Ja, Graf Battiany, die Stunde ist gekommen«, ertönte ihm eine andere Stimme, die eines Weibes, ins Ohr, und diese Stimme war von edler Entrüstung erfüllt. »Du hast meine Zofe Hilda ermordet, Du hast mir nachgestellt und ich habe mich mit Abscheu in Deinen Armen gewunden, ich speie Dir ins Gesicht, und damit entehre ich Dich.«

Und Lore von Bergen tat so, wie sie gesagt.

»Und ich, Graf Battiany«, schrie jetzt eine gellende Stimme auf, »ich bin durch Dich ein blinder, hilfloser Mann geworden. Ich reiße Dich von diesem Folterbock empor, und werfe Dich in das Feuer des Folterofens.«

»Rigo, der Zigeuner«, schrie Battiany mit heiserer Stimme auf, »Gnade – Erbarmen – Erbarmen! – tötet mich, aber foltert mich nicht.«

»In die Flammen mit ihm«, befahl Leichtweiß.

In demselben Moment hob Rigo den gefesselten Mann empor, der blinde Mann trug auf seinen starken Armen den schreienden, heulenden, zitternden Bösewicht zum glühend erhitzten Ofen hin und preßte ihn auf die feuerspeienden Platten nieder.

Der widerliche Geruch von geröstetem Fleisch erfüllte den Keller.

Battiany brüllte und schrie, bis er keinen Ton mehr in der Kehle, und jetzt stieß ihn Rigo mit dem Kopfe zuerst in das offene Feuer des Herdes hinein, und sogleich umhüllten die Flammen den zuckenden Körper des Elenden.

»Fort von hier«, rief Lore aus, »das ist zu schrecklich, das darf mein Kind nicht länger mit ansehen!«

»Komm, Heinz, ich beschwöre Dich, komm«, und Leichtweiß nahm sein Weib und sein Kind und entfloh mit ihnen, ohne zurückzuschauen, aus dem entsetzlichen Kellergewölbe, und sie atmeten erst auf, als sie die erfrischende Luft am Ufer des Rheins in sich einsogen.

In derselben Nacht ging die Blutburg in Flammen auf.

Später fand man beim Aufräumen der Trümmer auch die Leiche Rigos des Blinden.

Von Heinrich Anton Leichtweiß, von Lore von Bergen, von ihrem Sohn Anton hat man in Deutschland nie wieder etwas gehört.

Wohl aber kannte man in den Vereinigten Staaten Nordamerikas den Mann, der wie ein König in Arizona herrschte. Dort war Loraberg eine der blühendsten Städte des Landes geworden, und Heinrich Anton Leichtweiß stand unentwegt an der Spitze derer, die im Gebirgsland der Sierra-Nevada für Fortschritt und Zivilisation kämpften.